개정판

가족정책론

차성란 정영금 정지영 윤소영 조성은 공저

YANGSEOWON
양서원

개정판 머리말

2005년 우리나라에서 명시적 가족정책이 본격적으로 시작된 이후, 이를 소개하고 발전시키기 위하여 가족정책이 무엇인지를 알고자 하는 요구가 많아졌다. 또 한편으로는 대학교육을 통해 가족정책을 제대로 이해함으로써 현장에서 다양한 가족서비스 지원 활동을 수행하는 데 있어 그 방향을 제시하기 위하여 가족정책 교재에 대한 필요성이 제기되었다. 이에 본 저자들은 2015년 이러한 시의적 필요성에 따라 「가족정책론」을 출간하였다. 초판이 나온 지 그리 오래 되지 않았지만 우리 사회가 워낙 빠르게 변화할 뿐 아니라 가족정책도 그 사이 제2차 건강가정기본계획에서 제3차 건강가정기본계획이 시작되었기에 현장의 변화를 반영한 「가족정책론」 개정판을 새로 출간하게 되었다.

최근 가장 대표적인 가족의 변화 현상은 1인가구의 증가이다. 2015년 교재의 초판을 준비할 당시만 하더라도 1인가구는 여러 다양한 가정의 한 형태이며 가족정책에서 크게 다루어지지 않았다. 그러나 불과 3-4년 사이에 1인가구는 전체 가구 중 약 1/3을 차지할 정도로 가장 대표적인 가족형태가 되었으며, 매우 다양한 사회·경제적 지위를 지닌 복합적 집단으로서 중요한 정책대상이자 연구대상이 되었다. 또 저자들이 교육 및 서비스 현장에서 활동하면서 인지하기는 하였으나 이번에 각종 통계수치와 연구결과들을 새로이 반영하면서, 가족과 관련된 인식과 태도, 행동 등이 급격하게 변화하고 있음을 새삼 느끼게 되었다.

우리나라의 명시적 가족정책은 2004년 건강가정기본법 제정과 이를 바탕으로 2005년부터 시행된 제1차 건강가정기본계획으로부터 본격적으로 시작되었다. 1990년대를 거쳐 2000년대로 넘어가면서 저출산, 고령화, 이혼율, 청소년 일탈, 자살률 등의 사회문제가 심각한 수준으로 확대되자 정부는 이에 적극적으로 대응하였다. 정책대상을 선별적인 가족에서 보편적인 가족으로 확대하고 가족기능의 강화를 통해 가족의 문제를 사회와 함께 해결하고자 하였다.

그 결과, 건강가정기본법 제정 이후 현재까지 3차에 걸친 건강가정기본계획이 시행되었다. 그러나 아직도 가족정책은 보편적 복지를 지향하는 것과 달리 현실적인 재정적 한계에 의해 서비스 지원이 개별적으로 이루어지는 경향이 있으며, 정책수립 초기의 목표가 다소 흔들리고 있다. 그럼에도 불구하고 다양한 가정들이 가족의 기능을 수행하고 가족문제를 해결하도록 가까이에서 도와주는 역할을 꾸준히 수행해왔다. 이제는 가족정책에 대한 국가적 비전과 국민이 원하는 가족에 대한 거시적 틀이 완결되어야 할 때이며, 그것이 2021년부터 시작되는 제4차 건강가정기본계획에 반영되어야 한다.

따라서 본서에서는 끊임없이 변화하는 가족에 대한 이해, 가족정책에 대한 개념 정립에서부터 가족정책 서비스의 대상별로 현재의 실태와 문제점, 관련법과 정책서비스, 그리고 앞으로의 과제와 전망을 제시함으로써 가족정책의 현재와 미래를 점검해보고자 한다. 이러한 저자들의 의도가 가족정책에 관심을 갖고 연구하는 학계 전문가를 포함하여, 대학에서 건강가정사를 꿈꾸며 공부하는 학생들, 가족정책 서비스 전달을 위해 현장에서 일하는 관련 종사자들의 한국 가족정책에 대한 이해와 진단에 노움이 되길 희망한다.

이 책은 총 6부 15장으로 구성되어 있다. 1부는 가족정책의 기초편으로, 가족의 변화와 개념, 가족정책의 이해와 세계 주요 국가의 가족정책을 살펴보았다. 2부는 가족정책의 기본적인 방향과 내용, 그리고 구체적인 서비스 전달체계를 살펴보았다. 특히 한국의 가족정책이 당면한 정책과제에 대해 정책 수립기관, 지원기관, 서비스 제공기관들의 역할과 가족에게 제공되는 서비스의 내용을 살펴보았으며, 가족정책의 변화도 비교해보았다. 3부의 6장부터 5부의 13장까지는 보다 실질적인 내용으로서, 구체적인 가족정책 서비스 영역을 세분화하여 다루었다. 우선 3부는 가족가치와 가족친화정책 영역을 다루었고, 4부는 자녀돌봄 서비스, 노인돌봄 서비스, 위기가족 지원서비스 등 가족돌봄정책 영역을 정리하였다. 그리고 5부는 한부모가족, 다문화가족, 1인 가정 등 다양한 가족을 위한 지원정책을 다루었다. 이와 같은 세부적인 가족 정책 서비스 영역은 현황과 문제점 분석, 법과 정책서비스, 그리고 정책 과제와 전망 등으로 일관되게 구분하여 정리하였다. 마지막으로 14장과 15장을 포함한 6부는 가족 정책의 연계와 미래 전망을 다루었다. 특히 15장에서는 미래 가족의 변화양상에 따라 정책적인 패러다임과 정책방향의 전환이 필요하다는 내용을 구체적으로 다루었다.

가족정책 및 전달체계의 변화, 가족 행태 및 가족서비스와 관련된 통계수치를 중점적으로 고쳐, 책의 구성과 관점은 초판과 크게 다르지 않다. 그러나 가족이 변하고 있는 실상을 보여줌으로써 가족정책의 방향을 설정하고 서비스의 내용을 결정하는 데 도움이 되었으면 하는 마음에서 여러 가지 우려와 고민을 뒤로하고 개정판의 출간을 추진하였다. 저자들은 물론이고 대학에서 공부하는 학생들, 연구자들이나 현장의 실천가, 정책을 수립하고 실행하는 관계자 모두가 함께 바람직하고 이상적인 가족정책을 고민하고 발전시키는 계기가 되었으면 한다.

2019년 2월

저자 일동

머리말

우리나라에서 근대적 가족정책은 1950년대부터 부녀복지정책으로 시작되어, 60, 70년대에 들어서는 출산억제정책이 시행되는 등 부분적으로 이루어져왔다. 그러나 1989년 모자복지법이 제정되면서 본격적으로 가족을 대상으로 한 정책이 시작되었고, 90년대 이후 빈곤가족과 요보호가족 등 선별적인 가족에 대한 최소한의 공적 지원에 머무르고 있다.

그러나 명시적 가족정책의 본격적인 시작은 2004년 건강가정기본법 제정에 의해 이루어진다. 이는 선별적 가족에서 보편적 가족으로의 정책 대상의 확대 및 가족 내 갈등과 가족기능의 약화로 인한 사회적 문제 해결에 의한 공감대가 이루어지던 사회적 배경과 관련이 된다. 즉 가족정책의 본격적 시행은 심각한 수준의 저출산, 고령화, 이혼율, 청소년 일탈, 자살률 등의 사회문제로 확대되면서 정부가 적극적인 대응을 하게 된 결과이기 때문이다.

이제 건강가정기본법 제정 이후 보편적·예방적 서비스로의 가족정책이 실시된 지 10년을 넘어서며, 지금까지 시행된 가족정책 서비스를 총체적으로 점검하고 새로운 가족정책의 체계를 그려볼 필요가 있다. 이제까지 가족정책은 시회적 요구에 맞춰 서비스 지원이 개별적으로 이루어진 경향이 있다. 따라서 가족정책에 대한 국가적 비전과 국민이 원하는 가족에 대한 체계적 가족정책의 거시적 틀은 제시되지 못한 상태라 할 수 있다. 가족정책의 발전적 목표는 당연히 다양한 유형의 가족들이 안정적인 가족기능 수행과 행복한 삶을 유지할 수 있어야 한다는 것이다. 따라서 본 서에서는 끊임없이 변화하는 가족에 대한 이해, 가족정책에 대한 개념 정립에서부터 가족정책 서비스의 대상별로 현재의 실태와 문제점, 관련법과 정책서비스, 그리고 앞으로의 과제와 전망을 제시함으로써 가족정책의 현재와 미래를 점검해보고자 하였다. 이러한 저자들의 의도가 가족정책에 관심을 갖고 연구하는 학계 전문가를 포함하여, 대학에서 건강가정사를 꿈꾸며 공부하는 학생들, 가족정책 서비스 전달을 위해 현장에서 일하는 관련 종사자들의 한국 가족정책에 대한 이해와 진단에 도움이 되길 희망한다.

이 책은 총 6부 15장으로 구성되어 있다. 1부는 가족정책의 기초편으로, 개념과 발달과정, 그리고 세계 주요 국가의 가족정책을 살펴보았다. 2부는 가족정책의 기본적인 방향과 내용, 그리고 구체적인 서비스 전달체계를 살펴보았다. 특히 한국의 가족정책이 당면한 정책과제에 대해 정책 수립기관, 지원기관, 서비스 제공기관들의 역할이나 구체적으로 제공되는 서비스의 내용을 살펴보았다. 3부의 6장부터 5부의 13장까지는 구체적인 가족정책 서비스 영역을 세분화하여 다루었다. 우선 3부는 가족가치와 가족친화정책 영역을 다루었고, 4부는 자녀돌봄 서비스, 노인돌봄 서비스, 위기가족 지원서비스 등 가족돌봄정책 영역을 정리하였다. 그리고 5부는 한부모가족, 다문화가족, 1인 가정 등 다양한 가족을 위한 지원정책을 다루었다. 이와 같은 세부적인 가족정책 서비스 영역은 현황과 문제점 분석, 법과 정책서비스, 그리고 정책 과제와 전망 등으로 일관되게 구분하여 정리하였다. 마지막으로 14장과 15장을 포함한 6부는 가족정책의 연계와 미래 전망을 다루었다. 특히 15장에서는 미래 가족의 변화양상에 따라 정책적인 패러다임과 정책방향의 전환이 필요하다는 내용을 구체적으로 다루었다.

따라서 본 서의 특징은 가족정책의 기초에서부터 구체적인 정책서비스의 내용과 전달체계, 그리고 전망과 비전을 제시함으로써, 현재 가족정책의 모습이 어느 선상에 있는지, 그리고 구체적인 사업에서 나타나고 있는 정책적인 함의는 무엇인지를 동시에 볼 수 있다는 것이다. 또한 가족정책과 관련된 많은 의제와 질문도 함께 던짐으로써, 학문을 하는 사람이나 현장의 실천가들에게 실제적인 도움을 줄 수 있도록 구성하였다.

이를 위해 본 저서의 집필진 역시 학계와 현장의 전문가로 구성되었으며, 여러 번의 논의를 거쳐 상이한 관점과 이해를 교환하고자 노력하였다. 공동 집필진의 고민과 질문이 여러분들과 다르지 않을 것이라는 믿음으로 이 책을 선보이며, 가족정책 관련 연구자 및 현장 전문가들의 따뜻한 애정과 조언을 구하는 바이다.

끝으로 이 책이 출간되기까지 적지 않은 시간이 걸린 점을 고백한다. 생각의 숨고르기를 끝내고도 각자 맡은 주제의 2~3장을 정리하는 데 많은 시간이 필요했으며, 여러 번의 목차와 내용 틀의 수정이 있었다. 그 시간 동안 내내 각 장의 원고 검토를 통해 일관된 흐름을 유지하고자 노력하였으나 부족한 점이 아직도 살펴진다. 그러나 가족정책의 성장과 함께 수정 작업은 계속된다는 생각으로 일단 책을 탈고하면서, 이 과정을 기다려주고, 출판을 해준 출판사 양서원의 관계자분들께는 미안함과 감사의 마음을 전한다.

2015년 3월

저자 일동

제1부 가족과 가족정책

제2부 한국의 가족정책

제5부 다양한 가족지원정책

제6부 정책비전과 전망

제1부

가족과 가족정책

◆ 제1장 가족의 이해

◆ 제2장 가족정책의 이해

◆ 제3장 가족정책의 동향

제1장

가족의 이해

우리 사회는 20세기 초반의 근대화를 통해 전통사회에서 근대사회로 접어들게 되었고, 이 과정에서 산업화, 경제발전, 도시화, 민주화 등을 경험하게 되었다. 특히 서구사회에서 2~3세기에 걸쳐 일어나는 근대화가 우리나라에서는 1950~60년부터 30~40년 동안 급격하게 일어나는 압축적인 근대화를 겪었다.

또 급격한 변화는 필연적으로 문화와 가치에서도 나타나게 되어 서구문화나 근대적 가치와 행위들이 우리 사회에서 다양하게 나타나고 공존하게 되었다. 그러나 가치의 변화는 물질적인 변화에 따르지 못하여 전통과 근대적 가치 간의 갈등과 공존이 나타나게 되었고, 이 차이를 가장 극명하게 경험하는 곳이 바로 가족이었다.

사회의 변화와 가족의 변화는 따로 떼어 생각할 수 없지만, 산업화, 도시화, 노동시장의 다변화, 출산율의 저하, 여성의 경제활동 참여 증가 등 거시적인 사회변화가 가족에 영향을 미칠 수밖에 없다. 이때 가족의 변화를 전통가족의 붕괴로 볼 것인가, 새로운 가족의 출현으로 볼 것인가는 미래의 가족의 모습을 예견하고 가족정책을 구성하는 데 도움이 될 것이다. 따라서 여기서는 현재 나타나고 있는 가족의 변화를 가족가치의 측면, 가족형성의 측면, 생활방식의 측면에서 살펴본다. 또한 이러한 변화를 겪으면서 가족의 의미는 어떻게 규정할 것인가에 대해 알아본다.

1. 가족의 변화

1) 가족에 대한 생각과 태도의 변화

가족에 대한 생각과 태도를 가장 잘 표현할 수 있는 것은 가족의 형성 또는 부양, 결혼, 이혼, 출산, 동거 등에 대한 생각과 태도이다. 우선, 전국의 만 13세 이상 인구를 대상으로 통계청이 2016년에 조사한 「2016 사회조사보고서」에 의하면 결혼을 '해야 한다'고 생각하는 사람들은 51.9%였다. 결혼에 대한 생각이 많이 바뀌고는 있지만 2006년 '결혼을 해야 한다'는 비율이 67.7%였던 것에 비하면 10년 만에 15% 정도 급감하였음을 볼 수 있다.

이런 생각에 대해 남녀 간에는 약 10% 정도 차이가 있다. 특히 미혼 남자는 42.9%가 결혼을 해야 한다고 생각하는 반면에 미혼 여자는 결혼을 해야 한다고 생각하는 비율이 31.0%에 불과하여, 남녀 간에 큰 견해 차이를 보인다. 이에 따라 '해도 좋고 하지 않아도 좋다'는 비율은 2006년의 27.5%에서 2010년 30.7%, 2014년 38.9%로 점차 증가하다가 2016년에는 42.9%로 나타났다.

이혼은 해서는 안 된다고 생각하는 비율은 2016년에 39.5%로 나타나 과거에 비해 크게 감소하고 있음을 볼 수 있다. 이는 2006년의 59.9%보다 20%나 감소한 수치이며 2014년의 결과보다 5% 감소한 결과이다. 반면, 이혼을 할 수도 있고 하지 않을 수도 있다고 생각하는 비중은 29.4%에서 2016년의 43.1%로 증가하고 있다. 특히 미혼 여자들의 77.3%가 경우에 따라 이혼을 할 수도 있고 하지 않을 수도 있다고 생각하였으며, 이혼을 해서는 안 된다는 비율이 17.7%에 불과하였다.

재혼에 대해서도 역시 해야 한다는 당위적인 생각은 감소하는 반면에 해도 좋고 하지 않아도 좋다는 선택적인 생각의 비율이 증가한다. 이에 비해 하지 말아야 한다는 생각은 2012년까지 감소하다가 최근에 다시 증가하고 있다. 재혼을 찬성하는 생각은 여자에 비해 남자의 비율이, 미혼여자에 비해 미혼남자의 비율이 더 높게 나타났다.

〈표 1-1〉 결혼 · 이혼 · 재혼에 대한 견해

(단위 : %)

	계	결혼			이혼			재혼		
		해야 한다[1]	해도 좋고 하지 않아도 좋다	하지 말아야 한다[2]	해서는 안 된다[3]	할 수도 있고 하지 않을 수도 있다	이유가 있으면 하는 것이 좋다	해야 한다[1]	해도 좋고 하지 않아도 좋다	하지 말아야 한다[2]
2006년[4]	100.0	67.7	27.5	2.2	59.9	29.4	6.8	23.3	49.9	15.8
2010년[4]	100.0	64.7	30.7	3.3	56.6	33.4	7.7	21.3	58.0	14.1
2012년	100.0	62.7	33.6	1.8	48.7	37.8	10.9	19.4	61.1	13.2
2014년	100.0	56.8	38.9	2	44.4	39.9	12	16.5	60	15.5
2016년	100.0	51.9	42.9	3.1	39.5	43.1	14	14.2	62.3	16.3
남자	100.0	56.3	38.9	2.4	45.0	39.5	11.5	17.2	61.7	13.2
여자	100.0	47.5	46.7	3.8	34.2	46.6	16.4	11.3	62.8	19.4
미혼남자	100.0	42.9	49.3	3.3	34.0	58.3	44.4	13.5	65.5	8.5
미혼여자	100.0	31.0	59.5	6.0	17.7	77.3	54.8	9.1	72.7	8.8
13~19세	100.0	37.1	52.4	4.0	28.8	46.8	14.8	7.9	65.5	11.2
20~29세	100.0	41.9	50.4	4.7	27.3	49.4	18.7	12.5	70.7	7.5
30~39세	100.0	40.7	53.7	4.0	31.7	50.2	15.0	12.7	69.0	11.7
40~49세	100.0	44.2	50.9	3.5	32.9	49.9	14.9	11.8	65.1	18.1
50~59세	100.0	59.8	36.9	2.0	43.7	41.2	12.8	14.8	58.3	21.0
60세 이상	100.0	73.2	23.6	1.7	60.6	27.6	9.8	20.6	51.0	22.6

주 : 각 항목별로 '잘 모르겠다' 있음

1) '반드시 해야 한다'와 '하는 것이 좋다'를 합한 수치임

2) '하지 않는 것이 좋다'와 '하지 말아야 한다'를 합한 수치임

3) '어떤 이유라도 이혼해서는 안 된다'와 '이유가 있더라도 가급적 이혼해서는 안 된다'를 합한 수치임

4) 조사대상이 15세 이상 인구임

자료 : 통계청. 사회조사결과보고서. 각년도. 비교를 위해 저자가 재구성함.

결혼이나 이혼 외에 동거와 배우자선택, 자녀출산에 대한 생각에서도 가족가치의 변화를 확인할 수 있다. 2016년에 조사된 결혼문화에 대한 태도를 보면, 남녀가 결혼을 하지 않더라도 함께 살 수 있다고 응답한 비율은 48%로서 2010년의 40.5%보다 크게 높아졌음을 알

수 있다. 결혼 전 동거에 대한 찬반 비율이 2010년 약 40:60이었던 것에 비해 2016년에는 48:52로서 거의 비슷해졌다. 외국인과 결혼해도 상관없다는 견해에는 전체의 66.1%가 동의하고 있어 매우 개방적인 태도를 볼 수 있다.

그러나 결혼하지 않고도 자녀를 가질 수 있다는 생각에 동의하는 비율은 22.4%로 나타나 동거나 외국인 결혼보다는 다소 부정적인 태도를 보이고 있다. 2010년에 전체의 20.6%가 동의한 것에 비해서는 다소 증가하였으나 여전히 약 76%가 결혼 전 자녀를 갖는 것에 대해서는 반대하고 있다며 여성과 남성의 차이가 가장 크게 나타났다. 또한 자녀를 입양하는 것에 대해 '자녀를 원하지만 출산이 어려운 경우는 적극 고려해 보겠다'고 생각하는 사람은 23.6%, '자녀 유무에 상관없이 여건이 허락되면 입양을 하고 싶다'는 18.9%로 나타났다. 이에 대한 태도 역시 2010년의 결과에 비해 상승하여 긍정적으로 변화하고 있다.

2010년의 결과에 비해 상승하여 긍정적으로 변화하고 있다.

〈표 1-2〉 결혼문화에 대한 태도

(단위 : %)

구분		계	동의	전적으로 동의	약간 동의	반대	약간 반대	전적으로 반대
남녀가 결혼을 하지 않더라도 함께 살 수 있다	2010년	100.0	40.5	5.5	35.0	59.5	32.2	27.3
	2012년	100.0	45.9	7.7	36.2	54.1	30.1	24.0
	2014년	100.0	46.6	8.3	38.3	53.4	29.5	24.0
	2016년	100.0	48.0	9.5	38.5	52.0	29.4	22.6
	남성	100.0	50.7	10.8	39.9	49.3	28.9	20.4
	여성	100.0	45.3	8.1	37.1	54.7	29.9	24.8
결혼하지 않고도 자녀를 가질 수 있다	2010년	100.0	20.6	2.7	17.9	79.4	36.1	43.3
	2012년	100.0	22.4	3.4	19.0	77.6	34.2	43.4
	2014년	100.0	22.5	3.7	18.7	77.5	33.7	43.8
	2016년	100.0	24.2	4.5	19.7	75.8	34.5	41.3

구분		계	동의	전적으로 동의	약간 동의	반대	약간 반대	전적으로 반대
	남성	100.0	26.7	5.1	21.6	73.3	34.9	38.4
	여성	100.0	21.9	3.9	17.9	78.1	34.0	44.1
외국인과 결혼해도 상관없다	2010년	100.0	60.3	12.7	47.6	39.7	27.8	11.9
	2012년	100.0	64.4	16.9	47.5	35.6	24.3	11.3
	2014년	100.0	63.2	17.3	45.9	36.8	24.4	12.3
	2016년	100.0	66.1	19.0	47.1	33.9	22.8	11.1
	남성	100.0	66.5	18.0	48.5	33.5	23.1	10.4
	여성	100.0	65.8	20.0	45.8	34.2	22.6	11.7

자료: 통계청. 사회조사결과보고서. 각년도. 비교를 위해 저자가 재구성함.

한편 부모 부양에 대한 견해도 많이 변화하고 있음을 알 수 있다. 즉 부모의 노후 생계에 대해 가족이 돌보아야 한다는 비중이 점차 감소하고 있다. 부모의 노후 생계는 '가족과 정부 · 사회가 함께 돌보아야 한다'는 견해가 45.5%로 가장 많고, 다음은 '가족이 돌보아야 한다'는 견해로 30.8%를 차지한다. 부모의 노후를 '가족이 돌보아야 한다'는 생각은 2006년 63.4%에서 2008년 40.7%, 2012년 33.2%. 2014년 31.7%, 2016년 30.8%로 감소하여 부모 부양에 대한 의식이 빠르게 변하고 있음을 보여준다. 이에 비해 부모 스스로 해결해야 한다는 비율은 계속 상승하고 있다.

또 부모의 부양을 장남이나 아들 딸 등 누구 한 사람이 맡기보다는 모든 자녀가 나누어 부양한다는 비율이 전반적으로 우세하였다. 또는 가족 중에 능력 있는 자가 맡아야 한다는 비중도 2016년에 다소 증가하였다.

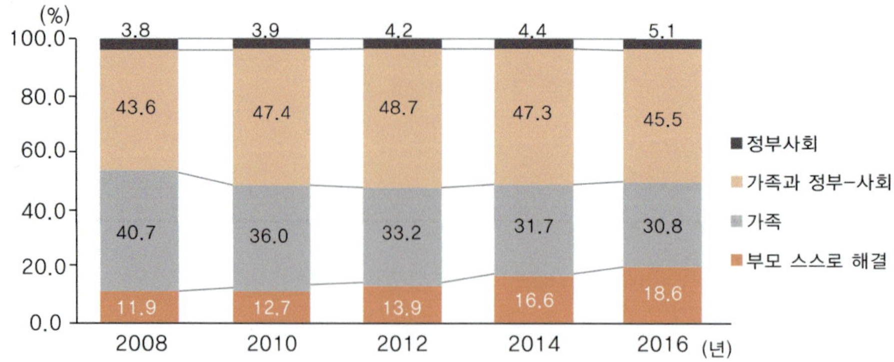

[그림 1-1] 부모 부양에 대한 견해

자료: 통계청(2016). 2016 사회조사결과 보도자료.

〈표 1-3〉 부모 부양에 대한 견해

(단위: %)

구분	계	부모 스스로 해결	가족	가족과 정부 사회	정부 사회	기타	가족 중 부모 부양자					
							소계	장남(맏며느리)	아들(며느리)	딸(사위)	모든 자녀	자녀 중 능력 있는 자
2006년	100.0	7.8	63.4	100.0	19.5	8.1	0.9	49.2	22.2	26.4	2.3	0.1
2008년	100.0	11.9	4.07	43.6	3.8	0.0	100.0	17.3	6.7	0.9	58.6	16.4
2010년	100.0	12.7	36.0	47.4	3.6	0.0	100.0	13.8	7.7	1.8	62.4	14.3
2012년	100.0	13.6	33.2	48.7	4.2	0.0	100.0	7.0	3.6	0.8	74.5	13.9
2014년	100.0	16.6	31.7	47.3	4.4	0.0	100.0	6.2	3.5	0.7	75.4	14.2
2016년	100.0	18.6	30.8	45.5	5.1	0.0	100.0	5.6	4.5	1.0	71.1	17.7
남자	100.0	18.5	32.5	44.4	4.6	0.0	100.0	6.9	6.3	0.5	68.9	17.4
여자	100.0	18.7	29.2	46.6	5.6	0.0	100.0	4.4	2.8	1.4	73.3	18.1

자료: 통계청. 사회조사결과보고서. 각년도. 비교를 위해 저자가 재구성함.

부모 부양에 대한 생각이 달라짐에 따라 부모 생활비의 주제공자도 자녀 부담보다는 부모 스스로 해결해야 한다는 생각이 커지고 있다. 즉 부모가 스스로 해결해야 한다는 생각은

2008년부터 2016년까지 계속 증가하였다. 또한 자녀가 부담할 경우에도 장남과 맏며느리가 부담해야 한다는 비율이 감소하고 자녀들이 함께 부담한다는 비율이 늘어났다.

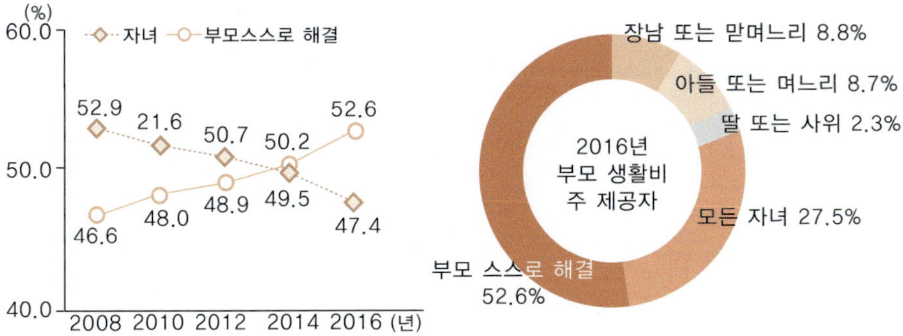

[그림 1-2] 부모 생활비 주 제공자(가구주)

자료: 통계청(2016). 2016 사회조사결과 보도자료.

2) 가족동태의 변화

결혼에 대한 가치와 생각들은 실제 행동에 직접적으로 나타나고 있다. 즉 남녀 모두 혼인연령이 증가하고 혼인율이 감소하고 있다. 통계청이 발표한 「2017 혼인·이혼통계」에 의하면, 2017년의 혼인건수는 26만 4천 5백 건으로 전년대비 1만 7천여 건이 감소하여 약 6.1%가 감소하였다. 이 수치는 10년 전인 2007년 약 34만 명에 비해 대폭 감소한 수치이며, 이를 반영하듯이 2017년 조(粗)혼인율(인구 1천 명당 혼인건수)은 5.2건으로서 2007년 7.0에 비해 계속 감소하고 있을 뿐만 아니라, 1970년 통계작성 이후 최저로 나타났다(2017 혼인이혼통계 보도자료).

평균 초혼연령은 남자 32.9세, 여자 30.2세로 전년대비 남자 0.2세, 여자 0.1세 상승하였다. 이는 2007년의 남성의 초혼연령이 31.1세, 여성의 초혼연령이 28.1세이던 것과 비교하면 10년 사이에 각각 1.8-2.2세 상승한 것이다. 또한 남녀의 평균 초혼연령 차이는 감소하는 추세이다. 평균 재혼연령 역시 남자 48.7세, 여자 44.4세로 전년대비 각각 0.5세, 0.4세 상승하였다. 이는 10년 전에 비해 남자는 3.9세, 여자는 4.4세 상승한 수치이며 남녀의 재혼연령 차이 역시 감소하고 있다.

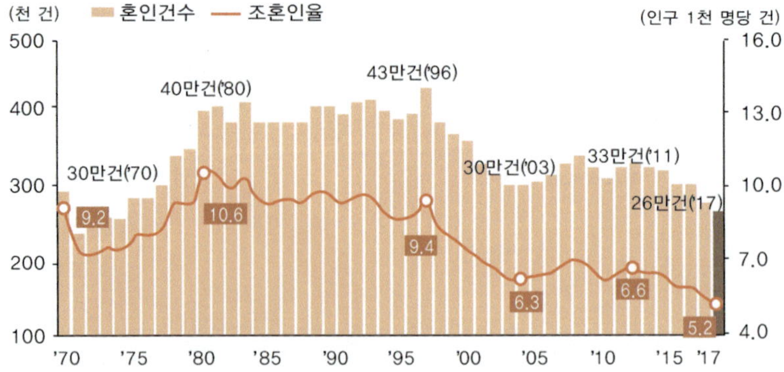

[그림 1-3] 혼인건수 및 조혼인율 추이, 1970–2017

자료: 통계청(2017). 2017 혼인이혼통계 보도자료.

〈표 1-4〉 혼인건수 및 조혼인율, 2007–2017

	2007	2008	2009	2010	2011	2012	2013	2014	2015	2016	2017
혼인건수(천 건)	343.6	327.7	309.8	326.1	329.1	327.1	322.8	305.5	302.8	281.6	264.5
증감(천 건)	12.9	-15.8	-18.0	16.3	3.0	-2.0	-4.3	-17.3	-2.7	-21.2	-17.2
증감률(%)	3.9	-4.6	-5.5	5.3	0.9	-0.6	-1.3	-5.4	-0.9	-7.0	-6.1
조혼인율*	7.0	6.6	6.2	6.5	6.6	6.5	6.4	6.0	5.9	5.5	5.2

* 인구 1천 명당 건

자료: 통계청(2017). 2017 혼인이혼통계 보도자료.

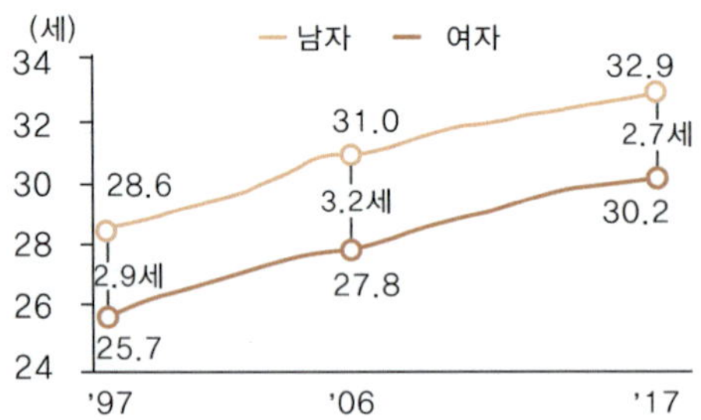

[그림 1-4] 평균초혼연령, 1997–2017

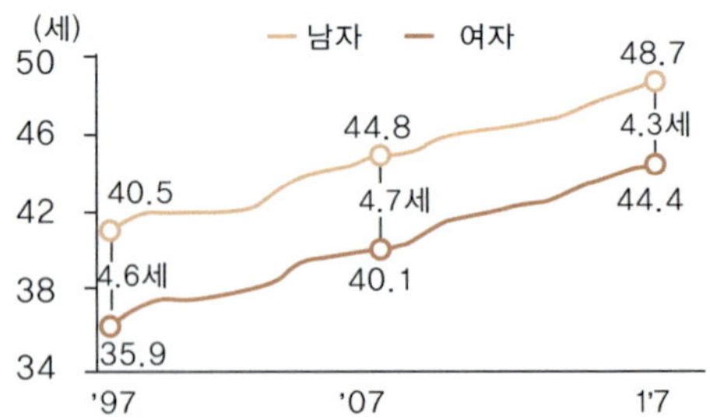

[그림 1-5] 평균재혼연령, 1997–2017

자료: 통계청(2017). 2017 혼인이혼통계 보도자료.

〈표 1-5〉 **평균 초혼 및 재혼연령, 2007-2017**

		2007	2008	2009	2010	2011	2012	2013	2014	2015	2016	2017	증감	
													전년 대비	10년전 대비
초혼 연령	남자	31.1	31.4	31.6	31.8	31.9	32.1	32.2	32.4	32.6	32.8	32.9	0.2	1.8
	여자	28.1	28.3	28.7	28.9	29.1	29.4	29.6	29.8	30.0	30.1	30.2	0.1	2.2
재혼 연령	남자	44.8	45.0	45.7	46.1	46.3	46.6	46.8	47.1	47.6	48.2	48.7	0.5	3.9
	여자	40.1	40.3	41.1	41.6	41.9	42.3	42.5	43.0	43.5	44.0	44.4	0.4	4.4

자료: 통계청(2017). 2017 혼인이혼통계 보도자료.

외국인과의 혼인건수도 2007년부터 점차 감소하여 2017년 약 2만 건으로 조사되었다. 외국인과의 혼인 구성비는 전체 혼인 중 7.9%로 전년보다 1.2% 증가하였다. 외국인과의 혼인에서는 여전히 한국남자와 외국여자의 혼인이 주를 이루고 있지만, 한국여자와 외국남자의 혼인건수가 차지하는 구성비가 다소 증가하고 있다. 즉 외국인과의 혼인이 전체적으로 감소하고 있지만 한국여자와 외국남자의 혼인이 좀 더 천천히 감소하고 있다.

외국인 아내의 국적은 베트남, 중국, 태국 순으로, 이들이 전체의 약 70%를 차지하고 있다. 이에 비해 한국여자와 혼인한 외국인 남편의 국적은 중국, 미국, 베트남 순으로 나타났다(2017 혼인이혼통계 보도자료).

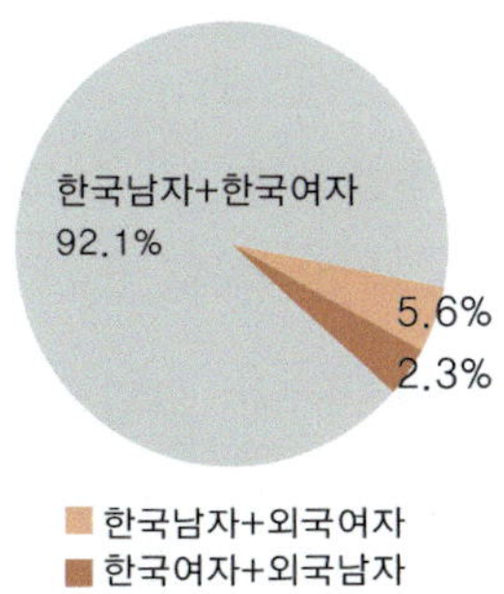

[그림 1-6] **총 혼인 중 외국인과의 혼인 비중, 2017**

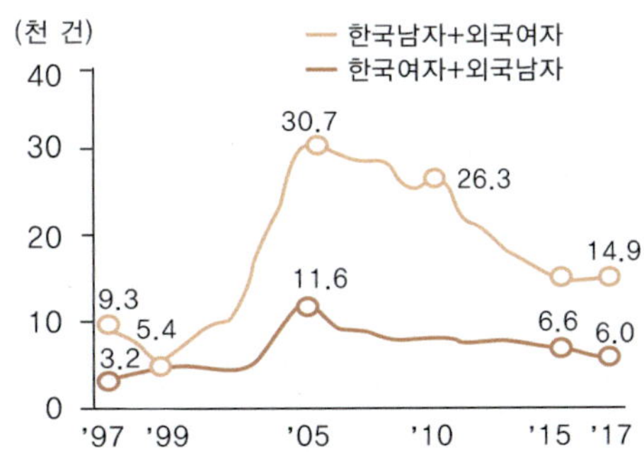

[그림 1-7] **외국인과의 혼인건수 추이, 1997-2017**

자료: 통계청(2017). 2017 혼인이혼통계 보도자료.

〈표 1-6〉 외국인과의 혼인, 2007-2017

(단위 : 천 건, %)

	2007	2008	2009	2010	2011	2012	2013	2014	2015	2016	2017	구성비	전년대비 증감률
총 혼인건수	343.6	327.7	309.8	326.1	329.1	327.1	322.8	305.5	302.8	281.6	264.5	100.0	-6.1
외국인과의 혼인	37.6	36.2	33.3	34.2	29.8	28.3	26.0	23.3	21.3	20.6	20.8	7.9	1.2
한국남자+외국여자	28.6	28.2	25.1	26.3	22.3	20.6	18.3	16.2	14.7	14.8	14.9	5.6	0.3
한국여자+외국남자	9.0	8.0	8.2	8.0	7.5	7.7	7.7	7.2	6.6	5.8	6.0	2.3	3.4

자료 : 통계청(2017). 2017 혼인이혼통계 보도자료.

다문화혼인으로 인한 다문화출생아수는 216년에 19,431명으로서, 전년보다 1.5% 감소하였다. 2016년 전체 출생이 40만 6천 명으로 전년보다 7.3% 감소한 데 비해 다문화부모의 출생아는 상대적으로 감소폭이 작았다. 이로써 2016년 전체 출생에서 다문화 출생이 차지하는 비중은 4.8%로 전년보다 0.3% 증가하였다(통계청. 2016 다문화 인구동태통계).

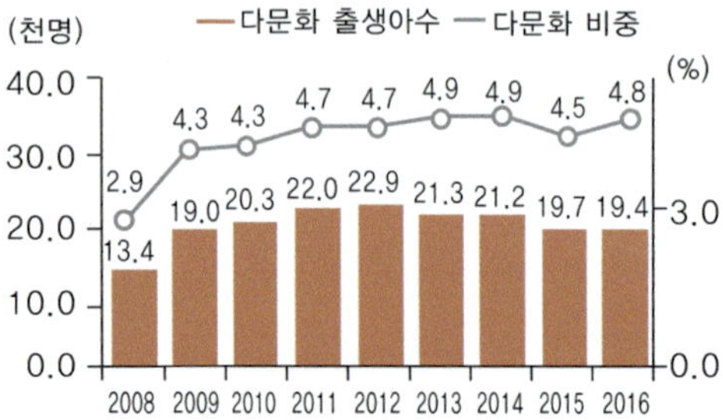

[그림 1-8] 다문화 출생 추이, 2008-2016년

자료 : 통계청(2016). 2016 다문화 인구동태통계.

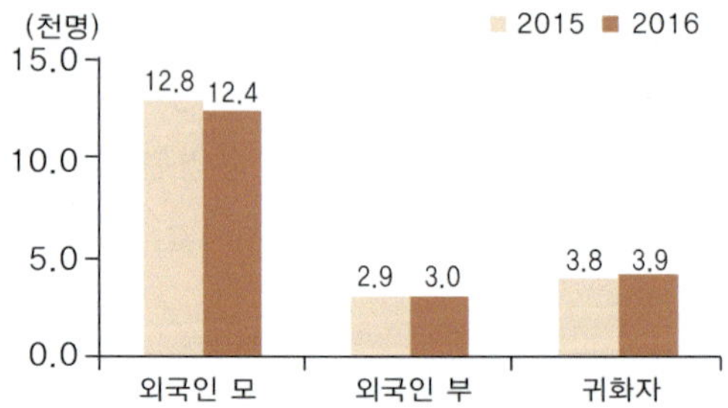

[그림 1-9]다문화 유형별 출생아 수, 2015-2016년

자료 : 통계청(2016). 2016 다문화 인구동태통계.

다문화혼인 및 다문화출생으로 인하여 현재 우리나라의 다문화가구는 31만 9천 가구로서 전년 대비 3천 가구가 증가하였으며, 가구원수는 총 96만 4천 명이다. 다문화가구란 귀화의 방법으로 국적을 취득한 자 또는 외국인이 한국인(귀화자 포함) 배우자와의 혼인으로 이루어진 가구 또는 그 자녀가 포함된 가구를 의미하는데, 내국인(출생)과 외국인(결혼이민자)인 결혼한 가구가 가장 많다.

3) 가족생활방식의 다양화

가족의 가치관이나 가족의 형성방식이 다양해진 것 이상으로 우리가 살아가는 방식 역시 다양해지고 있다. 가족은 여러 가지 이유로 서로 떨어져 살거나 혼자 살고 있다. 가족이 따로 사는 분거가족은 2016년 현재 19.4%로 다섯 가족 중 한 가족이 떨어져 살고 있다. 2012년에 비해 2014년에는 분거가족이 비율이 다소 감소하였으나 2016년에는 다시 증가하였다. 이 중 국내분거비율은 17.8%이며 가족이 국외에 거주하는 비율은 2.1%로 나타났다. 가족이 따로 살고 있는 이유는 국내 분거의 경우 '직장'(63.1%) 때문이 가장 많았고, 국외 분거의 경우 '직장'과 '학업'이 많았다. 또 배우자와 분거하는 가구의 경우에 분거이유는 '직장'이 72.6%로 가장 많았다.

〈표 1-7〉 따로 살고 있는 이유 (가구주, 복수응답)

(단위 : %)

	분거가족 가구비율[1]	따로 살고 있는 이유[2]						
		직장	학업	가족 간 불화	건강상 이유	자녀교육 지원	군대	기타
2008년	16.5	55.9	36.3	5.3	1.6	3.1	10.4	0.8
2010년	15.1	56.3	38.5	4.3	2.4	2.6	10.0	1.5
2012년	19.6	61.5	31.9	5.0	2.2	1.8	9.2	1.9
2014년	18.7	60.0	30.7	6.0	3.2	1.7	7.9	3.2
2016년	19.4	63.1	28.9	5.2	2.6	2.1	9.7	2.4
국내	17.8	62.9	27.1	5.3	2.7	2.1	10.5	2.3
국외	2.1	56.2	41.7	3.2	0.9	1.6	-	3.2
배우자	5.9	72.6	1.8	7.9	6.7	6.8	-	4.3
미혼자녀	16.0	54.9	34.6	4.1	0.7	-	11.7	1.5

주 : 1) 배우자나 미혼자녀가 타지역(국외포함)에 살고 있는 가구주임
2) 한 가구주당 여러 명의 자녀가 동시에 타지에 살고 있는 경우가 있으므로, 「따로 살고 있는 이유」의 합이 100%를 넘을 수도 있음〈표 1-8〉 따로 살고 있는 이유 (가구주, 복수응답)
자료 : 통계청. 사회조사결과보고서. 각년도. 비교를 위해 저자가 재구성함,

그 결과, 우리 사회에서 급격하게 증가하고 있는 형태가 1인가구이다. 1인가구란 1인이 독립적으로 취사, 취침 등 생계를 유지하고 있는 가구를 말한다. 2017 인구주택총조사 결과에 의하면, 2000년 1천 431만 가구였던 1인가구는 계속 증가하여 2015년 1천 911만 가구, 2016년 1천 936만 8천 가구, 2017년 1천 967만 4천 가구로 증가하였다. 일반가구에서 차지하는 비율 역시 2000년 15.5%에서 2010년 23.9%, 2015년 27.2%, 2016년 27.9%, 2017년 28.6%로 증가일로에 있다. 연령계층별로 70세 이상의 1인가구수가 다시 증가하여 전체의 18.0%를 차지하였으며, 30대가 17.2%, 20대 17.1% 순으로 높게 나타났다.

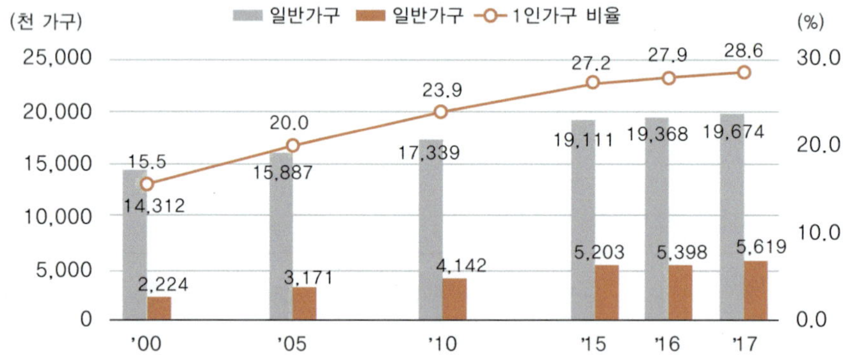

[그림 1-10] 연도별 1인가구 규모(2000T~2017R)

자료: 통계청(2017). 2017 인구주택총조사 보도자료.

〈표 1-8〉 연도별 1인가구 규모(2000T~2017R)

(단위: 천 가구, %)

구 분		2000년T	2005년T	2010년T	2015년R	2016년R	2017년R
일반가구 (A)	계	14,312	15,887	17,339	19,111	19,368	19,674
	읍면	3,082	3,142	3,308	3,623	3,706	3,793
	동	11,229	12,745	14,031	15,488	15,662	15,881
1인가구 (B)	계	2,224	3,171	4,142	5,203	5,398	5,619
	읍면	582	731	898	1,078	1,134	1,177
	동	1,643	2,440	3,244	4,125	4,263	4,442
1인가구 비율 (B/A)	전체	15.5	20.0	23.9	27.2	27.9	28.6
	읍면	18.9	23.3	27.1	29.8	30.6	31.0
	동	14.6	19.1	23.1	26.6	27.2	28.0

자료: 통계청(2017). 2017 인구주택총조사 보도자료.

1인가구가 증가함으로써 결국 가장 주된 세대 유형이던 2세대 가구는 2005년 55.4%에서 2010년 51.3%, 2015년 28.8%로 감소하게 되었고, 3세대 이상 가구는 각 년도 6.9%에서 6.1%, 5.4%로 감소하였다. 또 2세대 중 '부부+미혼자녀' 가구는 감소하고, 부부가구는 증가추세에 있으며, '부+미혼자녀', '모+미혼자녀' 가구는 증가하였다. 그 결과, '부부', '부부+미혼자녀', '부+미혼자녀', '모+미혼자녀'로 구성된 핵가족 비율은 감소하였다.

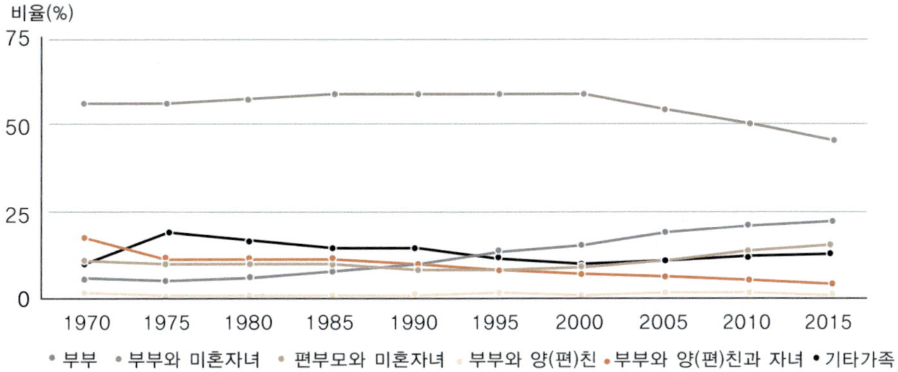

[그림 1-11] 세대구성

자료 : 통계청(2017). 2015 인구주택총조사.

〈표 1-9〉 세대구성 2010-2015

구분		2010년(B)		2015년		증감(B-A)	
			구성비		구성비		증가율
일반가구		17,339	100	19,111	100	1,772	10.2
1세대		3,027	17.5	3,324	17.4	297	9.8
	부부	2,672	15.4	2,982	15.6	210	11.6
	기타	356	2.1	103	0.5	-253	-71-1
2세대		8,892	51.3	9,328	48.8	436	4.9
	부부+미혼자녀	6,416	37	6,150	32.2	-266	-4.1
	부+미혼자녀	347	2	538	2.8	191	55
	모+미혼자녀	1,247	7.2	1,523	8	276	22.1

구분		2010년(B)		2015년		증감(B-A)	
			구성비		구성비		증가율
	조부모+미혼손자녀	51	0.3	43	0.2	-8	-15.7
	기타	831	4.8	782	4.1	-49	-5.9
3세대		1,063	6.1	1,029	5.4	-34	-3.2
	부부+미혼자녀+양친	134	0.8	113	0.6	-21	-15.7
	부부+미혼자녀+모친(또는 부친)	518	3	466	2.4	-52	-10
	기타	411	2.4	450	2.4	39	9.5
4세대이상		13	0.1	11	0.1	-2	-15.4
1인가구		4,142	23.9	5,203	27.2	1,061	25.6
비친족가구		202	1.2	214	1.1	12	5.9

자료 : 통계청(2015). 인구주택총조사.

4) 가족구조의 다양화

우리 사회에서 증가하고 있는 가족의 형태는 한부모가족과 조손가족을 들 수 있다. 한부모가족은 사망, 이혼, 유기, 별거 및 미혼으로 인하여 부모 중 한쪽이 없거나 또는 법적, 현실적으로 한부모 역할을 할 수 없는 경우에 한부모와 자녀로 이루어진 가족을 말한다. 우리나라에서 한부모 가족의 비율은 2000년 7.9%였으나, 2005년 8.6%, 2010년 9.2%로 지속적인 증가를 보였다(통계청. 각년도 인구주택총조사).

이후 통계청에서 발표한 2017 인구주택총조사 보도자료에 의하면, 2016년 한부모가구는 약 154만 가구, 2017년에는 153만 3천 가구로 집계되었으며, 18세 이하 자녀가 있는 한부모가구는 2017년 기준으로 42만 5천 가구였다. 전체 한부모가구 중 부와 미혼자녀인 가구는 28만 1천 가구(전체 가구의 18.3%)이며 모와 미혼자녀인 가구는 95만 2천 가구(전체 가구의 62.1%)로 후자가 더 많았다.

〈표 1-10〉 세대구성별 한부모가구

(단위: 천 가구, %)

세대구성	막내자녀연령구분	2016년[R]	2017년[R]	증감	증감률
계	소계	1,540	1,533	−7	−0.4
	18세 이하	446	425	−21	−4.7
	19세 이상	1,094	1,108	14	1.3
부+미혼자녀	소계	282	281	0	−0.2
	18세 이하	94	89	−5	−4.9
	19세 이상	188	192	4	2.2
모+미혼자녀	소계	951	952	1	0.1
	18세 이하	230	219	−11	−4.7
	19세 이상	721	733	12	1.7
부+미혼자녀 +기타가구원	소계	114	111	−3	−2.5
	18세 이하	60	57	−3	−5.2
	19세 이상	54	54	0	0.5
모+미혼자녀 +기타가구원	소계	193	189	−5	−2.4
	18세 이하	62	60	−2	−3.5
	19세 이상	131	129	−2	−1.8

자료: 통계청(2017). 2017 인구주택총조사 보도자료.

조손가족은 손자녀 양친의 사망이나 이혼 혹은 재혼, 또는 경제적 곤란 등에 따른 가족해체로 인해 조부모가 손자녀를 양육하는 경우이다. 2010년 실시된 「인구주택총조사」에 의하면 조손가족은 2005년의 0.4%였던 것에 비해 2010년 0.3%로 다소 감소하는 현상을 보이고 있다. 그러나 여성가족부(2011)의 「조손가족실태조사」에 의하면 2010년 6만 9,175가구로 2005년의 5만 8,058가구에 비해 증가한 것으로 나타났다. 보통 조부가 손자녀를 양육하는 경우(19.6%)보다 조모가 양육하는 경우(64.5%)가 많으며, 친부모의 이혼과 재혼에 따른 가족해체로 조부모가 양육을 맡게 되는 경우(45%)가 가장 많다.

통계청 장래가족 추계에 의하면, 2005년 5만 8,058가구였던 조손가족 수는 10년 만에 15만 3,000가구(2015년)로 3배 가까이 급증했고, 20년 뒤인 2035년이면 다시 두 배(32만

1,000가구)로 증가할 것으로 추산하고 있다. 그럼에도 불구하고 조손가족에 대한 공식적인 통계는 찾아보기 힘들다.

2. 가족의 개념

1) 사회 기본단위로서의 가족

가족에 대한 생각이나 생활방식들이 다양해지게 되면 '가족이란 무엇인가'에 대한 개념도 달라질 수밖에 없다. 그러나 우리는 가족에 대한 개념을 정의하기보다는 당연히 가족이 존재하여 왔고 앞으로도 존재할 것이라고 막연히 생각한다. 가족이란 자녀양육의 기능을 중심으로 특정한 공간(가정)과 특정한 애정의 유대(사랑)로 연결된 특정한 사람의 집합체(핵가족)라는 특징을 갖고 있기 때문이다.

뿐만 아니라 사람들은 가족을 떠올릴 때 사회의 가장 기본적인 단위이며 인간에게 가장 중요한 환경이라고 생각한다. 그렇지만 가족의 범위나 기능을 생각해보면 서로 다른 생각들을 갖고 있다. 따라서 가족의 개념과 범위, 중요성을 생각해보는 것이 필요하다. 우선 사전적 정의에 의하면, "가족이란 부부, 부모, 자녀, 형제 등 혈연으로 맺어지며 생활을 함께 하는 공동체 혹은 그 성원들"이라고 정의된다. 즉 결혼이나 혈연으로 맺어져서 경제적인 자원을 공유하고 정서적인 지원을 제공하는 집단을 의미한다.

버게스와 로크(Burgess & Locke, 1945)는 가족을 '혼인, 혈연 또는 입양의 유대로 맺어진 사람들의 집단이며, 단일가구를 구성하고, 그 안에서 주어진 위치에 따라 사회적 역할을 수행해 나감으로써 상호작용과 공통문화를 유지해 가는 집단'으로 규정하고 있다. 머독(Murdock)은 '주거를 공유하고 경제적 협동과 출산으로 특징지어지는 집단'이라고 규정하고 사회적으로 인정된 성관계를 갖는 최소한 2인의 성인과 그들이 출산한 자녀나 입양한 자녀가 포함된 것이라고 하였다. 김두헌은 '친애의 정으로서 접근하기 쉽게 되어 있는 일정한 범위의 혈통관계자의 집단으로서, 한 집에 거주하며 의식 기타 일상생활을 공동으로 하고 재산을 공동으로 수용하는 집단'으로 정의하였다. 이 외에도 밀러(Miller)는 '자신들 스스로가 가족으로 생각하면서 전형적인 가족임무를 수행하는 2인 이상의 사람들'이라고 하였고, 쿤츠(Coontz)는 가족을 '서로 사랑하고 배려하는 사람들의 집단'이라고 정의하여 혈연이나 입양을 통한 가족의 개념을 넘어서서 정서적 지지 기능을 하는 집단을 가족이라 정의하였다.

그러나 앞서 가족의 변화에서 제시하였듯이, 오늘날과 같이 먼 거리에 떨어져 사는 가족의 경우나 혼자 사는 사람들의 경우에는 혈연으로 맺어진 구성원과 생활을 함께 하는 구성원이 서로 다를 수 있다. 또 자기 가족보다 정서적으로 더 친밀한 관계를 유지하는 이웃이나 친지들이 있을 수 있다. 경우에 따라서는 가장 많은 시간을 함께 하고 '한솥밥을 먹는' 가족들을 떠올릴 때, 부부와 부모 외에 다양한 구성원들을 떠올리게 됨으로써 결혼이나 혈연에 의한 관계 외에 다양한 관계로 맺어진 사람들을 생각할 수도 있다.

우리나라의 경우에는 아직 2세대 가족이 50% 이상을 차지하고 있으며 부모형제와 함께 하는 가족이 많지만, 1인 가정이 점차 증가하는 추세가 지속된다면 가족의 개념뿐만 아니라 가족의 범위와 기능에 대한 재검토가 이루어져야 할 것이다. 이것은 가족을 위한 가족정책을 수립하는 데 있어서 혼자 사는 노인이나 원가족과 떨어져 사는 청년들을 어떻게 다룰 것인가 하는 문제와 관련이 있기 때문이다.

흔히 가족이란 둘 이상의 구성원으로 이루어진 관계나 집단으로서 다른 사회집단과는 구별되며, 그 안에서 가족의 기능, 규범, 가치 등이 공유되는 독특한 제도로 여겨져 왔다. 둘 이상의 구성원으로 이루어졌다는 점 때문에 가족의 기능 역시 애정적인 기능, 사회화의 기능, 경제적 협력의 기능 등이 강조되었다. 그러나 가족의 규모가 점차 적어지고 구성원들이 점차 파편화되는 현실에서는 기존의 혈연가족만을 가족의 범위에 두거나 협의의 가족기능만을 강조할 수는 없다. 그런 점에서 '관계 중심적인 가족'이라는 용어보다 '생활 중심적인 가정'이라는 용어를 사용하기도 한다.

2) 국내법에 정의된 가족

국내법에서 가족을 어떻게 정의하는지를 알기 위해서 가장 먼저 살펴보아야 할 것은 「민법」이다. 2005년 3월에 개정된 우리나라 「민법」 제779조(가족의 범위)에서는 '1. 배우자, 직계혈족 및 형제자매, 2. 직계혈족의 배우자, 배우자의 직계혈족 및 배우자의 형제자매 중 생계를 같이하는 경우'를 가족의 범위 안에 넣고 있다. 개정 전 '부부, 그의 생계를 같이하는 그 형제자매를 가족으로 한다'고 정의된 범위에 비해 개정된 「민법」에서 가족의 범위가 보다 확대되어 법에서도 가족의 개념이 변화하고 있음을 알 수 있다.

또 다른 가족정책의 주요 법으로서 현대의 가족문제를 해결하고 가족을 더욱 건강하게 만들기 위한 범사회적 지원을 제도화하기 위해 2003년에 제정된 「건강가정기본법」에서는 가족을 '혼인, 혈연, 입양으로 이루어진 사회의 기본단위'로 규정하여 보다 폭넓은 가족 범위를 담고 있다. 「민법」에서는 배우자의 형제자매, 배우자의 직계혈족이 생계를 같이하는 경우에만 가족의 범위에 들어간다면, 「건강가정기본법」에서는 이 또한 포함될 수 있는 여지를 남겨두고 있다.

이는 「건강가정기본법」이 새로운 가족형태들이 빠르게 생겨나고 가족의 노력만으로는 감당할 수 없는 문제들이 생겨나게 됨으로써 나타난 결과로 이해된다. 「건강가정기본법」에서는 현재 어떠한 상태에 처해 있는 것과 상관없이 지금보다 더욱 건강한 가정을 만들어가기 위한 가정과 국가, 그리고 사회의 노력 및 지원을 법적으로 규정한 것으로 건강가정을 추구해야 하는 단위로 '가족'을 보고 있다. 따라서 가족의 구조나 형태보다는 가족이 나아가야 할 방향성을 강조하고 있다. 또한 동법에서 '가정'은 가족에 비해 생활 중심의 활동과 가족과 사회의 연대 및 생활공동체를 강조하기 위해, '건강'과 '가정'을 결합한 용어를 사용하고 있다.

- 가족 : 혼인, 혈연, 입양으로 이루어지는 사회의 기본단위
- 가정 : 가족 구성원이 생계 또는 주거를 함께 하는 생활공동체로서 구성원의 일상적인 부양, 양육, 보호, 교육 등이 이루어지는 생활단위

이 법에 의하면 건강가정은 다음과 같이 간단하게는 5가지, 더 세분하면 12가지의 요소를 포함한다.

1. 기본토대: 가정의 경제적인 안정과 안정적인 의식주생활
2. 가족관계: 민주적이고 양성평등한 가족관계, 열린 대화, 휴식과 여가 공유
3. 가정역할: 자녀의 성장발달 지원, 합리적인 자원관리, 가족역할 공유
4. 사회와의 관계: 일과 가정의 조화, 건강한 시민의식과 자원봉사활동, 지역사회활동 참여
5. 가정문화: 건강한 가정생활문화의 유지 및 창조

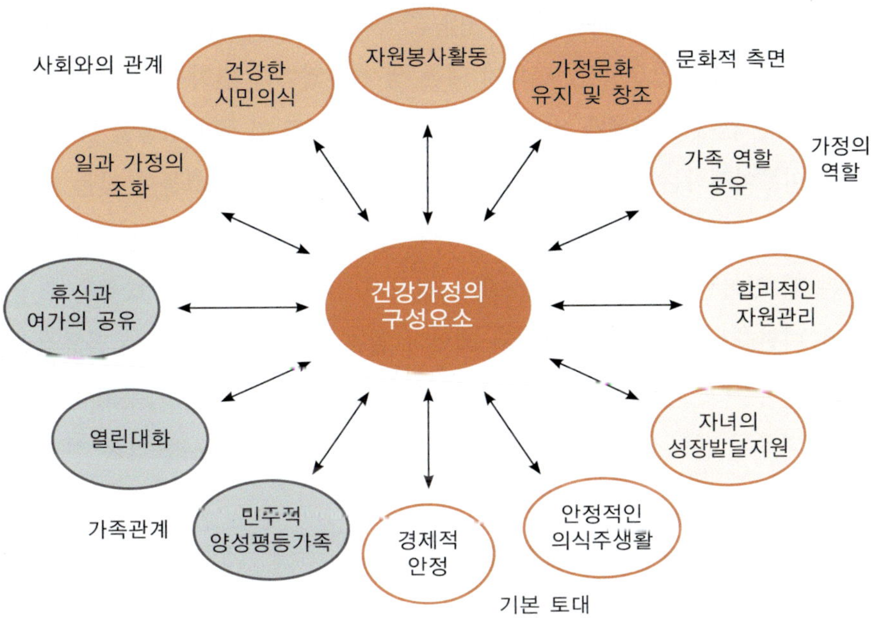

[그림 1-12] 건강가정의 12가지 구성요소

최근에는 가족과 관련된 연구와 실천현장에서 '가족'보다 '가정'이라는 용어가 더 자주 사용되거나 혼용된다. 현재 가족과 관련된 법적 근거는 「건강가정기본법」으로서 건강가정기본계획에 의해 정책이 실행되어 있으며, 또 다른 한편으로 건강가정기본계획을 주관하는 행정부서에서는 편의상 가족정책이라고 명명하고 있는 등 여전히 가족과 가정의 개념정의가 모호하다.

그러나 가족이란 개념 역시 생활을 배제한 개념이 아니고 수천 년 동안 다양한 가족형태

가 생겨났다가 없어졌으며 지역별로도 다양한 형태들이 존재해왔다는 점에서, 가족의 개념을 보다 넓게 정의하고 다양한 가족형태를 포괄하며 변화 가능한 주체로 보는 것이 타당하다. 단지, 가정이란 개념이 갖는 공동체적 성격이나 의식주생활과 같은 일상적인 생활을 포함하는 더 큰 범위로 인식하는 것이 필요하다.

가족과 가족의 미래에 대해 많은 사람들이 걱정하고 있는데, 실상은 "사람들이 가족에 대해 갖는 가치가 어떻게 변화할 것인가" 하는 것이 관심의 대상이다. 이것이 결국 가족과 가족정책에 대한 우리 사회의 담론이 될 것인데, 가족에 대한 생각과 가치가 불분명하기 때문에 더욱 더 많은 논의가 필요하다. 가족에 대한 생각이 얼마나 변화하든, 가족의 모습과 문제가 어떤 것이든 간에 개인에게 있어서 가족이 가치 있고 가족의 기능을 통해 인간의 성장과 발달이 이루어진다는 것, 가족의 구조와 구성원이 다양하며 그들이 갖는 가치가 다양함을 인정하는 것이 중요한 것이다. 그러나 가족 논의에서 통일된 개념이 없는 것이 가족가치를 논하는 데 있어서도 같은 어려움으로 나타나며, 이는 가족정책의 방향을 결정하는 데에도 영향을 미친다. 가족에 대한 통일된 개념이 없기 때문에 정책에서는 전통적인 핵가족을 기준으로 하게 되고 다른 형태의 가족이 도외시되는 것이다. 혹은 가족의 문제들이 갑자기 증가하고 가족이 불안정해지면 이미 발생한 문제들을 해결하느라 가족 본래의 모습을 생각하지 못하게 된다.

생각해볼 문제

1. '가정'과 '가족'의 의미가 어떻게 다르다고 생각하는지 이야기해보자.
2. 생활 주변에서 가족의 다양한 가치관, 형태나 구조, 생활방식 등의 사례에 대해서 찾아보고, 이에 대해 이야기해보자.
3. 가족을 가치롭게 생각하는가? 그렇게 생각하게 된 계기는 무엇인가? 등에 대해 토론해보자.

참고문헌

여성가족부(2011). 2011 조손가족실태 보고서.
조희금 · 김경신 · 정민자 · 송혜림 · 이승미 · 성미애 · 이현아(2009). 건강가정론. 신정.
최연실 외 역(1995). 새로 보는 가족관계학. 하우.
통계청(2015). 2015 인구주택총조사
통계청(2016). 2016 다문화 인구동태통계
통계청(2016). 2016 사회조사결과
통계청(2016). 2016 사회조사결과 보도자료
통계청(2016). 2016 인구주택총조사
통계청(2017). 2017 인구주택총조사 보도자료
통계청(2017). 2017 혼인이혼통계 보도자료
Zimmerman, S. L.(2001). *Family Policy*. California. TO : Sage Publications.

제2장

가족정책의 이해

사회는 구성원에 의해서 만들어지며, 사회변화는 사회에 속한 구성원들이 움직이는 방향이다. 이런 변화 중에서 사회 구성원들이 원하지 않는 방향으로 변화가 나타날 때, 그러한 변화를 원하는 방향으로 바꾸기 위한 개입의 수단이 정책(public policy)이다(백승훈, 2011). 따라서 정책은 대상을 정의하고, 진행해야 할 방향과 목표를 갖게 된다. 그런데 이러한 정책 중 가족정책은 가족의 실체를 어떻게 인식하는지에 따라 여러 가지 입장이 나타나게 된다는 특징이 있다.

따라서 '가족정책이란 무엇인가?'에 대한 개념은 시대변화에 따라 가족에 대한 인식이 다양해지면서 정의 또한 다양해지게 된다. 특히 '가족정책이 무엇을 다룰 것인가?' 하는 영역의 문제 역시 국가나 사회에 따라 다르다. 예를 들어 가족을 남성과 여성이 만나 자녀를 낳고 생활하는 사적인 개념의 가족으로 다룰지 아니면, 사회 구성원을 양육하는 역할을 담당하는 사회적 가족의 개념에서 접근할지 또는, 사회변화에 따른 정치적 도구로서의 공공 개념의 가족을 가족의 영역에 포함시킬지의 여부에 따라 다양한 가족의 실체가 존재하고 정책적 대상과 영역이 다르기 때문이다. 그러나 이러한 다양성을 인정하더라도, 가족정책이 무엇이고, 영역은 어디까지이며, 무엇이 달성될 수 있는가와 같은 것에 대해 정의하는 것은 매우 중요하다.

특히 사회정책과 가족정책 간의 관계에 따라 가족정책의 영역이 커지거나 작아지며 가족정책이 사회정책에서 차지하는 비중에 따라 가족정책의 대상도 달라질 수 있기 때문에, 가족정책을 다루기 위해서는 그 개념과 영역을 규정하는 것이 더욱 중요해진다. 따라서 이 장에서는 가족정책에 대한 논의부터 시작하여 가족정책의 특성에 대해 살펴보기로 한다.

1. 가족정책의 개념과 접근

1) 가족정책의 개념

가족정책의 개념에 대해서는 영역이나 목표 및 내용 등에 있어서 학자마다 차이가 있다. 가장 대표적으로 인용되는 것은 캐머만과 칸(Kamerman & Kahn, 1978)의 정의이다. 캐머만과 칸은 세 가지 의미를 갖는 가족 용어의 사용을 보여주고 있다. 첫째, 가족에 대한 가족수당, 보편 가족급여, 소득세제 등과 같이 소득재분배의 포괄적인 대상으로서의 가족이다. 둘째, 인구정책과 장기적인 인구계획의 맥락에서 가족정책이라는 말을 사용하였다. 셋째, 결손가족, 장애가족, 노인가족, 빈곤가족, 무주택가족 등 취약가족으로 지원의 대상이 될 수 있는 단위로서 가족을 사용하였다. 이러한 정책에서 사용된 가족에 대한 캐머만과 칸의 분류는 가족정책의 정의가 가족이라는 용어의 의미 또는 사용 의도에 따라 달라짐을 일깨웠다는 점에서 가장 큰 의미를 갖는다.

우선 캐머만과 칸은 가족정책을 사회정책의 한 분야로 보았으며, 사회가 추구하는 목표를 달성하기 위한 수단으로서의 가족정책과 사회정책의 선정기준 및 평가기준이 되는 가족정책을 구분하였다(백승훈, 2011 재인용). 이 정의에 의하면 "가족을 대상으로 하는 국가의 모든 공적정책"을 가족정책이라 할 수 있으며, 가족정책이란, 국가가 가족을 대상으로 가족을 위하여 행하는 모든 활동으로서 일반적 · 통일적 · 총합적 관점에서 가족생활의 유지와 강화를 도모하는 여러 시책으로 정의된다. 즉 캐머만과 칸은 사회정책을 만들고 평가함에 있어, 가족을 얼마나 중시하여 정책을 세울 것인가가 가족정책의 범주 여부를 결정한다고 본 것이다.

이러한 캐머만과 칸의 가족정책 분류와 관련된 연구들은 가족정책의 초기 연구로서 개념과 접근방법을 개발하는 데 기여했다는 의의를 갖기는 하지만, 이들의 정의는 가족정책의 범위를 너무 넓게 포괄함으로써 정체성이 없다는 지적도 받고 있다. 그래서 모엔과 쇼어(Moen & Schorr, 1987)는 가족정책이란 "가족을 위해 널리 합의하여 결정한 일련의 목표를 실현하기 위해서 국가나 혹은 중요한 사회기관이 의도적으로 만든 프로그램이나 정책"이라고 정의하였다. 그러나 이것 역시 '널리 합의하여 결정한 일련의 목표 실현'이란 정의가 너무 모호하다는 비판을 받고 있다.

〈표 2-1〉 학자별 가족정책의 정의

학자	가족정책의 정의
캐머만과 칸(1878)	국가가 가족을 대상으로, 가족을 위하여 행하는 모든 활동으로서 일반적, 통일적, 총합적 관점에서 가족생활의 유지와 강화를 도모하는 여러 시책
모엔과 쇼어(1987)	가족을 위하여 광범위하게 합의된 일련의 목표로서, 이러한 목표들은 정부와 사회기관이 계획적으로 형성한 프로그램과 정책을 통해 실현됨
짐머만(1995)	사회 내의 가족이 경험하는 여러 문제에 대처하기 위해서 가족복지라는 합의된 목적을 달성하고자 하는 일련의 상호연관된 정책적 선택
조홍식 외(2002)	가족복지에 관심을 두고 정부가 의도적으로 취하는 조치나 행동, 개인을 다루더라도 가족과 연계해서 다루는 정책, 가족성원을 대상으로 그들의 복리를 증진하기 위한 수단으로서의 제반 정책들을 포함하는 개념
여성가족부 (건강가정정책 2006)	가족 구성원의 안정과 복지를 강화하고 가족생활과 관련된 삶의 질을 높이기 위하여 가족에 직간접적인 영향을 미치는 정책
유계숙 외(2008)	국가의 주도하에 가족, 시장 지역사회가 함께 일련의 과정을 통하여 다양한 형태의 가족들을 대상으로 가족형성, 부양, 양육, 돌봄 등 가족단위의 기능과 역량을 강화하고 평등한 가족관계를 소성하기 위하여 행하는 모든 활동
윤홍식 외(2010)	국가가 가족과 관련하여 그 사회가 추구하는 목표를 실현한다는 의도를 가지고 가족 및 가족 구성원으로서의 개인을 대상으로 행하는 일련의 정책
최덕경 외(2012)	국가가 가족 및 지역사회와 함께 가정생활의 역량 강화라는 정책목표를 가지고, 다양한 가족과 가족 구성원에서 발생하는 욕구충족을 위해 국가가 행하는 모든 정책
이진숙 외(2012)	가족을 대상으로 하고 가족복지와 관련이 있는 국가의 모든 정책적 활동과 계획

출처: 최덕경(2012). 백승훈(2011), 유계숙(2007)의 관련 내용을 기초로 재구성.

이후 가족정책에 대한 개념 정의가 다양해지고, 다양한 방법으로 규정되기 시작하였다. 먼저, 짐머만(Zimmerman, 2001)은 "가족정책이란 한 사회에서 가족이 직면할 수 있는 여러 가지 문제들을 해결하기 위한 각각의 정책들의 합"이라고 정의하며, 각각의 정책들은 서로 상호작용한다고 보았다. 짐머만의 가족정책 정의의 특징은 가족이 경험하는 여러 문제로부터 개념정의를 시작하였다는 점이다. 그는 가족정책의 시작을 사회 내에서 가족이 경험하게 되는 여러 문제에서 시작된다고 보았으며, 이 문제에 대처함으로써 가족복지를 실현한다는 합의된 목적을 도출해냈다. 그리고 이러한 목적으로 달성하는 데 관련된 일련의 상호연관된 정책을 가족정책이라고 본 것이다. 이 정의에 의하면 가족이 직면하는 여러 가지 문제들의 범주가 곧 가족정책의 영역이 되게 된다. 짐머만이 말한 가족이 경험하는 문제들은 다음과 같다.

〈표 2-2〉 가족이 경험하는 문제들

미혼부모	가족해체	빈곤
자살	실업	장기간의 요보호
이동성 부족	가족가치의 축소	언어 장벽
정신적 질병	가정폭력	건강하지 못함
노숙자	마약/알코올중독	폭력/범죄
낙태	성교육	음주운전
정신적 지체	부모권위의 상실	소득불균형의 심화
건강보호 서비스 부족	과대 혹은 과소 정부	성/인종 차별
자녀돌봄 서비스 부족	노동요구	부모의 자녀교육 참여
학교 안전	불규칙한(무계획적) 도시화	복지결핍

출처 : Zimmerman, S.(2001). Family Policy.

모든 가족문제가 지역이나 국가의 정책이 되는 것은 아니지만, 예를 들어 10대의 출산이 많아지거나 빈곤율이 증가하는 징후가 나타나면, 이 문제는 출산율이나 빈곤율을 낮추는 일련의 정책적 조치를 취하게 된다. 일반적인 정책의 목표가 개인의 복지를 향상시키는 것과 같이, 가족정책의 목표는 가족의 복지를 향상시키는 것이다. 이때 정책이나 행동들은 무엇이 행해져야 하는가에 관한 일련의 선택들로 이루어진다. 즉 10대의 출산율이 증가한다고 할 때 그것이 단순히 가족의 문제로 그칠 수도 있지만, 이를 정책적으로 해결할 수도 있다. 예를 들어, 10대의 출산율을 감소시키는 문제를 정책적으로 해결하기 위해서는 정책 방안을 '누가 할 것인가', '어디서 할 것인가', '어떤 환경에서 할 것인가', '누구를 위해 시행할 것인가', '누가 얼마만큼 어떻게 자금을 조달할 것인가' 등이 결정되어야 한다.

이러한 일련의 과정은 계속해서 합의를 통해 정책이 만들어지게 되고, 이때 정책이 시행되어야 할 목표 또한 합의되어야 한다. 여기서 합의된 목표라는 말은 민주주의 사회에서는 정책이 한두 사람의 의견으로 이루어지는 것이 아니라 그 일을 하도록 선택된 다수의 사람들에 의해 만들어진다는 의미이다.

한편 가족정책이 무엇인가를 규정하기보다는 정책수립에 있어서 가족관점을 갖는 것이 중요함을 강조한 학자로는 보겐슈나이더(Bogenschneider)가 있다. 그는 앞서 제시한 캐머만과 칸의 명시적인 가족정책과 암묵적인 가족정책을 인용하면서, 가족정책의 범위를 어디까지로 할 것이며 대상이나 영역을 구분하기보다는 정책을 가족관점에서 접근해야 할 것을 강조하였다. 이것은 다음 절에서 논의할 가족정책의 영역과도 연관된다.

우리나라의 학자들도 가족정책에 대해 정의하였는데, 특히 이진숙 외(2012)는 가족정책을 가족복지정책과 비교하면서, 가족복지정책과 유사한 것으로 보았다. 가족정책은 "국가가 가족의 기능이나 역할에 의도적으로 영향을 미침으로써 원하는 방향의 변화를 가져오려는 체계적인 개입계획"(최성재, 1994)을 의미하고, 가족복지정책은 "통제와 원조의 기제(Harding, 1996a)를 통해 국가가 순수하게 가족을 위해 행하는 정책"만을 의미하는 것이다. 그러나 실천적 차원에서 이 두 개념은 그 영역과 내용이 중첩되는 부분이 많아 명확히 구분하기가 어렵다. 특히 현대 국가는 복지의 의미를 확대 규정하면서 가족의 삶의 영역 전반에 걸쳐 정책이 영향을 미치고 있어 가족정책과 가족복지정책의 개념을 구분하기는 어려우므로, 가족정책이란 가족을 대상으로 하고 가족복지와 관련이 있는 국가의 모든 정책적 활동과 계획이라고 하였다.

결국 가족정책의 개념과 범주를 어떻게 정할 것인가에 대한 의견은 다양하지만, 정책이 정부의 의도된 활동이라는 점에서 가족정책은 '가족과 관련된 정부의 의도된 정책'이라고 규정할 수 있으며, 나라별로, 가족의 정의규정에 따라, 그리고 가족정책의 목표에 따라 개념과 영역은 더욱 다양해지게 된다. 즉 가족을 남성과 여성이 만나 자녀를 낳고 생활하는 사적인 개념의 가족으로만 볼 경우 가족정책은 가장 소극적으로 이루어질 것이다. 그러나 사회 구성원을 양육하는 역할을 담당하는 사회적 가족의 개념으로 본다면 양육 지원을 위한 정책이 가족정책에 가장 큰 비중을 차지하게 되고, 사회변화에 따른 정치적 도구로서의 공공 개념의 가족을 받아들인다면 보다 광의의 영역을 가진 가족정책의 시행이 가능해진다.

2) 가족정책의 영역

캐머만과 칸은 가족정책을 논의하면서 가족정책을 보는 시각을 기준으로 가족정책의 범위를 규정하고자 하였으며, 가족정책을 통해 한 사회에서 갖는 가족의 중요성 등을 가늠해 보고자 하였다. 그들은 가족정책에 대해 세 가지 측면에서 접근하였는데, 사회문제를 해결하기 위한 사회정책의 한 분야로 볼 것인가, 사회적 목표를 달성하기 위한 수단으로 볼 것인가, 다른 사회정책을 선택하거나 평가할 때의 기준이나 관점으로 볼 것인가 등이다. 이 세 가지 접근은 개념적으로 조금씩 다르지만 가족정책을 보는 시각을 제시했다는 점에서 의미가 있다.

첫째, 사회문제를 해결하기 위한 사회정책의 한 분야로 가족정책을 이해한다는 것은 가족정책을 거대한 사회정책에 속한 작은 부분으로 보는 것이다. 둘째, 가족정책은 그보다 더 거시적인 차원의 사회적 목표를 달성하기 위한 수단으로 기능한다고 보는 접근은 가족정책이 다른 사회정책을 실현하기 위한 매개체로 작용할 수 있다는 것이다. 셋째, 다른 사회정책을 선택하거나 평가할 때의 기준이나 관점으로 가족정책이 기능한다고 보는 시각은 가족정책이 다양한 사회정책을 보는 프리즘의 역할을 할 수 있다는 것이다. 이렇게 서로 다른 시각에서 가족정책에 접근하지만, 이 세 가지 접근방식이 갖는 공통분모는 가족정책이 국가적 차원에서 그 사회가 추구하는 목표와 이념을 실현하기 위한 의도를 가지고 가족에 대해 영향력을 행사한다는 점이다.

이들의 관점을 인용하여 윤홍식 외(2010)의 연구에서도 가족정책을 보는 관점을 논의하였는데, 이것은 결국 무엇을 가족정책이라고 할 것인가 하는 문제라는 점에서 가족정책의 영역과 같다. 우선, 정책을 정의할 때 가장 단순한 기준은 정책의 대상을 기준으로 하는 것이다. 즉 아동정책, 청소년정책, 여성정책, 노인정책 등으로 명명하면 다른 대상과 구분된다는 점에서 정책의 범위가 명확해지고 이해하기가 쉽다.

그러나 사회정책 안에서 가족정책은 대상이 명료하지 않고 복합적이라는 점에서 정의와 영역규정이 어렵다. 즉 가족정책이란 가족을 대상으로 가족을 위해 시행되는 정책이라고 할 때, 가족이란 아동, 청소년, 여성, 노인 등을 모두 포괄하고 있다는 점에서, 가족정책은 아동정책, 청소년정책, 여성정책, 노인정책을 모두 합한 개념인가 하는 것이다.

따라서 가족정책을 이야기할 때는 우선 누구를 대상으로 할 것인지에 대한 경계를 명확히 하는 것이 중요하다. 이때 가족정책의 대상으로서의 가족은 '단위로서의 가족'과 '가족구성원으로서의 개인', 그리고 '이 둘을 통합한 개념'으로 구분해볼 수 있다. 정책의 대상을 중심으로 가족정책을 본다면 단위로서의 가족을 중요시할 것인지, 가족 내의 개인을 강조해야 할 것인지, 혹은 이 두 가지를 적절히 고려해야 할 것인지가 문제시된다. 예를 들어, 여성으로서 취업의 욕구가 우선인지 혹은 어머니로서 육아책임이 우선인지가 상충될 수 있으며, 아동보육을 위해 아동을 국가가 직접 지원하는 것과 가정을 통해 지원하는 것이 상충되거나 중복될 수 있다. 뿐만 아니라 치매노인의 치료를 위해 노인정책으로 접근할지 혹은 가족의 노인돌봄의 문제로 접근할지에 따라 가족의 책임과 역할이 달라질 수 있다.

이렇게 가족정책은 다양한 대상이 섞여 있는 가족과 가정을 대상으로 한다는 점에서 영역이 모호하고 대상이 많기 때문에, 주로 아동과 여성을 중심으로 정책이 전개된다. 그렇다면 대상을 중심으로 규정하는 정책적 접근에서 벗어나 관점으로서 정책을 본다면 가족정책의 개념과 영역이 명확해질 것인가? 이런 의문을 갖고 가족정책에 접근하는 두 번째 관점은, 가족정책이란 (사회의 일정 부분으로서 배타적이고 독립적인 영역을 갖는 대상으로서가 아니라) 사회정책이 가족에게 어떤 영향을 미치는가를 가족의 관점 혹은 가족의 입장에서 보는 것이다. 사회정책을 '가족관점'에서 보는지의 여부를 가족정책의 판단기준으로 설정한다는 것은, '성인지적 관점'과 마찬가지로 '가족인지적 관점'으로 사회와 사회정책을 본다는 의미이다.

가족인지적 관점을 갖고 접근할 경우, 가족정책에는 가족에게 영향을 주는 모든 사회정책이 포함될 수 있어서 가족을 중심으로 사회를 볼 수 있다는 장점은 있지만, 너무나 많은 정책들이 포함되어야 한다는 점에서 가족정책의 영역을 여전히 모호하고 복잡하게 만든다는 단점이 있다. 즉 가족은, 가족에게 영향을 주는 노동, 주택, 조세, 연금, 교육 등 모든 사회부문과 연관을 맺고 있으므로 노동정책, 주택정책, 조세정책, 연금정책, 교육정책 등이 모두 가족정책에 포함되어야 하기 때문에 가족정책의 범위가 지나치게 광범위해지는 결과를 낳는다. 이것은 결국 가족정책은 사회정책과 같으며 가족정책의 실체가 없다는 비판을 받게 할 수 있다(김인숙 외, 2004).

세 번째로, 정책의 개념규정이나 영역구분이 모호할 때는 정책의 목적을 근거로 가족정책의 영역을 규정해볼 수 있다. 즉 가족정책의 개념과 영역을 규정하기 위해서는 가족정책이 지향하는 목적을 명확히 함으로써 가족정책의 내용과 범주를 결정해볼 수 있다. 가족정책의 대상과 내용, 기능을 논하기에 앞서 가족정책의 목적을 설정하는 것이 도움이 될 수 있다.

대부분의 가족정책에 대한 논의에서는 가족의 복지향상을 가족정책의 목적으로 삼았는데, 이것은 개인의 복지 혹은 개인의 행복을 가족에 대응시킨 것으로 보았다(윤홍식 외, 2010). 이에 착안하여 김인숙 외(2004)는 가족정책의 목적을 공·사적 영역의 통합에 두는 가족정책을 정의하고 제안하였다. 이들은 가족정책을 정의하면서 가족정책에 대한 성인지적 관점을 강조하였다. 이것은 가족정책의 모호함을 개선하기 위해서는 가족의 문제에서 출발하여야 하며, 이때, 가족의 공적 영역과 사적 영역의 분리를 통해 가족의 문제를 가족정책의 공적 영역에서 지원할 수 있다고 본 것이다. 예를 들어 아동의 인권옹호 및 주부를 위한 모든 사회정책의 맥락 속에서 가족정책의 강조, 특히 취업모를 위한 시책으로서 가족정책을 활용한다거나, 가족정책이 저출산 문제도 해결할 수 있다고 보는 입장이다.

그러나 이러한 관점 역시 양성평등을 강조함으로써 가족이 갖는 양성평등적이면서도 세대통합적인 측면, 혹은 가족공동의 목적을 추구하는 시각을 완전히 보여주지 못하는 한계를 갖고 있다.

3) 가족정책에서 가족을 보는 시각

가족정책은 일반적인 복지정책과 달리 대상이나 주제별로 구분할 수 없다는 점에서 가족정책을 대상별로 논의하기 어렵기도 하지만, 반대로 가족이라는 통합성 때문에 가족정책이 다른 복지정책과 구분되는 독자성이 있다. 그리고 개별대상접근에서 해결되지 않는 정책지원 사각지대의 문제가 통합적인 가족정책으로 인해 서로 연계되고 정책효과를 배가시킬 수 있다는 장점도 있다. 가족정책의 개념과 정의가 어떠하든 간에, 가족이라는 용어는 개인을 넘어서 둘 이상의 사람들을 혈연이나 법적 관계, 기타 경제적인 지원이나 돌봄을 주고받는 관계로 엮어준다는 점에서 개념적으로 구분된다.

그렇다면 "사회정책에서 자녀나 여성, 남성보다 왜 가족이라는 용어를 기준으로 삼아야 하는가?"에 의문이 제기될 수 있다. 이것은 인간 개개인의 생활이 실제로 가족을 단위로 이루어지기 때문에 가족관점이 필요하다고 할 수 있다. 대부분의 사람들은 개인이 아니라 관계 속에서 생활한다. 여성이나 남성을 서로의 배우자나 부모 혹은 파트너로서의 역할을 고려하지 않고 개인으로만 파악하는 것은 불완전하다. 예를 들어 장애를 가진 10대 자녀를 둔 가족의 경우 정책의 대상은 장애인 지원정책 대상인 중학생 자녀에게만 한정된다.

그러나 가족을 단위로 볼 경우에는 장애를 가진 중학생을 돌보고 함께 생활해야 하는 가족들의 과중한 돌봄 부담을 경감시키기 위한 정책이 가족관점으로 가족을 단위로 보는 가족정책에는 포함될 수 있다. 즉 10대 자녀가 가진 장애가 정신지체로 24시간 누군가의 돌봄을 필요로 하는데 시설에 24시간 맡기지 못하는 경우에, 가족 내 가족원 중 누군가가 항상 10대 아동 옆에 있어야 한다. 이것은 가족원의 사회생활을 제한시키고, 취업생활을 유지할 수 없게 하므로 이러한 돌봄제공자에 대한 지원이 가족정책에서 제공될 수 있다는 것이다. 이렇듯 가족정책은 가족을 단위로 함으로써 개별대상 정책이 갖는 문제를 해결하고, 정책적 지원의 사각지대를 해소하게 된다. 결국 가족정책의 목적은 한 가족원에 대치되게 다른 가족원을 보는 것이 아니라 공동선인 가정을 위해 개인의 기여를 극대화하는 것이다.

그렇기 때문에 가족정책의 개념을 규정하는 것 못지않게 한 사회가 가족을 얼마나 중요시하며 가족을 어떤 시각에서 보고 가족정책을 만들 것인가가 매우 중요하다. 이것은 정책 자체보다는 '각 나라들이 가족을 어떻게 볼 것인가', '개별대상과 가족과의 관계를 어떻게 볼 것인가', '가족을 얼마나 중요시할 것인가' 등에 따라 가족정책의 위상이 달라지며 정책 의제로 발의된다.

한 나라가 의제를 설정하고 정책을 만들어나가는 과정을 통해서 가족에 대한 중요성을 인식할 수 있는데, 가족이 국가적인 우선순위가 아닐 때, 혹은 가족을 개별적으로 보거나 다른 욕구나 우선순위와 분리된 것으로 볼 때는 가족에 대해 특수하고 범주적인 정책이 발달된다. 범주적 정책은 특정한 정책부문에 이익을 주는 것으로서, 환경보호, 공적 교육, 범죄나 청소년문제, 건강, 무역, 경제개발을 포함한다.

가족정책이 이러한 영역으로 다루어질 때는 정책입안자의 관심이 개인이라는 범주에 관심으로 두는 것으로서, 예를 들어 아이들이나 여성, 노인 등에 초점을 둔다. 다시 말해서 정책입안자들이 가족이나 가족체계를 볼 때, 한 부문이 다른 것에 어떻게 영향을 미치는가를 고려하는 통합적이고 광범위하며 포괄적인 체계로 보기보다는 특수하고 제한적인 욕구와 문제에서 시작한다.

범주적 접근에서 가족은 정치적 이해집단이나 서비스 부문에 의해 제공되는 또 다른 경쟁적 우선순위로 간주되어, 아동이나 청소년과 같이 서로 경쟁적인 범주 중의 하나가 된다. 결국 문제는, 잘 만들어진 아동 중심적 정책이나 제도일지라도 이것이 다른 가족 중심적 의제와 충돌하거나 경쟁하게 된다는 것이다. 따라서 범주적 정책발의는 가족을 지원할 수도 있지만 그렇지 않을 수도 있다. 때로 가족이 간과되거나 피해를 볼 수 있어서, 가족에 대한 전략적이고 명시적인 관점이 중요한 차이를 만든다.

범주적 접근과 달리 가족정책에 대한 관계적 접근은 가족의 중요성과 의미, 책임에 대한 이해로부터 만들어진다. 다른 사회조직이나 정책범주와 가족과의 관계가 우선시된다. 가족은 학교와 같은 다른 조직에 영향을 주고 이 조직은 다시 가족에게 영향을 미친다. 관계적 접근으로 만들어진 정책은 가족, 다른 사회조직, 각 국가의 사회, 정치, 경제적 기능과의 관련성하에 만들어진다.

그러나 범주적 접근은 나쁘고 관계적 접근이 좋은 방법이라고 성급하게 결론짓는 것은 바람직하지 않다. 왜냐하면 모든 국가의 상황은 서로 다르며, 가족은 모든 시각의 정책으로부터 혜택을 받을 수 있기 때문이다. 결국 범주적 접근에서 관계적이고 가족 중심적인 정책으로 변화해가는 데는 시간과 학습, 그리고 정치적 지원이 필요하다.

〈표 2-3〉 가족에 대한 범주적 접근 및 관계적 접근의 차이

구분	범주적 접근	관계적 접근
목적	• 가족, 특히 깨지기 쉬운 가족을 안정시키거나 유지	• 모든 가족을 지지하고, 역량을 강화하며 자유롭게 함
가족의 역할	• 클라이언트	• 파트너, 협력자
정의적인 틀	• 요구와 문제에 대한 전문가적 정의; 실증론적 정책	• 요구와 열망에 대한 가족 및 전문가의 견해; 민주적 정책 개발
전달체계	• 낙인을 찍거나 추적 • 구제사업 • 가족만이 표적이 됨	• 다양성의 증진 • 위기를 진단하는 동시에 예방적이고 발전적인 사업 • 가족과 더불어 다른 문제나 욕구, 부분들에 관심
평가기준, 설계	• 비용-이익 분석: 실험적 교차분석설계	• 복지에 대한 양적, 질적 지표: 참여적·발전적·종단적 방법론
인센티브와 이론적 근거	• 법적 필요성	• 도덕적 의무
조직구조	• 수직적	• 수평적
정치성향	• 불평등적	• 참여적·민주적
변화이론	• 선형적, 자유방임적/점진적	• 포괄적, 통합적, 가족 중심적, 지역사회기반
가능한 결과	• 기관별 차이가 증가 • 지원과 서비스에 대한 많은 가족의 필요가 규정되거나 달성되지 않은 채 남아 있음	• 기관별 임무와 목표가 점차 일치하고 조화로워짐 • 지원 및 서비스에 대한 가족의 요구가 규정되고 달성됨

범주적 접근과 관계적 접근은 또다시 정책이 발전하는 정도에 따라 가족정책에 대한 시각을 구분하게 된다. 즉 국가가 가족을 얼마나 중요시하는가에 따라 가족에 무관심한 정책, 가족을 고려한 정책, 가족에 관심을 둔 정책, 가족 지지적인 정책, 가족 중심적인 정책으로 분류될 수 있다.

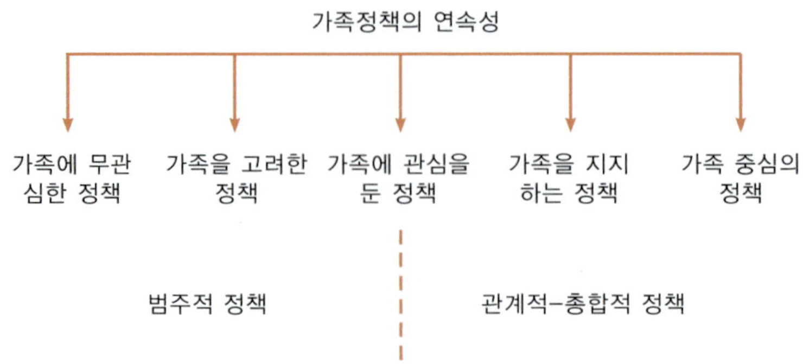

[그림 2-1] 정책의 발전 정도에 따른 가족정책의 분류

가족정책의 연속성 중 세 번째 단계에 해당하는 '가족에 관심을 둔 정책'을 만드는 단계부터 가족이 관심을 받기 시작하고 지원을 받지만 아직 충분한 단계라고 하기는 어렵다. 이때까지는 아직도 가족을 수혜의 대상으로 여기고 가족에 관한 정책들이 따로 이루어지는 단계이다. 이보다 한 단계 더 나아간 '가족 지지적인 정책'은 보다 가족을 배려하고 가족정책과 여러 정책들이 동등하게 중요해지는 단계이며, 이를 기반으로 더 발전한 '가족 중심적인 정책'은 가족에 우선순위를 두고 가족을 전체적인 관점에서 고려하는 정책이다.

이상의 세 가지 정책-가족에 관심을 둔 정책, 가족 지지적인 정책, 가족 중심적인 정책-은 나머지 초기의 정책들-가족에 무관심한 정책, 가족을 고려한 정책-과 달리 가족에 대해 관계적으로 접근하는 정책으로서 위기가족이 아닌 모든 가족을 대상으로 한다. 또한 불평등한 지위에서 국가가 가족에게 많은 혜택만을 제공하기보다는 가족을 파트너로 보아 참여적이고 민주적인 정책을 입안하는 것이다.

특히 가족과의 관계적 접근을 통해 가족 중심적인 정책을 제안하는 것은 가족을 수혜자나 대상으로 보기보다는 가족을 정책의 협력자 혹은 파트너로 보게 된다. 또한 지역사회나 기업의 지원이 모두 결합되어 가족의 역량을 강화하고 한편 가족도 기업이나 지역사회에 기여하는 동반자적 관계가 형성되도록 함으로써 가족정책의 연속체상에서 가장 상위의 정책이라고 할 수 있다.

〈표 2-4〉 정책의 발전 정도에 따른 가족정책의 분류 및 관점

<table>
<tr><th>정책</th><th>관점</th><th>접근법</th></tr>
<tr><td>가족에 무관심한 정책
(family-insensitive)</td><td>정책수립에 있어서 가족을 제외하거나 무시함. 가족은 지원받지 못하고 심하면 피해를 봄</td><td rowspan="2">범주적 접근</td></tr>
<tr><td>가족을 고려한 정책
(family-sensitive)</td><td>가족은 다른 사회부문(교육, 건강 등)을 발전시키기 위한 정책 및 수단으로 이용됨. 일반적이고 모호한 수준에서 가족에 대한 영향만 언급됨</td></tr>
<tr><td>가족에 관심을 둔 정책
(family-focused)</td><td>공식적인 결과와 정책이 이루어지고 가족을 고려할 것을 제안. 이 관점은 범주적 정책에서 관계적 정책으로 전환되는 과정에 위치. 가족은 관심을 받기 시작하고 지원을 받게 됨</td><td rowspan="3">관계적 접근</td></tr>
<tr><td>가족 지지적인 정책
(family-supportive)</td><td>가족에 대한 정책에 직접, 간접적인 영향을 미침. 외형상의 목표는 가족영향분석을 실시하고 의제를 설정하는 등 가족을 지원하고 능력을 배양하는 것이며 주거개발정책, 농업정책 등과 같은 가족에 대한 간접적 효과도 평가됨</td></tr>
<tr><td>가족 중심적인 정책
(family-centered)</td><td>가족이 중점적인 관심대상이 되어 가족의 웰빙에 가장 우선순위를 둠. 가족을 둘러싼 모든 정책에 관심을 두어 전체적인 관점에서 보며 가족을 중추적인 투자부문으로 보아 각종 부처를 통합하는 부처를 둠</td></tr>
</table>

출처: Lawson et al.(2001). Family-Centered Policies and Practices.

2. 우리나라 가족정책의 발달과정

1) 시대적 발달과정

(1) 1950~1960년대

1950~1960년대 한국은 6.25 전쟁으로 인한 폐허와 극심한 고통을 극복하면서 경제적 성장을 시작하는 시기였다. 이때는 가족의 해체나 절대적인 빈곤 등의 사회 경제적 혼란을 겪으면서 가족의 생존이 절대목표인 시기였고, 재건과정에서 나타나는 경제적인 구호나 보호가 필요한 상황이었다. 1950년대는 1인당 국민소득이 100달러에도 미치지 못하는 수준이

었으나, 1960년대 들어서서 경제개발이 시작되면서 빠르게 복구와 성장이 이루어졌다. 이로 인해 농촌인구의 도시로의 이동이 극심해졌으며 전후 베이비붐으로 인해 출생률이 증가하였다.

이러한 상황에서 가족의 가장 큰 문제는 빈곤해결이었으며, 사회적으로도 전쟁으로 인한 과부나 고아들을 보살피기 위한 노력이 필요하였고 전후복구를 통한 주택재건사업들이 필요하였다. 따라서 가족정책은 빈곤층을 위한 구호사업이나 해체가정 등을 위한 보호와 경제적 지원이 중심이 될 수밖에 없었다. 빈곤가정을 지원하기 위한 「생활보호법」이 제정되기는 하였으나, 이 시기의 가족정책은 심각하게 훼손된 가족의 경제적 기능을 신속하게 회복하는 임시적인 방편이었다.

1948년 헌법을 제정하고 대한민국을 건국한 이후에 국가의 정책이 가족에 미미하게나마 영향을 미치기 시작하면서 처음으로 1953년에 「근로기준법」이 제정되었고, 이어 1958년에 「민법」이 제정되었다. 그 후 다양한 법률이 제정되었는데, 1960년 「공무원연금법」, 1961년 「아동복리법」과 「고아입양특례법」, 「생활보호법」, 「군사원호보상법」, 「윤락행위등방지법」을 비롯하여 1962년 「국가유공자및월남귀순자특별원호법」 등이 해당된다(백승훈, 2011). 이렇게 산발적으로 특정계층을 위한 법률이 제정됨으로써 이 법들을 통해 가족정책의 구체적인 모습은 볼 수 없으나, 이 시기는 우리나라 가족정책의 토대가 마련된 시기라고 할 수 있다.

이후 1962년 박정희 대통령의 제3공화국이 시작되면서, 경제개발 5개년 계획을 통해 우리나라의 경제적인 성장이 가속화되었다. 이 시기에는 산업화의 진전 및 도시화로 인해 노동수요가 급증하였고, 이는 그동안 경제활동에서 제외되었던 여성에게 노동의 기회를 제공하게 되었다. 이 시기에는 전후 시작된 높은 출산율로 인해 부담을 느끼게 되어, 정부에서는 출산율을 낮추기 위한 가족계획사업, 즉 산아제한을 실시하였다. 1958년 대한어머니회가 창립되면서 가족계획 계몽운동을 시작하여 1961년에는 인구조절을 통한 국가경제발전과 모자보건의 증진, 국민생활향상을 목적으로 한 가족계획사업이 범국가적으로 시작되었다.

한편 1962년에는 「민법」의 가족편이 개정되었다. 즉 차남 이하의 자녀가 혼인하면 법률상 당연히 분가하도록 하는 법정분가제도가 추가 신설됨으로써, 부부 중심의 소가족제도가 추진되었다. 기존의 확대가족에 기초한 가족제도가 가족계획사업을 추진하고 성과를 달성하기에는 여러모로 부합되지 않으므로, 소가족제도를 통해 경제성장률 지표의 상승효과를 얻고자 하였다. 이로써 소가족제도가 국가경제발전의 필수불가결한 정책으로 자리매김하게 되었다. 그러나 이 법은 호주제를 가족제도의 근간으로 하고 남아를 통해 호주상속 및 분가가 이루어지도록 규정함으로써 남성 중심의 가부장적 가치관을 담고 있다는 논란이 여전히 있었다.

(2) 1970~1980년대

1970년대를 지나 1980년대 초까지 이어진 경제개발 5개년 계획 기간(72~76년의 3차 계획, 77~81년의 4차 계획) 동안 우리나라의 산업은 주로 섬유와 의복, 신발 등 경공업 중심으로 이루어졌으므로 여성의 노동력이 집중 투입되었다. 사무직과 서비스 중심이기는 하였으나 여성의 경제활동 증가로 인해 과거의 남성 중심적 가부장제 가족가치에 변화가 시작되었으며 도시화로 인해 핵가족화가 확산되었다.

1970년에 4.72년이었던 여성의 평균 교육연수가 1980년에 6.63년으로 급격히 증가하였고 경제활동참가율은 1970년에 39.3%에서 1980년 42.8%로 급증하였다. 또한 합계출산율 역시 1970년 4.53명에서 1980년 2.82명으로 급감하였다. 특히 1980년대는 12.12사태 후 제5공화국이 출범하면서 정의사회구현과 복지사회의 건설이라는 국정방향을 정책기조로 잡았다. 이때는 강력한 중앙집권체제를 구축하면서 복지정책을 마련하였으나, 강력한 산아제한을 실시하고 2자녀 이상의 가정에 대해 불이익을 주었다. 그 결과, 1983년에 합계출산율이 2.06명에 도달하여 인구대체율의 기준인 2.1명보다 낮아지게 되었다.

이러한 변화는 가족에 커다란 영향을 주어, 1980년대 민주화과정을 통해 가족의 가치도 크게 변화하였다. 반면, 경제성장의 산출물을 최대로 누리게 되는 1980년대 후반에는 여성의 교육수준 향상으로 인한 의식의 변화, 서구적인 생활방식의 정착 등으로 이혼율이 높아지면서 가족의 문제가 가시화되기 시작하였으며, 사회적으로도 중요한 문제로 대두되기 시작하였다.

사회적으로도 연금제도와 건강보험, 고용보험 등 사회복지제도가 마련되기 시작하면서, 극빈자를 위한 생활부조형식의 경제적 지원에서 일반인을 위한 소득지원과 보장이 시작되었다. 특히 세계적인 추세에 따라 1987년에 제정된 「남녀고용평등법」은 모성보호에 대한 기본규정을 담고 있어서, 가족의 주요 구성원인 여성과 어머니의 근로보호와 권리를 보장하였다.

(3) 1990~2003년

1990년대 이후의 우리나라는 경제적 성장이 가속화되는 동시에 여성의 교육수준 향상, 취업률 향상, 의식의 변화 등으로 인해 남녀의 혼인연령의 증가와 낮은 출산율을 경험하게 된다. 평균 초혼연령이 증가하였으며 1960년대부터 시작된 가족계획은 평균 대체율선을 넘어 지나치게 계속적으로 강화되었다. 1980년대에 2.83명이었던 출산율이 1990년에 1.59명, 2000년 1.47명, 2005년 1.08명으로 급격히 떨어지면서 저출산과 고령화 현상이 가장 큰 사회문제로 대두되게 되었다.

특히 1997년 국가부도로 인해 IMF에 자금을 신청하는 총체적 위기상황이 발생하면서 우리의 경제체제는 신자유주의적 경제정책으로 변화할 수밖에 없었다. 이 시기에는 차입금 상환을 위해 불필요한 소비를 줄이고 '금 모으기'운동을 벌이는 등 국가적으로 단결하는 계기가 되기도 했지만 가족 측면에서는 가족의 위기를 초래하는 중요한 계기가 되었다. 기업 도산 및 대규모 구조조정으로 수많은 노동자가 해고되었고 비정규직이 급증하였으며 청년 실업률이 급증하였다. 이 과정에서 이혼율의 증가나 기타 가족의 문제들이 가시화되었고, 그동안 잠재되어 있던 가족의 문제가 더 이상 개인적인 문제가 아닌 사회문제로 인식되기 시작하였다.

저출산 및 인구고령화로 인해 생산인구가 감소하게 되어 그동안 유지되었던 경제성장률이 떨어지게 되었고 고급인력의 확보가 어려워졌으며, 여성의 취업으로 인한 가정 내 돌봄의 공백이 사회적 문제로 대두되었다. 그동안 많은 선진국에서 경험하였던 저출산 및 고령화의 문제가 우리나라에서는 더욱 급속하게 진행되었을 뿐만 아니라, 가부장적 가치관을 가진 가족 내에서 여성이 취업을 함으로써 겪게 되는 가사의 부담으로 인해 결혼이나 출산의 연기가 가속화되었다. 1990년대 말에 불어 닥친 경제위기가 이러한 현상을 가중시켰다.

(4) 2004년 이후

가족정책의 대표적 근거법인 「건강가정기본법」이 제정된 2004년을 기점으로 한국의 가족정책은 기존 암묵적 가족정책에서 명시적 가족정책으로 극적인 전환을 이루게 된다. 이는 사회에 나타나기 시작한 가족의 문제와 변화가 사회적으로 공론화되었다는 의미이며, 이를 위해 가족의 역량을 강화하고 기능을 지원하는 정책 수립이 필요하였고, 그 결과가 「건강가정기본법」 제정이기 때문이다. 「건강가정기본법」은 2004년 12월에 국회를 통과하여 2005년부터 시행되었으며, 사회경제적 변화 속에서 급격하게 증가하는 가족의 문제를 가족과 사회가 함께 해결하고 예방하여 가족을 보다 건강하게 만들기 위한 정책의 토대가 되었다.

이 법에 따라 건강가정기본계획이 수립되었으며, 이 계획이 우리나라에서는 최초로 가족을 중심으로 하는 가족정책의 시작이라고 볼 수 있다. 1차 건강가정기본계획은 2006~2010년에 걸쳐 이루어지는 정책들을 포함하며, 이 계획의 성과를 바탕으로 2011년부터 2015년까지 아우르는 2차 건강가정기본계획이 실시되었다. 또한 「건강가정기본법」 제정 이후 여성과 가족정책의 종합적이고 체계적인 정책 집행을 위해 여성부가 여성가족부로 확대하는 등 부처의 개편도 이루어졌다.

1, 2차 건강가정기본계획의 목표와 정책과제에서 나타나는 특징은 당시 사회문제인 저출산 문제 해결을 위한 내용과 관련이 된다. 2005년은 한국의 합계출산율이 1.076명으로 OECD국가 중 가장 낮은 수준으로 나타난 해로서, 저출산문제는 장래 노동인력의 부족과 사회복지비용의 증가 및 국가경쟁력 약화 등 국가적 위기로 여겨졌다. 즉 2005년을 전후한 한국의 경제적 위기는 바로 출산율의 감소, 이혼율의 증가와 함께 경제고로 인한 가족의 동반자살 등의 가족 관련 사고들이 급속히 급증하는 사회문제가 나타나던 시기였고, 가족의 총체적인 위기에 국가가 적극적으로 가족에게 관심을 가질 수밖에 없는 시기였다. 이로 인해 1961년부터 추진되어온 인구조절 관련 산아제한정책의 방향이 급선회하여 출산장려정책으로 바뀌고, 가족의 돌봄을 적극 지원하는 가족정책이 등장하게 된다. 또한, 저출산이 지속될 경우 노동생산성이 감소하고 노령인구의 증가로 노인부양비 부담에 따른 복지비의 가중, 사회보험 재정 약화 등은 물론 국가경쟁력 약화에 따른 국가적 위기의식(백승훈,

2011)도 가족정책에 관심을 두게 된 원인이라 볼 수 있다. 그리고 기존 저출산 해결을 위한 노력이 크게 성과를 거두지 못하면서, 출산문제에 가치관의 특성이 부여되지 않아 오랫동안 지속적으로 구축된 소자녀에 대한 가치관과 선호가 산아제한정책을 폐지한다고 해서 출산율을 늘릴 수 없음을 인식하면서, 가족정책을 통한 가족가치와 관련된 정책에도 관심을 두게 된다.

그리고 2000년 이후 급증하는 이혼율 증가, 결혼건수 둔화 등을 비롯한 가족 관련 지표의 뚜렷한 사회위기와 관련된 징후는 2004년 이후 가족정책이 보다 본격화되게 하는 계기가 된다. 즉 2006년 8월 인구고령화 및 저출산에 대한 기본계획으로 '새로마지플랜'을 발표하여 출산양육에 유리한 환경조성 및 고령사회 대응 기반을 구축하고자 하는 등 점진적이고 완만하게 제도변화를 시도하며 가족정책의 중요성에 대한 인식이 자라났고, 이에 따라 가족정책이 종합적이고 체계적인 정책이라는 중요성을 인식한 정부는 2001년 여성부 승격 이후 2005년 6월 가족업무까지 총괄하는 여성가족부로 확대되는 가족정책 전담 부처를 등장시키게 된다. 이후 인구조절 관련 정책에 머물렀던 가족정책이 위급 상황에 놓인 취약계층 보호와 복지를 위한 정책에서 가족단위의 건강과 가족책임을 강조하는 기조로 정책 방향을 선회하며 보다 적극적이고 확대된 가족정책을 펼치게 된다.

따라서 2000년 이전에는 정책에서 다루어지지 않던 영역이 계속해서 정책영역으로 유입되게 된다. 즉 변화하는 가족과는 무관하게 정상가족 이데올로기를 강조하는 편협성, 그리고 가족에 대한 최소한의 개입과 최소한의 복지적 혜택을 제공하는 수동적 측면을 벗어나 저출산, 고령화 등 한국 사회의 주요 당면과제를 해결하기 위해 보편적 정책으로의 전환, 가족에 부과된 재생산의 부담을 사회적으로 분담하기 위한 방안 확보의 중요성을 강조하는 정책이 시행(장혜경, 2007)되기 시작한 것이다.

그러나 2005년 여성가족부로 시작된 가족정책의 주무부처가 여성부에서 보건복지부로 이관되었다 다시 2011년 환원되는 등의 과정을 거치면서 체계적이고 지속적인 제도를 추진하지 못했다는 점 또한 이 시기의 가족정책추진과정의 일관성 부족을 보여주는 특징이다. 그러나 이 시기는 또한 법 제정으로 인한 명시적인 가족정책의 선포와 실행을 위한 건강가정기본계획의 수립 등을 통해 가족정책 도약의 기반을 다지는 기간이었다고 볼 수 있다. 그리고 과거 가족정책은 모자가정 등 요보호가정을 대상으로 한 복지적·사후적 접근 중심으로 이루어졌고, 가족의 문제를 사적 영역에 남겨두어 가족의 문제는 가족 내에서의 해결할 수밖에 없었다면, 이를 보편적 대상으로 확대하고 예방적이고, 선제적인 정책으로 가족정책이 시행되었다는 괄목할 만한 발전도 있었다. 또한 이를 통해 전국에 건강가정지원센터 및 다문화가족지원센터의 설치를 통해 체계적인 가족정책의 기반을 다졌으며, 한부모가족 외에 다문화가족, 조손가족 등 가족단위에 대한 새로운 정책적 접근과 대상발굴이 이루어지기도 하였다.

〈표 2-5〉 가족지원서비스 인프라 확대

구분	건강가정지원센터	다문화가족지원센터	아이돌보미지원사업
2006	49개소	21개소	2개 지역
2010	137개소	171개소	232개 지역
2014	151개소	216개소	230개 지역

주: 전액 지방비 지원 센터 등 포함.

2) 관점에 따른 발달과정

우리나라의 가족정책을 사회복지적 관점의 가족정책과 가족인지적 관점의 가족정책으로 나누어 볼 수 있다. 사회복지적 관점은 복지서비스의 대상으로 가족 내의 개인을 본다. 따라서 가족단위가 정책의 주요 대상과 관심이라기보다 가족 내 개인에게 집중된 복지정책이 주요 서비스가 된다.

한편, 가족인지적 관점으로 볼 때 가족정책은 보다 통합적인 가족정책의 발달에 도움이 된다. 사회복지적 시각과 달리 가족인지적 관점의 가족정책은 가정 자체를 통합적인 단위로 볼 뿐 아니라 수혜자이기보다는 국가와 협력하는 파트너라고 본다. 현재 우리나라의 가족정책은 이러한 가족에 대해 관계적 접근방법을 취하고 있다고 볼 수 있다. 또한 현재 2차 건강가정기본계획이 시행되고 있는 시점을 기준으로 본다면, 짧은 기간이기는 하지만 가족정책이라는 이름하에서 다양한 정책들을 여성가족부가 담당하여 시행하고 있다는 점에서 가족에 관심을 둔 정책을 실시하는 단계로 볼 수 있다. 그러나 가족정책의 역사가 길지 않을 뿐 아니라 다른 정책에 비해 내용적으로나 예산 면에서 가족정책이 차지하는 비중이 크지 않다. 이런 점에서, 우리나라의 가족정책은 발전단계상으로 볼 때 가족을 고려한 정책에서 가족에 관심을 둔 정책으로 발전해가는 단계로 판단된다.

한편 가족정책의 방향을 설정하는 것은 가족정책의 비전과 목표를 정하는 것이므로 매우 중요한데, 한국의 가족정책은 복지선진국과는 달리 독특한 성격을 갖고 있다. 급속한 경제성장에 맞추어 가족의 변화 및 가족정책의 방향 역시 급속하게 변화하였기 때문이다. 이에 대해 산아제한을 통해 인구를 조절하는 정책이 급속한 민주화를 거치면서 양성평등으로 변화하였다고 주장하는 연구도 있으며(홍세진 · 김소진. 2009), 여전히 인구문제에 대한 대응이 가족정책의 핵심이라고 보기도 한다(백승훈, 2011). 즉 한국의 가족정책은 인구조절, 의료보험, 모자보건, 아동복지, 영유아보육, 국민기초생활보장 등의 다양한 측면을 포함하고 있으나 인구문제가 가장 핵심에 자리 잡고 있다는 것이다.

그러나 지나치게 강화된 가족계획으로 인해 인구조절에 실패한 가운데, 정치의 민주화과정을 통해 확산된 양성평등사상이 합해져 저출산 현상이 심각한 상태에 처해 있는 것은 사실이지만, 가족을 둘러싼 문제와 정책을 양성평등적 관점이나 인구정책적 관점으로 보는 것은 합당하지 않다. 현재까지 우리나라의 가족정책이 어떻게 형성되고 변화되었는가와는 별개로 앞으로의 가족정책이 어떤 방향으로 어떻게 만들어져야 할 것인가의 문제가 더 중요하기 때문이다. 따라서 정책의 결정과정을 통해 어떠한 의제를 만들어가고 어떤 정책과 서비스를 만들어낼 것인가, 그것을 통해 우리나라 가정의 미래모습이 어떻게 만들어질 것인가를 알아보도록 한다.

3. 가족정책의 결정과정

우리나라에도 다양한 가족의 문제들이 생겨나면서 가족과 관련된 법과 정책들이 생겨나고 있다. 그러나 가족의 문제가 많아진다고 해서 모든 문제들의 해결방안이 법제화되고 정책으로 만들어져서 시행되는 것은 아니다. 또한 가족의 문제를 해결하고 가족들에게 서비스를 제공하기 위해서는 효과적인 정책이 수립되어야 하며, 그 과정에서 정책의 설계와 집행, 평가 역시 올바르게 진행되어야 한다. 정책과정이란 정책이 수립되고 실행, 평가, 환류되는 순환적인 절차로서 다양하게 구분될 수 있다.

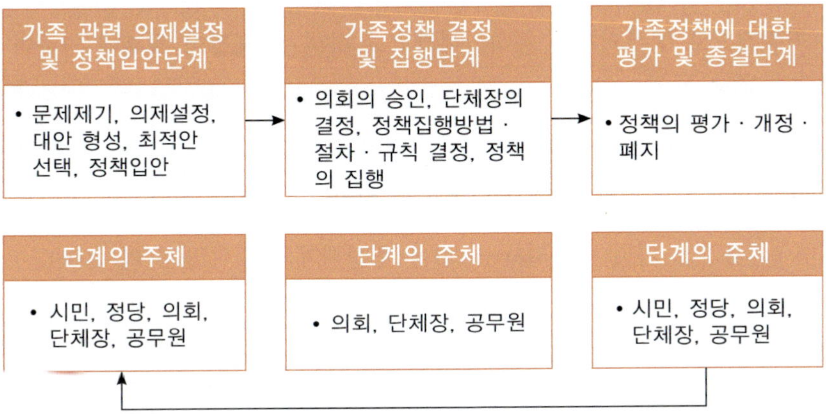

출처: 유계숙 외(2009). 가족정책론.

[그림 2-2] 가족정책과정

1) 가족 관련 의제설정 및 정책입안단계

(1) 가족 관련 의제설정

가족정책과정은 다양한 가족문제에서부터 출발한다. 저출산 현상, 높은 이혼율, 가족폭력, 돌봄의 어려움 등 다양한 문제들이 생겨나게 되면 그것을 해결하기 위한 방안을 강구해야 하는데, 가족과 관련된 문제는 너무도 다양하기 때문에 모든 것을 동시에 해결할 수는 없다. 이때 문제의 심각성에 따라 우선순위가 정해지며 중요한 의제가 설정된다.

가족 관련 문제들이 의제로 설정되는 과정은 다음과 같다. 사회 내 개인이 경험하는 개인적 사건(개인문제)이 장기간에 걸쳐 반복적으로 일어나 장래에도 영향을 줄 수 있다고 판단될 때 사회문제가 될 수 있으며, 이러한 문제는 개인적 차원에서 해결이 어렵기 때문에 공론에 부쳐져 사회화된 문제로 공공문제가 된다. 사회문제들 중에서 다양한 관점과 욕구의 차이 때문에 논쟁을 함으로써 표면화된 것이 논제(issue)이며, 사회적 이슈 또는 사회적 쟁점은 문제의 성격이나 문제의 해결방법에서 집단 간의 의견일치를 보기 어려운 사회문제로, 집단 간 논쟁의 대상이 된다. 공중의제는 정부에 의하여 공식적으로 채택되기 전이지만 많은 개인이나 집단의 관심이 집중되어 있으며 정부에 의하여 해결되어야 한다고 여겨지는 의제이다. 최종적으로 정부의제는 공식의제라고도 하며, 의제들이 정부에 의하여 공식적으로 정책의제로 채택이 된 문제를 말한다. 즉 사회적으로 이슈화된 문제는 대중매체를 통해 넓은 대중에게 확산되고 그 확산된 이슈는 정부기관의 관심을 끌게 됨으로써 체제에 진입하게 되어 정책의제로 논의되는 과정을 거치게 된다. 우리들이 경험하는 다양한 가족문제도 이슈화(issue)과정을 거쳐 아젠다(agenda)를 형성하게 된다(김영화 외, 2008).

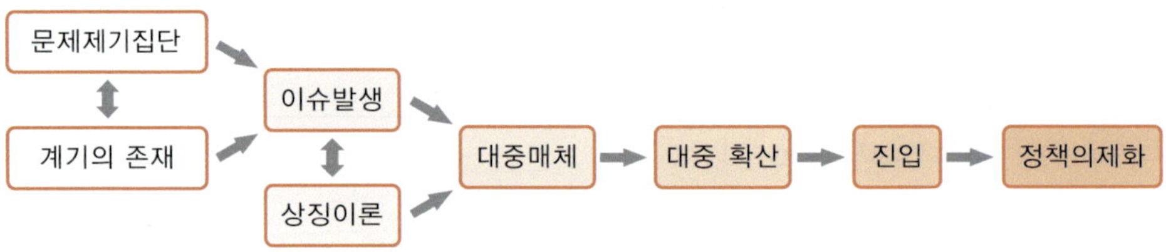

[그림 2-3] 정책의제화 과정의 경로

한편, 콥과 엘더(Cobb & Elder)에 의한 정책의제의 설정은 사회 내 이익배분에 커다란 영향을 미치며, 이어지는 정책결정이나 정책집행단계의 성격을 결정짓기도 한다. 그러나 이처럼 중요한 정책의제의 설정이 대부분 사회 내 세력이 있는 소수집단에 의해 실질적으로 주도되고 있으며, 이들의 편향된 시각으로 인하여 사회 내 해결되어야 할 중대한 문제들이 정책의제에서 배제되기도 한다.

[그림 2-4] 콥과 엘더의 정책의제화 모형

그러나 모든 정책의제가 반드시 이러한 과정을 거쳐 채택되는 것은 아니며 때로는 전 단계를 거칠 수도 있고, 그중 하나 이상의 단계를 뛰어넘을 수도 있다. 따라서 정책의제는 시간 변화에 따라 문제 자체가 변해 버려 의제로서의 지위를 잃는 것이 있는가 하면 새로운 의제의 채택으로 인해 그 중요성이 떨어져 밀려나는 것도 있고, 개인이나 집단이 주도하여 사회적 과정을 거쳐 형성되는 것이 있는가 하면, 정부 당국이 주도하여 정책결정자가 직접적으로 채택하는 의제도 발생하게 된다(류종훈, 2005). 즉 정책의제는 대체로 시민, 언론, 의회, 정당 등에 의하여 다양하게 제기되며, 문제를 예견한 가족 관련 부처의 공무원이 문제를 인식하고 제기하는 경우도 있다. 정책은 법을 근거로 만들어지므로 일정한 입법과정을 통해 관련법이 제정, 시행된다. 가족문제에 대한 정의(definition)와 심각성은 보는 이의 관점에 따라 차이가 있으며, 이러한 차이가 정치적 쟁점이나 이슈로 부각되어 대중의 관심을 집중시킨다.

(2) 정책대안의 형성과 정책의 입안

정책의제들이 제시되면 다음 단계에서는 정책대안의 형성 과정을 거치게 된다. 여러 정책대안들은 의사결정의 과정을 거치면서, 대안 간 비교 분석되어 최종안을 결정하게 된다. 이때 정책대안들을 비교할 시 일반적으로 실현 가능성이 있는지와 투입과 산출과의 관계에서의 효율성과 효과성, 사회적 형평성, 그리고 접근 가능성 등을 기준으로, 비용편익이나 비용효과의 분석 및 모의실험 등의 방법을 통해 정책을 결정하게 된다. 결정된 정책대안은 이후 일정한 입법과정을 거치게 된다.

2) 가족정책 결정 및 집행단계

(1) 가족정책 결정

정책결정이란 '정부가 가족과 관련된 문제를 해결하거나 목표를 달성하기 위하여, 정책대안 중에서 하나를 선택해 가는 과정'이라고 할 수 있다. 따라서 정책결정의 주체는 정부이고, 정책결정의 목적은 가족문제를 해결하거나 목표를 달성하기 위한 것이며, 정책결정의 과정은 여러 가지 대안 중에서 하나를 의식적으로 선택해가는 동태적인 과정이다(임봉호 외, 2010).

가족정책의 결정과정은 대안의 선택과정 또는 우선순위를 확정짓는 과정이기 때문에, 다른 정책과정과는 그 성격이 전혀 다르다. 즉 가족정책의 결정과정은 첫째 권위 있는 정책결정자가 행하는 행위라는 점, 둘째 행위의 결과 잠정적인 해결방안이 채택된다는 점, 셋째 이때의 행위는 사회공익적인 관점에서 이루어져야 한다는 점, 넷째 문제는 보는 시작이 거시적 관점일 필요가 있다는 점 등의 특성을 나타낸다.

가족정책의 결정이 권위 있는 정책결정자에 의해서 이루어지는 경우가 많기 때문에, 권위 있는 정책결정자는 사회 공익적 관점에서 다른 정책과의 연계성 및 사회적 상황 등을 고려하여 공정하게 결정하여야 한다. 그렇게 함으로써 시행하기로 결정된 정책이 사회 구성원들에게 받아들여지고 이해집단 간의 갈등을 서로 감소시킬 수 있다(김영화 외, 2008).

가족정책이 결정되기 위해서는 다음과 같은 전제조건이 필요하다.

첫째, 특정 가족문제에 대한 시민과 여론의 인식과 담론의 형성

둘째, 가족 관련 학계 · 단체 · 정부부처 담당자들이 당면 문제의 해결을 위해 여러 정책의 대안 모색

셋째, 국회나 정부 관료들이 대안들의 우선순위를 정하고 최종적으로 특정 대안을 채택하여 집행할 정책으로 결정

정책결정은 합리모형, 만족모형, 점증모형, 최적모형, 쓰레기통 모형 등 다양한 이론모형에 의해 설명이 가능하다. 그러나 어느 하나의 모형이 정책결정의 실제 상황을 모두 완벽하게 설명해주지 못하기 때문에 상황과 문제를 보는 시각에 따라 다양한 설명이 가능하다. 킹돈(Kingdon)에 의하면 정책결정은 정책과정에의 참여자에 의해 몇 가지 흐름이 합쳐져 이루어진다고 한다.

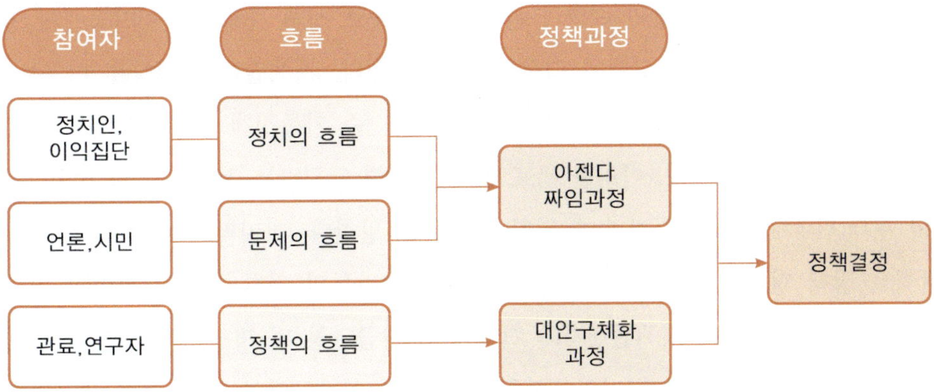

[그림 2-5] 킹돈(Kingdon)의 정책결정모형

정책결정에 영향을 미치는 요인은 정책과정에의 참여자 외에도 정책결정 구조, 정책대안의 존재, 다른 정책과의 관계 등이다. 무엇보다 정책결정에 큰 영향을 미치는 요인은 인적 요인으로 정책결정자가 가장 큰 영향을 미치지만 정책의 형성과정에 이익집단이나 정당과 의회, 정부관료, 정책전문가 등도 의제형성 및 정책결정에 참여하여 영향을 미치고 있다. 그리고 행정조직 내 권한의 집중과 분산 정도, 의사전달의 행태, 분화나 전문화 등 정책 결정 구조적 특성도 영향을 미친다. 또한 가족정책을 담당하는 관료나 전문가, 가족정책을 연구하는 학자들에 의해 세시되는 정책대안의 존재와 함께 경제정책 및 사회복지정책 등과 같은 다른 정책과의 관계 등도 영향을 미친다.

(2) 가족정책 집행

정책집행은 정책의 내용을 실현시키는 과정으로, 이러한 과정은 일련의 활동으로 구성된다. 즉 정책의도를 구현하는 활동, 결정의 수정과 보완과정, 정치적 갈등과 타협이 현실화되는 과정, 비용집단과 편익집단에게 직접적 영향이 발생하여 국민 생활과 직결되는 정부활동으로 상당히 중요하다.

정책집행에 영향을 미치는 요인은 크게 세 가지로 환경적 요인과 내적 요인, 정책 형태적 요인이다. 환경적 요인은 가족정책의 형성 및 정책참여자의 형태에 영향을 미치는 변수이며 정치, 경제, 사회적 상황의 변화와 관련된 변수들로 정책 자체와 정치인들에게 영향을 미침으로써 간접적으로 정책집행에 영향을 미치고 있다. 정책집행에 영향을 미치는 내적 요인이란 형성된 정책의 내용과 관련된 요인들이다. 즉 가족정책 프로그램에서 의도하는 정책목표의 타당성과 구체성, 이러한 목표 달성을 위해 동원하는 정책수단 및 절차, 복지서비스의 형태(전달체계 및 전달 방법)에 관한 규정들을 말한다. 마지막으로 정책 형태적 요인은 실제로 정책 형성이나 집행에 관여하는 정책참여자들의 정치 형태와 관련된 변수들을 말한다. 정치기관의 지지, 정책집행자와 집행기관, 상급관청 및 경쟁부서의 관여, 정책수혜자의 가치와 태도, 이익집단과 지역사회주민, 그리고 일반국민의 형태 등이 해당된다.

3) 가족정책에 대한 평가 및 종결단계

정책평가란 정책활동의 가치를 따져보기 위해서 정보를 수집, 분석, 해석하는 활동으로 정책집행의 결과에 대한 평가, 곧 정책이 원래 의도한 문제해결에 얼마만큼 영향을 미쳤는가에 대한 평가활동이다. 이는 정책과정 전반에 걸친 평가로서 정책결정 이전부터 정책집행 이후까지 모든 정책과정 속에서 이루어지는 정책활동에 대한 평가활동을 의미한다(임봉호 외, 2010). 이에 근거하여 가족정책의 평가는 가족정책의 내용과 결과에 대한 재검토를 통하여 최초 수립한 가족정책의 목표와 비교과정을 거치면서 가족정책이 본래 의도하고자 했던 바대로 집행되었는지 혹은 바라는 바 목표 달성이 되었는지 등을 검토함으로써 가족정책의 효과를 보다 극대화하고자 하는 것이다(도미향 외, 2014).

가족정책이 시행되었으면 올바르게 진행되어 성과가 나타나는지에 대한 평가가 필요하다. 즉 집행된 정책의 목표 달성 정도를 파악하고, 추후 정책 개선을 위한 정보를 얻음으로써 정책의 경제성과 효과성을 높이고, 정책시행에 대한 통제와 감사를 시행하는 등 전반적인 정책과정을 점검하는 것이 필요하다.

정책평가의 목적은 각 정책과정에 합리적인 정책결정을 할 수 있도록 유용한 정보를 제공하고 정보의 분석을 통하여 사업계획의 수정 및 변경과 자원의 재분배를 가능하게 한다. 또한 정책집행자는 평가를 통하여 활동의 방법을 개선시킬 수 있다는 점에서 다양한 방법에 의해 진행되는 평가는 앞으로 채택될 정책에 대한 비판적인 안목을 제공해준다.

정책평가의 유형에는 정책목표의 달성 정도를 측정하는 효과성, 서비스 제공에 의한 분배 측면의 공정성과 공평성을 이루었는가를 측정하는 형평성, 서비스의 혜택을 받을 개인이나 집단의 요구를 얼마나 수용했는가를 평가하는 대응성(반응성), 정책의 결과가 어느 정도의 가치를 가지고 있는가를 평가하는 적절성, 정책집행 후 문제의 해결 정도를 측정하는 적정성 등이 있다(임봉호 외, 2010).

〈표 2-6〉 **정책집행(평가) 시점에 따른 정책평가의 유형**

가족정책평가 유형의 분류기준	평가유형	특징
정책집행을 기점으로 한 평가 시기	정책분석 (사전평가)	• 가족 관련 의제설정 및 정책입안단계에서 정책의 방향과 내용을 수립할 때 정책대안의 결과를 사전에 예측하고 이에 근거하여 정책대안을 비교, 분석함으로써 정책의 적합성을 평가함.
	과정평가 (과정 및 사후평가)	• 정책의 집행이 끝난후, 집행과정에서 나타난 집행계획, 집행절차, 투입자원, 집행활동 등을 점검하여 보다 효율적인 추진전략을 분석하거나 정책내용을 수정하며, 정책의 중단 · 축소 · 유지 · 확대 여부 결정에 참고함. • 정책의 집행과정 중에 집행관리 전략의 수정 · 보완을 목적으로 정책활동을 기술하고, 모니터링하며, 성취목표나 태도변화 등이 얼마나 이루어졌는지 주기적으로 조사하고, 잠재적인 문제점을 관찰하는 것을 특히 형성평가라고 함.
	총괄평가 (사후평가)	• 정책의 집행 후 의도했던 정책효과가 발생했는지 확인, 검토하고, 역효과와 부수효과를 포함하여 성책이 사회에 미친 영향을 추정하는 활동으로 정책영향평가라고도 함. 총괄평가의 목적에 따라 효과성 평가, 효율성 평가, 형평성 평가로 구분됨. – 효과성 평가 : 의도나 정책목표의 달성도를 평가하고, 정책문제의 해결 · 약화 · 악화 여부를 파악함. – 효율성 평가 : 정책의 집행으로 나타난 효용과 정책추진에 소요된 비용 간의 비율을 평가함으로써 정책의 타당성을 검토함. – 형평성 평가 : 정책의 집행으로 나타난 효과나 정책에 소용된 비용의 배분이 사회집단 및 지역 간에 공평하게 이루어졌는지 평가함.

출처 : 유계숙(2007). 가족정책론. 재인용.

가족정책평가는 크게 과정평가와 영향평가로 그 종류가 구분된다. 과정평가는 제시된 지침에 따라 얼마나 구체적으로 집행되었는가를 분석하는 것으로 프로그램을 어떻게 개념화하고, 계획 및 이해, 수정, 종결하는지에 관하여 이해 가능한 기술과 분석을 하는 것이다.

영향평가는 정책이 의도했던 방향에 따라 어느 정도의 변화를 가져왔는가를 분석하는 것으로 정책목표로 성공에 대한 기준이 명시되어 있다. 이와 같은 평가방식은 정책집행(평가) 시점에 따라 사전평가(정책분석), 과정평가, 사후평가(총괄평가)로 나뉘기도 하며, 정책집행 시점에 따르면 앞서 영향평가는 사후평가, 또는 총괄평가에 속하여 목표지향적 평가이다(김통원, 2003).

〈표 2-7〉 제2차 건강가정기본계획의 주요 지표 전망

영역	주요 지표	2010년	2015년
가족가치의 확산	가족관계 만족도	56.1%[1)]	60%
	맞벌이가구의 성별 가사노동시간	여성이 남성의 5.4배 (3시간 20분 : 37분)[2)]	여성이 남성의 4.5배
자녀돌봄 지원 강화	아이돌보미 지원서비스 만족도	92.3점[3)]	95점
	가족품앗이	118개 시군구	전국 시·군·구 확대
다양한 가족의 역량 강화	한부모가족 자녀(고등학생) 상급학교 진학률	61%[4)]	67%
	성인 여성결혼이민자의 차별 경험 비율	34.8%[5)]	25%
가족친화적인 사회환경 조성	유연근무제도 적용 공공기관 수	11개	전 공공기관
	가족친화 인증 기업 수(연간)	31개	80개
가족정책 인프라 강화와 전문성 제고	건강가정기본법 개정	–	건강가정기본법 개정

주: 1) 2010 사회조사(통계청).
2) 2009년 생활시간조사(통계청).
3) 2010년 아이돌보미 지원 사업 평가 결과(여성가족부).
4) 2009년 한부모가구의 고등학생 상급학교 진학률(지방자치단체 보고통계).
5) 2009년 전국다문화가족 실태조사(여성가족부).
출처: 여성가족부(2011). 제2차 건강가정기본계획.

〈표 2-8〉 제3차 건강가정기본계획의 주요 지표 전망

정책과제	주요지표	2014	2020	비고
가족관계 증진을 위한 서비스 기반 조성	조이혼율	2.3%	2%	통계청, 혼인·이혼 통계
	부부관계 만족도	51.2점 ('15)	55점	여성가족부, 가족실태조사
	가족교육 참여자 수	469천명	1,000 천명	여성가족부
가족유형별 맞춤형 서비스 지원 강화	한부모가족 자녀양육비	월 7만원	월 15만원	여성가족부
	정기적 양육비 지급률	5.6% ('12)	10.0%	여성가족부, 한부모가족실태조사
	다문화가족 자녀의 학업중단자 비율	1.9% ('12)	1.0%	여성가족부, 다문화가족실태조사
	다문화수용성	51.17점 ('12)	60점	여성가족부, 다문화수용성조사
정부-가족-지역사회 연계를 통한 돌봄 지원 강화	공공보육시설 이용률	10.6%	20%	보건복지부, 보육통계
	직장 어린이집 설치율 (의무설치 이행률)	75%	85%	보건복지부, 고용노동부
	민간베이비시터 교육 이수자 수	1,207명	10,000명 (누계)	여성가족부
남성-여성-기업 모두가 함께 하는 일-가정 양립 실천	전체 육아휴직자 대비 남성비율	4.4%	15%	고용노동부, 고용보험통계
	맞벌이 가구의 남편 가사노동시간	41분	60분	통계청, 생활시간조사
	가족친화인증기업·기관	956개	2,500개	여성가족부
	임금근로자 연간 근로시간	2,057 시간	1,800 시간대	고용노동부, 사업체 노동력 조사
생애주기별 출산친화적 사회문화 조성	공공시설 작은결혼식장 이용자 수	2,369쌍	10,000쌍	여성가족부
	임산부 배려 국민인식도	55.8%	65%	보건복지부
가족환경 변화에 대응한 정책 추진체계 강화	통합서비스 제공기관 수	22개소	226개소	여성가족부

출처: 여성가족부(2016). 제3차 건강가정기본계획(2016-2020).

현재 우리나라에서 주로 시행되어 온 가족정책평가는 집행과정평가이다. 그중에서도 사업이 예정대로 진행되는지를 점검하는 사업스케줄 모니터링이나 성과지표의 달성도를 검토하는 데 그치고 있다. 그 예로서 건강가정기본계획의 달성도 점검은 영역별로 목표치와 이를 달성하기 위한 주요 지표를 설정함으로써 정책 종결 시의 평가기준으로 활용하고 있다.

그러나 앞으로 우리나라의 가족정책평가에 있어서 정책의 효율성 평가, 영향평가, 형성평가, 적합성 평가 등 다양한 평가방식을 도입할 필요가 있다. 특히 가족 영향평가를 통해 가족 관련 정책 및 프로그램이 가족에 미치는 영향과 효과를 측정·평가할 뿐 아니라 그 결과를 정책에 반영하는 노력이 이루어져야 할 것이다. 미국의 경우에는 가족영향평가를 실시하고 있다. 미국 가족정책의 6가지 원칙을 기준으로 가족정책이 원하는 방향으로 변화를 가져왔는지에 대해 평가하는 문항들이 구성되어 있다. 이러한 영향평가는 정책의 현실 적합성 및 효율성을 제고하는 장점이 있으므로 향후 우리나라에서도 빠른 시일 내에 도입되어야 할 것이다.

〈표 2-9〉 미국의 가족영향평가 체크리스트

평가영역	평가내용
원칙 1: 가족지원과 책임 (family support and responsibility)	• 가족정책 및 프로그램은 부모나 가족성원들이 가족의 기능을 수행하도록 돕는가? • 가족 이외의 사람들로 하여금 가족의 기능을 대행하도록 인센티브를 부여하는가? • 장애가 있거나, 심각한 질병을 가진 가족성원, 피부양성원을 돌보고 부양하는 데 있어서 가족에게 비현실적인 기대를 하고 있는가? • 비동거 부모에게 자녀양육비를 지급하도록 의무를 강제하는가?
원칙 2: 가족 구성원의 소속감과 안정성 (family membership and stability)	• 혼인, 별거, 이혼을 장려하는가? 또는 억제하는가? • 자녀출산, 입양을 장려하는가? 또는 억제하는가? • 부부관계의 상호헌신과 부모의 의무를 강화하는가? • 개별 가족성원인 아동이나 성인을 가족으로부터 분리시킬 경우, 이를 정당화하는 적절한 근거를 사용하는가? • 결혼이나 가족을 유지하는 것이 적합한 목표일 때 이를 유지하기 위한 자원을 제공하는가? • 이혼이나 입양 등 가족관계상의 주요 변화는 시간이 걸리는 과정이며, 지속적인 관심과 지지를 필요로 함을 인식하고 있는가?

평가영역	평가내용
원칙 3: 가족 구성원 간의 유대 및 독립성 (family involvement and interdependence)	• 개별 성원의 욕구나 문제가 전체 가족이나 다른 가족성원들과 상호영향을 주고받는 호혜적 관계임을 인식하는가? • 특별한 요구를 지닌 가족성원(예: 신체적 · 정신적 장애 혹은 만성질환)의 돌봄과 관련하여 복잡성과 책임에 대해 인식하는가? • 문제를 해결하기 위해 직계가족과 확대가족성원들도 관여하는가? • 가족이 병리적이거나 해체위기에 처한 경우라도 가족유대의 힘과 지속성을 인정하는가? • 가족생활에 필수적인 사회적 지원체계(예: 지역사회, 이웃, 종교단체 등)를 구축하고 있는가? • 가사분담에 대한 가족의 결정을 존중하는가? • 가족에서의 권력불평등 문제를 다루는가? • 모든 가족성원들이 자유롭게 자신의 관점을 표현하는가? • 다양한 가족성원들의 경쟁적 욕구와 권리, 이해 등을 평가하고, 이들 간에 균형을 잡는가? • 부모들의 권리를 존중하고 가족을 보전하는 동시에 개별 성원들의 권리와 안전을 보호하는가?
원칙 4: 가족의 파트너십 및 역량 강화 (family partnership and empowerment)	• 가족에게 모든 정보와 다양한 선택을 제공하는가? • 가족의 자율성을 존중하고, 가족에게 독자적 의사결정권을 부여하는가? 가족의 자율성에 대한 존중을 파기하고, 정책이나 프로그램 담당자가 개입하여 의사결정을 내리는 기준은 어떠한 원칙에 의거하는가? • 정책 및 프로그램 담당자가 수혜대상 가족이나 클라이언트, 전공생들과 협력하도록 장려하는가? • 가족의 당면요구와 그 밖의 필요한 서비스 간에 조화를 이루도록 고려하는가? 또한 가족의 당면요구와 가족이 이용하는 기타 프로그램 및 서비스와의 통합을 고려하는가? • 정책 서비스의 제공지역, 서비스시간, 사용 간편한 신청 및 접수양식의 측면에서 가족의 접근성이 용이한가? • 정책에 참여하는 가족들이 평가절하, 낙인, 모욕을 당하는 상황에 처하지 않도록 예방하는가? • 정책과 프로그램의 개발, 실행, 평가 과정에서 부모 및 가족을 대표하는 사람들이 참여하는가?
원칙 5: 가족의 다양성 (family diversity)	• 정책이나 프로그램이 다양한 유형의 가족(예: 한부모가족, 조손가족 등)에 영향을 미치는가? • 가족 구성원들 간의 세대관계 및 책임을 인식하는가? • 특정 형태의 가족을 정책의 수혜대상으로 정한 것(예: 맞벌이 가족이나 한부모가족을 위한 정책 등)에 대하여 정당한 근거를 제시하는가? 형평성에 어긋나게 기타 형태의 가족들을 차별하거나 정책의 부담을 부과하지 않는가?

평가영역	평가내용
	• 프로그램의 효과와 관련된 다양한 인종, 민족, 종교, 문화, 지리적 배경을 가진 가족들의 고유한 가치관과 태도 및 행동을 인식하고 이를 존중하는가?
원칙 6: 취약가족에 대한 지원 (support of vulnerable families)	• 경제적·사회적 지원을 가장 필요로 하는 가족(예: 기초생활보장 대상가족)에 대하여 파악하고 공공부조를 제공하는가? • 가족해체에 가장 취약하고, 자원을 가장 적게 가진 가족에 대하여 지원이 이루어지는가? • 가족 문제가 심각한 위기나 만성적 상황으로 악화되기 전에 예방적 차원의 노력과 자원의 투입을 목표로 하는가?

주: 체크리스트는 Ooms, T. & Preister, S.(1988)의 연구를 기초로 Ooms, T.(1995)가 개발하였으며, 그의 허가를 받아 Policy Institute for Family Impact Seminars에서 사용 중임.
출처: Bogenschneider(2006). Family Policy Matters.

한편 정책평가 주체에 따라서는 자체평가와 내부평가 및 외부평가로 구분되기도 한다. 현재 우리나라의 가족정책은 센터 중심의 자체평가와 (재)한국건강가정진흥원에서 수행되는 내부평가가 주로 실시되고 있으며, 외부평가는 가족친화경영기업인증제가 외부기관에 의뢰되어 시행되고 있다.

〈표 2-10〉 **평가주체에 따른 정책평가의 유형**

종류	평가의 내용
자체평가	정책담당자가 스스로 행하는 평가로서 정책에 대한 다양한 정보를 지니기 때문에 평가비용을 절약할 수 있으며, 일관성 있는 평가를 지속적으로 수해할 수 있는 장점이 있으나, 평가의 공정성을 확보하기 어려운 단점이 있다. 예를 들어 센터에서 프로그램 담당자가 직접 서비스 제공 실태를 평가하는 경우이다.
내부평가	정책담당기관의 상급기관이나 동료들이 행하는 평가로서 자체평가의 장·단점이 나타날 가능성이 있으나 그 정도는 약하다. 예를 들어 (재)한국건강가정진흥원에서 실시하는 센터 평가가 이에 해당된다.
외부평가	정책담당기관 외부의 평가자가 행하는 평가로서 평가의 공정성을 확보하기 쉬우나 평가비용이 많이 들고 정기적으로 일관성 있는 평가를 수행하기 어려우며 평가자가 정책에 대해 잘 모르면 적절한 평가를 하지 못할 가능성이 있다.

출처: 임봉호 외(2010). 사회복지정책론. 재구성.

생각해볼 문제

1. 학자들에 따라 상이한 '가족정책' 개념의 차이에 대해서 이야기해보자.
2. 제2차 건강가정기본계획의 달성도를 점검하기 위해 설정할 수 있는 주요 지표나 목표치를 새로 제안해보자.
3. 가족 관련 정책이나 프로그램 하나를 정해서 가족영향평가 체크리스트에 제시된 6가지 원칙에 근거하여 평가해보자.

참고문헌

김인숙 · 정재훈 · 윤홍식(2004). 가족정책의 성인지적 관점 강화방안 연구. 보건복지부.

김영화 · 박태정 · 장경은(2008). 사회정의 실현을 위한 사회복지정책론. 공동체.

김통원(2003). 사회복지 프로그램 개발과 평가. 학지사.

도미향 · 이기숙 · 강기정 · 이무영 · 박경애(2010). 가족정책론. 신정.

류종훈(2005). 사회복지정책론. 학현사.

백승훈(2011). 한국 가족정책의 형성과 변화. 동양대학교 대학원 박사학위논문.

임봉호 · 김승훈 · 박종팔 · 남상권 · 조국행(2010). 사회복지정책론. 양서원.

유계수 · 장혜경 · 전혜정 · 김유정 · 민성혜 · 박은미 · 안재희 · 장보현 · 한지숙(2007). 가족정책론. 시그마프레스.

윤홍식 · 송다영 · 김인숙(2010). 가족정책. 공동체.

이진숙 · 신지연 · 윤나리(2010). 가족정책론. 학지사.

지은구(2008). 사회복지평가론. 학현사.

최덕경 · 박주현(2012). 가족정책론. 양서원.

홍세영 · 김소진(2009). 젠더적 관점에서 분석한 한국과 스웨덴 가족정책 비교. 한민족 문화연구, 28, 63-95.

관계부처합동(2011). 제2차 건강가정기본계획

관계부처합동(2016). 제3차 건강가정기본계획

Bogenschneider, K.(2006). *Family Policy Matters*. NJ : LEAP.

Kamerman, S. B. & Kahn, A. J.(1978). *Family Policy*. NY : Columbia University Press.

Lawson, K., & Lawson, H.(2001). *Family-Centered Policies and Practices.* Columbia University Press.

Moen P. & Schorr, A.(1987). *Families and Social policy*. In M. B. Sussman & S. Steinmetz(Eds.). *Handbook of Marriage and the Family*(pp. 795-813). NY : Plenum.

Zimmerman, S. L.(2001). *Family Policy.* California, TO : Sage Publications, Inc.

제3장 가족정책의 동향

가족의 역할과 기능에 대해 각국은 남성생계부양자 모델의 적용, 가족기능에 대한 공적 영역(국가)과 사적 영역(개별 가족)의 비중, 젠더인식의 수준, 경제적 상황 등의 다양한 상황에 따라 가족을 바라보는 입장의 차이를 나타내며, 이는 곧 가족정책의 방향과 구체적인 제도 도입으로 차별화된다. 또한 동일한 국가 내에서도 새로운 정부의 정책방향과 기조에 따라 가족의 역할과 기능에 대해 국가의 책임과 역할을 강조하는 정도가 달라지기도 하며, 경제적 위기를 겪으면서 국가재정의 긴축상황에서는 가족을 위한 경제적 지원이나 보편적 접근의 원칙이 수정되기도 한다.

더욱이 저출산·고령화, 다문화, 양극화 등의 가정생활의 변화양상은 가족의 미래에 대한 불확실 속에서 가족정책의 방향이 지속적으로 변화되어야 한다는 생각에 영향을 준다. 최근 OECD는 가족구성과 가치 등의 변화에 주목하는 나라들과 가족부(family ministry)를 만들거나 발전시키는 데 관심 있는 국가들을 중심으로 가족미래 프로젝트를 공동으로 진행하면서 가족 관련 새로운 이슈에 대한 정보를 공유하고 있다. 여기서 가족과 관련된 주요 이슈는 '일－삶의 균형(Family-Life Balance)', '저소득층 가족의 통합/재통합', '고령인구의 사회 참여' 등으로 제시되었다(OECD, 2012).

이와 같이 가족정책에 대해 각국의 정책방향과 구체적인 전략은 시대에 따라 변화를 하면서도 매우 공통된 이슈에 대해 관심을 가지는 것을 알 수 있다. 즉 각국의 가족정책이 다양성 속의 공통점을 발견하게 된다. 본 장은 이러한 각국의 가족정책의 시대적 흐름과 환경적 변화 속에서 나타난 다양한 특성을 제시하면서, 몇 가지 주요한 공동의 이슈에 대해 어떻게 대처하는지 구체적인 전략을 살펴보고자 한다. 이러한 변화와 공통점은 우리나라의 가족정책을 이해하는 데 많은 시사점을 줄 것이라 여겨진다.

1. 영국의 가족정책

영국의 총인구는 증가하는 추세이다. 2011년도 기준으로 영국의 총인구는 약 6,100만 명이며, 향후에도 매년 50만 명 정도가 증가할 것으로 예상된다. 전체 인구 중 65세 이상 인구는 16.0%이다.

가구구성 형태를 보면 2012년 현재 부부가구의 비율이 53.5%이고, 1인 가정의 비율이 30.2%로 나타난다. 남성의 소득에 의존하지 않고 가구를 형성하는 여성들이 증가하면서 동거가족이나 한부모가족 등의 비율도 증가하는 추세이다. 그러나 결혼율은 점진적으로 감소하는 경향을 나타낸다. 1971년 10%의 비혼율과 비교해 2008년 현재 모든 출생자들의 45%가 결혼하지 않은 것으로 나타났다. 이러한 결과는 부분적으로는 동거의 증가와 연관되는데, 1991년 혼외출생의 45%가 아이와 함께 사는 홀어머니로 등록되었거나 출생등록은 부부가 함께 기록되었지만 함께 살지 않는 것으로 보고되었다. 혼외출산의 증가와 이혼의 증가로 인해 가족 구조에서 한부모가족이 차지하는 비율이 증가하여, 1971년 8%에서 1998년 24%, 그리고 2011년에는 26%를 기록하였다.

영국의 경우, 전통적으로 자녀양육은 가족 내에서 이루어져야 하며 국가의 개입에 대한 부정적인 사회적 인식이 오랫동안 자리를 잡아왔다. 여성의 경제활동 참여와 취업문제는 사회적으로 관심을 가져야 할 정책 중의 하나이기보다는, 여성 자신 혹은 가족의 개인적 선택이나 책임으로 간주되어 왔다. 따라서 영국은 전통적으로 여성의 경제활동참가율을 높이기 위한 사회적 관심보다는 여성이 가정 내 아동을 돌보는 일에 대한 보상으로서 가족수당이나 아동양육 소득공제가 상대적으로 발달하였다. 따라서 영국이 세계적으로 가장 빠르게 가족수당 도입을 제도화한 것이다.

그러나 영국은 신노동당의 블레어 정부 이전까지는 보육이나 일 · 가족 양립에 대한 정책적인 관심이 제한되었으나 1990년대 중반 이래 맞벌이가족이 증대하고 한부모가족의 빈곤문제와 고용문제가 사회적 이슈가 되면서 보육, 휴가, 탄력적 노동시간정책 등이 다양하게 가족정책 차원에서 도입되었다. 1997년 자유주의 정부에서 신노동당 정부로 바뀌면서, 신노동당 정부는 가족에게 보다 많은 지원과 개입을 적극적으로 펼치고자 하였다. 가족은 정책의 우선순위에서 먼저 고려되었으며, 복지와 서비스 혜택의 주요 대상으로 인식되었다(Daly, 2010). 경제적 불안정구조나 이혼율 상승으로 증가하고 있는 맞벌이가족, 한부모가족 등 전통적으로 강하게 존재해왔던 성별분업과 남성생계부양자 모델로는 아동을 양육할 수 없는 계층이 지속적으로 나타나서 이들에 대한 새로운 차원의 정책적 개입이 필요해진 것이다.

1) 가족의 경제적 지원

영국은 모성의 양육자 역할에 대한 보상적 측면의 가족수당제도를 가장 먼저 도입한 나라이지만, 가족에 의한 자녀양육의 책임을 강조한 자유주의적 전통으로 인해 다른 유럽국가에 비해 가족에 대한 현금지원 수준은 높지 않다(윤홍식 외, 2010). 따라서 영국식 가족수당 지급은 보편주의적 수당의 성격이 아니라 계층 및 소득이 연동된 형태의 세액공제 형태로 변화되어 간다(김수정, 2002).

1970년대 영국의 경제위기와 함께 보편적 가족수당을 폐시하고 저임금 가족에 대한 소득지원인 '가족소득보충제도(Family Income Supplement)'를 도입한다. 가족소득보충제도는 이전의 가족수당과 달리 자산평가적인 공공부조적 성격이 강한 제도로, 한 명 이상의 자녀를 둔 가족 중 일정 수준 이하의 소득수준을 가진 계층에게만 제한적으로 제공된다. 그러나 이 제도는 실업 등의 이유로 일정한 소득수준에 이르지 못하는 저소득 계층의 가족이나 이미 빈곤층으로 떨어진 가족에게 사후적으로 낮은 수준의 현금을 지원하는 방식으로 인해, 많은 가족들이 빈곤의 상태에서 벗어나지 못하게 되는 결과를 낳았다는 비판을 받는다.

이후 1980년대 집권한 대처정부는 복지지출을 삭감하는 대신 근로를 강조하는 개혁을 진행하면서 가족지원에 대해서도 자산평가에 의한 잔여주의적 복지프로그램을 가동한다. 이것이 1988년 도입한 '가족크레딧제도(Family Credit)'이다. 이 제도는 한 명 이상의 아동양육을 하고 있는 가족 중 적어도 가족(성인) 중 한 명이 주 16시간 이상의 노동을 하면서도 일정 수준 이하의 소득수준인 저소득층 가족을 위한 지원을 제공하는 것이다. 이는 전통적인 자산평가적 급여방식과 근로유인의 강화를 결합하여 복지예산을 감축하겠다는 의도로 도입되었으나, 1980년대 후반에는 일을 하면서도 빈곤한 근로빈곤층 가족이 증가하면서 오히려 국가의 가족에 대한 현금지원적 성격의 복지급여액 총량이 늘어나는 모순을 나타냈다(김수정, 2002).

신노동당 정부 이후 영국 정부는 가족에 대한 경제적인 지원에 대해 가족수당이나 아동수당과 같은 직접적 현금급여를 최대한 억제하면서 가족의 재정상태에 따라 보충적·부조적·사후지급의 방식을 강화하였다. 1990년 후반 이후 영국에서는 근로 여부와 상관없이 아동이 있는 가족에게 지급되는 아동세액공제(Child Tax Credit)나 일을 하지만 소득수준이 낮은 가족에게 세금을 돌려주는 근로자가족세액공제(Working Families Tax Credit) 등의 형태를 중심으로 경제적 지원이 확대되었다. 이 두 가지 제도는 자산조사에 기초하여 지급되는 것이며, 주 양육자에 대한 보편적 아동복지 지원을 포함하며, 상대적 조건에 따르는 것이 아니라 절대적 지원 방식을 따른다. 기존의 가족크레딧제도가 아동세액공제와 근로자(가족)세액공제로 새롭게 재편되고 환급지급액이 보다 실질화되면서 저소득층 가족(특히 저소득 여성 한부모가족)의 고용률이 증가한 것으로 보고된다(Smeaton & Marsh, 2006).

2) 자녀양육지원

1999년 자녀양육을 위해서 부모가 동등한 책임을 가진다는 규정이 명시되면서 일과 양육의 균형이 가장 중요한 정책과제가 되었다. 이는 두 가지 정책 개발을 통해서 이루어졌는데, 바로 보육정책 개혁과 일터에서의 육아 휴직 지원이다(김영란 외, 2012). 1998년 발표된 '국가보육전략'은 영국 신노동당 정부의 보육정책의 확대를 보여주는 전기를 마련한다. 국가보육전략은 국가의 재정지원 확대를 통해서 보육시설의 증대, 부모의 보육비 부담 감소, 보육서비스 질을 확보하고 이를 바탕으로 저소득층 및 여성의 취업을 증진시키는 데 초점을 둔다(Lewis, 2003). 국가보육전략은 믿고 신뢰할 만한 보육시설의 확충을 통해 '부모에게는 선택을, 아동에게는 최상의 시작을(Choice for parents, the best for children)'이라는 정책 슬로건에 맞게 부모들에게는 일과 가족의 양립을 가능케 하고, 아동들에게는 가족형태와 관계없이 건강한 시민으로 자랄 수 있게 환경을 조성해준다는 목적으로 시행되었다.

국가보육전략으로 보육정책의 기틀을 잡은 신노동당 정부는 2004년 '10년 보육전략'을 내놓았으며, 2006년 영국에서 처음으로 영유아들과 보육에 초점을 맞춘 '보육법(Childcare Act)' 제정, 2007년 아동・학교・가족부(Department for Children, Schools and Families) 신설 등 일련의 개혁적 조치를 취하게 되었다. 10년 보육전략은 전국적으로 만 3세의 모든 아동에게 무상 유아교육을 시작하고, 4세부터 교육제도를 적용하는 것을 기본 골격으로 하고 있으며 이를 위해 국가가 재정적 지원을 늘릴 것을 규정하고 있다. 보육법은 여성의 고용유지와 아동의 빈곤퇴치를 위해 중앙정부와 지방정부 간 역할분담은 물론, 보육시설 공급이나 운영에 있어 지방정부의 의무를 강화하고, 무상유아교육을 연간 38주 12.5시간으로 확대하는 것을 주요 내용으로 한다. 그러나 이것은 하루 중 일부시간 동안만 보육이 보장되므로 부모들은 나머지 시간을 위해서 다른 대체양육자를 찾아야 한다.

2005년부터는 양육비 지원을 위한 근로세금 공제를 통해서 양육지출비의 80%까지 지원이 가능하게 되었다. 한 자녀당 일주일에 140유로까지 최대 보조금이 지급되며, 두 자녀 이상의 경우는 240유로가 지원된다. 그러나 이 지원은 한 부모 혹은 두 부모가 모두 일주일에 16시간 이상의 임금노동에 종사해야 하는 등 소득과 자녀 수, 사용하는 돌봄 방식에 따라 차등 적용된다. 따라서 이러한 보육세금 공제를 받는 가족은 극히 소수에 불과하다.

신노동당 이후 출범한 연합정부는 이미니의 경제활동 진입 지원을 우선순위에 두지 않고 아동발달과 아동교육 투자에 대한 확장된 보육정책에 관심을 가졌다. 예를 들어 2010년 9월 연합정부는 3~4세를 위한 무상보육을 일주일당 12.5시간에서 15시간으로 확장하였는데, 2013년 9월부터는 2세 저소득층 아동은 15시간의 무료 보육시설을 이용할 수 있도록 확대되고 있다. 무상급식 혜택도 저소득층과 장애아동을 중심으로 이용범위를 확대하는 경향을 보인다. 이와 같이 최근의 보육정책은 경제위기 시대에 대처하기 위한 전략으로 가장 취약한 집단에 집중되어 있고 보육정책의 아동발달 복지를 중심으로 지원되고 있다.

3) 일-가정 양립 정책

신노동당의 블레어 정부는 보육정책의 확대와 함께 동시에 근로자의 일과 가족의 양립을 효과적으로 양립할 수 있도록 2000년 '일 · 삶의 균형 캠페인(Work-Life Balance Campaign)'을 전개하였으며 개별 기업의 일 · 가족 양립에 대한 인식을 제고시키는 노력을 기울였다. 또한 국가적 차원에서 일과 가족의 조화로운 양립을 위해 2006년 6월 '일과 가족법(Work and Families Act)'을 제정하였다. '일과 가족법'은 기존의 출산휴가나 육아휴직제도에 비하여 수급기간의 연장, 보상급여의 확대 등을 포함하고 있어서 상당히 진전된 측면이 있다(홍승아 · 장혜경, 2006).

신노동당 정부는 유급양육휴가를 18주에서 26주(2002년)로, 그리고 다시 39주(2007년)로 증가시켰다. 따라서 어머니는 무급휴가와 유급휴가를 모두 사용하면 최대 52주의 휴가를 가질 수 있다. 또한 아버지의 양육참여 지원을 향상시키기 위해서 법정부성휴가(paternity leave)가 2003년부터 도입되어, 출산 15주 전까지 최소 26주를 근무한 근로자에게 2주 동안 유급휴가를 주었다. 이후 아버지들은 3개월 휴가(2005년)를 추가적으로 사용하게 되었으며, 2011년에는 자녀출생 20주 이후부터 26주 휴가를 사용할 수 있도록 확대되었다. 이러한 부성휴가제도의 확대는 남성에게 양육책임을 부여한 것이며, 가족 안에서 양육에 대한 부담을 부부가 함께 지도록 한 것이다.

연합정부는 이전 정부의 정책을 이어받아 어머니와 아버지가 양육을 분담할 수 있도록 휴가사용을 유연하게 활용하는 방안을 지속하였다. 영국은 2015년까지 의무적인 모성회복기간 동안 아버지와 어머니가 50주에서 52주까지 육아휴직을 공유할 수 있게 되었다. 이는 육아휴가를 부부가 교대로 사용할 수 있거나 동시에 사용할 수 있도록 하는, 매우 유연한 휴가사용의 정책이다.

2. 프랑스의 가족정책

프랑스의 연간 출생아 수는 1982년 약 82만 명에서 1994년 약 74만 명으로 감소하다가 이후 2000년에는 약 81만 명 수준으로 회복하여 2012년 현재에는 약 82만 명 수준을 나타내고 있다. 이는 1994년 1.66명이던 합계출산율이 2011년 2.01명 수준으로 증가한 것과 관련된다. 전체 출생아 중에서 혼외 출생아가 차지하는 비중은 1994년 37.2%이었으나 이후 계속 상승하여 2012년 혼외 출생아 비중은 56.6%까지 높아졌다.

2011년 현재 평균 결혼연령은 남성은 평균 31.9세, 여성은 평균 30.1세이다. 인구 1,000명당 혼인건수는 3.7건인 것과 비교해, 인구 1,000명당 이혼건수는 10.9건으로 나타났다. 특히 2012년 현재 총결혼건수가 약 24만 건인 것에 비해 계약혼에 해당하는 시민연대계약(PACS : Pacte Civil de Solidarité) 건수는 약 21만 건으로, 이 중에서 동성 간의 PACS는 약 9천 건에 해당한다.

프랑스의 가구당 평균 가구원 수는 1968년 3.1명, 1975년 2.9명, 1982년 2.7명, 1990년 2.6명, 1999년 2.4명으로 계속 감소하고 있다. 2009년 현재 가구원 수별 비중을 보면 1인 가구(33.6%)와 2인 가구(32.9%)가 전체 가구의 약 67%를 차지하고 있다. 가족형태별로는 독신가구 33.6%(남성독신가구 14.0%, 여성독신가구 19.6%), 유자녀 부부가구 27.1%, 무자녀 부부가구 25.9%, 한부모가구 8.2%, 3세대 이상 가구 등 복합가구는 5.2% 등의 분포를 보인다. 프랑스의 중위 생활수준 50% 이상 가구의 빈곤한 가족은 1970년대 12%에서 1984년 7.7%, 2002년 6.5%, 그리고 2010년 7.8% 수준을 보이며, 특히 여성의 비중이 남성보다 더 높은 것으로 나타났다.

경제활동참여율은 2011년 현재 여성 51.7%, 남성 61.8%로 나타나며, 특히 25~49세 경제활동참여율은 여성 83.9%, 남성 94.4%로 나타난다. 자녀가 있는 부부 가운데 여성의 경제활동참여율은 자녀 1명(70.8%)을 둔 경우가 자녀 2명(70.5%)이나 자녀 3명 이상(52.9%)을 둔 경우보다 더 높게 나타났으며, 자녀 중 적어도 1명이 3세 미만인 경우(39.8%)가 3세 이상 자녀 1명을 둔 경우보다 더 낮게 나타났다. 즉 자녀 수가 적을수록 그리고 자녀 연령이 높을수록 여성의 경제활동참여율이 높다고 볼 수 있다.

프랑스에서는 가족의 다양성을 정책적으로 포용하기 위한 논리의 근거를 '연대성'과 '정의'로 둔다. 예를 들어 빈곤 가족에 대해서는 요보호 가족의 개념으로 접근하지 않고 분배의 차원에서 접근하고 있으며, 세대 간의 문제나 다른 인종의 가족문제는 소외의 문제로 보고 사회통합이라는 더욱 넓은 차원에서 접근하고 있다. 가족수당 중심의 프랑스 가족정책은 특히 자녀출산과 양육 및 교육의 문제와 긴밀히 연계되어 있다. 이는 다양한 성격의 해체를 경험하는 가족의 현실적인 문제에 대응하는 방안으로, 부모－자녀관계의 강화를 지향하고 있음을 나타낸다.

1) 가족의 경제적 지원

프랑스의 가족에 대한 경제적 지원정책은 가족수당정책, 조세감면정책, 가족정책 이외 다른 사회보장영역에서의 가족지원 등이 포함된다. 이 중 프랑스 가족지원정책의 가장 핵심적인 내용은 가족수당정책이다.

가족수당정책은 기본적으로 4가지 원칙에서 추진되고 있다. 첫째, 자녀양육에 대한 지원 둘째, 자녀출생 및 영아보육에 대한 지원 셋째, 한부모가족의 지원 넷째, 자녀양육과 관련해서 특별히 어려운 상황에 있는 가족에 대한 지원(예를 들어 자녀가 장애가 있거나 아픈 자녀를 돌봐야 하는 경우) 등이다. 이는 다시 자녀양육을 위한 수당, 자녀출생 및 영아보육에 대한 수당, 특별지원의 수당(주거수당, 취약계층) 등으로 구분하여 살펴볼 수 있다(Cnaf, 2012; 김영란 외, 2012).

자녀양육을 위한 수당에는 가족수당(Allocations Familiale : AF)과 가족보조금(Complément Familial : CF)이 있다. 가족수당은 소득조건 없이 두 자녀 이상을 가진 가족 모두에게 지급되며 자녀 연령이 20세가 될 때까지 지급된다. 따라서 대상자는 외국인을 포함하며 입양이나 위탁 등 결혼 외 관계의 자녀도 모두 포함한다. 가족수당 월 급여 액수는 자녀수에 따라 차등적으로 지급된다.

자녀출생 및 영아보육에 대한 수당은 영아보육수당(Prestation d'Accueil du Jeune Enfant : PAJE)을 중심으로 지원되고 있다. 영아보육수당은 출생수당, 기초수당, 보육방식의 자유로운 선택을 위한 보조금 등이 포함된다. 출생수당과 기초수당은 일정 소득 수준 이하의 가정에게만 지원되며, 보육방식의 자유로운 선택을 위한 보조금과 직업 활동의 자유로운 선택을 위한 보조금은 취업여성을 대상으로 지원된다. 출생수당은 일정한 소득수준 이하의 가정을 대상으로 임신한 지 7개월째 되는 달 혹은 입양한 자녀가 가정에 온 날에 일시불로 지급하는 수당이다. 이 수당은 자녀임신이나 입양으로 발생하는 초기 비용을 지원하기 위한 목적으로 지원된다.

보육방식의 자유로운 선택을 위한 보조금은 취업여성이 3세 미만의 자녀를 시설에 맡기지 않고 '인가된 보육사(assistante maternelle)' 혹은 가정 내 보육사를 이용하여 자녀를 양육할 때 지불해야 하는 보육사 임금의 일정 부분을 지원해 주는 수당이다. 프랑스 보육실태(2007)를 조사한 결과, 0~2세 영아의 주 중 낮시간 동안 주된 보육방식은 부모(63%) 다음으로 인가된 보육사(18%) 순으로 나타났는데, 이와 같이 인가된 보육사를 이용하는 경우가 시설보육(10%)보다도 더 많은 것으로 나타났다(Cnaf, 2011). 보육방식의 자유로운 선택을 위한 보조금의 액수는 가족의 소득수준, 자녀연령, 이용하는 보육사 종류에 따라 차등적으로 지급한다. 소득 기준을 적용할 때 자녀 수를 고려하여 자녀가 많은 가정에게 더 높은 소득 상한을 적용하여 다자녀 가정을 우대하고 있다. 한편, 직업 활동의 자유로운 선택을 위한 보조금은 취업여성이 자녀출산 후 직장에 복귀하지 않고 가정에서 자녀를 돌볼 때 지원되는 수당이다. 이 보조금은 자녀를 돌보기 위해 직업 활동을 그만두거나 근로시간을 줄여서 일하고 있는 사람에게 지급된다. 첫 자녀를 출생한 가정에 대해서는 최대 6개월 동안 보조금이 지급되며, 둘째 자녀 이상을 출생한 가정에 대해서는 자녀가 3세 되기 바로 전달까지 보조금이 지급된다. 근로시간을 줄여서 일하는 경우에도 근로시간에 비례하여 수당을 지급함으로써 높은 여성 고용률을 유지하는 데 기여한다. 세 자녀 이상을 가진 취업여성은 직업 활동의 자유로운 선택을 위한 선택적 보조금(Complément optionnel de libre choix d'activité : Colca)을 선택할 수 있어 더 높은 휴직급여를 좀 더 짧은 휴직기간 내에 받을 수 있다.

주거수당으로 집세를 지불하고 있거나 주택에 대한 대부금을 상환하고 있는 경우 일정 소득 수준 이하의 사람에게 개인주거수당, 가족주거수당, 사회주거수당이 지원된다. 기타 주거 관련 수당으로서 다자녀 가정이 이사할 때 지원되는 이사보조금과 인가받은 보육사가 아동보육을 위해 집을 수리할 때 지원받을 수 있는 보육시설 수리를 위한 보조금이 있다.

기타 취약 가정을 위한 지원으로는 한부모를 대상으로 하는 가족부양수당, 장애아 교육수당, 자녀간호수당이 있다. 이러한 수당은 한부모, 장애아, 아픈 자녀라는 취약한 상황을 고려하여 지급하는 수당으로서, 소득조건을 적용하지 않고 지원한다는 특징이 있다. 한편, 소득조건이 적용되는 취약 가정 대상 수당으로 개학수당이 있다.

2) 일－가정 양립 정책

프랑스는 유럽에서 집단적으로 노동시간 단축을 법제화한 유일한 국가이다. 1994년 가족법 이후 보육서비스와 취업부모의 양육지원수당이 증가하였지만, 여전히 여성이 가사노동과 부모휴가의 대부분을 담당하고 있는 현실이 바뀌지 않자 1998년과 2000년 '35시간노동제'가 통과되었다. 이는 일과 가족생활의 양립이 실제적으로 가능하도록 제도적 여건을 마련한 것이다.

35시간노동제는 유연성과 다양성이 특징이다. 1년에 1,600시간 근로범위 내에서 근로시간을 유연하게 사용할 수 있게 함으로써 필요에 따라 노동시간의 과다를 조정할 수 있게 하여 개인의 생활을 노동과 적응시킬 수 있도록 한다는 것이다. 특히 2000년대 들어서 일과 생활의 조화는 성평등 원칙에 근거해서 부모역할공유를 강조하고 있다.

프랑스의 일·가정 양립은 다양한 휴가제도 도입과 정착으로도 실현된다. 대표적으로 출산휴가, 부성휴가, 부모휴가, 아동간호휴가 등이 실시되고 있다. 1909년 도입된 출산휴가는 자녀 수에 따라서 차별적으로 제공된다. 둘째 자녀까지는 일반적인 휴가기간 16주가 제공되지만, 셋째 자녀부터는 휴가기간이 출산 전 8주, 출산 후 18주로 총 26주로 늘어난다. 쌍둥이의 경우 출산 전 12주와 출산 후 22주의 총 34주가 제공되며, 세쌍둥이 이상의 경우에는 각각 24주와 22주의 총 46주가 출산 전후로 제공된다. 휴가기간 동안의 급여는 사회보험에서 모성급여로 지급되며, 둘째 자녀까지는 순임금의 100%를 보전해준다. 입양의 경우에도 출산휴가와 동일하게 적용되는 입양휴가가 제공되지만, 반드시 여성에게만 한정되지는 않는다. 임신 중 진료를 포함한 병원비 등 출산과 관련한 모든 비용은 의료보험에서 100% 지원된다.

프랑스에서 부성휴가가 강조된 것은 최근의 일로, 2002년 1월부터 부성휴가 기간이 3일에서 2주로 연장된 바 있다. 휴가기간 동안 임금 총액의 80%를 보전하며 상·하한이 정해져 있다. 2002년 부성휴가를 사용한 아버지는 약 250,000명으로, 이들 중 임금근로자는 90%가 해당되며, 이들은 법적으로 보장된 기간을 거의 모두 사용하였다. 그러나 상인이나 경영직 종사자 아버지들은 경제적인 이유로 거의 사용하지 않은 것으로 나타났다.

부모휴가제도는 1977년 처음 법정 자격요건으로 도입되었고, 이후 1984년, 1986년,

1991년, 1994년의 추가 개정과정이 있었다. 출산휴가나 입양휴가가 끝나면 부모는 부모휴가를 사용할 수도 있고 근로형태를 시간제 근로(주당 16시간 이상)로 전환할 수도 있다. 부모휴가는 무급이지만 부모는 육아휴직수당을 신청할 수 있다.

또한, 프랑스 노동법에서는 모든 근로자는 16세 미만의 자녀가 아픈 경우 이들을 보살필 권리가 있으며, 필요한 경우 시간제 근무로 전환할 권리를 명시하고 있다. 그리고 장애아나 상해를 심하게 입은 아동을 돌보는 일도 가능하다.

3) 이주 및 다문화 정책

프랑스는 1990년대 말 이민이 증가하기 시작하자 이민을 제한하는 정책을 추진하기 시작하였다. 1995~1996년에 외국인 거주자들의 권리를 통제하고 다문화가족들의 귀화를 어렵게 만드는 정책들을 대거 법제화하였다.

한편, 이민자층의 빈곤율을 해결하기 위해 2003년 '화합과 통합을 위한 계약'을 통해 국가는 건강검진, 사회사업가와의 상담, 프랑스어 교육을 포함한 다양한 서비스를 제공하고, 이민자는 프랑스 법규를 준수하고 필요한 교육을 받을 의무를 지게 되었다. 정부와 시민단체들은 이민자들에게 프랑스어와 기술을 가르쳐주고 프랑스 문화에 이들이 익숙해지기 위한 교육을 실시하고 있다. 2006년 7월 25일 프랑스 의회에서 통과된 '이민 · 통합법'은 프랑스 사회에 거주하는 외국 출신 이민자와 외국에 거주하는 프랑스 출신 이민자들의 사회통합을 지원하기 위한 법률이다.

3. 핀란드의 가족정책

핀란드의 합계출산율은 2008년 현재 1.85명으로, 2004년 이후 1.8명 이상을 지속적으로 유지하고 있어 높은 편이다. 다만 2008년에는 65세 이상 인구수가 15세 미만 인구수를 초과하는 등 인구 고령화도 지속되고 있다. 핀란드에서 가족 관련 주요 이슈는 아동 빈곤의 증가이다. 아동 빈곤율은 1985년 5.4%에서 1995년 4.2%까지 하락하였다가, 2003년에서 2004년에는 6.5%로 다시 상승하였다.

경제활동참여율은 2008년 71.1%이며, 이 중 여성의 경제활동참여율은 69%, 남성의 경제활동참여율은 73.1%이다. 보육서비스 이용률은 2007년 0~2세 아동은 22.4%, 3~5세는 46.1%이다. 보육서비스 비용에 대한 본인 부담률은 맞벌이가정의 경우 7.2%, 홑벌이가정의 경우 4.1%로 보고된다.

핀란드의 가족정책은 1948년 아동수당제도를 도입하면서 가족정책 지원체계를 구축하기 시작하였다. 1950년대 아동수당은 가족정책 급여로서 유일하게 중요한 급여였으며, 가족부문 지출에서 국내 총생산의 약 4%를 차지할 정도로 상당한 비중을 차지하였다. 1970년대 중반에는 가족정책 이슈에 사회적 관심이 집중되기 시작하여 아동수당제도의 실질가치는 감소하였지만, 급여액은 점점 증가하여 1990년대 초에는 1970년대 초에 비해 실질가치가 거의 3배 증가하였다. 1970년대에는 모성휴가, 부성휴가, 부모휴가제도 등 일·가정 양립을 위한 휴가지원제도가 활성화되었으며, 1980년대 중반 이후에는 수당제도를 활성화함으로써 보육정책의 기조가 다소 변화하고 있다.

1) 자녀양육지원

핀란드의 자녀양육지원 정책은 여성취업이 증가하기 시작한 1970년대 전반기부터 발달되기 시작하였다. 취학 전 아동이 있는 가족들은 부모가 대부분 소득활동을 하고 있으며, 어린 아동이 있는 어머니도 일반적으로 전일제로 일하고 있기 때문에, 일하는 부모의 일·가정 양립지원 정책의 기반으로 보육서비스가 제공된다.

핀란드는 1927년 유치원보조법(Act on State Subsidies for Kindergartens) 이후, 1936년 아동복지법(Child Welfare Act), 1973년 보육법(Act on Children's Day Care) 등 일련의 법 제정을 통하여 유치원 외 기타 모든 보육시설에 대해 국가의 지원보장을 확고하게 정립하였다. 그리고 1973년 보육법에서는 보육서비스의 조직 및 제공의 의무를 지방자치단체의 책임으로 부과하고, 지방자치단체는 보육시설이나 가정놀이방의 형태로 자녀양육서비스를 제공한다.

특히 1996년부터는 취학 전 아동을 둔 모든 부모들이 지방정부가 제공하는 보육서비스를 이용할 권리를 가지게 되었으며, 이를 통하여 보육의 권리를 모든 취학 전 아동의 권리로 규정하였다. 지방자치단체는 가정보육, 집단가정보육, 개방형 보육시설 등 다양한 형태로 자녀양육서비스를 제공하고 있다.

자녀양육서비스 제공을 위한 재원은 공공재원과 부모들의 이용료를 통해 충당한다. 이때 부모들은 가족규모와 소득수준에 기반하여 보육비용의 일부를 이용료로 납부하는데, 부모 이용료 부담은 전체 보육비용의 약 15% 정도이다. 특히 저소득층에게는 무료 이용이 제공된다. 대부분의 보육시설은 종일제와 시간제로 이용되는데, 최근에는 취학전 교육과 보육서비스를 개인의 욕구에 맞게 탄력적인 형태로 지원하는 데 초점을 두어, 가능하면 종일제 보육이 아닌 반일제 보육 형태로 제공하고자 한다.

한편, 교육법(The Basic Education Act)에 근거해서 학령기 아동의 보육은 아동의 집, 학교, 지방정부 기관이나 협회, 조직, 기업 등과 연계하여 클럽활동을 제공하는 것이 가능하도록 되어 있나. 지방자치단체는 교육부 관할하에 학령기 아동을 대상으로 방과후 프로그램의 개발과 구성, 프로그램 제공, 감독 기능 등을 담당하도록 책임이 부여된다.

2) 가족의 경제적 지원

핀란드의 가족에 대한 경제적 지원은 아동수당, 출산 관련 수당, 양육 관련 수당 등의 세분화된 수당제도로 설명된다. 아동수당은 유자녀가족과 무자녀가족 간의 비용차이를 줄이는 가장 중요한 수단으로 기능한다. 아동수당은 17세 이하 모든 아동을 대상으로 비과세로 지급된다. 아동수당은 가족의 경제적 지위와 상관없이 지급되며, 가족의 아동 수에 따라 급여액이 결정되는 것이 특징이다.

출산 관련 수당은 모성수당과 부모휴가수당, 그리고 부성수당으로 구분된다. 모성수당은 휴가기간에 받는 급여와 별도로 출산 전 일정시간을 쉴 수 있도록 출산 전에 모자건강을 위해 제공되는 급여이다. 임신 154일 이상부터 핀란드에 거주하는 모든 임산부는 모성수당의 자격을 가지며, 단 산전검사를 받아야 수당을 받을 수 있다. 한편 임산부는 이러한 모성수당과 육아용품, 의류, 신생아용품 등을 지급받는 모성패키지 중 한 가지를 선택할 수 있다. 부모휴가수당은 출산을 전후로 모성휴가, 부성휴가, 부모휴가를 사용할 때 제공되는 급여를 말한다. 핀란드의 부모휴가는 총 263일(working days) 제공되는데, 이 기간은 모성휴가 105일, 부모휴가 158일을 포함하는 것이다. 휴가의 자격요건은 거주권에 기반하며, 부모휴가기간 중 부성휴가를 2주 이상 사용하면 추가로 유급 부성휴가를 제공한다. 쌍둥이는 부모휴가의 158일에 아동당 60일씩 추가된다. 부모는 각각 최소 12일 이상, 두 번까지 번갈아 가면서 사용할 수 있다. 휴가기간의 급여는 사회보험기관(Social Insurance Institution of Finland)에서 제공된다. 모성 및 부모휴가 기간 동안의 급여액은 월급의 60% 수준이다. 한편, 남성의 양육참여를 위해 별도의 부성휴가를 제공하는데, 핀란드에서는 부모휴가 기간 중 6~18일을 부성휴가로 사용할 수 있다. 또한 모성 및 부모휴가 기간 중에 부성휴가를 2주간 사용하면 추가로 12일의 부성휴가를 사용할 수 있고 이 기간 중에는 부성수당을 받는다. 부성수당은 소득비례로 지급되는데, 부성휴가의 사용이 점차로 증가하여 1997년에는 약 60%의 아버지가 부성휴가를 사용하였다.

1985년 가정아동양육수당을 도입한 이후, 부모휴가기간이 지난 부모들은 가정양육수당, 민간보육수당, 지방자치단체 운영의 보육시설 이용 등 세 가지 아동양육 방법 중 하나를 선택하게 되고, 이에 대해 지방자치단체는 지원을 제공하게 된다. 첫째, 부모들은 아동이 3세 전까지 집에서 육아휴가를 사용하며 아이를 키우면서 가정양육수당을 받는다. 둘째, 취학 전까지 민간보육시설에 보내고 민간보육수당을 받는다. 셋째, 취학 전까지 지방자치단체가 운영하는 보육시설(municipal day care)에 보낸다.

부모들은 집에서 육아휴가를 사용하며 아이를 키우면서 가정양육수당을 받을 수 있다. 부모휴가 4개월이 지난 뒤, 부모 중 한 사람은 아동이 3세가 될 때까지 육아휴직을 무급으로 사용할 수 있다. 부모가 동시에 휴가를 사용할 수 없으며, 휴가를 사용한 부모는 육아휴직 이후 복직의 권리를 보장받는다. 가정양육수당은 기본급여와 보충급여로 구성된다.

그리고 지방자치단체는 1997년 8월 이후에 가정양육수당과 별도로 민간보육서비스를 이용하는 경우에 대해서 민간보육수당을 제공하고 있다. 핀란드 내 거주하는 학령기 이전의 아동이 보모나 민간보육교사, 민간보육시설을 이용하게 되면, 이들의 보육비용에 대해 지방정부가 일정 부분을 지급한다. 부모수당 종료 이후 아동이 입학할 때까지 수당 지급이 가능하지만, 지방정부의 보육시설을 이용하게 되면 이 수당은 종료된다. 민간보육수당에도 기본급여와 보충급여가 있다.

한편, 핀란드에서는 주거수당이나 생계유지수당 등의 기타 수당제도도 존재한다. 주거수당은 저소득층의 주거비용 경감을 위해 제공되며, 생계유지수당은 이혼한 부모 밑에서 자라는 아이들이 있는 경우 정부가 수당을 먼저 지급해주고 양육비 부담 책임이 있는 부모로부터 나중에 징수하는 방식으로 운영된다. 혼외출생아동이나 한부모가 입양한 아동에게도 지급될 수 있다.

3) 노인돌봄정책

핀란드의 노인돌봄정책의 변화를 살펴보면, 시장화의 경향이 뚜렷하다. 여기서 시장화는 소비자 선택, 이용자 편익, 사회돌봄시장, 위탁, 외부화, 상업화, 돌봄서비스의 외부계약 등을 강조한다. 즉 사회적 돌봄과 같은 공공재가 시장에서 구매할 수 있는 상품이 되어 가는 과정들을 포함하게 되면서 돌봄의 시장화가 진전되고 있다.

1960년대까지 핀란드에서 노인돌봄은 대부분 시설돌봄으로 해결하였으며, 1980년대까지 노인의 시설 이용률이 높았다. 또한 60년대와 70년대에 걸쳐 지방자치단체가 제공하는 가정돌봄서비스가 크게 확장되었다. 1966년 가정돌봄서비스는 나이와 경제력에 상관없이 모든 시민들이 이용하도록 지방자치단체가 제공할 의무를 가지는 것으로, 보편적 서비스의 대표적인 사례로 제시된다. 1970년대에는 65세 이상의 인구 중 약 7%가 간병인서비스를 이용하고 있었는데 1990년대에는 24%로 높은 수준으로 올라갔다.

그러나 이러한 핀란드의 사회돌봄정책은 1990년대 초 실업이 20%에 달했던 경기후퇴로 인해 변화의 필요성을 인식하여, 노인대상서비스에 대한 예산 삭감을 진행하였다. 경기후퇴 전에도 서비스 공급에서 다양성을 추구하기 시작하였는데, 1984년 사회복지법은 정부의 보조를 받는 서비스의 공급자를 자원단체와 사적단체까지 넓혔다.

시설돌봄이나 가족돌봄 이외에 가정돌봄수당(Home-Care Allowance : HCA)의 방법도 채택되었다. 가정돌봄수당은 친척이나 다른 보호자들이 제공하는 도움과 보조에 돈을 지불하는 형식을 갖춘다. 2001년에는 가정돌봄서비스에 대한 세제혜택이 도입되어 보조노동자를 고용하는 등의 용도로 사용할 수 있게 하였으며, 2004년에는 바우처 제도를 통해 노인들이 가정 내 간병과 청소 등을 이용하도록 하는 동시에 돌봄노동자의 쉴 권리도 확보하도록 하였다.

4) 이주 및 다문화 정책

핀란드 정부는 이민의 증가에 따라 외국 출신의 국민과 그의 자녀들의 통합에 대한 문제에 직면하게 된다. 통합정책의 기본입장은 외국 출생자를 국내 출생자와 동일하게 취급하며, 의료서비스, 교육, 시민권, 주거 등의 권리를 보장한다는 것이다. 통합법은 2006년 1월 1일에 발효되어, 이민자들의 통합, 평등, 선택의 자유를 보장하기 위해 필수적인 지식과 기술을 획득하도록 돕는 법이다. 여기서는 국가적 수준에서 정부가 통합정책을 제정하고 관련된 정보와 가이드를 각 지역에 제공하도록 되어 있으며, 지역수준에서는 사회보장기구와의 협동으로 작성된 통합프로그램에 따른 가이드라인을 실행한다. 개인수준에서 이민자는 개인과 핀란드 공직자들 간의 통합계획에 동의하면 통합수당을 받고 직업교육, 언어교육 등의 지원을 받게 된다.

외국인은 18세에 범죄기록이 없고 경제적 자립이나 피부양이 가능하며 핀란드어나 스웨덴어 등의 공식 언어 중 하나 이상을 일정 수준 이상 구사하면 시민권을 요청할 수 있다. 2003년부터 이중 시민권이 가능하며 이로 인해 외국인과 핀란드인 모두 핀란드에서의 근로가 더욱 용이해졌다.

4. 스웨덴의 가족정책

스웨덴의 인구는 1969년 800만 명에서 2010년 현재 942만 명으로 증가한 상황이다. 연령별 인구 구성은 0~19세의 비율이 23.4%, 20~60세 57.9%, 65세 이상 18.4%로 인구가 점차 고령화되고 있다. 정부의 출산율 정책의 결과 출산율이 1997년 1.52명에서 2008년 1.91명으로 회복되고 있다.

가구구성을 보면 2011년 기준으로 부부가구가 63.9%이다. 2010년 기준 전체 가구구성 중 다문화가족의 비율이 17.4%로, 다문화가족도 눈에 띄게 증가하고 있다. 스웨덴 사회에서 다문화가족과 관련한 최근 이슈로는 다문화가족 아동들의 문화적 차이로 인한 부적응 문제 등이 제기되고 있다. 조이혼율은 1970년 1.6에서 2008년 2.3으로 증가한 것으로, 이 수치는 OECD 평균인 2.1을 상회하지만 핀란드, 덴마크 등 다른 북유럽 국가들에 비해서는 낮은 편이다.

스웨덴의 가족정책은 출산 및 양육 문제에 대해 적극적으로 대처한 모범적인 사례로 잘 알려져 있다. 1930년대부터 저출산의 문제에 대해 정책논의 과정을 거쳐 전반적인 사회경제적 문제로 규정하고 스웨덴식 저출산 대응정책을 발전시켜왔다. 1934년 『인구문제의 위기』라는 책에서 스웨덴 출산장려주의의 내용을 발견할 수 있다. 여기서 아이들은 생산적 성인으로 키워야 하며, 사회는 아이들과 그들 가족의 복지를 위해 투자해야 하고, 가족문제는 여성 개인의 차원이 아니라 사회 전체가 함께 공헌해야 한다고 강조함으로써 예방적 사회정책의 중요성을 밝히고 있다. 이 책의 저자인 미르달 부부는 '인구의 질' 즉 '양질의 아동을 더 많이(more children of better quality)' 확보하기 위해서는 국가가 여성에게 모성과 노동참여를 양립할 수 있도록 조치를 취해야 하며, 따라서 이를 위한 보다 근본적인 문제는 양질의 보육시설에서 전문가에 의해 아이를 키우는 것이라고 주장하였다. 결과적으로 이러한 주장은 스웨덴의 보육정책이 발전하는 데 기반을 제공하였으며, 스웨덴의 가족정책은 성평등과 일·가정 양립 지원의 두 가지 측면에서 꾸준히 추진되어 왔다.

1) 자녀양육지원

스웨덴은 공공보육시스템을 확립하여 자녀양육의 사회화를 이룬 대표적인 국가이다. 스웨덴의 자녀양육정책은 두 가지 중요한 목표에서 발달되었다. 첫째는 아동발달과 교육을 지원하여 생애의 중요한 출발을 시작할 수 있도록 정부가 지원한다는 것이다. 둘째는 부모들이 직업(또는 학업)을 양육과 병행할 수 있도록 사회적으로 지원한다는 것이다. 따라서 스웨덴의 보육정책은 양질의 보육을 제공하고, 보육서비스를 필요로 하는 사람들이 충분히 사용할 수 있고, 공공재원의 제공으로 지방정부의 책임하에 운영되게 한다는 특징을 갖는다.

현재 스웨덴의 공공보육서비스는 1~12세 아동을 대상으로 제공된다. 학령기 이전의 아동들은 유치원 활동에 참여하고, 학령기 아이들은 학교정규수업 이외에 보육서비스를 이용할 수 있다. 교육법에서는 보육서비스 제공을 유치원(pre-schools), 가정보육시설(family daycare facilities), 개방 유치원(open pre-school), 놀이시설(leisure-time centres) 등에서 제공하게 되어 있다.

1975년 유치원법(National Preschool Act)의 도입으로 지방정부가 공공보육 확대의 의무를 지도록 하였다. 이에 지방정부는 6세 아동을 대상으로 학령 전 무료보육을 525시간 제공해야 한다. 지방정부는 최소한 시간제 보육서비스라도 제공해야 한다.

스웨덴은 이미 1970년대와 1980년대에 경제성장과 여성노동수요와 연관하여 보육서비스 확대가 정책목표로 수용되었다. 그 결과 공공의 지원을 받아 운영되는 보육시설을 이용하는 아동의 수가 크게 증가하였다. 가장 일반적인 서비스 형태는 집단보육시설이지만, 가정보육과 유치원도 중요한 서비스 시설이다. 1970년대에는 1~6세의 학령 전 아동의 10%만이 공공보육시설이나 보조금 지원을 받는 가정보육시설을 이용하였지만, 1975년 17%, 1980년 36%, 1985년 52%, 1990년 57%, 1997년 73%로 증가하였다.

1995년에는 보육법(Act on Child Care) 제정으로 지방정부의 보육제공의무를 명확히 하고, 동시에 지방정부의 자율성과 책임이 더욱 강조되는 등 지방분권화를 촉진하였다. 70년대와 80년대에는 공공보육이 중앙집권화된 정부의 재원으로 운영되었던 반면(45%씩 정부와 고용주 부담) 1993년부터 일괄교부금으로 전환되어 지방정부의 자율성과 책임을 강조하였다. 또한 90년대 들어서면서 보육의 교육적 기능이 강화되어 1996년에는 보육관할부서를 보건사회부(Ministry of Health and Social Affairs)에서 교육과학부(Ministry of Education and Science)로 이전하여 교육과 보육을 통합하고 교육의 기능을 강화하였다.

스웨덴에서는 부모보험제도를 통하여 임신, 출산, 양육 등 일련의 과정에 관련되는 부모역할 및 제반 권리에 대하여 사회적 지원을 광범위하게 제공하고 있다. 1974년 부모보험법(Parental Insurance Act)의 도입으로 이전의 모성휴가제도는 부모보험제도(Parental Insurance

Scheme)로 전환된다. 부모보험제도는 완전고용과 성평등주의를 기반으로 하고 있다. 즉 부모가 모두 노동하는 것을 전제로, 부모의 취업과 양육부담이 실제 가능하도록 하고, 특히 아버지의 육아참여를 장려함으로써 동등한 부모역할을 목표로 한다. 따라서 아버지의 휴가참여를 위한 장려책이 개발되고 사회적인 홍보가 대대적으로 이루어지고 있다.

결국, 스웨덴 정부의 대표적인 자녀양육지원 정책은 육아휴직(부모휴가) 등 휴가제도 및 급여지급, 가족 및 아동 수당, 보육서비스, 자녀양육 한부모 지원책 등으로 요약된다. 우선, 자녀양육을 위한 휴가제도에는 육아휴직(부모휴가), 임신출산급부, 산전후휴가, 단기부모휴가제도 등이 포함된다. 육아휴직은 자녀를 가진 부모가 자녀를 돌보기 위해 소득이 있는 근로를 포기할 경우 자격이 주어진다. 1990년대 자녀양육과 관련된 휴가제도는 변화를 겪었는데, 먼저 소득대체율이 등락을 겪은 후 1998년 80%로 변동되었고, 1995년 4주간의 아버지할당제가 도입되었다.

2002년 육아휴직이 4주 연장되면서 2002년 이후 출생한 자녀는 480일, 이전에 출생한 자녀는 450일 동안 주어졌으며, 여성의 경우 출산예정일 이전 60일부터 자녀가 8살이거나 초등학교 입학 전까지 사용 가능했다. 정부는 부모 모두 동등하게 나누어 사용할 것을 권장하였으며, 그 일환으로 아버지할당제가 8주로 확대되었다. 휴가는 하루 종일, 1/2일, 1/4일, 1/8일로 나누어 사용이 가능하며, 휴가급여도 이에 준하여 지급한다. 2002년에는 육아휴직제도 수혜 대상을 확대해 실업자와 학생 등에게 육아휴직 자격을 부여함으로써 그 기간 중 자신의 인적 자본을 향상시킬 수 있는 기회를 제공하였다.

2008년부터는 자녀양육수당제도의 문제점인 여성 위주의 육아휴직제도를 개선하기 위해 새로운 보너스 제도를 실시하고 있다. 보너스 제도는 390일(13개월)의 유급육아휴직 중에서 부모가 균등하게 6.5개월씩 나눌 경우 가족에게 주어지는 보너스는 13.500크로나지만 둘 중의 한 사람이 일방적으로 많이 사용할 경우 더욱 낮아져서 한쪽이 2개월만 쓰고 다른 한쪽이 11개월을 쓸 경우 지급되는 보너스는 없게 된다.

임신출산급부는 건강상의 이유로 일을 계속할 수 없는 임산부에게 주어지는데, 본인의 업무를 다른 사람에게 이관해 달라고 요청할 수 없는 경우 받게 되며, 육체적으로 힘든 일을 할 경우 최소 2달 이전에 최대 50일에 대하여 현금급여를 받으며 출산예정일 10일 이전에 대해서는 임신출산급부를 받을 수 없다.

산전후휴가는 모든 부모를 대상으로 기간은 최대 14주(산전 7주, 산후 7주)이며, 직업환경이 위험할 시 출산 전 60일부터 사용 가능하며 급여는 80%를 지급한다. 단기부모휴가제도의 경우, 아픈 자녀를 돌보기 위해 출근하지 못했을 경우, 아이를 병원에 데려갈 경우, 유치원프로그램에 참석할 경우 등의 사유를 가진 부모에게 주어지는 것으로 만 10세 이하의 자녀를 둔 부모에게 적용된다. 한편, 자녀가 아프거나 정기적으로 자녀를 돌볼 경우, 자녀를 돌보는 사람이 아플 때, 부모가 일을 그만두고 자녀를 돌보는 경우에는 일시적 부모현금지급제도가 적용된다.

또한, 스웨덴 정부의 가족 및 아동수당에는 아동수당, 아동보호수당 등이 포함된다. 아동수당에는 기본아동수당, 연장아동수당, 다자녀가족보조금이 있다. 모든 스웨덴의 부모는 자녀가 태어났거나 이주해 온 달부터 16세까지 기본아동수당을 지급받으며, 그 이후에도 의무교육을 받고 있다면 연장아동수당을, 세 자녀 이상을 양육하고 있으면 다가족지원금을 받을 수 있다.

아동보호수당은 병에 걸렸거나 장애가 있는 16세 이하 자녀의 경우 지급받게 되며, 자녀가 장애수당을 받게 되는 19세 전까지 지급되고 특별한 경우 연장 가능하다. 이는 일시금으로 받거나, 또는 1/3, 1/2, 1/4로 나누어 지급될 수 있다. 휴일에 집에서 부모가 일시적으로 돌볼 때는 휴일자녀보호수당을, 차량이 필요할 때에는 차량지원을 받을 수 있다.

한편, 스웨덴 정부는 결혼 여부와 관계없이 8시간의 보육서비스를 보편적으로 제공하며, 실업자 부모와 학업 중인 부모의 자녀, 육아휴직 중인 자녀에게까지 이용 권리를 부여한다. 공공육아시설은 모두 이용 가능하지만, 취업모, 독신모, 저소득층 등에 우선권을 주고 있다. 그리고 한부모가족 지원은 이혼한 부모들에게 특정 조건에 따라 18세 까지(교육 중이거나 연장아동수당 및 학자금을 받을 경우 20세까지 연장된다) 지급되고, 비양육부모는 이 지원금의 전부 또는 일부를 되갚아야 한다.

2) 노인돌봄정책

스웨덴의 노인돌봄 서비스제도는 1992년 에델 개혁(ädelreformen)을 통해 시스템 개혁이

단행되었다. 그 주요 내용은 노인보건 의료서비스 및 시설의 기초자치단체로의 이관, 80세 이상 후기 고령자에게 집중된 복지서비스 혜택, 복지와 의료행정의 일원화, 이용자중심의 노인돌봄 등이었다. 에델 개혁 이후 노인들이 자신의 집에서 최대한의 돌봄 지원과 일상생활에 필요한 서비스를 제공받을 수 있도록 노인대상 서비스가 설계되었다.

2000년대 들어 두드러진 현상은 본인의 집에서 재택서비스를 받고자 하는 비율이 점차 높아지고 있다는 점이다. 재택 서비스는 점차 증가하고 있고, 특수노인시설 이용 노인비율은 감소하고 있는 추세를 보여준다. 노인들은 혼자 거동하는 것이 힘들어지고 정상적인 생활이 힘들어지면서 거주하는 지역의 사회복지과에 등록하면 도움을 받을 수 있다. 개인의 필요에 따라 장보기, 청소하기, 음식만들기, 11월과 3월 사이 집 밖 눈청소 등의 집안일에 대해 도움을 받을 수 있다. 1주일에 1회부터 4~5회까지 가사도우미의 도움을 받을 수 있다.

연로한 노인에게 제공하는 일반 노인시설은 연로하여 더 이상 본인이 기거하던 집에서 생활하는 것이 힘들 때 단체로 생활할 수 있는 양로시설이며, 임대형식의 소형아파트 형태로 기초지방자치단체가 관리한다. 부부가 함께 사용할 수 있는 객실, 독신자 객실 등이 있으며 공동 음식식사 제공, 단체 여가 및 건강 프로그램, 간단한 건강검진 등을 제공해주고 있다. 특별주거시설은 만성병이 있거나 중병에 걸려 혼자서 사는 힘든 노인에게 제공하는 특별요양원의 기능을 갖고 있는데, 요양원에는 상주의시, 간호사가 있어 응급조치를 취하고 병원응급실로 이송할 수 있다. 이 특별주거시설은 치매환자들이 주로 사용하며, 환자들을 위한 다양한 프로그램 등을 갖추고 노인들을 돌본다.

3) 이주 및 다문화 정책

스웨덴의 외국인 출신 다문화가족은 주로 중동, 코소보, 알바니아, 터키 등 회교권에서 1970년대와 2000년대 동안 정치적 망명으로 온 경우가 많았다. 외국인 출신 다문화가족의 출산율이 내국인보다 항상 높게 나타나, 1970년대에는 다문화가족 2.4명과 스웨덴 내국인 1.9명으로 비교된다. 이러한 격차는 1980년대에도 계속되었으나, 1990년대 들어 보육시설 요금 상한제 도입 이후 스웨덴 내국인의 출산율이 빠르게 늘면서 그 차이를 일시적으로 줄이게 되었다.

이후 세계의 경제위기, 복지제도의 축소 등의 변화를 겪으면서 외국인과 내국인의 출산율의 격차는 다시 벌어지는데, 이는 내국인 여성들에 비해 외국인 여성들의 대부분이 실직 상태에서 경제위기의 영향을 별로 받지 않기 때문인 것으로 분석된다. 외국인 출신 이민자들의 실업률 문제가 사회적인 이슈가 되면서 이를 낮추기 위한 다양한 방법이 제안되고 있다. 예를 들어 외국인 이민자들이 직업소개소에서 제공하는 일자리를 세 번 이상 거절할 경우 보조금을 낮추는 방안 등이 검토되고 있다.

5. 독일의 가족정책

독일의 가족은 전통적으로 남성 주 양육자 모델에 근거하다가 1970년대부터 한부모가정의 증가, 여성의 취업률 증가, 출산율 하락 등의 다양한 변화를 경험하고 있다. 합계출산율은 1970년 2.03명에서 1995년 1.25명으로 급격히 하락했다가 2010년에는 1.39명으로 최근 약간 반등을 보이며 비교적 안정된 출산율을 보인다. 그러나 OECD평균인 1.74명보다 낮은 편에 속한다. 학력과 출산의 관련성을 보면, 고학력 여성의 출산율 하락이 두드러져 1959년 이후 출생한 여성의 무자녀 비율은 19%인 반면, 대학 이상의 학력의 경우 29%로 상승했다. 반면 혼외 출산율은 2007년 30.0%로 높은 편이었다.

2010년 통계에 따르면 전체 가구 중 부부가구는 55.4%, 1인 가구는 35.8%, 한부모가족은 5.9%(이 중 편모가족은 84.5%, 편부가족은 15.5%), 그리고 기타 가족은 2.9%를 차지하고 있다. 유자녀 가구 비율을 살펴보면 전체 가구 중 유자녀 비율은 35.5%, 전체 부부가구 중 유자녀 비율은 47.8%, 전체 한부모가구 중 유자녀 비율은 18.1%로 나타났다. 2007년 자료에 따르면 아동이 없는 가구는 67%, 한 자녀 가구는 17%, 두 자녀 가구는 13%, 세 자녀 이상 가구는 4%이고, 전체 중 6세 이하 아동이 있는 가구 비율은 12%이다.

2004년 통계에 따르면 미성년 자녀를 둔 가정의 74%는 혼인한 부부와 자녀로 이루어졌고, 26%는 한부모가구와 비혼가구인 것으로 나타났다. 이 중 자녀와 함께 생활하는 한부모가구가 17%의 높은 비율을 나타내고, 동거 커플인 부모와 자녀가 생활하는 비혼가구는 9%를 차지하고 있으며, 비혼부모 중 30%는 자녀를 두고 있다. 즉 미성년 자녀의 3/4은 양친부모와 함께 살고 있으나, 1/4는 한부모가구에서 생활하고 있는 것이다. 혼인이 감소하면서 혼인해체, 즉 이혼이 정상화되고 있다. 이혼건수는 1950년부터 증가와 감소를 거쳐 2005년 20만 건을 넘어섰다가 2010년에는 약 18만7천 건으로 잠시 주춤하는 추세를 보인다.

독일은 이미 2008년에 65세 이상 인구가 전체의 20% 이상으로 초고령사회에 진입하여, 세계적으로 높은 고령화 수준을 나타낸다. 2010년 현재 독일의 65세 이상의 노인 비율은 전체 인구의 20.6%를 차지하며, 20~64세의 노동인구 대비 노인인구의 의존 비율은 34.5%로 분석된다. 고령인구의 비율은 점차 증가하여 2060년까지 34% 이상으로 예측되며, 상대적으로 20~64세의 노동인구층은 2020년부터 현저히 감소하여 2010년 현재 인구 대비 27% 이상의 감소율을 보일 것으로 예상된다.

독일의 가족정책은 혼인과 가족제도를 보호하고 장려하려는 의도에서 출발했으며 연방정부를 구성하는 정당의 입장에 따라서 차이를 가진다. 1990년대 기민련 · 기사련[1]의 가족정책은 동반자적인 결혼생활을 지원하는 것을 목적으로 하였으나 그 정책의 대상은 '적법한 가족'이있다. 즉 여기에는 사실혼 관계나 기타 다른 형태의 가족은 포함되지 않는다. 가족정책을 시행함에 있어 전통적인 가족형태를 유지하고, 가족고유의 기능을 침해하지 않고, 자녀양육을 가족이 책임지면서 양육에 따르는 부담은 완화하고자 하는 방법으로 실행해야 한다는 논의하에, 경제적 원조를 중심으로 하는 가족지원방안이 논의되기 시작하였다. 통일독일에서 1998년부터 집권하고 있는 사민당은 국가경쟁력 차원에서 가족복지에 대한 관심을 가지고 가족정책을 강화하고 있다. 사민당 정부는 기존 기민련 · 기사련의 인구정책적 개인동기를 강화하는 차원에서 가족생활과 취업의 병행, 유가족의 경제적 생활 개선을 지향한다. 사민당의 가족정책의 목표는 가족과 가족정책의 중요성 인식, 가족의 경제적 상황 개선, 성평등적 역할분담의 지원, 아동의 비폭력적인 교육권 보장, 사회간접자본의 확충이다.

---

1) 독일의 양대 국민정당[기독교민주연합(기민련) · 기독교사회연합(기사련)과 사민당(사회민주주의정당)] 중 하나.

1) 자녀양육지원

독일의 자녀양육지원정책은 영유아보육서비스, 양육지원서비스, 청소년서비스 등 세 가지 영역으로 구분된다. 보육서비스는 0세 이상~3세 미만 영유아를 대상으로 하는 보육서비스와 3세 이상~6세 미만 아동을 대상으로 하는 보육서비스, 그리고 취학 전 아동을 대상으로 하는 취학준비서비스로 구성된다. 양육지원서비스는 부모의 양육을 지원하는 서비스로, 부모와 아동을 대상으로 하는 양육문제 상담서비스와 단기간의 돌봄서비스로 이루어진다. 청소년서비스는 청소년을 대상으로 하는 포괄적 지원 프로그램으로서, 수양회, 스포츠, 문화행사 등의 청소년 여가활동 지원서비스와 학생을 대상으로 하는 심리치료, 가족치료, 진로상담 등의 서비스를 포괄하고 있다.

독일의 보육서비스는 부모의 수입에 따라 차등 지원되는데, 수입이 없는 경우에는 무상으로 제공된다. 일반적으로 서비스 비용에 대한 본인부담률은 맞벌이가정의 경우 8.4%, 홀벌이가정의 경우 6.8%이다. 육아시설은 대부분 반일제로 운영되며, 종일제는 대도시에 집중되어 있으며 시설을 이용하지 않는 경우 대부분의 영아양육은 여성에 의해 이루어진다.

현재 독일은 보육시설을 확충하고자 하는 목표를 가지고 있다. 2008년부터 2013년까지 3세 미만 아동 75만 명이 보육시설을 이용할 수 있도록 보육시설을 추가적으로 건립하고자 하며, 총 120억 유로의 예산을 지출하게 된다. 2005년에는 3세 미만을 대상으로 하는 보육정비법을 시행하여 맞벌이부부, 한부모가족 및 훈련·교육 기간 중인 부모의 3세 미만 자녀를 대상으로 보육기회를 우선적으로 제공하고 있다. 2013년부터 1~2세 영유아들은 육아보육시설을 이용할 권리를 갖게 되고, 그렇지 않으면 150유로의 지원금을 받게 된다. 2010년 현재 3세 이상 6세 미만 취학 전 연령 아동 약 190만 명이 어린이집(Kindergarten)을 이용하고 있으며 이는 평균 보육률 92.6%에 달하는 수준이다. 따라서 어린이집 이용률 제고를 위한 정책 목표 대상은 만 1세 이상~3세 미만 아동이라고 할 수 있다.

육아휴직에 해당하는 양육지원서비스로는 2007년 이후 시행하는 부모시간(Elterzeit)이 있다. 이는 기존 보육수당이 제공했던 보육휴가(Erziehungsurlaub)가 대체된 제도로, 아동보육노동만을 통해서도 연금수급권을 갖게 됨으로써 보육노동이 갖는 사회적 가치를 인정하는 상징적 계기가 되었다. 1986년에 도입된 아동양육휴가제도, 그리고 2001년 도입된 부모시간제가 유급과 무급기간을 합쳐 3년이었던 반면, 현재 부모시간제도는 부모 중 한 명만 사용할 경우 12개월로 축소되었다. 또한 부모수당 급여를 전액 받지 않고 반액만 받을 경우 24개월 유급 부모시간 활용이 가능하다.

전일제로 자녀 3세까지 부모당 3년간 제고되며, 부부가 분할하여 각각 사용하거나 동시에 활용 가능하고, 출산 후~1세까지의 '일차 신청', 만 1~2세까지의 '이차 신청'으로 구분하여 선택이 가능하다. 최소 2년 출산 및 입양 직후, 추가 1년을 자녀가 8세가 될 때까지 연장 사용이 가능하다. 수당은 최대 12개월간 통상임금의 67%가 지원되며, 한부모의 경우 14개월간 출산 전 노동을 하지 않을 경우 300유로가 지급된다.

부모가 모두 사용할 경우 각자 7개월씩, 한쪽이 10개월과 다른 한쪽이 4개월 등 14개월의 범위 내에서 사용이 가능하다. 12개월에서 연장된 14개월 부모시간을 모두 활용하려면 한쪽이 12개월을 사용했다 하더라도 다른 한쪽이 최소한 2개월을 사용할 수 있는 여지가 있는데, 이는 일종의 아버지할당제 제도를 포함한 것이다. 한부모의 경우에는 혼자서 14개월 사용이 가능하다. 아동보육으로 인한 근무시간 단축에 대한 법적 권리보장, 시간제 노동 제한 시간 연장을 통해 시간제 취업 노동기회 확대, 부모시간을 동시에 사용할 수 있게 한 점 등은 아동보육의 주체를 부모 모두에게로 확대했다는 것이다.

아동양육수당(kindererziehungsgeld)도 부모시간제 내용 개편과 더불어 부모수당(Elterngeld)으로 바뀌었다. 부모수당제도에 따르면 자녀출산 후 휴직을 할 경우 소득대체율이 월소득의 67%에 이르게 되며 최고 월 1,800유로까지 지급된다. 부모수당제도는 2007년 1월 1일 이후 출생한 아동부터 적용된다. 아동양육수당도 폐지되지 않고, 취업활동을 하지 않는 부모에게 지급되고 있다. 산전후휴가는 건강보험가입 여성을 대상으로 하며, 최대 14주간(산전 6주, 산후 8주)의 기간으로 조산, 다태아 출산, 제왕절개 등의 경우 산후 12주로 연장한다. 급여는 최소 12주간 휴가사용 3개월 혹은 13주의 평균임금 100%(1일 최고 13유로)를 지급하며, 보험에 가입하지 않은 경우 총 210유로(통상 임금의 16일분 정도)를 지급한다. 부모수당제도는 기존 수당제도가 아동양육비용을 대체해주던 개념이었다면, 이제는 소득을 대체해주는 개념으로 전환한 셈이다. 이는 출산기회비용을 최소화하는 가족정책적 시도라는 점에서 의미 있다.

아동수당(Kindergeld)은 27세까지 수령 가능하며, 총 4번의 인상을 거쳐 2010년 1월부터 첫째와 둘째 자녀까지는 월 184유로를, 셋째 자녀에게는 190유로를, 그리고 넷째 자녀부터는 월 215유로를 지급하고 있다. 이는 유럽에서 가장 높은 수준의 아동수당이며, 환급형 조세감면으로서 매월 조세환급을 지급하는 방식을 취한다. 반면 아동수당보조금(Kinderzusclag)은 자녀양육 때문에 실업급여/사회보장급여를 신청하는 것을 막기 위해 지급한다. 한편 세제 혜택은 아동수당 수급보다 유리할 때 적용되는 제도로, 2006년 1월부터는 14세 미만의 자녀보육을 위해 맞벌이부부가 지출하는 보육비용의 2/3(연간 최고 4,000유로)까지 소득공제 대상에 포함한다. 교육공제는 소득세법에 의거하여 27세 미만 아동 중 교육을 받고 있는 경우에 적용된다.

2) 노인돌봄정책

장기요양보험제도의 재원에 대해 사회부조는 조세, 그리고 장기요양은 보험을 기반으로 한다. 전 연령에서 신체적 · 정신적 장애로 인해 일상생활활동에 제한을 받는 자를 대상으로 하고 입원요양보다 재가요양을 우선적으로 강조하며 가족수발자에 대한 연금급여를 인정한다. 건강보험 체계와 같이 일정 수준 이하의 소득자는 공적 장기요양보험을 의무적으로 가입하도록 하며, 그 이외에는 민간 장기요양보험에 가입하도록 제도화되어 있다.

2008년 이루어진 장기요양보험개혁(Pflegeform 2008)은 기존의 공적 장기요양보험의 다양한 문제를 해결한 개혁이다. 여기에서는 보험료의 인상, 민간 장기요양보험료의 변화, 급여액의 단계적 인상, 재가급여서비스 강화를 위한 제도의 도입, 시설급여서비스 개선을 위한 제도의 도입, 비공식수발자를 위한 제도적 개선, 장기요양기관의 예방과 재활서비스 강화, 장기요양기관의 서비스 품질 향상과 투명성 강화, 지역별 장기요양지원센터 운영 등을 통해 장기요양보험의 발전을 꾀하고 있다. 구체적으로 우선 치매 질환자에 대한 지원확대가 이루어진다. 치매환자와 장애인에게 추가적으로 지급되던 보충급여를 인상하였다. 또한 시설에서 치매노인 25인당 돌봄인력 1명을 추가 배치하도록 지원하여 치매입소자의 돌봄을 개선하고자 했다.

한편, 노인대상 사회서비스는 크게 입소시설을 통해 제공되는 시설서비스와 자택에 거주하는 노인을 대상으로 단기 서비스 기관을 통해 제공되는 재가서비스로 구분될 수 있다. 한편 수발보험법이 도입되면서 자택에서 제공받는 수발서비스 또한 공적 서비스로 인식되게 되었다. 이에 따라 고령자 재가복지에는 '자택돌봄'과 시설에서의 주간 혹은 야간 돌봄을 의미하는 '단기시설돌봄', 그리고 장기입소시설에서의 '단기체류돌봄'이 포함된다.

노인의 입소시설은 크게 3가지로 구분된다. '노인기숙시설'은 요양서비스가 필요하지 않은 일반 건강한 고령자가 머무는 양로시설이다. '노인양호시설'은 질병 시에 필요한 요양서비스를 필요로 하지는 않지만, 가사일을 혼자 꾸려 나가는 데 어려움을 지닌 고령자가 입소할 수 있다. '노인요양시설'은 질병 등으로 인해 요양서비스가 필요한 고령자가 입소하여 돌봄을 받을 수 있다.

3) 이주 및 다문화 정책

동등한 참여권리, 기회평등, 법적 평등을 실현하기 위해 연방 여성 · 가족 · 노인 · 청소년부(BMFSFJ)는 2000년에 연방포럼 '가족'을 조직하였다. 이는 가족정책 관련 주제를 선정하여 2003년부터 2004년까지 '이민가족 : 통합과 배제 사이에서'라는 프로젝트를 통해 외국인 대상 연방정부 가족정책이 지향해야 할 목표와 보육지원, 이중언어 교육과 교사 대상의 교육 및 노동자 복지회를 통한 기업의 다문화화라는 기본적인 개입방안을 제안하고 있다.

2007년 발표된 '국가통합계획'은 '교육을 통한 사회통합'이라는 모토 아래 기존의 국적법과 이민법에서 불충분하게 다루어진 사회통합 문제를 다시 다루고, 이주자들에게 동등한 기회를 개방하고 동등한 사회참여 기회를 부여하는 데 그 목적이 있었다. 이주 · 다문화가족의 독일 사회 통합을 실현하기 위한 가족정책의 전개방향은 이주 · 다문화가족의 아동에 대한 조기교육과 언어 교육의 기회를 제공하는 것이며, 이러한 교육 기회의 장으로서 어린이집 역할 확대, 여성 취업기회 확대를 통한 사회참여 유도, 이주 · 다문화가족 아동과 독일가족 아동 간의 학력 격차해소 등의 목표를 설정하고 있다.

보편적인 지원으로서 양육지원으로는 부모수당 제공 및 보육시설 확대가 있다. 2007년의 '연방부모수당 및 자녀양육시간법'에 따라 부모수당을 제공하고, 총 120억 유로가 소요되는 보육시설의 확대 구축이 그것이다. 그 밖에 사회적응 지원으로는 진로지원, 다문화 동아리 활동, 후원 및 후견인 지정 등의 서비스가 있다.

6. 일본의 가족정책

일본의 가족정책은 가족규제와 가족지원이라는 서로 다른 두 가지 측면을 포함한다. 가족규제는 민법으로 대표되는 가족법제의 형태를 띠고 사적 자치에 대한 최소한의 개입을 원칙으로 하며, 가족지원은 가족의 생활관계적 기능과 인간관계적 기능에서 자조의 원칙으로 해결되지 못하는 문제에 대응하는 구체적인 가족정책이다. 점차 규제는 완화되고 지원은 강화되는 방향으로 진전되는 경향을 보인다. 특히 전후 일본사회에서는 급속한 경제성장의 진행으로 핵가족화, 가족의 다양화 등의 가족변화가 나타났고, 가족기능의 저하나 가족의 기능장애와 같은 부정적 평가와 가족이 기능면에서 개인화되고 있다는 사회적 인식이 확산되었다. 개인의 생활 장애에 대한 공적·사회적인 대응책인 가족정책은 사회의 가족규범을 전제로 성립되고 기능을 하게 되었다. 사회의 전반적인 구조 변화 속에서 가족의 변화와 변용이 가족의 자조적 기능의 한계를 드러내면서 이에 대응하는 정책이 늘어나게 되었다. 그런데 가족에 관련된 정책은 가족문제의 해결을 정책과제로 인식하였기 때문에 일관적이고 통합적인 가족정책이 전개되지 못하였고, 사회보장 및 노동, 여성에 관한 정책에 편입된 방식으로 나타났다. 빈곤, 보육, 보살핌 등의 가족문제에 대한 구체적인 사회적인 대응책은 사회보장의 급여와 서비스를 통하여 가족생활 속으로 수용되는 방식을 채택한 것이다.

가족에 관련된 정책의 주무부서인 후생성(厚生省)[2]에서는 개인의 생활을 보장하기 위해

---

2) 1938년부터 2001년까지 존재한 일본의 중앙행정기관. 2001년 1월 6일 조직개편에 따라 후생노동성(厚生労働省)에 편입되어 업무가 계승되고 있다.

발생한 가족의 사회적 욕구가 사회보장제도의 발전을 촉진하며, 사회보장제도가 가족이 수행하는 자조기능을 전제로 하고 있다고 전제하여, 상호보완적 기능을 강조한다. 가족에 관련된 정책이 빈곤은 생활보장을 통해, 보육과 아동수당은 아동복지의 하나로, 고령자는 노인복지 등 정책의 대상별로 구분하여 입안되고 추진된다. 따라서 가족정책의 주된 흐름이 생활보장, 아동복지, 노인복지, 여성노동정책 등에 분산적으로 편입되고 있다. 즉 가족문제에 대해 대상별로 인식함으로써 통합적 접근방법으로 가족정책을 전개하지 못하고 있다.

그러나 1989년 출산율 '1.57 쇼크'를 경험한 이후 저출산 현상에 대한 사회적 공감대는 '소자화(小子化)' 대응 정책에 집중하도록 한다. 이에 일본정부는 '출산과 양육을 위한 건전한 환경 창출'을 위한 부처 간 위원회를 구성하여 정책을 제안하고 발전시키게 된다. 만혼과 비혼의 증가, 자녀에 필요한 직접 비용 증가, 여성의 기회비용 증가, 자녀 이외의 사회적·개인적 관심의 이전, 가족의 안정성 약화, 여성의 가사활동 분담 욕구 증대 등의 요인들은 일본 정부로 하여금 출산 및 양육에 대한 직접 보조금을 제공하는 경제적 지원과 개인 가치관 및 생활방식의 변화에 따른 정책을 접근하도록 하였다.

1) 자녀양육지원

일본의 자녀양육과 관련된 문제는 저출산 문제에 대한 이슈와 관련된다. 즉 맞벌이 부부 가정을 중심으로 여성의 가사노동 및 자녀양육에 대한 부담이 곧 비혼이나 출산율 저하로 나타나게 됨에 따라 이러한 사회적 문제를 이슈화하여 해결하기 위한 방법들이 정책의 주요 화두가 된 것이다. 이러한 논의는 일본식으로 '소자화(小子化)' 대책으로 불리운다.

소자화 대책의 기본골격은 소자화사회대책기본법에 의거하여 기본이념과 방향이 정해졌으며, 소자화사회대책의 수립과 진행에 대한 전반적인 사항을 심의하고 결의하기 위해 '소자화사회대책회의'라는 기구가 구성되었다. 이에 따라 차세대육성지원대책추진법이 입법되었고, 동법상 개별 시책들의 구체적인 실시나 전개를 위해 관련 법령(아동복지법, 아동수당법, 육아개호휴업법, 국민연금법 등)의 개정이 동반되었다.

구체적인 정책으로는 1994년 '엔젤플랜', 1999년 '신엔젤플랜', 2002년 '출산율 감소를 막기 위한 플러스 원 제안', 2003년 '차세대 자녀양육 행동계획', '소자화 대책 기본법', '차세대 육성대책 추진법' 제정 등이 포함된다. 1994년 일본 정부는 '엔젤플랜(Angel Plan)'을 발표하여 보육시설의 확충 및 방과후 보육서비스 또는 가족지원센터의 확대 등 자녀양육지원 방안을 구체적으로 제시하는 것을 목표로 하였다. 이에 따라 전국적으로 보육시설의 수를 크게 확대시켰으며, 방과후 스포츠, 방과후 프로그램, 가족지원센터 등을 확대하였다. 가족지원센터에서는 방과후 아이들을 데리고 오는 등의 부가적인 서비스를 제공하였다. 또한 계층차를 고려하여 고소득층에서는 보육시설이나 가족지원서비스를 이용할 때 이용비용에 차이를 두어 많이 지불하도록 하였다.

1999년 일본 정부는 엔젤플랜을 '신엔젤플랜(New Angel Plan)'으로 발전시켜 추가적인 자녀양육 지원 인프라를 확충하였다. 신엔젤플랜을 통해 보육시설, 방과후 프로그램, 가족지원센터의 수적인 증가는 물론 관련 서비스에 대한 정부의 보조금 지원이 크게 확대되었다.

2002년 9월 후생노동성은 '출산율 감소를 막기 위한 플러스 원 플랜'을 작성하였다. 이 플랜에서는 남편들이 육아와 가정일에 더 많이 참여하도록 성별분업의 변화에 관심을 가지며, 보육센터에 '대기아동 제로(zero)' 정책을 지시하여 보육시설의 확대를 위해 적극적으로 노력하였다.

2003년 3월 일본 정부는 개별 가족의 자녀양육에 대해 정부와 지역사회, 민간 기업인 사업주까지 사회적 지원 책무가 있다는 점을 강조하여 '차세대 자녀양육 행동 계획'을 발표하였다. 이는 같은 해 7월 제정된 '차세대육성법'안의 기초가 되었다. 이 법은 육아휴직제도가 있음에도 불구하고 사용률이 낮은 이유가 사회적 분위기나 동료 근로자의 소극적인 반응에 있음을 확인하고, 기업들이 육아휴직제도를 활성화할 수 있는 분위기를 만들어 내야 한다는 의도에서 시작되었다. 지역에서의 자녀양육지원, 사회보장에서의 자녀양육지원, 아버지의 잔업시간 축소와 감축, 아버지 육아휴가 5일 등 남성을 포함한 일의 변화 등을 정부, 지방자치단체, 기업이 하나가 되어 종합적이고 계획적으로 추진하도록 하는 출산친화적 및 가족친화적인 사회환경의 조성이 강조되었다. 특히 '플러스 원' 계획은 남성과 여성의 근무환경 제고에 중점을 두어, 각 기업체에 직접 협조를 요구하였다. 구체적으로 자녀양육 기간 동안에는 아버지들에게 연장근무를 제한하고, 최소 5일간의 아버지 육아휴가를 허락하며,

자녀양육에 아버지들의 보다 적극적인 참여를 유도하는 것을 장려하였다.

일본 정부는 기업의 참여를 적극적으로 유도하여, 남녀 직원들을 위해 일과 가족생활의 균형이 가능한 조치를 취하도록 권장하였다. 1999년부터는 가족친화기업에 대한 표창을 실시하였으며, 차세대육성법안을 근거로 300인 이상 근로자 기업체에 출산율을 높일 수 있는 구체적인 실행 방안을 제출하도록 하였다.

2) 가족의 경제적 지원

일본에서 가족을 위한 경제적 지원은 아동수당제도와 조세제도 및 연금제도 개선을 통해 이루어졌다. 아동수당은 1972년에 도입되었는데, 원래에는 급속한 경제성장, 사회변화에서 소외된 저소득층의 가족에 대해 경제적인 지원을 하려는 의도가 강하였고, 수급대상도 세 번째 이상의 자녀로 국한하였다. 그러나 1990년 이후 저출산에 대한 문제의식을 통해 지급대상이나 지원규모에서 변화가 있게 된다. 즉 자녀가 있는 모든 가족을 대상으로 지급하였다. 그러나 이것도 소득제한 한도가 있어서 부양가족 수를 고려하여 전년도 연간소득이 일정액 이상이면 수당 지급대상에서 제한하였다. 예를 들어 4인 가족 중심으로 살펴볼 때 연간소득 453만 엔 이하인 경우가 해당되며, 후생연금 가입자는 특례에 의해 연간소득 612만 엔 이하인 경우에 수당을 지급받는다. 따라서 상위 소득지를 제외하고 대부분 아동수당의 지급대상이 된다고 볼 수 있다.

한편, 조세제도는 개인소득 과세에 있어서 인적 공제의 기본구조를 개정하여 아동에 대한 부양 공제를 집중적으로 제공하거나 확대한다. 연금제도는 유족연금제도 개선과 차세대 육성지원의 확충이 있다. 2005년 4월부터 실시된 차세대 육성지원의 확대 방안은 육아휴업 중의 보험료 면제조치 대상을 1세 미만에서 3세 미만으로 넓힌 것이다. 자녀가 3세 미만까지 사이에 근무시간 단축 등의 조치에 의해 표준보수가 저하되는 경우 자녀를 낳기 전의 표준보수로 연금액을 산정하는 조항을 신설하기도 하였다.

3) 일－가정 양립 정책

일본에서 일－가정 양립을 위한 정책의 일환으로 활용되는 휴가제도는 출산휴가나 육아휴가(육아개호휴가) 등이 대표적이다. 일본에서 출산휴가는 출산 전 6주, 출산 후 8주간의 산전산후 휴가를 포함한다. 부인이 출산한 경우에 남성은 출산 당일과 그 다음날, 그리고 퇴원을 전후로 5일간의 출산휴가를 사용할 수 있다.

1991년에는 취업한 엄마들이 아이를 갖는 것을 용이하게 하기 위해 육아휴업법을 제정하였다. 1세 미만의 자녀를 가진 어머니나 아버지에게 무급으로 1년간의 육아휴가를 제공하는 내용을 기본으로 한다. 육아휴업 기간 동안 고용보험에서 휴업 전 임금의 40%를 보장하는데, 이 기간 동안 건강보험법과 후생연금법에 따라 건강보험과 후생연금보험의 보험료 납부는 면제받는다. 육아휴직의 자격범위는 30인 이상의 기업에 근무하는 전일제 근로자로 제한되며, 시간제 근로자는 제외된다. 이에 여성 시간제 근로자에 대한 육아휴직의 지원은 고려되지 않는다는 점에서 실효성에 문제제기가 있다. 원칙적으로 전일 육아휴직을 사용하지만 공무의 운영에 지장이 없는 범위에서 부분 육아휴직도 가능하다. 부분휴직은 맞벌이 부부인 경우 부부가 교대로 부분휴업을 함으로써 가사노동이나 육아의 책임을 분담할 수 있고 장기간 휴업으로 인한 직무수행능력의 감퇴 문제도 줄일 수 있다.

1995년에 육아휴업법은 육아개호휴업법으로 교체되었다. 기존 육아휴업법에서 1세 미만의 자녀를 둔 부모에게 1년 이하의 육아휴직을 주는 것뿐 아니라, 자녀나 가족간호를 위하여 3개월의 휴직을 제공하며, 이 기간 동안 고용보험에서 통상임금의 25%를 지급하도록 수정한 것이다. 그러나 이 제도 역시 전일제 근로자에 제한함으로써 시간제 근로자가 제외되었다. 고용주는 휴가기간 중 근로자의 사회보험분을 납부해야 하며, 근로자의 휴가기간은 근무경력으로 인정되도록 하였다. 또 기간 계약제 노동자도 육아휴업 자격을 부여하여 육아휴가 기간 이외의 계약기간을 인정하도록 하였다. 그러나 2002년 기준으로 아직까지 부모육아휴직을 내는 경우는 여성 64.0%, 남성 0.33%에 불과하다. 육아휴가를 사용하기 어려운 이유로는 '직장분위기'가 가장 많았으며, 그 다음으로 '수입감소 및 경제적인 어려움' 순으로 나타났다.

생각해볼 문제

1. 각국의 가족정책에서 나타난 공통된 특성은 무엇이 있는지 발견해보자.
2. 외국의 가족정책에서 나타난 구체적인 지원방식과 정책 사례가 한국의 정책에 시사하는 점이 무엇인지 생각해보자.
3. 현재 한국의 가족정책에서 자녀양육지원, 일-가정 양립, 가족의 경제적 지원, 노인돌봄, 이주 및 다문화 등의 정책 내용과 관련하여 대표적인 사업이나 정책 사례 한 가지만 생각해보자.
4. 최근 1달 동안 신문기사나 뉴스를 통해 이슈화된 가족문제를 생각해보고, 이를 해결하기 위해 참고할 수 있는 외국의 정책 사례를 대입해보자.

참고문헌

김영란(2012). 가족변화 관련 대응정책의 해외사례. 한국 가족변화의 특징과 전망 협동연구. 경제·인문사회연구회 기획 협동연구총서.

신윤정 · 박세경 · 최성은 · 김필숙 · 최은영(2007). 양육지원 정책의 향후 발전 방향: 국제비교를 중심으로. 한국보건사회연구원 연구보고서.

유계숙 · 장혜경 · 전혜정 · 김윤정 · 민성혜 · 박은미 · 안재희 · 장보현 · 한지숙(2010). 가족정책론(개정판). 시그마프레스.

윤소영 · 정영금 · 정지영 · 조성은 · 차성란(2012). 가족변화의 문화적 영향과 정책적 시사점. 한국 가족변화의 특징과 전망 협동연구. 경제·인문사회연구회 기획 협동연구총서.

윤홍식 · 송다영 · 김인숙(2012). 가족정책: 복지국가의 새로운 전망(개정판). 공동체.

이삼식 · 최효진 · 김윤경 · 김영아(2009). 선진국의 인구문제 및 정책방향: 저출산대책 중심으로. 한국보건사회연구원 정책보고서.

장혜경 · 김은지 · 김영란 · 김소영 · 선보영 · 최진희(2012). 가족의 미래와 여성가족정책전망(II). 한국여성정책연구원 연구보고서.

정영금 · 윤소영 · 정지영 · 조성은 · 차성란 역(2013). 일·가정 조화시키기: 해외사례를 통해서 본 실제 적용. 양서원.

정지영 · 송정애 · 임혜경 · 조성은 · 황희숙(2012). 건강가정론. 양서원.

최덕경 · 박주현(2012). 가족정책론. 양서원.

제2부

한국의 가족정책

제4장

가족정책의 목표와 서비스

한국의 가족정책은 크게 「건강가정기본법」 제정 전과 후로 나눌 수 있다. 「건강가정기본법」 제정 이전 가족정책은 소극적 가족정책으로 다른 주요 정책에 의해 파생된 정책 또는 복지정책 중 하나에 불과하였다. 즉 2004년 이전 가족정책은 부녀복지 지원 차원의 정책 중 하나이거나, 또는 출산억제를 위한 가족계획 등 저소득 모자가정을 대상으로 하는 특정 대상 가족의 복지정책이나 인구정책의 일환으로 이루어져왔다. 그러나 「건강가정기본법」 제정 이후 가족정책은 독자적 정책으로 발달해가고 있으며, 가족정책의 영역 또한 확장되어 가고 있다. 즉 가족을 정책의 단위로 보게 되었으며, 이로 인해 가족의 기능과 가족 내 관계 등이 정책적 관심대상이 되는 계기를 마련하였다. 또한 가족이 사회문제를 예방하고 사회변화를 이끄는 역할을 담당하는 중요한 정책 단위로 바뀌면서, 국가의 지원과 관심 대상이 가족 내 개개인에서 가족단위로 전환되는 계기도 법 제정에 기반한다.

따라서 2004년 「건강가정기본법」 제정을 기점으로 사후문제 해결차원의 취약계층 대상 지원 가족정책이 예방적이고 보편적인 가족정책으로 전환됨이 선포되었으며, 이후 가족정책은 개인대상의 부분적인 지원정책에서 가족단위의 통합지원방식으로 바뀌는 결정적 계기를 맞이하게 된다. 따라서 본 장에서는 「건강가정기본법」 제정 이전과 제정 이후 가족정책의 특징을 비교해보고, 「건강가정기본법」 제정 이후 독자적 정책으로 자리매김한 가족정책의 변화와 성장내용을 살펴보기로 한다.

1. 한국 가족정책의 형성

1) 건강가정기본법 제정 이전

「건강가정기본법」이 제공되기 이전 최초의 근대적 가족정책은 1950년대와 1960년대 부녀복지정책으로 알려져 있다. 이는 전후 복구를 위한 부녀복지 차원의 정책으로 과부와 고아를 대상으로 시작되었다는 점에서 최초로 가족을 대상으로 한 정책이라는 특징을 갖는다.

이후 1960년대 초 합계출산율이 6.0명으로 높은 출산율을 기록하면서, 산아제한을 위한 가족계획 사업이 실시되며 이는 1980년대까지 출산억제정책으로 이어진다. 즉 1960년대에 이어 1970년대까지 출산억제를 위한 가족계획을 통해 대표적인 가족을 대상으로 한 정책으로 이어지며, 가족정책은 부녀복지정책보다 오히려 인구정책의 일환으로 이루어졌다. 이후 1980년대 가족법의 개정과 지속적인 출산 억제를 위한 인구정책이 계속됨에 따라 가족정책은 더욱 인구증가를 통제하는 정책으로만 머물러 있게 된다.

이 시기 우리나라는 전통적인 가부장제적 가족 가치관이 여전히 지배적이었으며, 성별분업체제와 부계가장 중심의 노부모 부양과 자녀양육을 권장하는 보수적인 가족정책을 펼치며, 많은 부분 가족의 어려움과 문제를 가족의 책임으로 남겨두는 정책을 펼치게 된다. 이러한 수동적 가족정책의 유지는, 다양한 사회변화와 가족변화에 대한 요구와 문제가 정책대상에서 제외되는 결과를 낳게 한다.

그러나 1989년에 「모자복지법」이 제정되면서 본격적으로 특정 가족을 대상으로 한 정책이 시작되며, 가족단위 복지차원의 지원정책이 이루어지게 된다. 이는 저소득 모자가정을 대상으로 하는 특정 가족을 정책의 복지대상으로 한 첫 번째 법의 등장이라고 볼 수 있다. 이후 1990년대에는 개별 가족 구성원, 즉 아동 · 청소년 · 노인 등을 대상으로 하는 사회복지정책의 일환으로 부분적인 가족정책이 실시되었지만, 전반적인 가족정책은 빈곤가족이나 요보호가족을 대상으로 하는 선별적이고 최소한의 공적 지원이 대부분이었다.

1990년대 후반부터 가정불화로 인한 이혼율의 급증, 심각한 저출산 및 고령화 현상과 함께 기혼여성의 취업증가로 인한 가족 내 돌봄노동과 부양 이슈 등이 제기되면서 점차 가족기능의 약화가 청소년 일탈과 노인자살 증가 및 이혼 증가 등의 사회문제로 확대되는 양상이 나타난다. 가족불안정성도 심화되어 이혼과 별거 등 가족의 분리와 해체가 증가하면서 가족의 양육과 보호, 돌봄의 기능이 축소되었고, 가정 내 정서적 지원이 약화되는 등 가족문제가 사회적 안정과 유지를 위협하는 문제로 파급되기 시작하였다. 따라서 사회적으로 기혼여성의 경제활동 참여 증가와 함께 사회적 요구가 증대된 가족의 돌봄기능을 보완하기 위해 1991년 「영유아보육법」이 제정되고, 이는 가족 내에서 이루어지던 돌봄이 본격적으로 사회화되는 계기를 마련하게 된다.

특히, 1997년 IMF 외환위기는 가족정책의 방향을 변화시키는 계기가 된다. 즉 IMF 이후 급격한 출산율 저하와 함께 2005년도에는 1.08명이라는 출산율로 우리나라는 초저출산 국가로 진입하게 되면서 출산율을 높이기 위한 가족정책으로 급선회가 이루어지게 된다. 또한 1997년에는 가족 내부의 문제로 인식되었던 가정폭력에 대해서 공적 개입이 가능하도록 하는 「가정폭력방지 및 피해자보호 등에 관한 법률」이 제정되었다. 이는 가족 내부의 문제로 여겨지던 부분이 공적 개입이 가능한 영역으로 바뀌며 또다시 정책적 지원 영역이 확대되었음을 의미한다. 1997년 경제위기 이후 증가한 빈곤문제에 대응하여 2000년에는 「국민기초생활보장법」이 제정됨으로써 실업가구와 같이 노동능력이 있는 빈곤가족에 대해서도 최저생계를 보장하는 조치가 이루어졌다. 이러한 조치는 최저생계가 보장된 이후 가족들이 보다 가족생활에 집중하여 가족서비스의 수요를 높이는 계기가 되었다.

결국, 한국의 가족정책은 1990년대 중반을 기점으로 가족문제가 심화되면서 개인 대상의 부분적인 지원정책에서 가정의 문제를 지원하는 방식으로 변화하고 있다. 즉 1990년대 중반까지는 국가나 사회가 중심이 되어 가족문제를 예방하거나 해결하고자 하는 적극적이고 보편적인 노력을 기울인 적이 없었다. 이는 개인대상별 정책이 주를 이루었고 인구정책의 가족계획에서 가족단위의 아주 소극적인 가족정책이 실시되었으며, 가족문제는 사적인 차원에서 해결해야 한다는 인식이 강했기 때문이다. 이러한 시각에서 가족과 관련된 문제는 대부분 생활보장, 아동복지, 노인복지, 부녀복지, 모자보건, 장애인복지 등의 사업에서 요보호자 중심으로 부각되었으며, 그 밖에 사회보험제도를 통한 예방과 부양가족 수에 따른 소득세 감면 위주의 조세정책에 반영되었다. 특히 각각의 행정부서에서 가족이 주요 복지의 대상이 아니라 각각의 현안문제를 해결하기 위해 부분적으로 지원하는 체계를 가지고 관계 법률 속에서 규정되어 왔다. 예를 들어 모·부자 가정은 「모부자복지법」에서, 아동학대는 「아동복지법」에서, 그리고 노인가족의 문제는 「노인복지법」에서 부분적으로 다루었다.

더욱이 전통적으로 유지되어 온 가족복지 행정체계가 행정의 구조조정에서 밀려나면서 지방자치 행정체계에서는 가정복지과가 없어지는 경우도 발생하였다. 이는 「여성발전기본법」의 제정과 함께 여성 관련 정책이 중요하게 취급되면서 일부에서는 여성정책과나 사회복지과에서 가족복지업무를 담당하도록 흡수되고 통합된 결과이다. 결국 가족업무는 더욱 미약해지고 업무가 분산되어 정확한 평가와 전체적인 가족정책을 수행하기 어려운 상황이 되었다. 이는 가족문제에 대해 체계적이고 종합적으로 대응하기보다, 관련 법률들을 중심으로 최소한의 수준에서 문제가 발생한 개인을 대상으로 하는 정책과 프로그램이 만들어지는 형태로 가족정책이 실시되어 온 결과이다.

2) 건강가정기본법 제정 이후

2000년에 들어서는 저출산 및 고령화 현상에 대한 대책으로 산전후 휴가급여의 확대와 유급육아휴직제도의 도입 등 가족의 출산과 육아의 부담을 덜어주는 정책이 마련되어 일과 가정의 양립을 지원하는 조치가 강화되기 시작하였다. 개인대상이 아니라 전체 가족을 대상으로 하는 체계적인 서비스 지원이 필요하다는 인식이 사회적으로 확산되어, 독자적으로 가족단위의 서비스를 지원하는 가족정책의 입법화가 이루어지게 된다.

따라서 가족문제를 사전 예방적 차원에서 추진해 나가기 위해 2004년 「건강가정기본법」이 제정되었고, 정책 영역 또한 확대 발전되었다. 2005년 1월 1일부터 「건강가정기본법」이 시행되면서, 2005년 6월 23일 가족의 기능을 강화하고 가족의 문제를 정부차원에서 개입하고 보호하고자 중앙부처 차원에서 주무부처(여성가족부, Ministry of Gender Equality & Family)를 만들고 가족의 업무를 강화하였다. 이러한 행정기관의 형성은 가족정책의 기본방향과 목표를 명확히 하고 구체적인 추진과제를 수행하는 데 강한 동력이 되었다. 그 결과 건강가정지원센터나 다문화가족지원센터 등의 가족정책 서비스 전달체계를 구축하고, 제1차 건강가정기본계획(2006~2010)과 제2차 건강가정기본계획(2011~2015) 등 계속해서 5개년 단위로 중장기 비전과 계획을 수립하고, 정부와 사회의 변화에 따라 개정안을 마련하며 체계적으로 가족정책을 추진해 나가고 있다.

현재 한국 가족정책의 목표는 인구 억제를 위한 산아제한에서 벗어나 출산장려를 위한 제도 도입을 위해, 잔여적 또는 취약대상 지원의 사후치료적인 가족복지정책에서 보편적 또는 사전예방에 중점을 둔 선제적인 가족정책으로 변화를 꾀하고 있다. 이는 우리나라의 가족정책에서 인구문제가 가족정책이나 제도 형성 및 변화의 중요한 출발점이었으나, 이후 보편적·선제적 가족정책으로 발전하면서 가족정책의 내용과 범위가 더욱 확장되고 있음을 의미한다.

우선 잔여적 대상에서 보편적 대상으로 가족정책 대상이 확대되었다. 이것은 가족의 문제가 생존과 결핍 또는 경제적으로 특별한 문제를 가진 가족에게서 가족유형의 다양화로 인해 가족구조의 취약성, 또는 가족의 구성에 의해 취약해진 가족기능이 사회적으로 지원될 필요가 있음으로 인식이 전환되면서 나타난 결과이다. 또한 가족에 대한 지원이 가족의 경제적 취약에서 더 나아가 가족의 정서적 지원과 유대감 형성, 부양과 돌봄의 기능 유지와 강화에 중점을 둔 서비스의 다양화가 이루어지고 있다. 이는 실제 가족의 역기능, 또는 가족기능의 취약이나 문제는 바로 복지 예산의 증가로 이어지며, 사후 문제해결을 위한 국가 복지정책의 끝없는 확대에 대한 대안이기도 하다.

더욱이 이혼과 별거 등 가족의 분리와 해체가 증가하면서 가족의 양육과 보호, 돌봄의 기능 축소가 더 빠르게 진행되었고, 이로 인해 심화된 가족의 불안정성은 사회의 불안요소가 되고 있다. 따라서 국가는 최소한의 가정생활을 영위하고 기존에 수행되던 가족의 기능이 순기능을 할 수 있도록 지원하는 정책을 펼치게 되며, 개별대상인 개인보다 개인의 문제를 지지하는 체계인 가족에 관심을 돌리면서 가족단위의 정책 요구 증대에 따라 가족정책에 대한 요구가 확대되고 있기 때문이다. 따라서 앞으로도 가족정책은 사회의 요구에 따른 가족문제의 다양성에 맞춰 그 기능과 역할이 계속 증가하고 변화할 것으로 기대된다.

특히, 2018년 1월 16일에 개정된 「건강가정기본법」에서는 이 범위가 더 확대되어 1인가구까지 가족정책의 대상임을 명시하고 있다. 「건강가정기본법」 제3조(정의)에 의하면 "1인

가구"라 함은 1명이 단독으로 생계를 유지하고 있는 생활단위를 말한다고 정의되어 있다. 그리고 제15조 건강가정기본계획 수립시 1인가구의 복지 증진을 위한 대책이 추가되었으며, 건강가정구현 및 가정문제 예방 등을 위한 서비스 수요 파악을 위해 5년마다 수행되는 가족실태조사에서도 1인가구의 연령별, 성별, 지역별 현황과 정책 수요 등이 포함되었다. 이는 1인가구가 거주지 독립이 되었다 할지라도 원가족과의 관계와 지지체계까지 가족정책의 대상으로 확대되었음을 선언한 것이라 볼 수 있다.

결국 우리나라의 가족정책은, 건강가정기본법 제정 이후에는 개별 대상인 개인보다 개인의 문제를 지지하는 체계인 가족에 관심을 돌리면서 가족단위의 정책 요구 증대에 따라 가족정책의 비전과 방향이 전환되었음을 확인할 수 있다. 이러한 가족정책의 방향은 앞으로도 사회의 변화와 요구에 맞춰 가족단위와 가족문제, 가족유형의 다양성에 맞춰 변화하고 발전해갈 것임을 기대하게 한다.

2. 한국 가족정책의 실행

1) 가족정책의 비전과 목표

한국 가족정책의 비전과 목표를 독자적으로 확인할 수 있는 것은 건강가정기본계획이다. 건강가정기본계획은 한국 가족정책의 비전과 방향에 대한 선언적 기본법인 「건강가정기본법」에 근거하여 시행하고 있다. 제1차 건강가정기본계획은 2006~2010년에 걸쳐 이루어지는 정책들을 포함하며, 이 계획의 성과를 바탕으로 2011년부터 2015년까지 포함하는 제2차 건강가정기본계획이 실시되었으며, 2016년부터 제3차 계획이 실행되는 등 매 5년마다 주요 기본계획이 세워지고 있다. 따라서 한국 가족정책의 변화는 이 기본계획의 비전과 목표의 변화를 살펴볼 때 더욱 변화가 뚜렷해진다.

가족정책은 '모든 국민의 삶의 질 제고 또는 행복'을 위해 가족과 가정을 단위로 '건강한 가족을 통해 건강한 사회를 실현하는' 목표를 갖고 있다. 즉 가족정책은 사회의 안정과 유지를 위해 가족이 수행해야 할 기능 지원을 통한 가족의 건강성 유지 및 향상을 목표로 가족의 행복을 추구하고 있다. 이때 가족정책을 위한 실행과제 목표에 가족돌봄의 사회화, 자녀돌봄 지원 강화 등이 있다는 것은 '가족의 취약해진 기능' 중 돌봄기능을 강화하기 위한 정책이 실행 중임을 알려준다. 둘째, 직장과 가정의 양립 지원, 또는 가족친화적인 사회환경 조성을 위한 정책이 시행되고 있으므로, 가족정책은 가족을 둘러싼 환경을 가족생활영위에 바람직한 방향으로 변화하는 환경 및 문화 조성을 위한 정책을 시행하고 있다. 셋째, 가족기능이 취약해지는 한부모가족이나 다문화가족 등을 대상으로 한 가족유형별 지원정책이 시도되고 있다. 넷째 건강한 가족을 위해 필요한 양성평등한 가족문화 등 가족가치와 인식을 새롭게 하기 위한 정책, 가족관계 증진과 예방을 위한 정책이 새롭게 시작되었다.

결국 건강가정기본계획에 나타난 비전에는 가족, 행복, 건강이 주요 개념이다. 따라서 가족정책은 건강한 가족을 통해 개인은 행복한 삶을, 사회는 건강성과 안정성을 갖도록 정책을 펼치고 있다. 이를 실천하기 위해 우선 정책과제의 중점목표로 삼은 것은 가족정책을 펼칠 인프라 확보, 가족의 돌봄역량 강화와 정책적 돌봄지원서비스 확대, 가족친화적인 사회환경 조성, 가족가치와 새로운 가족관계 조성, 그리고 다양해지는 가족들에게 필요한 서비스 지원 등이다. 이러한 목표달성을 위해 국가는 보다 구체적인 세부 정책 과제를 정하고 시행하게 된다.

〈표 4-1〉 **1차, 2차, 3차 건강가정기본계획의 비전과 목표**

1차 건강가정기본계획		2차 건강가정기본계획		3차 건강가정기본계획	
정책 비전	• 가족 모두 평등하고 행복한 사회	정책 비전	• 함께 만드는 행복한 가정 • 함께 성장하는 건강한 사회	정책 비전	• 모든 가족이 함께 행복한 사회 구현
정책 목표	• 가족과 사회에서의 남녀가 세대 간 조화 실현 • 가족 및 가족 구성원의 삶의 질 증진	정책 목표	• 개인과 가정의 전 생애에 걸친 삶의 질 만족도 제고 • 가족을 위한 가족을 통한 사회적 자본 확충	정책 목표	• 다양한 가족의 삶의 질 향상 • 남녀 모두 일-가정 양립 실현
정책 과제	• 가족돌봄의 사회화 • 직장·가정의 양립 • 다양한 가족에 대한 지원 • 가족친화적 사회환경 조성 • 새로운 가족관계 및 문화 조성 • 가족정책 인프라 확충	정책 과제	• 가족가치의 확산 • 자녀돌봄 지원 강화 • 다양한 가족의 역량 강화 • 가족친화적인 사회환경 조성 • 가족정책 인프라 강화와 전문성 제고	정책 과제	• 가족돌봄의 사회화 • 일-가정의 양립 • 다양한 가족에 대한 지원 • 가족친화적 사회환경 조성 • 새로운 가족관계 및 문화 조성 • 가족정책 인프라 확충

2) 가족정책의 과제

제1차 건강가정기본계획은 6대 영역 14대 과제로 구성되며, 이때 6대 영역은 가족돌봄의 사회화, 직장 · 가정의 양립, 다양한 가족에 대한 지원, 가족친화적 사회환경 조성, 새로운 가족관계 및 문화 조성, 가족정책 인프라 확충이 선정되었다. 이 계획이 수립될 당시에는 「건강가정기본법」('05.1), 「다문화가족지원법」('08.9) 등 관련법이 제정 시행되기 시작하고, 「모부자복지법」이 「한부모가족지원법」으로 개정 시행('08.1)되었다. 또한 「결혼중개업의 관리에 관한 법률」('08.6), 「가족친화 사회환경의 조성 촉진에 관한 법률」('08.6) 등 가족정책의 근간법들이 제정되거나 개정되기도 하였다. 따라서 이 당시 가족정책은 단독 정책으로서의 자리매김과 인프라 확충, 그리고 가족정책의 독자적인 영역발굴에 초점이 맞춰진 것으로 보인다. 따라서 법 제정과 개정에 따라 제1차 기본계획도 개정 및 보완이 이루어졌으며, 특히 가족친화환경과 관련된 신규 가족정책사업이 도입되는 등 변화가 많았던 시기이다.

제2차 건강가정기본계획은 보편적 가족의 가족 위기 예방 및 가족 건강성 증진, 역량 강화 차원에서 가족가치의 확산을 주요 과제로 부각시켰으며, 육아의 주체로서의 '가족-지역사회-국가'의 협력을 강조하였다. 또한, 돌봄의 사각지대에 대한 대책 강화, 다양화에 초점을 맞추고 있으며, 부모의 육아역량 강화, 지역 공동체 활용 등을 통해 가족의 비금전적 육아부담 완화, 가정 내 보육 서비스 강화를 도모하였다. 특이할 점은 청소년 등 정책과의 연계 강화, 보육 등 과제를 축소하였다는 점이다. 이를 위해 건강가정지원센터와 청소년상담지원센터 등 가족 및 청소년 지원서비스 전달체계 간 연계를 통한 시너지 효과를 제고시키기 위한 과제가 들어갔으며, 부처 조직 개편, 가족정책과의 연계성 등을 고려하여 1차 기본계획과 비교하여 보육 및 여성인력개발 관련 과제가 축소되었다.

제2차 건강가정기본계획은 5대 영역, 11개 대과제, 29개 정책과제, 78개 단위과제로 구성되어 있다. 5대 영역은 가족가치의 확산, 자녀돌봄 지원 강화, 다양한 가족의 역량 강화, 가족친화적인 사회환경 조성, 가족정책 인프라 강화와 전문성 제고이다.

〈표 4-2〉 **1차, 2차 건강가정기본계획의 영역별 정책과제**

1차 건강가정기본계획		2차 건강가정기본계획	
가족돌봄의 사회화	1-1. 가족의 자녀양육부담 경감 1-2. 가족돌봄에 대한 사회적 지원 강화	가족가치의 확산	1-1. 건강한 가족문화 확산 1-2. 남성의 가족생활 참여 지원
직장·가정의 양립	2-1. 남성의 가족생활 참여 지원 2-2. 여성의 경제활동 참여 기반 구축	자녀돌봄 지원 강화	2-1. 자녀돌봄 지원의 다양화 2-2. 부모역할 지원
다양한 가족에 대한 지원	3-1. 한부모가족에 대한 포괄적 지원 체계 구축 3-2. 다문화가족의 사회통합 지원 3-3. 다양한 소외가족에 대한 맞춤형 서비스 제공	다양한 가족의 역량 강화	3-1. 한부모가족 지원정책 확대 및 맞춤형 지원서비스 제공 3-2. 다문화가족 지원 서비스 활성화 3-3. 가족돌봄자 및 취약가정을 위한 지원체계 구축
가족친화적 사회환경 조성	4-1. 가족친화적 직장환경 조성 4-2. 가족친화적 지역사회 조성 4-3. 안전한 가족생활환경 조성	가족친화적인 사회 환경 조성	4-1. 가족친화적인 직장환경 조성 4-2. 가족친화적인 지역환경 조성
새로운 가족관계 및 문화조성	5-1. 가족관계 증진 및 가족문제 예방 5-2. 건강한 가족문화 조성	가족정책 인프라 강화와 전문성 제고	5-1. 가족정책 기반 강화 및 효율화 5-2 가족지원서비스 전달체계 전문화와 특성화
가족정책 인프라 확충	6-1. 가족정책의 총괄·조정 체계 정비 6-2. 가족정책 추진 인프라 확충 및 내실화		

제3차 건강가정기본계획은 6대 정책과제 영역, 20개 단위의 대과제, 53개 세부과제로 구성되며, 여성가족부, 보건복지부, 고용노동부 등 14개 중앙행정기관 및 지방자치단체와 함께 추진하도록 되어 있다. 2차 기본계획 종료 후 가족정책의 평가, 가족의 요구와 사회변화를 고려하여 가족기능의 약화에 대한 정책을 추가 개발하여 가족의 안정화를 이루는 것으로 3차 기본계획이 설계되었다. 따라서 출산 양육 부담이 증가되는 사회적 요구를 반영하여 출산 친화적 사회환경 조성을 대과제로 삼았으며, 일-가정 양립의 정착과 가족의 다양성 존중을 선제적으로 대응하는 정책을 주요 과제로 삼고 있다.

3차 건강가정기본계획을 수립방향을 보다 자세히 살펴보면, 가족정책 10년 계획 실행이후의 변화와 방향을 더욱 선명하게 알 수 있다. 첫째, 타 정책에 비해 가족정책은 생애주기별, 가족유형별 수요에 따른 맞춤형 서비스가 강화되어 가고 있다. 따라서 보편적 가족서비스로서의 가족교육과 상담, 여가활동 지원의 근거와 전달체계를 갖추게 되며, 가족규모의 축소, 맞벌이 가족, 한부모가족 증가 등 가족형태의 다양화에 따라 유형별 가족에 맞춘 정책 및 서비스지원이 강화되고 있다. 둘째, 정부-가족-지역사회 연계를 통한 돌봄 지원이 강화되어 가고 있다. 자녀 돌봄과 노인 돌봄에 대한 사회적 책임 강조와 동시에 가족, 지역사회의 돌봄 책임 분담과 연계를 강조함으로써 다양한 돌봄 수요에 따른 지원 방식의 다양화를 추구하고 있다. 특히 지역사회를 기반으로 한 돌봄 공동체 및 돌봄 인프라를 확충하여 이웃 간 돌봄을 활성화하고 지역사회 중심의 자녀양육 친화적 환경을 조성하는 방향으로 구체화해가고 있다. 셋째, 남성과 기업의 참여를 기반으로 한 일-가정 양립 실천을 강화하고 있다. 배우자 출산휴가, 남성 육아휴직 활성화, 남성 대상 맞춤형 교육 등을 통하여 남성의 일-가정 양립 지원을 강화하고 있다. 또한 가족친화인증제도 내실화 및 일-가정 양립 홍보 등을 통하여 기업에서 자발적으로 일-가정 양립 문화를 실천하도록 유도하고 있다고 보여 진다. 넷째 가족정책 환경 변화에 대응한 추진체계를 강화하고 있다. 가족구조 및 정책 환경 변화를 반영하고, 미래 각고의 변화를 예측하여 가족정책의 패러다임 전환 및 중장기 발전과제 발굴과 추진을 위해 노력하고 있다. 또한 가족지원 서비스 전달체계의 접근성과 기능 재정비 등으로 보편적 가족정책 전달체계로서 위상 강화 및 효율적 가족정책과 서비스 추진을 추구하고 있다. 이것은 기존의 건강가정지원센터와 다문화가족지원센터를 통합 운영하도록 하는 결과로 나타난다.

결국 3차 건강가정기본계획의 특징은 '가족관계 증진을 위한 서비스 기반 조성' 정책과제 신설을 통하여 보편적 가족서비스를 주요 정책과제로 부각하고 있다. 둘째, 일-가정 양립은 여성만의 문제가 아닌 남성과 기업 모두가 함께 실천해야 한다는 점을 강조하여 정책과제를 발굴하고 있음이 드러난다. 셋째, 맞벌이 가족지원, 남성의 일-가정 양립 지원 강화, 임산부 보호 등 새로운 정책 수요가 증가하고 있는 분야의 단위과제가 신설되었다는 특징이 있다. 넷째, 작은 결혼문화, 임산부 배려문화, 소비주의적 육아문화 개선 등 생애주기별 출산 친화적 사회문화 조성을 강조하고 있다.

그러나 건강가정기본계획에 나타난 비전에는 가족, 행복, 건강이 주요 개념임에는 변화가 없이 그 이념을 기본으로 하고 있음이 확인된다.

〈표 4-3〉 3차 건강가정기본계획의 비전과 영역별 정책과제

3차 건강가정기본계획(2016~2020)		
정책비전	모든 가족이 함께 행복한 사회 구현	
정책목표	• 다양한 가족의 삶의 질 향상 • 남녀 모두 일-가정 양립 실현	
정책과제	가족관계 증진을 위한 서비스 기반 조성	• 맞춤형 가족교육 지원 • 가족상담 활성화 • 가족여가활동 확대
	가족유형별 맞춤형 서비스 지원 강화	• 맞벌이 가족지원 • 한부모가족 지원 • 다문화가족지원 • 취약, 위기 가족지원
	정부-가족-지역사회 연계를 통한 돌봄지원 강화	• 아이 키우기 좋은 여건 조성 • 돌봄 부담 해소를 위한 지역사회 조성 • 가족돌봄 여건 조성
	남성과 여성, 기업이 함께 하는 일-가정 양립 실천	• 일-가정 양립 제도 정착 • 남성의 일-가정 양립 지원 강화 • 기업의 일-가정 양립 실천 촉진
	생애주기별 출산친화적 사회문화 조성	• 고비용 결혼문화 개선 • 임산부 배려 문화 조성 • 행복한 육아문화 확산 • 양성평등 가족문화 조성
	가족환경 변화에 대응한 정책 추진체계 강화	• 가족정책 법-제도 정비 • 가족정책 전달체계강화 • 새로운 가족환경 변화에 선제적 대응

결국 이러한 가족정책 기본계획은 궁극적으로 가족해체 예방, 사회통합, 여성고용률 및 출산율 제고, 국가경쟁력 제고의 효과를 기대하고 추진된다. 즉 가족관계 증진을 위한 서비스 기반 조성으로 아동학대, 가정폭력, 이혼, 청소년 범죄 등 가족해체에 따른 사회경제적 비용 감소를 기대하며, 이는 가족정책의 실질적 사회경제적 효과를 정책 비용에 대한 효과

로 계산하게 한다. 실제 2012년 국회 토론회에서는 매년 가족해체에 따른 사회경제적 비용을 연간 약 11조 원으로 추정하여 가족정책의 활성화는 국가비용의 11조 원을 줄이는데 기여할 수 있다고 계산하기도 하였다. 또한 가족정책은 가족형태별 맞춤형 지원을 강화하여 가족형태 다양화에 따른 사회적 차별이나 편견을 해소함으로써 사회통합실현에 기여한다. 특히 다문화사회로 전환되어 가고 있는 시점에서 사회통합실현의 정책적 의미는 더욱 커질 것으로 기대된다. 또한, 가족정책의 기대효과는 여성고용률의 증대로 볼 수 있다. 이는 선진국의 경우, 여성고용률과 출산율 간 정(+)의 상관관계가 존재하는 것으로 이미 입증되었기에 생애주기별 육아 부담 경감 및 일-가정 양립 실천환경 조성으로 여성고용률과 출산율 상승의 중요한 원인이 될 것으로 기대되기 때문이다. 이러한 가족정책의 기대효과는 특히 우리나라에서 갖는 의미가 커서 저출산율로 인한 사회적 문제와 고령화 사회로의 진입에 따른 국가적 위기에 직면한 우리나라에서 앞으로 가족정책이 더욱 주목받고 중요하게 여겨질 수 있음을 예측하게 한다. 이는 결국 돌봄 부담 감소 및 일-가정 양립 정착으로 여성고용률을 제고시킬 경우 생산가능인구 감소에 보다 적극적으로 대응하는 국가경쟁력(잠재성장률) 상승에 기여하게 될 것이다.

3) 한국 가족정책의 특징

(1) 사회적 단위로 가족유지를 위한 보편적 서비스 제공

한국의 가족정책은 사회의 안정과 유지를 위해 가족이 수행해야 할 기능 지원을 통한 가족의 건강성 유지 및 향상을 목표로 한다는 특징을 갖는다. 즉 한국의 가족정책은 사회적으로 요구되는 가족의 기능이 취약해질 경우 그 기능을 강화하기 위한 정책이 시행되어, 다른 정책과는 달리 최우선적인 목표가 사회의 취약계층, 저소득층이 아닌 일반적인 모든 국민을 대상으로 한 가족의 기능 강화를 목표로 하는 정책이 시행된다.

이때 그 정책적으로 가장 관심을 두는 가족의 기능은 가족의 돌봄기능이다. 이는 「건강가정기본법」과 그를 통해 구현된 1차와 2차 건강가정기본계획 모두 가족정책과제 주요 영역에 돌봄기능이 들어 있음을 보아도 확인할 수 있다. 그러나 1차에서는 가족돌봄에 대한 사회적 지원강화를 강조했다면, 2차 기본계획에서는 사회적 지원의 다양화와 함께 부모역할 지원을 강조하고 있다. 이는 가족정책에서는 국가의 지원이 돌봄 사회화 지원에서 나아가 부모의 역할 또는 역량 강화까지 확대되었음을 의미한다. 그러나 아직은 1차와 2차 기본계획 모두 자녀에 대한 돌봄에 맞춰져 있어, 고령화 사회에 가장 많이 늘어나는 돌봄대상인 노인, 그리고 늘 가족의 돌봄을 필요로 하는 장애를 가진 가족원이 있는 가족, 일시적 돌봄 수요자인 환자 등의 돌봄 문제가 앞으로 진행해야 할 과제로 남겨져 있다. 따라서 가족정책은 국가가 필요로 하는 가족의 기능 중 취약한 기능에 대한 보완과 강화를 시키는 역할을 수행하고 있다고 볼 수 있다. 이때 특이한 점은 기존 정책과 달리 가족정책은 소득기준에 따른 차이를 두지 않고 국가가 시행하는 돌봄 서비스의 대상을 모든 국민에게 개방했다는 점이다. 이것은 가족정책이 보편적 서비스를 지향함을 시사한다.

따라서 가족정책에서 가장 많이 관심을 갖고 개발이 가능한 영역 또한 가족기능의 사회화 또는 국가적 지원과 관련된 정책이다. 이러한 정책의 가장 대표적인 예는 부모가 아이를 키우는 데 있어 도움을 받을 수 있는 돌봄 서비스를 국가가 제공하는 '아이돌봄서비스'를 들 수 있다. 이를 위해 1차 건강가정기본계획에서는 부모가 자녀를 가정에서도 돌볼 수 있도록 지원하는 '아이돌봄 서비스'가 새로운 사회적 서비스로 개발되었고, 이후 공동육아나눔터, 가족품앗이 등 보다 지역 내에서 가족기능의 취약한 점이 보완될 수 있는 서비스가 추가되고 있다. 단 가족정책은 돌봄을 위해 자녀를 맡아주는 방식보다, 전통적으로 부모가 자녀를 집에서 돌볼 수 있는 방식을 보완하는 차원, 또는 용이하게 하는 방식의 사회화를 꾀하고 있다.

(2) 사회문제 예방을 위한 선제적 정책

한국의 가족정책은 가족관계 증진과 가족문제 예방에 관심을 두고 있다. 또한 부모의 역할에 관심을 두고 있다. 이것은 국가가 시행한 정책 중 가족정책이 가장 처음 가족의 생애주기별 접근을 시도하게 된 이유가 된다. 위기나 문제에 의한 개입이 아닌 사람이 살아가면서 경험하게 될 사건, 즉 결혼, 임신, 출산, 부모됨, 자녀의 출가, 은퇴 등을 기점으로 문제 예방적 차원의 정책이 시작되었다는 의미이다. 이것은 가족정책의 보편성과 예방성을 보여주는 것이다. 구체적으로는 보다 자녀에 대해 잘 이해하고 양육지식을 갖춘 부모를 만드는 것, 그리고 갈등 해결의 기술을 갖춘 개인의 역량을 늘리는 것, 가족 간의 관계 향상을 위해 의사소통을 잘하는 가족이 되는 것, 또는 남성의 양육참여 기회 확대와 이를 위한 남성의 아버지 역량을 확대하는 것 등이 가족정책에서 시행된다.

이는 예방적 보편적 특성을 갖는 가족정책이기에 생애주기별로 예측 가능한 사건이나 위기에 대비하는 정책을 실행할 필요가 있기 때문이다. 또한 확대가족이 핵가족으로, 대가족이 소규모의 가족으로 바뀌게 됨에 따라 상대적으로 줄어든 부모역할 기간과 이로 인한 어린아이 돌봄에 대한 경험과 관찰의 부족 등은 새로이 부모가 되는 사람들이 부모준비를 할 수 있는 기회를 앗아가 버렸다. 따라서 과거와 달리, 가족정책에서는 태어난 아이에 대한 안정적이고 발전적인 성장을 지원하고, 아동문제 예방차원에서의 부모역량을 강조한다. 이는 가족정책이 본격적으로 시작된 이후 부모교육을 가족정책에서 평생학습 차원의 교육처럼 도입한 이유이기도 하다. 실제 가족서비스로 이루어지는 교육들은 결혼 전 예비부부교육, 신혼기부부교육, 예비부모교육, 학령기 자녀를 둔 부모교육, 노년기 준비교육 등의 가족생활교육이 있다.

(3) 가족을 단위로 하는 맞춤형 서비스 제공

가족의 유형과 요구가 다양해짐에 따라 다른 정책이 개인을 대상으로 하는 것과 달리 가족정책은 가족을 단위로 한다는 특징을 갖는다. 가족정책은 다양한 가족에 대한 지원 또는 다양한 가족의 역량 강화를 정책과제 영역에서 다루고 있음에 주목한다면, 이것은 가족정책의 대상을 가족단위로 세분화한다는 의미이다. 또한, 가족별 취약기능에 맞춘 맞춤형 서비스가 지원을 기대할 수 있다. 그리고 기존 개별대상 지원이었던 서비스가 가족단위로 변화한다는 뜻도 내포된다.

따라서 가족정책은 각 가족의 유형별로 갖는 취약성, 또는 가장 시급한 가족문제에 대한 정책이 이루어진다. 가족의 유형은 구조적 분류에 따라 한부모가족, 조손가족, 미혼모가족, 청소년미혼모가족, 독신가구로 나뉘어진다. 또 다른 분류로 가족의 구성원 특징에 따라서는 다문화가족, 북한이탈주민가족 등으로 정책대상을 나눌 수 있다. 가족이 처한 위기의 정도에 따라서는 만성적 위기, 긴급재난위기, 일시적 상황적 위기에 놓인 가족으로 나눌 수도 있다. 그리고 가족정책의 지원대상이 되는 가족유형은 생활양식이나 직업적 특징에 따라 나뉘기도 한다.

특히 건강가정기본계획에서 정책적 지원대상으로 뚜렷하게 나타난 것은 다문화가족과 한부모가족이며, 이때 가족정책은 다문화가족과 한부모가족의 취약한 가족기능과 돌봄기능 지원을 강조하고 있다. 여기서 한부모가족에는 조손가족과 청소년 미혼모 가족도 포함된다. 예를 들어 다문화가족의 경우 부모의 돌봄기능 강화를 위해 가장 우선적으로 지원해야 했던 과제는 가족 내 의사소통 향상과 이를 통한 사회적응으로 한국어 지원이 최우선으로 이루어졌다. 또한 한부모가족의 경우는 혼자서 부모역할을 감당해야 하는 가정이기에 돌봄에 대한 지원이 우선 이루어졌으며, 조손가족의 경우에는 손자녀 생활과 학습지원을 통해 부모 부재로 인해 나타나는 취약한 부분을 지원하고자 하고 있다.

(4) 가족을 둘러싼 환경 및 제도 개선

한국의 가족정책은 가족을 둘러싼 환경을 가족생활에 맞게 개선하고, 가족이 안전하게 생활할 수 있도록 제도를 설계하고 실행하는 데 관심을 두고 있다. 가족정책은 가족친화적 사회환경 조성을 강조하며, 가족을 둘러싼 지역환경 및 직장환경 등의 환경과 관련된 정책을 시행하고 있다. 이는 가족정책의 범위가 개인이나 가족단위를 넘어 가족을 둘러싼 환경까지 포함한다는 의미이다. 특히 가족과 가장 가까운 환경인 지역과 직장환경을 가족친화적으로 바꾸기 위해, 지역에서는 지역환경 개선과 관련된 공간뿐 아니라 지역주민들 간의 관계유지와 소통을 위한 정책이 필요하다. 또한 가족친화적 직장환경 조성을 위해서는 새로운 근로제도 도입과 개선이 필요하며, 이를 위한 근로자 및 관리자 대상 교육과 일·가정에 대한 새로운 가치 정립이 가족정책의 범주에 들어오게 된다.

(5) 가족가치와 인식에 대한 선도

한국의 가족정책은 한국 사회에서 국민들이 행복하다고 꿈꾸는 새로운 가치를 선도하는 역할을 담당하고 있다. 즉 「건강가정기본법」에 근거한 가족정책에서는 건강한 가족문화, 건강한 가족관계, 성역할분리를 넘어선 새로운 일·가정에 대한 참여 등 가족가치와 관련된 것을 강조하고 있다. 이는 국가유지에 필요하거나 도움이 되는 가족가치는 보존하고, 새로운 가족가치를 확산시키려는 노력으로 보여진다. 또한 늘어나는 다문화가족, 한부모가족 등에 대한 사회적 통합과 포용을 위해 이들에 대한 편견을 없애는 인식 개선이 필요하기 때문이다.

이것은 또한 전통적으로 약화되고 있는 결혼·출산·자녀 등에 대한 사람들의 인식 개선, 그리고 가족이 소중하고 중요하다는 가치의 재조명 등이 가족정책에서 다루어질 때, 보다 국가적으로 안정적인 출산이 유도되고, 사회의 가장 기초단위인 가족을 안정화시키기 때문이다.

(6) 개인, 가족, 환경을 대상으로 한 다각적 접근

한국 가족정책의 대상은 개인, 가족, 그리고 환경에 대한 다각적 접근을 시도하고 있음이 나타난다. 첫째, 개인을 중심으로 가족정책을 펼칠 경우, 개인의 가족기능 수행을 위한 역량 강화, 그리고 가족관계 개선 및 문제예방을 위한 역량 강화와 관련된다. 가족의 경우는 가족형태 또는 가족구성에 따른 맞춤형 지원과 관련되며, 그리고 환경의 경우는 가족친화적인 문화 조성을 위한 접근이 된다. 즉 가족인지적 관점에서 볼 때 개인은 스스로 가정생활을 잘 할 수 있는 역량을 갖춰야 한다. 따라서 한국의 가족정책에서는 생애주기별 가족역량 강화를 강조한다.

둘째, 정책대상을 가족단위로 두게 됨에 따라 이제까지 개별지원정책에서는 볼 수 없던 관계가 포함되며, 가족의 위기 정도를 기준으로 해서 정책적 지원 내용과 대상을 달리하게 된다. 이러한 접근은 가족관계의 다양한 문제에 대한 예방과 해결책으로 가족상담서비스, 가족여가, 가족사례관리 등의 정책서비스를 제공하는 근거가 된다. 또한 가족단위로 대상이 선정됨에 따라 기존 저소득 중심의 한부모가족 지원정책을, 가족구조에 따라 한부모가족 모두로 대상을 확대시키게 되어 가족정책이 보편적인 대상에게 지원하게 하는 근거가 되기도 한다. 즉 기존 복지의 정책적 대상선정은 실제 평균 가족소득기준 100% 이하, 또는 130% 이하라는 기준에 묶여 소득수준이 일정 수준 이상이 될 경우 정책대상에서 제외되었으나, 가족정책이 구조적 문제(한부모가족, 조손가족, 미혼모가족 등), 또는 가족 구성원의 다양함(북한이탈주민가족, 수용자가족, 장애인가족, 다문화가족, 노인가족 등)에 따라 취약해지는 기능이 있음에 주목하고 정책이 개발되어 실질적으로 정책 사각지대의 해소와 사회문제 예방, 보편성이라는 가족정책의 특징을 나타내게 한다.

셋째, 가족정책은 개인과 가족단위를 넘어 환경과 인식 개선에도 관여하여, 가족친화일터 조성, 가족친화지역사회 조성이라는 가족을 둘러싼 환경에 대한 제도 개선, 여건마련, 시설 확충 등의 서비스를 제공하고 있다. 예를 들어 육아휴직제, 시차출퇴근제, 스마트워크 활용 등의 탄력근무제도는 직장문화의 장시간 근로문화를 개선하여 일과 가족생활의 균형을 이룬 생활이 가능하도록 하는 것이므로, 기업이 이런 제도를 적극적으로 도입하고 실행하도록 장려하는 가족친화인증제도가 해당된다. 또한 아이를 키우는 부모들이 서로 육아정보를 나누고, 아이와 함께 할 장소를 마을단위에 설치하는 것도 또 다른 사례가 될 수 있다.

3. 한국 가족정책 서비스의 실제

이제까지 가족정책의 주무부처에서 건강가정기본계획을 통해 실행해온 가족정책 중 실제 제공되는 서비스를 분류해보면, 자녀에 대한 돌봄기능을 강화하기 위한 서비스, 개인을 대상으로 한 개인의 가족역량 강화와 관련된 서비스, 다양한 가족유형별 맞춤 서비스, 그리고 가족친화환경조성과 관련된 서비스로 구분된다. 이 내용을 보다 구체적으로 가족정책의 대상에 따라, 또는 가족의 위기수준과 영역에 따라 구분해 볼 수 있다.

〈표 4-4〉 가족정책의 영역 및 대상별 가족서비스

영역 / 대상	가족가치 및 가족역량	가족친화문화	가족기능(돌봄)	다양한 가족
개인	• 남성의 가정참여 • 개인역량 강화	• 일·가정 균형 이해	• 부모역량 강화	• 개인역량 강화
가족단위	• 가족편견 인식 개선 • 가족 함께하기	• 지역사회 참여	• 다문화가족지원 • 한부모가족지원	• 가족과 함께하기
환경	• 일·가정균형 가치확산 • 이웃과 함께하기	• 직장제도 개선 • 지역문화 개선	• 지역문화 개선 • 직장제도 개선 • 돌봄서비스 제공	• 이웃과 어울리기

한편, 가족의 위기에 따른 가족서비스는 아직 시작단계에 불과하여 다양한 서비스가 개발되지 못하고 있는 실정이다. 따라서 앞으로 가족정책을 발전시켜 나감에 있어, 사회적으로는 사회문제를 예방하는 효과와 함께, 사회적 지원대상자를 감소시키기 위한 위기에 놓인 가족에 대한 재빠르고 다양한 가족정책의 개발이 시급하다. 예를 들어 한부모가족의 경우 자립과 취업을 빨리 지원하여 저소득층으로 전락되지 않도록 가족사례관리를 통해 취업이나 자립지원을 연계하고, 자녀의 경우 급격한 변화에 적응할 수 있도록 지원하며, 일시적인 위기에 대처할 수 있도록 지원하는 등의 내용을 예로 들 수 있다. 이는 저소득가정의 증가를 예방하는 효과를 나타낼 수 있으며, 특히 가족의 커다란 변화에 부모와 자녀가 잘 적응할 수 있도록 함으로써 아이들에게서 나타날지 모를 또 다른 가족문제나 사회문제에 대한 예방책이 되기도 하다.

특히 국가적 재난 발생 시에는 구조, 임시숙소 마련, 일시적 생필품지원, 의료지원, 법률지원 등이 이루어진다. 이와 더불어, 재난으로 인해 일시적으로 돌봄 공백상태에 놓이는 어린 아동이나 노인, 환자 등에 대한 긴급돌봄지원이나, 일상적인 가족생활로의 복귀를 위한 지원, 또는 재난으로 인한 트라우마에서의 회복을 돕는 장기적인 위기가족지원도 가족정책이 계속 발전시키고 확대해 나가야 할 부문이다.

가족정책을 영역, 대상, 위기를 고려하여 현재까지 가족정책을 통해 제공된 서비스를 모두 종합해보면 〈표 4-5〉와 같다.

〈표 4-5〉 **가족위기 정도와 영역별 가족서비스**

영역 / 위기 정도	가족가치 및 가족관계	가족친화문화	가족기능(돌봄)	다양한 가족
일상	• 나눔 • 가족상담	• 직장제도 개선 • 지역생활 확대 • 지역환경 개선	• 생애주기별 부모교육, 부모상담	• 가족상담
일시적 위기	• 인식 개선 • 가출, 자살 등 관련 가족지원 • 가족관계회복지원	–	• 일시적 돌봄지원	• 이혼전 · 후상담 • 가족사례관리
지속적 위기	• 인식 개선 • 위기별 가족상담 • 위기가족자조모임	• 가족사례관리에 필요한 자원 연계	• 지속적 돌봄지원 • 위기상담	• 가족사례관리
재난	• 위기별 가족상담 • 위기가족자조모임	• 긴급가족생활지원	• 긴급돌봄지원	• 지속적 가족사례관리 연계

우선, 생애주기별 가족서비스는 가족교육으로 제공된다. 사람은 태어나서 죽을 때까지 가정 안에서 생활하며 가족들과 관계를 맺는다. 결혼해서 좋은 가정을 꾸리기 위해서는 어떻게 해야 하는 건지, 임신을 하고 좋은 부모가 되려면 어떻게 해야 하는지에 내해 다양한 정보를 제공하고 교육을 받을 수 있도록 지원할 필요가 있다. 이때 가족지원서비스는 생애주기별로 제공되고 있다. 각 가정마다 모든 단계를 거칠 수도 있고, 어떤 단계는 건너뛸 수도 있으나, 이러한 단계에 따라 이미 예측 가능한 가족의 문제에 대해 미리 예방하고 준비할 수 있는 프로그램이 가족역량 강화를 위한 서비스에서 많이 나타나고 있다.

가족친화적인 지역환경을 조성하기 위해서는 이웃과 이웃이 만날 수 있는 공동육아나눔터가 있다. 이 공동육아나눔터를 통해 한 지역에 사는 아이를 가진 부모들이 모일 수 있는 기회가 늘어나며, 서로 육아 품앗이에 참여할 수 있는 기회를 갖게 된다. 또한 이 공간은 공동육아를 위한 장난감이나 육아용품의 대여, 교환의 장소가 되기도 한다. 또한 기업이나 기관은 일 · 가정생활이 조화로울 수 있는 일터환경 조성을 위한 가족친화경영 컨설팅을 지원받을 수 있다. 이 서비스는 기업이나 공공기관 등이 가족친화적인 문화를 만들 수 있도록 가족친화제도의 도입 및 가족친화기업인증의 참여도를 높이는 컨설팅을 제공하는 것이다.

〈표 4-6〉 **가족정책의 영역과 서비스**

가족가치 및 가족관계	가족의 환경 (가족친화문화 조성)	가족의 기능 (가족돌봄기능지원)	다양한 가족 (구조적 취약가족/ 상황적 취약가족)
생애주기별 가족교육 예비부부교육 신혼기가족생활교육 중년기가족생활교육 노년기가족생활교육 인식 개선 교육 작은결혼문화 출산장려 가정폭력 예방 다문화인식 개선 가족편견 해소 가족상담 부부상담 이혼전 · 후상담 부모자녀관계상담	가족친화 지역환경 공동육아나눔터조성 가족품앗이지원 가족봉사단 가족여가프로그램지원 가족사랑의 날 가족친화 직장환경 가족친화기업인증 가족친화경영컨설팅 가족친화직장교육	생애주기별 부모교육 예비부모교육 학령전부모교육 학동기부모교육 청소년기부모교육 조부모교육 등 아이돌봄 서비스 시간제 아이돌봄 영아돌봄 서비스 보육교사형 아이돌봄 가사지원형 아이돌봄 (노인돌봄 서비스)	재난 시 위기가족지원 일시적 위기가족지원 가족상담 부부상담 부모자녀상담 이혼위기가족지원서비스 양육비이행지원 이혼후 한부모지원 다양한 가족지원 한부모가족지원 다문화가족지원 조손가족지원 청소년한부모가족지원 북한이탈주민가족지원 등

가족정책의 돌봄 서비스에는 아이돌봄 서비스가 대표적이다. 아이돌봄 서비스는 주 양육자가 올 때까지 임시보육, 놀이활동, 식사 및 간식 챙겨주기, 보육시설 · 학교 · 학원의 등하원, 안전 · 신변보호처리, 준비물 보조 등의 서비스를 포함한다. 일반적으로는 시간제 돌봄 서비스와 종일제 돌봄 서비스로 나뉘는데, 여기서 종일제 돌봄 서비스는 양육공백이 발생하는 가정의 생후 24개월 이하의 영아를 대상으로 종일 돌보는 서비스를 말한다. 별도로 특별서비스가 있으며, 이것은 수족구병 등 법정 전염성 질병에 감염되어 일시적으로 보육

시설을 이용할 수 없는 아동에게 아이돌봄 서비스를 제공함으로써 가정의 양육부담을 해소하고 가정에서 안전하게 보호할 수 있도록 하는 서비스이다.

한편, 건강가정지원센터는 생애주기적으로 살아가면서 가족들이 겪게 될 가족문제 예방을 위한 가족교육과 가족상담 등의 가족생활지원 업무를 담당한다. 이때 일시적 가족문제와 관련한 위기는 가족상담을 통해 지원된다. 여기서 '가족상담'이란, 생애주기에 따라 발생되는 가족 내 다양한 갈등과 문제, 가족의 기능상의 문제 등 가족으로 살아가면서 발생하는 다양한 어려움을 상담해주는 서비스 영역이다. 예를 들어 갈등을 겪고 있는 부부에게 관계를 회복하고 원만한 가족관계를 유지할 수 있도록 부부 상담을 제공하며, 부모-자녀 간 문제 해결을 돕는 부모자녀상담 등이 대표적이다. 재난발생과 같은 위기 시에는 재난대응을 할 때 필요한 긴급돌봄지원, 긴급가족상담, 위기가족들의 심리정서지원이 이루어진다.

가족들의 취약한 기능을 갖게 되는 구조적 취약가족(한부모가족, 조손가족)이나 상황적 취약가족(일시적 위기상태의 가족)에게는 가족의 응집력, 적응력, 가족관계 등을 향상시키고 구조적으로 취약한 기능을 강화하기 위한 서비스가 필요하다. 주로 경제, 심리·정서, 양육 등 다양한 어려움을 겪고 있는 한부모가족, 사회적 외상으로 인해 직·간접적으로 피해를 경험한 위기가족, 조부모와 손자녀가 함께 사는 조손가족 등 다양한 가족을 대상으로 '가족단위' 맞춤형 서비스를 제공하여 가족의 기능을 회복하고 역량을 강화할 수 있도록 도와야 한다.

생각해볼 문제

1. 1, 2차 건강가정기본계획의 내용을 비교해보고, 추가해야 할 정책을 생각해보자.
2. 1차 건강가정기본계획 완료 당시의 상황과 2차 건강가정기본계획 완료 시점의 가족상황을 여러 가지 측면에서 비교해보고, 가족이 행복해졌는가를 생각해보자.
3. 한국의 가족정책과 외국 가족정책의 특징을 비교해보자.

참고문헌

관계부처 합동(2010). 제2차 건강가정기본계획(2011~2015) 2015 가족행복더하기.

관계부처 합동(2006). 제1차 건강가정기본계획(2006~2010) 함께 가는 가족 2010.

문화관광부 · 한국문화관광정책연구원(2006). 2006 여가백서.

여성가족부(2016). 제3차 건강가정기본계획(2016~2020)

연문희 · 강진령(2009). 학교상담: 21세기 학생 생활지도(개정판). 양서원.

채옥희 · 이은희(2005). 건강가정을 위한 가정학 변화와 실천. 교문사.

백승훈(2012). 한국 가족정책의 형성과 변화; 제도변화를 중심으로. 동양대학교 행정학과 박사학위논문.

Adler, A.(1964). *Social interest: A challenge to mankind*. New York: Capricom.

Arlow, A.(2000). Psychoanalysis. In R. J. Corsini & D. Wedding(Eds.), *Current psychotherapies* (6th ed.)(pp.16-53). Itasca, IL: Peacock.

한국일보(2003. 2. 18).

인터넷한겨레(2005. 5. 29)(http://www.hani.co.kr/).

제5장

가족정책과 서비스 전달체계

가족정책은 국가가 가족이라는 단위에 직·간접적으로 개입하는 '가족을 위한' 정책과, '가족에 의한' 정책이 모두 포함될 수 있다. 현재 가족정책은 가족 모두가 행복을 느끼는 건강가정을 지향하고 있으며, 이러한 방향과 이념을 법으로 나타낸 것이 「건강가정기본법」이다. 따라서 「건강가정기본법」은 우리나라 가족정책에 대한 선언적 힘을 갖게 된다.

그런데 가족정책은 「건강가정기본법」만을 근거로 행해지는 것은 아니다. 「건강가정기본법」 외에도 「다문화가족지원법」, 「한부모가족지원법」, 「가족친화 사회환경의 조성 촉진에 관한 법률」, 「아이돌봄지원법」, 「양육비 이행 확보 및 지원에 관한 법률」 등이 모두 가족의 행복, 건강성, 기능과 관련된 정책을 시행하는 근거법이 된다. 이 외에도 「근로기준법」에서도 일-가정 양립을 위한 정책시행이 되며, 이 정책은 가족을 위한 가족친화정책에 포함되므로 넓은 의미의 가족정책 관련법이라 할 수 있다. 그러나 「건강가정기본법」을 시작으로 보다 직·간접적으로 가족을 지지, 보완, 대리하기 위한 정책들이 수립되며 가족정책이 활성화되기 시작했다고 볼 수 있다. 특히 「건강가정기본법」에서 가족정책을 시행하기 위한 전달체계 및 구체적인 사업 등이 서술됨으로써 한국 가족정책이 보다 실천적이고 구체화될 수 있는 기틀을 마련하였다.

가족정책이 「건강가정기본법」에 의해 선언된 이후 대부분의 가족정책은 사회변화에 의해 새롭게 요구되는 가족서비스에 대한 요구에 새롭게 대응하는 것이었다. 따라서 가족정책의 방향과 이념만 서술되었을 뿐 구체적으로 정책을 개발하고 시행하기까지는 정부의 주도적인 정책 개발과 시행이 필요하게 된다.

1. 가족정책 서비스 전달체계

가족정책 서비스는 중앙부처, 시 · 도 자치단체의 '행정구조'와, 가족정책 지원기관과 가족서비스 제공기관인 '행정기관 외 구조'로 이원화되어 있다. 중앙부처는 정책방향에 따라 지침 및 예산을 정하고, 이에 맞추어 시 · 도 자치단체는 가족서비스 제공기관을 선정하고 예산을 분배하고 집행사항을 검토할 권한을 갖는다. 가족정책 지원기관은 정책에 맞게 가족서비스 제공기관이 제공하는 서비스에 필요한 매뉴얼 및 프로그램을 개발하며, 서비스 제공기관 종사자 교육과 실정, 그리고 성과관리와 평가 등의 업무를 수행한다.

이러한 가족정책 전달체계는 「건강가정기본법」과 「다문화가족지원법」에 명시되어 있다. 즉 「건강가정기본법」에는 이러한 건강가정 서비스를 제공할 기관으로 건강가정사를 두고 전문적인 가족서비스를 제공할 '건강가정지원센터'를 설치토록 규정하고 있다. 「다문화가족지원법」에도 역시 다문화가족지원을 위해 '다문화가족지원센터'를 설치토록 하였다. 「가족친화 사회환경 조성의 촉진에 관한 법률」에서는 '가족친화센터'를 통해 정책을 시행하도록 규정하고 있다.

「건강가정기본법」이나 「다문화가족지원법」에서 가족정책을 시행하기 위한 전달체계 및 구체적인 사업 등이 서술된 내용을 살펴보면, 중앙부처가 정책 지침을 정하고 시 · 도와 시 · 군 · 구에 전달하면, 시 · 군 · 구에서는 건강가정지원센터 또는 다문화가족지원센터를 설치하고, 센터를 통해 서비스를 제공한다. 또한 시 · 도는 이를 지원하기 위해 광역건강가정지원센터, 또는 거점다문화가족지원센터를 두고 광역 단위 서비스를 제공하거나 시 · 군 · 구 단위 서비스 지원의 역할을 부여하고 있다.

가족정책 전달체계는 우리나라의 가족 관련 업무를 다루는 중앙부서에서 관할하고 있다. 여성가족부는 2005년 6월 23일, 여성부가 출범한 지 4년 5개월 만에 가족 모두가 행복한 사회를 만들기 위해 여성가족부로 명칭을 확대 · 개편하였고, 그동안 여성부에서 해오던 양성평등을 위한 정책뿐 아니라 우리 사회의 가족을 위한 정책을 펼치고 있다. 2008년 보건복지가족부로 주무부처가 이양되었다가, 다시 2010년 여성가족부로 변경되는 등 가족정책을 다루는 주무부처의 잦은 변경은 가족정책이 자리 잡기 위한 초기 현상으로 이해된다.

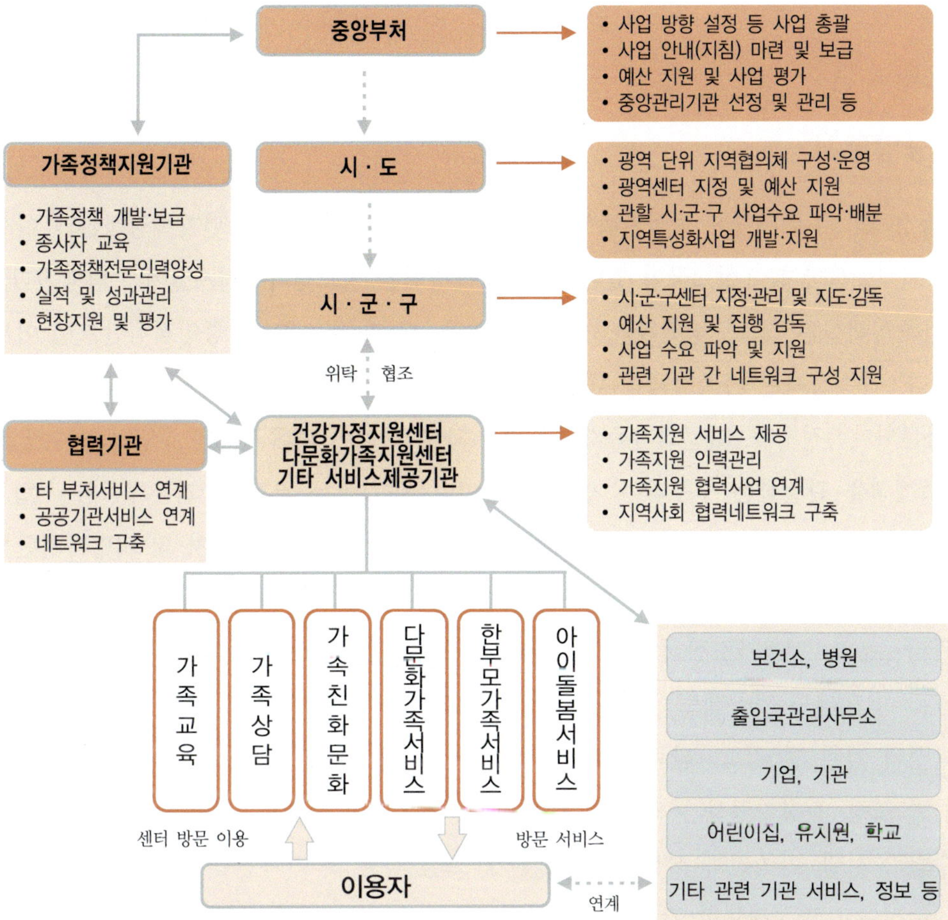

출처: 여성가족부(2014). 2014 건강가정지원센터 사업안내. 다문화가족지원센터 사업안내 재구성.

[그림 5-1] 가족서비스 전달체계

「건강가정기본법」과 「다문화가족지원법」에 제시된 가족정책 전달체계는 행정적인 전달체계와 수행 전달체계로 구분된다. 행정 전달체계는 중앙부처와 지방자치단체이며, 수행 전달체계는 서비스 제공기관 지원기관과 서비스 제공기관으로 구별된다. 이때 중앙부처는 여성가족부이며, 지방자치단체는 17개 시 · 도와 230여 개의 시 · 군 · 구가 해당된다. 서비스 제공기관 지원기관은 한국건강가정진흥원을 들 수 있으며, 서비스 제공기관은 건강가정지원센터와 다문화가족지원센터가 해당된다.

2. 가족정책 수립기관

1) 중앙부처

가족정책의 주무부처는 여성가족부이며, 여성가족부 내에는 청소년가족정책실과 여성정책국, 권익증진국 등 1실 2국이 있다. 이때 가족정책은 청소년가족정책실에서 담당한다. 청소년가족정책실은 청소년정책관과 가족정책관 등 2관과 청소년보호중앙점검단으로 이루어져 있다. 가족정책은 가족정책관 내에서 이루어지며, 가족정책관은 가족정책과, 가족지원과, 다문화가족정책과, 다문화가족지원과 등 4과로 나누어 가족정책을 수립하고 수행한다.

가족정책을 관할하는 주무과는 가족정책과이며, 여기서는 건강가정기본계획의 수립, 조정 및 연도별 시행계획의 총괄을 맡고 있다. 즉 가족정책과는 중앙부처 및 지방자치단체의 가족정책을 협의·조정하는 총괄 업무를 갖게 되며, 가족 및 가족친화 사회환경 관련 법령의 관리·운영, 건강가정정책의 평가, 그리고 중앙건강가정정책위원회의 구성·운영을 전담한다. 이 외에도 가족제도·가족실태에 관한 조사나 연구, 그리고 가족 관련 법인·단체의 육성과 지원 및 지도·감독 업무를 담당하며, 기타 지역사회 가족기능 강화 관련 자원연계 및 조정, 건강가정사 등의 자격 관련 업무, 가족친화 사회환경 관련 실태조사 및 계획의 수립과 시행, 가족친화 직장이나 마을환경 조성 지원 및 가족친화기업 등의 인증·관리외 민주적이고 양성평등한 가족문화의 확산 및 건전가정의례의 보급에 관한 사항 등이 가족정책과에서 다루어지는 주 내용이다.

여성가족부의 가족지원과는 한부모가족, 조손가족, 청소년한부모의 자립 지원 등 구조적으로 취약한 가족의 취약기능 지원을 위한 양육이나 부양 관련 사회적 지원 정책의 총괄과 조정, 그리고 관련 제도 개선 등의 업무를 담당한다. 따라서 미혼모 및 미혼모 시설에 대한 지원, 청소년한부모 등 취약가족에 대한 지원이 주 업무가 되며, 특히 한부모가족 지원 관련 계획의 수립 및 법령의 관리·운영 등 한부모가족 복지시설 및 단체의 지원 및 관리, 고용연계 지원, 복지자금 대여 등의 업무를 담당한다.

또한, 여성가족부 내에는 다문화가족정책의 수립과 수행을 담당하는 다문화가족정책과와 다문화가족지원과가 있다. 다문화가족정책과는 중앙부처 및 지방자치단체의 다문화가족지원정책을 총괄하는 과로서, 다문화가족지원법령 제·개정과 다문화가족정책위원회 및 실무위원회 운영, 다문화가족지원정책 기본계획 및 연도별 시행계획의 수립·평가, 다문화가족 지원 중장기 정책 수립, 정책 개발 및 제도 개선, 다문화가족 관련 각종 계획·대책 수립, 다문화가족 실태조사 실시 등의 업무를 관장한다. 또한 다문화가족과 관련된 다양한 다문화가족서비스를 운영하게 된다.

다문화가족지원과는 다문화가족에 대한 사회적 인식 개선을 위한 시책 추진 및 홍보, 다국어지원시스템 구축·운영 등 다문화가족의 의사소통 지원, 결혼이민자 전문인력 양성 등 경제·사회적 자립 지원, 결혼중개업 관리에 관한 법령의 관리·운영, 결혼중개업 종사자 및 지방자치단체 관계 공무원의 교육에 관한 사항, 결혼중개업 등록·신고의 관리, 국제결혼 예정자의 사전 준비 지원에 관한 사항, 국제결혼이민관의 설치 및 운영에 관한 사항 등의 업무를 지원한다. 이러한 여성가족부 내 가족정책관의 부서 운영과 업무는 한시적인 예이며, 가족정책의 주된 이슈와 업무에 따라 담당 중앙부처와 조직은 유동적으로 바뀌게 된다.

이때 가족정책 업무의 범위와 내용을 결정짓는 것은 가족정책 관련 근거법으로 「건강가정기본법」과 「다문화가족지원법」, 「한부모가족지원법」 등 관련법에 따른 업무가 수행된다. 이 중에서도 「건강가정기본법」과 「다문화가족지원법」 안에 가족서비스 전달체계 설치 및 평가, 계획 수립 등과 관련된 업무가 담겨 있어, 가족정책전달체계 및 각 체계별 역할을 알고자 할 때는 양 법에서 기술된 내용을 우선 알아야 한다.

우선 「건강가정기본법」에 기술된 건강가정지원센터 등 가족정책 인프라와 관련된 중앙부처의 업무는 다음과 같다.

- 건강가정지원센터 기본운영계획 수립
- 「건강가정기본법」 관련 법규 제정 및 정비
- 건강가정지원센터 설치계획 수립 및 지원
- 사업비의 교부 및 정산, 평가
- 건강가정지원센터의 관리 감독 및 지도

한편, 「다문화가족지원법」에 기술된 다문화가족지원센터와 관련된 중앙부처의 업무는 다음과 같다.

- 다문화가족 지원사업 추진방향 설정 등 사업 총괄
- 사업 안내(지침) 마련 및 보급
- 다문화가족지원사업 예산 지원 및 사업 평가
- 중앙관리기관 선정 및 관리
- 신규사업 개발 및 시범 운영 등

이 외에도 여성가족부 가족정책 업무는 「한부모가족지원법」, 「아이돌봄지원법」 등을 근거로 파생된 업무가 가족서비스 전달체계인 건강가정지원센터와 다문화가족지원센터를 활용하여 주로 제공되고 있다. 다만 「가족친화 사회환경 조성의 촉진에 관한 법률」을 근거로 기업을 대상으로 지원하는 가족친화경영 컨설팅 등의 정책과제는 가족친화지원센터 1개소를 별도로 지정하여 운영하고 있다.

2) 시도 · 시군구

가족정책전달 행정체계에 중앙부처로 여성가족부가 있다면, 지방자치단체에는 17개 시·도와 230여 개의 시·군·구가 해당된다. 예를 들어 서울시의 경우 여성가족정책실에서 가족정책업무를 관장하며, 서울시내 25개 구와 업무가 연계된다. 이때 서울시에서 가족정책 관련 업무를 담당하는 곳은 여성가족정책실이다. 여성가족부의 가족정책관 내 모든 가족 관련 업무가 서울시에서는 가족정책팀, 출산장려팀, 다문화가족팀에 나뉘어져 여성, 보육, 외국인, 아동청소년 업무 등이 섞여 이루어지는 체계이다. 결국, 시·도는 중앙정부와 시·군·구 간 및 시·군·구 내 연계역할(시·도 및 시·군·구)을 하며, 「건강가정기본법」 관련 조례 등 제정 및 정비, 시·도 및 시·군·구 건강가정지원센터 설치 및 지원, 시·도 및 시·군·구 건강가정지원센터 사업비의 교부와 정산 및 건강가정지원사업의 운영현황 및 사업결과 보고, 그리고 건강가정지원센터의 관리 감독 및 지도를 담당한다. 이는 다문화가족정책 업무에도 적용되어 다문화가족 관련 광역 단위 지역협의체 구성 · 운영, 거점센터 추천 및 운영 지원, 관할 시 · 군 · 구 사업수요 파악 및 배분, 다문화가족지원센터 지정 또는 지정 권한 재위임 및 지도 · 감독의 업무를 하게 된다.

실제 가족정책의 전달체계인 건강가정지원센터와 다문화가족지원센터를 설치한 후 시 · 군 · 구에서 담당하는 업무는 관련법에 아래와 같이 명시되고 있다.

■ **시 · 군 · 구**

- 센터 지정 · 관리 및 지도 · 감독(시 · 도에서 권한 위임 시)
- 예산 지원 및 집행 감독
- 사업 수요 파악 및 지원
- 지역 내 관련 기관 네트워크 구성 지원

결론적으로 행정체계에서는 주무부처가 가족정책 인프라와 관련된 기본계획과 지침을 확정하면, 시 · 도는 각 시 · 도별 가족정책기본계획에 맞춰 조례를 정하고 각 시 · 도별로 시 · 군 · 구에 전달하며, 시 · 군 · 구는 실제 서비스를 제공할 기관을 정하고 그 사업을 관리하고 예산을 점검하는 일을 한다.

3. 가족정책 지원기관

1) 설립근거

한국건강가정진흥원은 「건강가정기본법」에 근거하여 2005년에 중앙건강가정지원센터로 출발하여, 2011년에 「민법」 제32조(비영리법인의 설립과 허가)에 의거하여 '재단법인 한국건강가정진흥원'으로 전환되었으며, 이후 가족환경 변화에 대응하는 다양한 가족정책을 효율적이고 체계적으로 지원하고 있다. 또한 2014년 「건강가정기본법」 개정(제34조의2. 한국건강가정진흥원의 설립 등)으로 2015년 이후 특수법인으로의 설립이 전환되는 근거를 마련하였다. 이는 다양한 형태의 가족(다문화가족, 한부모가족, 조손가족, 미혼모가족 등)의 증가 등 한국사회의 가족 변화에 따른 가족정책 개발과 이를 추진하기 위한 전문적이고 효율적인 전달체계 근거 마련의 필요성에 의한 것이다.

특히, 한국건강가정진흥원은 「건강가정기본법」 제35조에 근거한 건강가정지원센터 및 「다문화가족지원법」 제12조에 따른 다문화가족지원센터 등의 사업 관리, 아이돌봄 지원사업, 취약계층 가족역량강화지원사업 등 제반 가족 관련 서비스를 안정적으로 제공하는 데 필요한 역할을 담당하도록 규정되어 있다.

2) 구조와 역할

중앙정부 및 지방자치단체의 행정체계가 정책의 기본방향 및 계획 수립, 지침 확정 후, 예산집행, 검토, 관리기능을 갖고 있다면, 실제 가족정책 서비스를 수행하는 곳은 시・군・구의 가족서비스 전달체계인 건강가정지원센터와 다문화가족지원센터이다. 이때 가족서비스 전달체계에서 제공될 서비스를 지원하는 곳이 한국건강가정진흥원이다.

한국건강가정진흥원은 건강한 가정생활의 영위와 가족의 유지 및 발전, 가족 구성원의 복지 증진, 다문화가족 지원 및 다양한 가족의 역량 강화 등에 기여함을 목적으로 설립되었다. 이를 위해 건강가정을 저해하는 문제의 발생을 예방하고 해결하기 위한 여러 가지 조치와 가족의 부양, 양육, 보호, 교육 등의 가정 기능을 강화하기 위한 제반 사업을 수행한다. 또한 결혼이민자 및 다문화가족을 위한 한국어 교육 및 통번역 지원, 각종 교육, 상담 등 지원사업, 다문화가족지원서비스 관련 정보제공, 홍보 및 서비스 연계, 일자리 알선 등 다문화가족 지원을 위해 필요한 제반 사업을 시행하고 특히 가족지원서비스 전달체계 지원사업을 수행하고 있다.

즉, 가족서비스 전달체계인 건강가정지원센터와 다문화가족지원센터에서 제공되는 서비스는 모두 가족서비스이기 때문에 가족서비스의 품질 관리를 위해서는 센터의 관리와 질 향상을 위한 노력이 필요하게 된다. 그런데 이 센터에서 제공되는 가족서비스의 질은 곧 센터에서 근무하는 종사자에게 달려 있게 된다. 특히 현금이나 물품지원이 아닌 교육, 상담 등의 서비스가 주요 서비스로 제공되고 있기 때문에 이 서비스를 제공하는 담당자의 역량은 매우 중요해진다. 따라서 서비스의 질 관리와 모니터링 및 평가, 종사자 역량 강화 등의 역할을 하는 기구가 필요하며, 가족정책 전달체계에서는 중앙정부와의 중간단계 역할을 하는 가족정책 지원기관이 이 역할을 수행하게 된다.

여성가족부의 건강가정지원센터 지침에 의하면, 중앙건강가정지원센터는 시·도 및 시·군·구 건강가정지원센터 사업 지원 및 평가, 종사자 교육 및 가족정책사업 개발, 대외협력 사업을 하고 있으며 주무부처의 승인을 받아 조직을 구성하도록 되어 있다. 센터의 운영 및 사업은 주무부처의 승인을 받아 시행되며, 주무부처로부터 예산을 받아 아래와 같은 사업을 시행하게 된다.

- 가족지원 프로그램의 개발 및 보급
- 주요 가족정책 관련 시범사업 실시
- 교육·상담·문화활동 등 각 분야 전문인력 양성
- 종사자 전문성 및 역량 강화 교육
- 시·도 및 시·군·구 건강가정지원센터의 사업지원 및 평가
- 통합정보시스템 관리·운영
- 관련 기관 네트워크 구축 및 홍보사업

이와 유사하게 다문화가족지원센터의 지침에는 전국다문화가족사업지원단의 역할로 다문화가족지원센터 지원기관의 역할을 명시하고 있다. 전국다문화가족사업지원단은 여성가족부에서 시·도 및 시·군·구 다문화가족지원센터 사업 지원 및 평가, 종사자 교육, 센터 실적관리 등의 업무를 실행하기 위해 구성한 것으로 한국건강가정진흥원에서 그 역할을 수행하도록 하고 있으며, 지침에 소개된 사업지원단의 역할은 아래와 같다.

- 프로그램 및 업무매뉴얼 개발·보급
- 종사자 교육 및 전문인력 양성
- 사업 홍보 및 실적·진행상황 점검 등 사업 관리

• 사업 현장 점검 및 평가
• 기타 여성가족부에서 사업운영 및 관리와 관련하여 요구하는 사항

3) 조직

한국건강가정진흥원의 조직은 목적사업에 맞게 구성되며, 이사회의 의결을 거쳐 주무부처인 여성가족부에 보고하는 것으로 구성된다. 한국건강가정진흥원에서는 가족서비스사업관리와 가족정보제공, 인식개선, 가족친화지원, 양육비이행사업을 수행하고 있으며, 이를 위한 조직을 구성하게 된다.

4) 기능

(1) 가족서비스 중앙관리

① 가족서비스 전달체계 지원 및 평가

가족정책 전달체계인 건강가정지원센터와 다문화가족지원센터의 운영, 센터를 통해 전달되는 서비스의 실적 및 질 관리는 다양하게 이루어진다. 정책사업은 매년 정부가 지침으로 운영방침을 정하면 실제 서비스 전달체계에서는 그 지침에 맞게 서비스를 제공한다. 그러나 운영도중 문의와 사회적 요구 변화에 맞춰 지침이 변경되는 경우도 있으며, 중간에 예산을 좀 더 투입하거나, 남는 예산을 회수하여 다시 분배하는 등의 관리가 이루어진다. 이렇게 정부가 지침과 예산과 관련된 관리를 직접 한다면, 보다 실질적인 서비스 응대와 관련된 모니터링, 목표량 관리와 관련된 실적관리, 올바른 서비스 집행이 되는지에 대한 현장점검, 평가 등의 관리는 중앙관리기구를 통해 이루어진다.

따라서 대부분의 정책 지침이 확정되면, 지침 설명이 위주가 되는 사업설명회와 실적보고 등과 관련된 안내가 가장 먼저 이루어진다. 이후 정해진 기간마다 실적을 통해 사업을 점검하고 직접 현장점검을 통해 서비스 제공 상태를 확인한다. 사업을 종료한 이후에는 평

가를 통해 정책의 실효성을 확인하고, 이용자 만족도 등의 조사를 통해 각 시행기관의 지침에 맞는 실행 여부와 현장과 지침 간의 조정이 필요한 부분에 대한 모니터링 등이 이루어진다. 따라서 사업의 지원기관에서는 사업과 관련된 설명회, 점검, 평가 등과 관련된 일련의 일들이 이루어지며, 실적시스템 개발과 운영, 만족도 조사, 모니터링 등 일련의 업무가 지속적으로 이루어지게 된다.

또한 센터운영 및 사업에 대한 평가를 통해 전국에는 우수센터와 사업이 부진한 센터를 구별하기도 한다. 이 경우 부진한 센터운영은 결국 정책의 체감도를 낮추고, 정책서비스의 질을 낮출 우려가 있기 때문에 직접 센터에 대한 진단과 컨설팅 등을 통해 센터의 서비스 질을 높이도록 지원하고 있다. 기관운영에 대한 평가 내용은 일반적으로 시설, 기관장, 운영위원회, 인사관리, 개인정보, 지역사회연계 등을 포함한다.

지역 센터는 무엇보다도 이용자에게 제공되는 서비스의 전문성을 높이기 위해 노력해야 하나 이를 위해 기관운영의 효율화 및 전문화도 필요하다. 따라서 중앙관리기구에서는 지역 센터 지원을 위한 컨실딩딘을 운영하고 컨설팅 매뉴얼을 개발하는 등 센터의 안정과 발전을 지원하고 있다. 특히 이 부분의 업무는 중앙건강가정지원센터와 전국다문화가족사업지원단이라는 기능과 매우 연관되어 있다. 애초 한국건강가정진흥원의 설립이 「건강가정기본법」에 근거한 중앙건강가정지원센터의 업무를 수행하는 것을 기본으로 하여 추후 다문화가족지원센터 지원 업무인 전국다문화가족사업지원단의 운영, 아이돌봄서비스사업 지원 등이 확대되며 성장해온 배경 때문이다.

② 가족서비스사업 지원 및 평가

한국건강가정진흥원에서는 아이돌봄사업, 공동육아나눔터사업, 가족역량강화지원사업, 다문화가족대상 방문교육사업, 언어발달지원사업 등 가족서비스들에 대한 평가의 기능을 갖는다. 이를 위해서 각 사업에 맞는 평가지표 개발과 지표에 대한 공청회를 거쳐 평가지표를 사전에 각 평가기관에 공개하고, 이후 평가를 시행하게 된다. 사업운영에 대한 평가는 위의 각 사업에 대한 계획과 실행, 그리고 결과에 대한 피드백 등의 내용을 양적 및 질적인 기준을 통해 평가한다. 이때 사업의 실적, 예산집행, 성과 등에 대한 내용이 평가 자료로 활용된다.

평가는 일반적으로 평가 설명회를 통해 평가 시기와 평가 방법 등을 안내하고 서면평가, 현장평가 등의 형태로 진행된다. 서면평가는 각 피평가기관에서 제출한 서류와 실적집계결과를 갖고 이루어지며, 현장평가는 현장전문가와 공무원 등이 각 피평가기관을 방문하여 이루어진다. 때로는 서면을 미리 제출한 이후 평가단이 현장을 방문하는 대신 담당자들을 대상으로 질의를 통해 평가하기도 한다.

③ 가족서비스 전달체계 종사자 교육

센터의 안정적인 운영과 서비스의 질 관리를 위해서 가족정책 지원기관에서는 종사자 교육을 실시하게 된다. 특히 서비스가 제공되는 정책일수록 종사자 교육의 중요성은 커지게 된다. 예를 들어 가족상담 서비스를 제공하는 경우 상담사의 자격, 연수, 슈퍼비전 등을 통해 서비스를 높이고자 한다.

따라서 가족정책 지원기관은 건강가정지원센터와 다문화가족지원센터 종사자를 대상으로 한 교육체계를 구성하고 다양한 교육을 실시하게 된다. 직접 가족정책 서비스 제공에 필요한 직무교육이 이루어지지만, 이 외에도 센터 조직 운영에 필요한 직급별 교육이 이루어지기도 하며, 국가의 가족정책에 대한 이해를 높이는 교육, 이용자의 개인정보 보안을 위한 교육 등 시의적으로 필요한 교육이 행해진다. 가족정책 종사자들에게는 다문화사회로 변화하는 한국 사회에 대한 이해와 한부모가족이나 조손가족 등 다양한 가족들에 대한 교육이 특히 강조된다.

(2) 가족서비스 개발 지원

가족정책지원기관에서는 새롭게 정책화될 서비스에 대해 정책사업으로 되기 이전 조사와 시범운영을 통해 정책사업 모델을 개발하는 일도 이루어진다. 이 경우 모델이 완성되어 정부에서 다각도의 의견수렴을 걸쳐 정책사업으로 제공되기 시작하면, 이 서비스와 관련된 매뉴얼과 종사자들에게 필요한 교육내용까지 연속적으로 이루어지게 된다.

예를 들어 아이돌봄서비스라는 정책사업은 부모들이 아이를 돌보는 데 있어 일정시간 아이를 대신 돌봐줄 아이돌보미를 파견하는 서비스이다. 이 서비스를 개발하기 위해서는 어떤 서비스를 필요로 하는지에 대한 부모들의 요구가 먼저 조사되었으며, 이후 3군데 서로 다른 지역특성을 가진 곳에서 서비스를 제공하고 적절한 요금과 서비스 제공방안 마련에 필요한 지침 확정을 위한 시범운영이 이루어졌다. 이후 본격적으로 아이돌봄서비스가 정책서비스로 이용자에게 제공되기 시작하면서, 아이돌보미 양성을 위한 교육 매뉴얼, 아이돌보미 관리 방법, 아이돌보미 이용자 모니터링 안내 매뉴얼 등 각종 서비스와 관련된 매뉴얼과 교육 자료집이 개발되어 배포되는 사업이 이루어진다. 이렇듯 가족정책 중앙관리기구는 새로운 가족정책 서비스의 개발 및 이와 관련된 프로그램 개발, 매뉴얼 개발, 만족도 조사도구 개발, 가족정책과 관련된 척도 개발, 관련 연구용역 등을 통해 가족정책을 지원하고 있다.

(3) 가족서비스 확산과 가족친화문화 조성

지역센터가 지역사회를 중심으로 서비스를 제공하고 있다면, 가족들이 일하는 직장환경이나 마을환경과 관련된 보다 거시적인 환경의 가족친화문화 조성 사업은 지원기관을 통해 이루어지고 있다.

일례로 한국건강가정진흥원은 여성가족부로부터 2011년 가족친화지원센터를 지정받아 운영하고 있다. 가족친화지원센터는 「가족친화 사회환경 조성의 촉진에 관한 법률」에 근거해서 지정된 센터로 일-가정 양립이 가능한 사회문화 조성을 위해 특히 일터인 직장문화 개선을 촉진하기 위해 설치된 기구이다. 가족친화지원센터는 가족친화경영컨설팅을 통해 가족친화제도를 확산시키는 것을 주 업무로 하고 있다.

(4) 가족정책 관련 정보제공

건강가정지원센터와 다문화가족지원센터를 지원하는 업무 외에 전국 시·도 및 시·군·구에 설치되어 가족서비스를 제공하는 성격과 달리 한 곳에서 서비스를 제공해야 할 때, 한국건강가정진흥원에서 설치하여 직접 대민서비스를 제공하기도 하는데 가장 대표적인 것이 정보제공 사업이다.

대표적으로 다문화가족지원센터의 서비스 안내 및 문의 관련 전화를 받는 다누리콜(1577-5432)센터의 기능이 포함된다. 주요 서비스는 전화문의 응대에 의한 정보제공으로 다문화가족 종합정보 전화센터의 역할을 하고 있다. 이 서비스는 국내에 거주하는 다문화가족 이주여성에게 위기상담 및 긴급지원, 한국생활 정보제공, 생활통역과 3자통화지원서비스를 13개 언어로 제공하는 것이다. 이들은 주로 한국생활에 익숙하지 않은 경우 결혼이민 초기에 한국에 대한 정보를 얻기 위한 언어적 제약이 큰 결혼이민자를 대상으로 서비스를 제공하는 역할을 한다. 이는 다양한 다문화가족들이 보다 가족정책에 쉽게 접근하게 하는 역할을 하고 있다. 물론 다문화가족을 위한 홈페이지도 10개국 언어로 제공되고 있다.

〈표 5-1〉 다문화가족 종합정보 전화센터의 상담 서비스

구분	내용
상담	• 전화, 면접, 방문, 온라인 상담 • 서비스 시간 : 365일 24시간 • 서비스 언어 : 한국어, 캄보디아어, 중국어, 영어, 몽골어, 따갈로그어, 러시아어, 베트남어, 태국어, 일본어, 우즈베키스탄어, 라오스어, 네팔어(13개국 언어 지원) • 긴급피난시설 운영 • 법률상담 : 주 1회(사전예약접수) ※ 대한변호사협회 연계 운영
	• 온라인상담(다누리 http://www.liveinkorea.kr) • 이용방법 : 상담실 → 1:1상담실 • 서비스 언어 : 한국어, 캄보디아어, 중국어, 영어, 몽골어, 따갈로그어, 러시아어, 베트남어, 태국어, 일본어, 우즈베키스탄어, 라오스어, 네팔어(13개국 언어 지원)
상담 내용	• 긴급, 폭력피해 상담 및 긴급지원서비스 연계활동 • 생활정보 제공 및 국제결혼피해상담 • 생활통역 및 3자통화서비스

이외에도 한국건강가정진흥원에서는 한부모 가족에게 맞춤 정보를 제공하기 위한 한부모 상담전화와 양육비이행서비스 신청과 안내를 위한 양육비상담전화를 1644-6621로 통합하여 운영하고 있다.

(5) 양육비이행확보 지원

양육비 이행 지원 서비스는 양육부 · 모(양육비 채권자)의 신청을 받아 비양육부 · 모로부터 양육비를 지급받을 수 있도록 당사자 간 협의성립, 양육비 관련 소송, 추심, 불이행 시 제재조치 등을 지원하는 서비스이다. 따라서 한국건강가정진흥원에서는 양육부 · 모와 비양육부 · 모의 양육비관련에 맞춘 맞춤 상담과 법률지원을 통해 자녀가 성인이 될 때까지 양육비 이행여부를 점검함으로써, 자녀들의 성장에 대한 부모 모두의 관심과 책임을 촉구하며, 자녀의 생계가 위태로울 경우 한시적 양육비를 긴급 지원함으로써 자녀의 건강한 성장을 지원한다.

(6) 인식개선과 모니터링

가족의 외형은 계속 변화하고 있으나, 내재된 인식과 가치의 변화는 쉽지 않다. 따라서 갑자기 늘어난 다문화가족에 대한 내국인의 수용성을 높이기 위한 다문화이해교육은 한국건강가정진흥원에서 제공하는 대표적인 인식개선 서비스이다. 특히 이 교육은 경찰, 군인, 공무원 등을 대상으로 다문화가족을 가장 먼저 접할 사람들에게 다문화가족에 대한 이해를 높이기 위해 시작되었으며, 전 국민에게 서비스를 확대해가고 있다. 나아가 한국건강가정진흥원에서는 한부모 가족에 대한 편견, 또는 양육비이행에 대한 잘못된 생각 등 가족과 관련된 잘못된 인식들을 변화시키기 위한 사업을 지속적으로 확대해나가고 있다.

4. 가족서비스 제공기관

가족정책 서비스 제공기관은 크게 건강가정지원센터와 다문화가족지원센터로 나누어 볼 수 있다. 건강가정지원센터는 「건강가정기본법」에 의해 설치되었으며, 다문화가족지원센터는 「다문화가족지원법」에 의해 설치되었다. 그러나 2015년 이후 여성가족부에서는 동일지역에 설치된 건강가정지원센터와 다문화가족지원센터는 하나의 기관으로 통합 운영하도록 안내함으로써, 각각의 법에 의해 별도로 설치되어 제공되던 서비스가 한 기관에서 제공되어 국민의 이용 편의를 높일 수 있게 운영되고 있다.

1) 건강가정지원센터[1)]

(1) 설립근거

건강가정지원센터는 「건강가정기본법」 제35조의 건강가정지원센터의 설치 조항에 근거한다. 이 조항은 "국가 및 지방자치단체는 가정문제의 예방 · 상담 및 치료, 건강가정의 유지를 위한 프로그램의 개발, 가족문화운동의 전개, 가정 관련 정보 및 자료제공 등을 위하여 중앙, 시 · 도 및 시 · 군 · 구에 건강가정지원센터를 둔다"고 명시하고 있다.

「건강가정기본법」은 2004년 제정, 2005년 1월 1일 시행 후 보건복지부, 2005년 6월 여성가족부, 2008년 2월 보건복지가족부, 2010년 3월 여성가족부로 주무부처가 변경되며 이에 따라 「건강가정기본법」의 시행규칙이 변경되어 왔다. 이 법은 건강한 가정생활의 영위와 가족의 유지 및 발전을 위한 국민의 권리 · 의무와 국가 및 지방자치단체 등의 책임을 명백히 하고, 가정문제의 적절한 해결방안을 강구하며 지원정책을 강화함으로써 건강가정 구현에 기여하기 위해(2004. 2. 9, 법률 제7166호) 제정되었다.

「건강가정기본법」에서는 건강가정을 위해 국가와 지방자치단체는 출산과 육아의 사회적 책임을 인식하고 모성보호와 태아의 건강보장 등 적절한 출산환경을 조성하는 데 적극적으로 지원해야 함을 명시하고 있다. 이것은 저출산이라는 국가적 문제와 가족해체 및 가족규모의 축소, 그리고 여성의 사회적 진입 증가에 따른 가족기능의 약화로 인해 나타나게 된 새로운 국가와 지방자치단체의 역할이다. 또한 이에 대한 국민적 인식과 가정의 중요성에 대한 의식 함양을 위해 매년 5월을 가정의 달로, 5월 15일을 가정의 날로 지정하고 있다. 또한 동법에 의거 「건강가정기본법」을 관할하는 부처의 장관은 5년마다 가정의 자립 증진 대책 등이 포함된 건강가정기본계획을 세워야 한다. 관계 중앙행정기관장 및 시 · 도지사는

1) 한국건강가정진흥원(2013), 2013 건강가정지원센터 운영가이드북에서 내용 발췌.

매년 기본계획에 따라 시행계획을 세워 시행해야 한다. 이때 수립된 건강가정기본계획은 중앙과 특별시 · 광역시 · 도 및 시 · 군 · 구에 건강가정지원센터를 두고 전문가로서 건강가정사를 두고 실행하게 된다.

(2) 구조와 역할

건강가정지원센터는 여성가족부, 시 · 도 및 시 · 군 · 구에 맞추어 중앙건강가정지원센터, 광역시 · 도 건강가정지원센터, 시 · 군 · 구 건강가정지원센터의 전달체계 구조를 갖고 있다. 단, 시 · 도 광역건강가정지원센터의 경우 시 · 군 · 구에 건강가정지원센터가 어느 정도 이상 설치되어 있지 않은 시 · 도에서는 기능하기 어려우므로, 시 · 군 · 구 건강가정지원센터 설치 이전 우선 시 · 도 건강가정지원센터에서 시 · 군 · 구 건강가정지원센터의 기능을 수행하고 있다.

이렇듯 「건강가정기본법」은 중앙행정기관장(현재 여성가족부장관)이 실행할 건강가정사업의 목적, 시행계획, 전달체계에 대해 명시적으로 제시함으로써 다른 정책에 비해 법이 제정되던 시기부터 중앙부처, 지방자치단체, 시 · 군 · 구 전달체계를 명확히 제시하고 있다.

이때 시 · 도 건강가정지원센터는 아래와 같은 역할을 수행하게 된다.

가. (재)한국건강가정진흥원과 시 · 군 · 구 건강가정지원센터의 연계

나. 시 · 도별 특성에 맞는 가족지원프로그램 개발 · 보급

다. 시 · 군 · 구 건강가정지원센터 사업지원 및 관리

라. 시 · 도 단위의 가족실태조사 및 주민욕구조사

마. 시 · 도 가족 관련 정보 및 데이터베이스 구축 · 보급

바. 관할 시 · 도 단위 자체 평가, 전국 단위 건강가정지원센터 평가 보조

따라서 시 · 도 건강가정지원센터의 경우는 직접서비스와 간접서비스가 혼합되어 있어 서울, 경기와 같이 시 · 군 · 구 건강가정지원센터가 어느 정도 설치된 경우에 제 기능을 하게 된다. 2014년까지는 서울시와 경기도에만 광역 시 · 도 센터가 설치되어 있었으며, 부산시, 경상남도, 대전시, 울산시, 세종시 등의 광역 시 · 도가 있으나 지역특성에 맞춰 시 · 도 건강

가정지원센터의 역할과 시·군·구 건강가정지원센터의 역할을 혼합하여 수행 중에 있다.

실제 국민대상 서비스를 제공하는 시·군·구 건강가정지원센터는 아래와 같은 역할을 수행하게 된다.

가. 지역사회 내 가족 구성원을 위한 1차적 가족지원서비스 제공

나. 지역단위 가족생활 교육·상담·문화사업 실시

다. 지역사회 유관기관과의 연계를 통한 통합적 가족지원서비스 제공

라. 시·군·구 단위의 가족실태조사 및 주민욕구조사

마. 지역사회 가족 구성원을 위한 가족생활 관련 정보제공

건강가정지원센터는 2004년 3개소 시범 설치를 시작으로 10년 동안 꾸준하고 빠르게 증가하였으며, 2015년 이후 다문화가족지원센터와 통합하여 전국 대부분의 시·군·구에서 서비스를 제공하고 있다. 이 중 시·도 건강가정지원센터는 경상남도, 서울시, 부산시, 울산시, 대전시, 세종시, 경기도 등 7개에 설치되었으나 법에 근거한 대로 광역센터 역할을 하기 위해 설치된 센터는 서울시와 경기도 건강가정지원센터뿐이다. 즉 서울시와 경기도는 시·군·구 센터가 광역 내에 70% 이상 설치된 상태에서, 시·군·구 센터 지원을 위해 광역센터를 설치한 것이다. 반면 경상남도와 부산시, 울산시, 대전시 센터는 지역 시·군·구 센터가 설치되기 이전에 지역주민대상의 직접 서비스를 주로 하고 있었으나, 경상남도와 부산시 센터는 광역센터로 역할을 강화해가고 있으며, 울산시와 대전시는 시·군·구 센터 역할을 계속 수행하는 중이다. 반면 세종시는 시·군·구 센터로 설치되어 서비스를 제공하던 중 행정구역 통합에 의해 광역시로 변경되었으나, 울산시나 대전시와 마찬가지로 시·군·구 센터의 서비스 제공 역할을 담당하고 있다.

〈표 5-2〉 **전국 건강가정지원센터의 설치개소 : 연도별 증가추이**

연도	2004	2005	2006	2007	2008	2009	2010	2011	2012	2013	2014
설치개소 (개)	3	16	50	66	83	98	137	138	148	151	151

• 2015년 이후에는 동일지역 다문화가족지원센터와 통합하여 운영중이므로, 별도 증가추이를 제시하지 않음

(3) 조직

① 시·도 건강가정지원센터

시·도 건강가정지원센터는 시·도와 협의하여 사업수행을 위해 필요한 팀을 둘 수 있다. 센터 내 조직도를 변경할 필요가 있을 경우 관할 시·도지사의 사전 승인을 받은 후 변경하여야 한다. 그러나 시·도 건강가정지원센터의 경우라도 관할 내에 지원할 시·군·구 건강가정지원센터가 충분히 설치되지 않았을 경우, 시·도 건강가정지원센터도 시·군·구 건강가정지원센터의 역할을 수행하기도 한다.

② 시·군·구 건강가정지원센터

시·군·구 건강가정지원센터는 주무부처의 운영지침에 따라 조직을 구성하며 주로 가족교육팀, 가족상담팀, 가족문화팀을 두어 사업이 필요한 경우 행정지원팀, 가족지원서비스팀(예: 다문화가족지원팀, 아이돌보미사업팀, 한부모가족사례관리팀 등)을 둘 수 있다. 여기서 행정지원팀은 행정지원, 홍보, 유관기관네트워크 등 지원총괄업무를 수행한다. 가족지원서비스팀은 '아이돌보미연계사업', '다문화가족지원사업', '취약가족역량강화사업' 등 직접서비스 사업을 수행한다. 다만 지원 예산에 따라 팀과 조직 크기가 달라질 수 있다.

(4) 운영 및 제공서비스

건강가정지원센터는 지방자치단체에서 직접 하는 직영센터와 운영을 위탁하는 위탁센터로 나뉜다. 위탁은 해당 지방자치단체에서 공개절차를 통해 수탁자를 모집하고 신청서류를 제출받아 수탁자선정심의위원회(이하 '위원회'라 한다)를 거쳐 수탁자를 선정하되, 수탁자의 사업수행능력·재정능력 등을 종합적으로 고려하여 선정한다. 시·도지사 및 시·군·구청장은 수탁기관으로 선정된 법인과 '○○건강가정지원센터 운영위탁 약정서'(이하 '약정서'라 한다)를 체결하며, 위탁기간은 3년 이내로 하되, 시·도 또는 시·군·구 실정에 맞게 정할 수 있다. 다만, 수탁자가 보조금을 목적 이외의 용도에 사용한 경우, 수탁자가 허위 등 부정한 방법으로 보조금을 교부받은 경우, 수탁자가 건강가정지원센터의 기능을 제대로 수행하지 못하는 경우, 수탁자가 파산 또는 해산한 경우, 기타 수탁자가 의무 및 약정조건을 이행하지 않거나 위반한 경우에는 위탁을 취소할 수 있다.

건강가정지원센터는 예산규모에 따라 사업 차이를 둘 수 있다. 사업은 매해 초기에 발표되는 주무부처의 센터 운영지침에 의거 공통필수사업을 수행하고 있으며, 이 외에는 지역별 특성에 맞추어 시·군·구 건강가정지원센터 설치 목표에 맞는 각 사업을 선택사업으로 시행할 수 있다.

특히 건강가정지원센터의 사업은 6개의 영역 즉 가족교육, 가족상담, 가족문화, 가족돌봄지원서비스, 다양한 가족서비스, 지역사회 연계 영역으로 나뉘어진다. 가족교육은 생애주기별 가족들이 달성해야 할 과업을 중심으로 사전 준비를 통해 가족이 기능할 수 있도록 돕는 역할을 한다. 따라서 결혼 전 예비부부교육, 신혼부부대상 예비부모교육, 유아기 및 학령기 부모대상 부모교육, 중년기대상 노년기 준비교육 등이 있다. 또한 청소년기 자녀를 둔 부부와 노년기 부부를 대상으로 청소년기 자녀 및 성인자녀, 부부간의 원활한 의사소통과 갈등해결방법 등에 대한 교육을 중점적으로 실시하고 있다.

가족상담은 가족들끼리 해결하기 어려운 문제에 대해 전문상담가의 도움을 받을 수 있도록 가족문제에 대한 상담을 한다. 주로 부부갈등이나 이혼과 관련된 부부문제, 가족문제에 대한 상담이 이루어진다. 이 외에도 자녀문제로 고민하는 부모문제, 고부갈등 등의 문제를 상담하며, 특히 가족상담은 문제를 제기한 당사자뿐 아니라 자녀, 배우자, 부모 등의 상담도 함께 함으로써 가족상담의 효과를 높이는 데 주력하고 있다.

가족문화는 매주 여성가족부가 실시하는 '가족사랑의 날(패밀리 데이)'에 가족 모두가 함께 참여하여 유용하고 효율적으로 시간을 보낼 수 있는 프로그램을 지원하듯이 일-가정 양립을 위한 가족생활을 지원하는 역할을 하고 있다. 특히 개인화되어 가는 사회에서 가족이 함께 하는 것의 중요성, 그리고 함께 할 때 어떻게 그 질을 높일 수 있는지, 가족여가가 생산적이고 적극적 여가로 바뀌도록 지원하고 있다. 특히 지역사회 내에서 이웃 가족과의 교류의 시간이 가능하도록 가족이 모두 함께 지역사회일에 참여하는 가족봉사단을 운영함으로써, 가족친화적 지역사회를 이루어나가고 있다. 이 외에 일-가정 양립을 위해 필요한 가족돌봄지원과 가족 특성에 맞춘 맞춤형 프로그램인 다양한 가족프로그램을 지역 특성에 맞추어 실시하고 있다.

2) 다문화가족지원센터[2)]

(1) 설립근거

다문화가족지원센터는 「다문화가족지원법」 제12조에서 명시된 "여성가족부장관은 다문화가족지원정책의 시행을 위하여 필요한 경우에는 다문화가족 지원에 필요한 전문인력과 시설을 갖춘 법인이나 단체를 다문화가족지원센터로 지정한다"의 조항에 근거하고 있다. 이에 따라 다문화가족지원센터는 「다문화가족지원법」 제12조에 의거 국비 또는 지방비를 지원받아 운영하는 시・군・구 단위에 다문화가족지원센터를 설치하게 된다.

「다문화가족지원법」(법률 제8937호)은 2008년 3월 21일자로 제정되어 2009년 9월 22일자에 시행되었다. 동법은 결혼이민자 및 그 자녀 등을 대상으로 한다. 다문화가족의 경우 언어 및 문화적 차이에 의한 가족문제, 결혼이민 직후의 사회부적응 문제, 자녀양육에 있어서 언어 환경의 부족문제 등에서 특히 사회적 지원을 필요로 하고 있다. 따라서 동법은 다문화가족 증가에 따른 사회적으로 지원을 필요로 하는 새롭고 특별한 요구를 지원하기 위해 제정되었다. 특히 국가는 가족 구성원 간 갈등과 자녀교육의 어려움을 지원하기 위해 노력하고 있다.

따라서 이 법의 설치에 의해 이전에 설치되어 있던 결혼이민자가족지원센터가 다문화가족지원센터로 명칭이 변경되어 또 다른 가족지원전달체계로서 자리 잡게 되었다. 「다문화가족지원법」의 주요 내용은 결혼이민자 등이 한국 사회에서 생활하는 데 필요한 생활 정보 제공 및 한국어, 사회적응, 직업, 가족교육 등의 교육지원을 포함하고 있다. 또한 가족상담, 부부교육, 부모교육 등의 가족생활교육을 실시하고 문화의 차이 등을 고려한 언어통역, 법률상담, 행정지원 등의 전문적인 서비스를 제공토록 하고 있어 법제정 전에 비해 통/번역서비스, 취/창업 지원 등 다문화가족의 사회・경제적 자립지원을 위한 정책적 지원이 강화되었다.

(2) 구조와 역할

다문화가족지원센터는 행정체계로는 여성가족부, 시・도 및 시・군・구에 맞추어 중앙관

2) 여성가족부 2014년 다문화가족지원 사업안내에서 내용 발췌.

리기관(전국다문화가족사업지원단), 다문화가족지원센터 거점기관, 다문화가족지원센터로 체계를 이루고 있어 건강가정지원센터 전달체계와 유사하다. 중앙관리기관은 전국 다문화가족지원센터에서 시행하는 사업에 대한 프로그램 및 매뉴얼 개발 · 보급, 인력 양성, 사업 관리 및 평가 등 전국 사업을 관리하도록 위탁받은 기관으로 현재 전국다문화가족사업지원단으로 운영되고 있다. 또한 다문화가족지원센터는 다문화가족 지원에 필요한 전문인력과 시설을 갖춘 법인 · 단체 중 다문화가족지원센터로 지정받고 국비 또는 지방비를 지원받아 운영하는 독립형 다문화가족지원센터가 있다. 또 다른 형태로는 건강가정지원센터 중 2010년부터 다문화가족지원센터로 지정받고 국비 또는 지방비를 지원받아 운영하는 병합형 다문화가족지원센터가 있어, 시 · 군 · 구 단위마다 다문화가족지원센터의 예산과 구조가 차이가 나고 있었다. 그러나 2015년 이후 여성가족부는 동일 지역 내의 건강가정지원센터와 다문화가족지원센터는 하나의 기관으로 운영하도록 유도하고 있다.

이 외에도 중앙관리기관과 시 · 군 · 구 다문화가족지원센터의 중간에서 중앙관리기관과 협력하여 시 · 군 · 구 다문화가족을 지원하는 거점센터가 있다. 거점센터는 센터 설치지역을 권역으로 구분하여 권역 내 센터 중 관할지역 내에서 센터 · 관련 기관 간 네트워크 구축, 방문교육지도사 교육, 신규센터 사업지원 등을 수행하기 위해 지정 · 관리하는 센터이다.

■ **거점센터**

- 방문교육(한국어교육 및 아동양육지원), 지도사 교육(양성 · 보수교육) 지원
- 상담 슈퍼비전 및 신규센터 사업 · 운영 지원
- 거점지역 내 센터 · 관련 기관 간 네트워크 구축 · 운영
- 기타 여성가족부가 다문화가족지원사업과 관련하여 요구하는 사항 등

■ **다문화가족지원센터**

- 다문화가족에 대한 교육 · 상담 · 정보제공 등 서비스 제공 및 수요조사
- 자조집단 육성 및 멘토링 등 자원봉사 연계
- 방문교육지도사 모집 · 파견 · 관리, 방문교육대상자 시 · 군 · 구 추천
- 지역사회 유관기관 간 협력네트워크 구축

2014년까지 다문화가족지원센터의 설치는 217개소로 나타난다. 이는 2006년 21개소가 설치된 것과 비교해보면 8년간 꾸준하고 빠르게 증가하였음을 보여주는 것이다.

〈표 5-3〉 전국 다문화가족지원센터의 설치개소 : 연도별 증가추이

연도	2006	2007	2008	2009	2010	2011	2012	2013	2014
설치개소(개)	21	38	80	100	159	200	206	214	217

• 2015년 이후에는 동일지역 건강가정지원센터와 통합하여 운영중이므로, 별도 증가추이를 제시하지 않음

(3) 조직

다문화가족지원센터는 센터장 1인, 종사자 2인(병합형 센터 1인) 이상으로 조직을 구성한다. 센터장은 상근을 원칙으로 하되, 비영리업무의 경우 겸직이 가능하다. 단 센터장은 국가공무원복무규정 제25조의 영리업무와 겸직할 수 없으며, 임명직 센터장으로 겸직이 불가피한 경우에는 센터의 정상적인 운영이 가능하며, 시 · 도 또는 시 · 군 · 구청장이 판단하는 경우 겸직이 가능하도록 되어 있다.

(4) 운영 및 제공서비스

센터의 지정은 다문화가족지원센터의 주무부처인 여성가족부에서 지정하도록 되어 있으며, 이를 위해 여성가족부장관이 지정기관을 시 · 도지사에게 위임하고, 시 · 도지사는 시 · 군 · 구청장에게 재위임하도록 되어 있다. 다문화가족지원센터의 사업은 기본(필수)사업과 특성화(선택)사업으로 구분되며, 그 외에 지역사회 특성 및 수요를 감안하여 센터 고유사업을 실시하고 있다.

〈표 5-4〉 다문화가족지원센터의 필수 및 선택사업 내용

구분		내용	비고
사업	기본사업	• 한국어교육, 가족통합 및 다문화사회 이해 교육, 취 · 창업 지원, 자조모임, 상담	필수
	특성화사업	• 이중언어교실, 언어발달지원사업, 결혼이민자 통 · 번역 서비스 등	선택
홍보 등 운영		• 육아정보나눔터, 멘토링 · 자원봉사단 운영, 다문화인식 개선 및 지역사회 홍보, 기관협약 및 외부사업연계 등	

생각해볼 문제

1. 한국건강가정진흥원 및 각 지역 건강가정지원센터 외에 가족과 관련된 서비스를 제공하는 기관을 찾아보고, 그곳에서 제공하는 서비스 내용을 비교해보자.
2. 자기가 살고 있는 지역(시 혹은 구)에서 가족과 관련된 문제 발생 시에 도움을 청할 수 있는 기관을 찾아보자.
3. 현재 살고 있는 지역의 건강가정지원센터나 다문화가족지원센터의 현황을 알아보고 제공되는 서비스를 알아보자.

참고문헌

여성가족부(2014). 2014년 다문화가족지원사업안내.

여성가족부(2014). 2014년도 건강가정지원센터 사업안내.

전국다문화가족사업지원단(2011). 2011년 다문화가족지원센터 사업설명회 자료.

한국건강가정진흥원(2013). 2013 건강가정지원센터 운영가이드북.

제3부

가족가치와 가족친화정책

제6장

가족가치 및 가족역량 강화 서비스

가족정책에서 가장 기본이 되는 것은 가족기능을 수행하며 가족관계를 향상시킴으로써 가족이 건강해지도록 도와주는 서비스이다. 이것은 혼인과 출산을 점점 기피하는 우리나라의 현재 상황에서 가족이 형성, 유지되어 사회의 구성원을 충원해주고 노동력을 재생산하도록 지원하는 것을 말한다. 가족의 형성과 유지는 가족친화적 사회환경 조성이나 돌봄 정책 등을 통해서도 지원될 수 있지만, 가장 기초적으로는 혼인을 통해 가정이 형성되고, 출산 및 유아를 통해 가족이 확대되며, 의식주 및 여가문화를 통해 가족생활이 원만하게 이루어지도록 도와주는 서비스가 제공되어야만 한다. 이런 서비스들은 실제로 잘 드러나지 않을 뿐 아니라 효과도 빨리 나타나지 않지만, 대부분의 가정에 주어지는 혜택이며 장기적으로 건강한 사정을 만들어가기 위해 필수적이라 할 수 있다.

가족문제들이 다종다양하게 생겨나면서, 긴급한 문제의 해결이 가족정책의 대표영역으로 떠오르게 되었고 점차 확대되었다. 그러나 대부분의 가정이 국가나 사회의 특별한 도움 없이 가족의 기능과 역할을 잘 할 수 있도록 최소한의 지원을 해주는 것이 반드시 필요하며, 동시에 이러한 가정이 많아지도록 만들어 가야 한다. 이것이 가족관계를 증진하고 가족가치를 확산하는 서비스의 주요 내용이다.

1. 현황 및 문제

최근 결혼 및 가족가치관이 변화하고 다양한 삶의 방식이 수용되고 있다. 특히 우리사회에서는 결혼이나 이혼, 출산에 대한 생각이 크게 변화하고 있으며, 그 결과로 혼인연령이 점차 높아지고 있으며 출산율은 떨어지고 있다.

통계청에서 발표한 2017년 혼인이혼통계에 의하면, 2017년 혼인건수는 26만 4천5백 건으로, 1974년(25만 9천6백 건) 이후 가장 낮았다. 전년대비 혼인건수는 6.1% 감소하여 2012년 이후 6년 연속 감소추세이다. 그 결과 조혼인율(인구 1천 명당 혼인건수)은 5.2건으로 1970년 통계 작성 이후 최저로 나타났다. 남자의 경우에 전체 혼인 중 초혼이 84.1%, 재혼이 15.8%이며 여자의 경우에는 전체 혼인 중 초혼이 80.2%, 재혼이 17.9%였다. 남녀 모두 초혼은 77.9%, 남녀 모두 재혼은 11.7%를 차지하였는데, 전년 대비 초혼과 재혼 모두 감소하였으며 남녀 모두 초혼인 경우에 가장 많이 감소하였다.

한편, 2017년 이혼은 10만 6천 건으로 전년보다 1.2% 감소하였고, 조이혼율(인구 1천 명당 이혼건수)은 2.1건으로 1997년 이후 최저로 나타났다. 남자 평균 이혼연령은 47.6세, 여자 평균 이혼연령은 44.0세로 전년에 비해 모두 0.4세씩 상승하였다(2017 혼인이혼 통계).

같은 통계에 의하면, 한국의 평균 초혼연령은 남자 32.9세, 여자 30.2세로 전년도에 비해 0.12세씩 상승하였다. 이는 10년 전에 비해 남녀 각각 1.8세, 2.3세 상승한 수치이다. 혼인연령층으로 비교해보자면, 남자의 경우에는 30대 초반(37.1%), 20대 후반(21.6%), 30대 후반(18.2%)으로 나타났고, 여성의 경우에는 20대 후반(35.4%), 30대 초반(30.2%), 30대 후반(11.6%) 순으로 나타났다(2018년 발표된 통계청 보도자료 상, 표 및 그림 수치에 다소 차이가 있음).

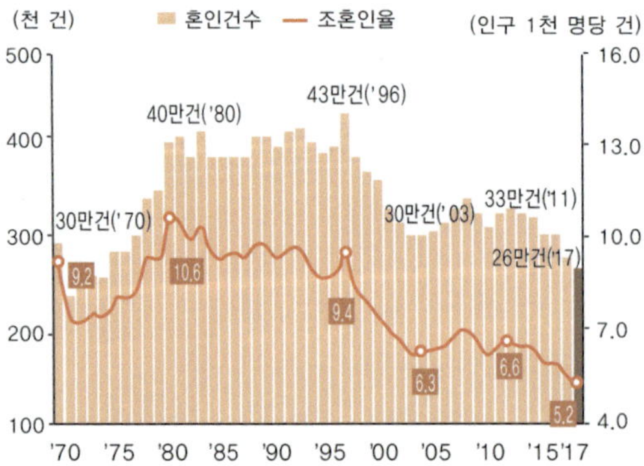

[그림 6-1] 혼인건수 및 조혼인율 추

자료: 통계청(2017). 2017년 혼인이혼통계 보도자료.

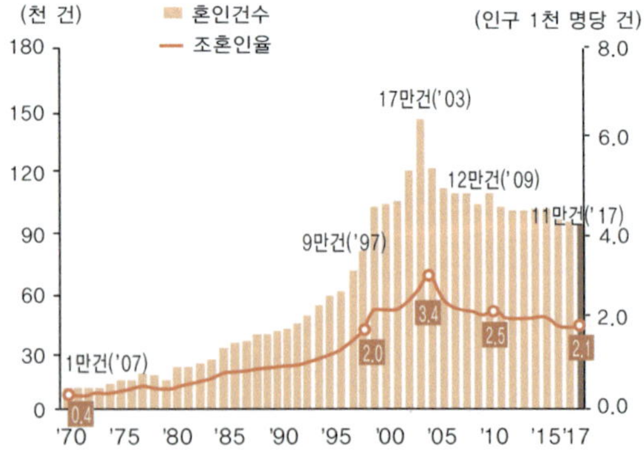

[그림 6-2] 이혼건수 및 조이혼 추이

자료: 통계청(2017). 2017년 혼인이혼통계 보도자료.

〈표 6-1〉 **혼인건수 및 조혼인율, 2007-2017**

		2007	2008	2009	2010	2011	2012	2013	2014	2015	2016	2017
혼인건수(천 건)		343.6	327.7	309.8	326.1	329.1	327.1	322.8	305.5	302.8	281.6	264.5
	증감(천 건)	12.9	-15.8	-18.0	16.3	3.0	-2.0	-4.3	-17.3	-2.7	-21.2	-17.2
	증감률(%)	3.9	-4.6	-5.5	5.3	0.9	-0.6	-1.3	-5.4	-0.9	-7.0	-6.1
조혼인율*		7.0	6.6	6.2	6.5	6.6	6.5	6.4	6.0	5.9	5.5	5.2

* 인구 1천 명당 건
자료 : 통계청(2017). 2017년 혼인이혼통계 보도자료.

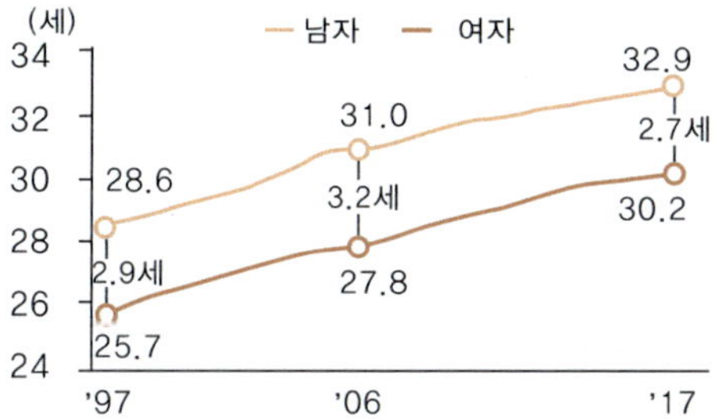

[그림 6-3] **평균초혼연령, 1997-2017**

자료 : 통계청(2017). 2017년 혼인이혼통계 보도자료.

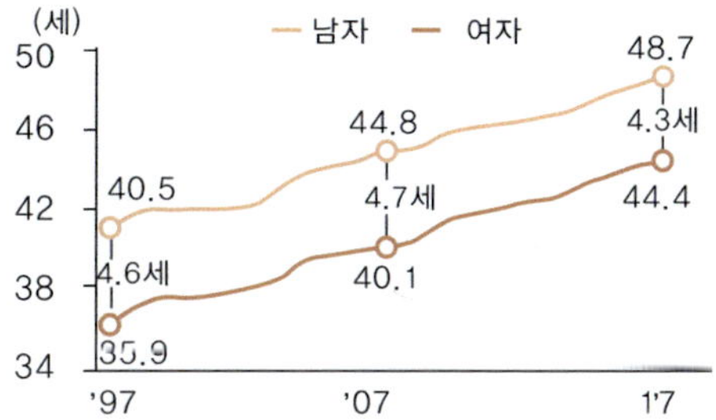

[그림 6-4] **평균재혼연령, 1997-2017**

자료 : 통계청(2017). 2017년 혼인이혼통계 보도자료.

〈표 6-2〉 **평균 초혼 및 재혼연령, 2007-2017**

		2007	2008	2009	2010	2011	2012	2013	2014	2015	2016	2017	증감	
													전년 대비	10년전 대비
초혼 연령	남자	31.1	31.4	31.6	31.8	31.9	32.1	32.2	32.4	32.6	32.8	32.9	0.2	1.8
	여자	28.1	28.3	28.7	28.9	29.1	29.4	29.6	29.8	30.0	30.1	30.2	0.1	2.2
재혼 연령	남자	44.8	45.0	45.7	46.1	46.3	46.6	46.8	47.1	47.6	48.2	48.7	0.5	3.9
	여자	40.1	40.3	41.1	41.6	41.9	42.3	42.5	43.0	43.5	44.0	44.4	0.4	4.4

자료 : 통계청(2017). 2017년 혼인이혼통계 보도자료.

가구주의 혼인상태로 볼 때 미혼 및 이혼가구주의 가구가 크게 증가할 전망이다. 통계청이 2012년에 보도한 장래가구추계(2010-2035)에 의하면, 2010년에 비해서 2035년에는 미혼가구주가 14.5%에서 19.9%로 증가할 전망이며, 이혼가구주는 7.2%에서 14. 8%로 증가할 것으로 보았다. 2010년 전체 가구주 중 유배우인 경우는 1,155만 7천 가구(66.6%)이며, 미혼(14.5%), 사별(11.7%), 이혼(7.2%) 순이었는데, 2035년에는 미혼 및 이혼 가구 비중이 증가하고 유배우 비중은 감소하여, 유배우(53.7%), 미혼(19.9%), 이혼(14.8%), 사별(11.6%)의 순으로 변화할 것으로 보았다.

한편, 우리나라의 출산율이 세계에서 가장 낮은 것으로 보고되고 있다. 출산율이 낮은 것은 많은 선진국들이 경험한 사례이지만, 우리나라는 OECD 회원국 가운데 가장 낮은 출산율을 보이고 있다. 2017년 우리나라의 합계출산율[1]은 1.05명으로 전년(1.17명)보다 0.12명 감소하였다. 2000년 1.48명에서 2005년 1.08명으로 급감하였고 이후 다소 증가추세를 보이다가 2015년을 기점으로 다시 급감하였다.

특히 2018년에는 여성 한 명이 낳는 아이가 평균적으로 한 명도 안 되는 '출산율 0명대'가 현실화됐다. 세계 어느 나라도 가보지 않은 길이다. 대통령 직속 저출산고령사회위원회는 지난해 합계출산율은 0.96~0.97명, 출생아 수는 32만 5000명가량으로 잠정 집계됐다고 밝혔다. 합계출산율과 출생아 수 모두 역대 최저치다. 우리나라 인구 유지에 필요한 합계출산율은 2.1명이다. 작년 합계출산율 1.0명 붕괴는 이미 예고됐다. 연간 합계출산율의 바로미터인 2분기와 3분기 합계출산율이 각각 0.97명, 0.95명으로 추락했다(한국경제신문. 2019.1.18.).

〈표 6-3〉 합계출산율

시도별/년도	2000	2005	2010	2015	2016	2017
전국	1.480	1.085	1.226	1.239	1.172	1.052

자료: 통계청 통계포탈. 2019.1.20. 인출

이에 따라 우리나라 가구구성은 부부 및 자녀가구가 감소하고 1인가구 및 부부가구가 크

1) 한 여자가 가임기간(15-49세)에 낳을 것으로 기대되는 평균 출생아 수

게 증가할 전망이다. 장래가구추계에 의하면, 2010년에는 부부+자녀가구가 642만 7천 가구(37.0%)로 가장 많고, 1인가구(23.9%), 부부가구(15.4%) 등의 순이던 것이 2035년에는 1인가구(34.3%), 부부가구(22.7%), 부부+자녀가구(20.3%)순으로 변화할 것으로 보았다. 그 결과, 2035년까지 가장 많이 증가한 유형은 1인가구(10.3%p), 부부가구(7.3%p)이고, 부부+자녀가구는 16.8%p 감소할 것이다.

가족을 형성하는 사람들의 생각과 행동, 그로 인해 만들어지는 가족이나 가구의 구성이 과거와는 크게 변화고 있는 만큼, 일단 형성된 가족들이 어떻게 살아가고 있는지도 변화하고 있으며, 이것이 가정의 가치나 유지에 많은 영향을 미칠 것이다. 이런 점에서, 가족의 유지를 위해서는 가족관계나 가사노동을 통해 가족이 서로 협력하고 가족문화를 만들어가는 것이 필요하다.

그러나 점차 가족시간의 부족 및 세대 간의 가치 차이로 인해 가족관계가 단절되고 가족 간의 유대관계가 약화되고 있다. 청소년이 고민을 상담하는 대상은 친구나 동료가 49.1%로 가장 많고, 다음이 부모 28.0%, 스스로 해결 13.8%의 순으로 나타났다. 다행히 2016년에 비해 부모 혹은 친구동료와 고민을 상담하는 청소년의 비율이 다소 늘어났다. 부모와 상담하는 비율은 여자청소년의 경우에 더 높았다.

〈표 6-4〉 **청소년 고민 상담 대상(13~24세)**

(단위 : %)

	계	부모			형제자매	친구동료	선후배	스승	스스로 해결	기타[1]
			아버지	어머니						
2016년	100.0	24.1	3.5	20.6	5.1	44.4	1.9	1.8	21.8	0.8
2018년	100.0	28.0	4.1	23.9	5.1	49.1	1.5	1.5	13.8	1.0
남자	100.0	26.6	6.3	20.3	4.1	49.0	1.9	2.1	15.1	1.3
여자	100.0	29.4	1.9	27.5	6.1	49.2	1.0	0.9	12.5	0.8

주 : 1) '전문 상담가' 포함
자료 : 통계청(2018). 2018 사회조사결과 보도자료

여성가족부가 조사한 2015 가족실태조사에 의하면, 하루 평균 부부간 의사소통시간은 전체 응답자의 65.4%가 '1시간 미만'이라고 응답하였으며, 2010년 조사결과와 비교하여 부부간 대화시간이 '30분 미만'은 증가한 반면, 30분 이상의 모든 항목이 줄어든 것으로 조사되었다. 부부관계 만족도 역시 2010년 조사결과와 비교할 때, 부부관계 만족비율은 낮아지고 불만족 비율은 높아진 것으로 조사되었다. 이에 비해, 자녀들의 부모에 대한 만족도는 65.7%로 2010년 조사결과와 비교할 때 더 나아진 것으로 조사되었다.

〈표 6-5〉 배우자와의 하루 평균 대화 시간 : 2010년 조사와의 비교

(단위 : %)

구 분	전혀 없음	30분미만	30분–1시간미만	1시간–2시간미만	2시간 이상
2010년	0.9	16.6	39.9	26.2	16.5
2015년	1.7	29.2	34.5	20.9	13.7

자료 : 여성가족부(2016). 2015 가족실태조사 보도자료.

〈표 6-6〉 전반적인 부부관계 만족도 : 2010년 조사와의 비교

(단위 : %)

구 분	불만족	보통	만족
2010년	6.4	36.6	56.9
2015년	11.6	37.1	51.2

자료 : 여성가족부(2016). 2015 가족실태조사 보도자료.

〈표 6-7〉 부모–청소년자녀와의 전반적인 만족도 : 자녀관점

(단위 : %)

구분	2010년					2015년				
	매우 불만족	약간 불만족	보통	대체로 만족	매우 만족	매우 불만족	약간 불만족	보통	대체로 만족	매우 만족
남자청소년	0.3	4.6	27.4	67.3	0.3	2.1	5.5	23.2	38.4	27.9
여자청소년	0.4	3.0	33.4	61.4	1.7	2.7	5.1	23.5	36.9	28.4
전체	0.4	3.8	30.4	64.4	1.0	2.4	5.3	23.3	37.6	28.1

자료 : 여성가족부(2016). 2015 가족실태조사 보도자료.

맞벌이가정이 증가하면서 부부간의 가사노동분담에 대한 문제도 가족관계에 영향을 미칠 수 있다. 통계청(2018)의 사회조사결과에 의하면, 우리나라 사람들이 가사를 공평하게 분담해야 한다고 생각하는 비율은 59.1%로서, 2012년 45.3%, 2014년 47.5%. 2016년 53.5%로 계속 증가하였다. 특히 여자의 경우에는 공평하게 가사를 분담해야 한다고 생각하는 비율이 63.4%로 남자의 비율보다 높았다.

그러나 부부가 함께 살고 있는 가구에서 평소 공평하게 가사를 분담하고 있다고 응답한 경우는 남편과 부인 모두 약 20%로서, 생각과 행동 간에 심한 격차가 있음을 알 수 있다. 부인이 주도하는 비율이 약 80%에 육박하여 여전히 부인이 가사를 전담하고 있음을 알 수 있다. 그러나 다행히 부인이 주도하는 비율은 감소하고 있으며 공평하게 분담하는 비율이 계속 증가하고 있다.

〈표 6-8〉 가사 분담에 대한 견해

(단위 : %)

	계	부인이 주도	부인이 전적으로 책임	부인이 주로 하지만 남편도 분담	공평하게 분담	남편이 주도	남편이 주로 하지만 부인도 분담	남편이 전적으로 책임
2012년	100.0	52.0	5.3	46.7	45.3	2.7	2.2	0.4
2014년	100.0	50.2	5.3	44.9	47.5	2.3	1.9	0.4
2016년	100.0	43.8	4.3	39.5	53.5	2.7	2.1	0.6
2018년	100.0	38.4	3.8	34.6	59.1	2.5	1.9	0.6
남 자	100.0	42.7	5.2	37.5	54.6	2.6	2.1	0.6
여 자	100.0	34.2	2.5	31.7	63.4	2.4	1.8	0.6

자료: 사회조사결과 각년도 결과를 저자가 재편집

〈표 6-9〉 가사 분담에 대한 실태(함께 살고 있는 부부(주말부부 포함))

(단위 : %)

		계1)	부인이 주도	부인이 전적으로 책임	부인이 주로 하지만 남편도 분담	공평하게 분담	남편이 주도	남편이 주로 하지만 부인도 분담	남편이 전적으로 책임
남편	2014년	100.0	80.5	25.0	55.5	16.4	3.1	2.3	0.8
	2016년	100.0	78.9	24.0	54.9	17.8	3.3	2.7	0.5
	2018년	100.0	76.2	21.9	54.3	20.2	3.7	2.9	0.8
	19~29세	100.0	51.1	9.3	41.8	44.9	4.1	2.9	1.1
	30~39세	100.0	67.5	14.2	53.3	29.4	3.1	2.6	0.6
	40~49세	100.0	78.2	18.7	59.5	19.3	2.5	2.0	0.5
	50~59세	100.0	79.5	24.9	54.5	16.8	3.7	2.9	0.8
	60세 이상	100.0	77.8	26.9	51.0	17.4	4.8	3.7	1.1
부인	2014년	100.0	81.5	29.6	51.9	16.0	2.5	2.0	0.5
	2016년	100.0	79.6	28.4	51.2	17.7	2.7	2.3	0.4
	2018년	100.0	77.8	26.9	50.8	19.5	2.8	2.4	0.4
	19~29세	100.0	58.3	15.1	43.2	35.9	5.7	5.3	0.4
	30~39세	100.0	71.8	18.9	52.9	26.1	2.1	1.9	0.1
	40~49세	100.0	80.6	27.3	53.3	17.5	1.9	1.7	0.1
	50~59세	100.0	80.1	30.4	49.6	16.8	3.1	2.6	0.5
	60세 이상	100.0	79.8	30.9	48.9	16.7	3.5	2.7	0.8

주: 1) 부부가 함께 살고 있는 가구(주말부부 포함)에서 19세 이상 '남편'과 '부인'만 응답
자료: 통계청(2018). 2018 사회조사결과 보도자료.

그러나 가족과 함께 여가를 보내는 사람들의 비율은 상대적으로 적은 것으로 나타났다. 통계청(2013)의 '사회조사' 결과에 따르면 주말이나 휴일의 여가활동을 가족과 함께 보내는 사람은 54.4%로 가장 높기는 하지만 2011년의 56.9%에 비해서는 다소 낮아졌다. 이러한

결과는 더 심화되어, 2017년 조사결과에서는 가족과 함께 보내는 비율이 43.4%로 더욱 낮아졌다. 이는 1인가구의 증가와 같은 가구구조의 변화 때문일 수도 있지만 그 외의 여러 가지 가치나 환경의 문제일 수도 있다는 점에서 고려해봐야 할 것이다.

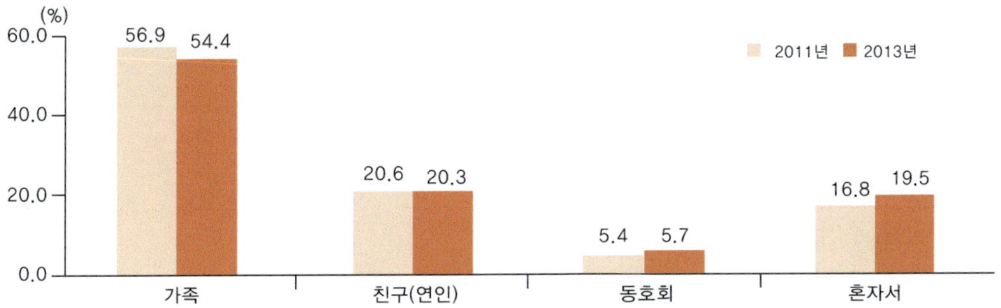

[그림 6-5] 여가활동을 함께 하는 사람

자료 : 통계청(2013). 2013 사회조사 결과보고서.

〈표 6-10〉 주중의 여가활동을 함께 하는 사람

시도/분류	계	가족	친구(연인)	동호회(종교단체등)	혼자서	직장동료	기타
전국	100.0	43.4	18.3	3.9	30.3	4.0	0.0

자료 : 통계청(2017). 2017 사회조사결과 보도자료.

2. 법과 정책서비스

1) 관련법

가족관계 증진을 위한 법은 기본적으로 「건강가정기본법」에 근거한다. 「건강가정기본법」은 돌봄이나, 다문화, 가족친화 등 다양한 분야의 정책을 시행할 수 있도록 하는 포괄적이며 상위의 기본법인 동시에, 건강한 가정을 만들기 위한 기초적인 정책과 사업을 만드는 최초의 법인 만큼, 건강한 가정의 기본인 가족관계를 증진하고 가족가치를 확산하기 위한 사업도 동법에 기초한다.

「건강가정기본법」의 제21조에서 "국가와 지방자치단체는 가정이 원활한 기능을 수행하도록 지원하여야 한다"(제21조 1항)고 규정함으로써 국가와 지방정부가 가족관계 증진을 위해 적극적으로 지원할 수 있는 기반을 제시하였다. 이때 지원할 수 있는 건강가정사업의 구체적인 내용(제21조 2항)은 다음과 같다.

1. 가족 구성원의 정신적 · 신체적 건강지원
2. 소득보장 등 경제생활의 안정
3. 안정된 주거생활
4. 태아검진 및 출산, 양육의 지원
5. 직장과 가정의 양립
6. 음란물, 유흥가, 폭력 등 위해환경으로부터의 보호
7. 가정폭력으로부터의 보호
8. 가정친화적 사회분위기의 조성
9. 그 밖에 건강한 가정의 기능을 강화, 지원할 수 있는 관련 사항

또한 「건강가정기본법」에서는 이러한 건강가정사업을 추진하기 위해 기본계획(제15조 1항)을 세워서 체계적이고 지속적으로 관리할 수 있도록 명시하고 있는데, 이때 기본계획에 포함되어야 하는 기본적인 내용은 다음과 같다.

1. 가족기능 강화 및 가정의 잠재력 개발을 통한 가정의 자립증진대책
2. 사회통합과 문화계승을 위한 가족공동체문화의 조성
3. 다양한 가족의 욕구충족을 통한 건강가정 구현
4. 민주적인 가족관계와 양성평등적인 역할분담
5. 가정친화적인 사회환경의 조성
6. 가족의 양육, 부양 등의 부담완화와 가족해체 예방을 통한 사회비용 절감
7. 위기가족에 대한 긴급 지원책

8. 가족의 건강 증진을 통한 건강사회 구현
9. 가족지원정책의 추진과 관련한 재정조달 방안

이와 같이 가족관계 증진을 위한 서비스 제공은 건강가정정책의 가장 기본적인 틀이라고 할 수 있어 위의 모든 내용들을 포괄하는 영역이라고 할 수 있겠지만, 그중에서도 가정의 기능 강화와 자립, 민주적이고 양성평등적인 가족관계, 그리고 이것을 바탕으로 가족공동체 문화를 조성하는 것이라고 할 수 있다. 사업 측면에서도 역시 「건강가정기본법」에 명시된 사업내용 중 건강한 가정을 만들기 위한 의식주생활과 가족기능강화사업 등을 통해 가족가치 확산사업을 실시하게 된다.

2) 관련 정책서비스

(1) 건강한 가족문화 확산

① 평등하고 민주적인 가족문화 정착

평등하고 민주적인 가족문화를 만들기 위해서는 가족을 대상으로 한 교육이 가장 절실하므로, 건강가정지원센터에서는 가족관계교육 및 상담서비스를 가장 기본적인 서비스로 삼아 계속적으로 건강한 가정문화 개선을 위한 교육 및 홍보를 실시하고 있다. 이때, 특히 가족발달단계에 맞춘 생애주기별 가족교육을 계획하여, 예비부부교육, 예비부모교육, 부모교육, 노년기 준비교육 등을 통해 가족의 형성과 발달단계에 맞춘 건강한 가족문화 확립을 지원하기 위한 교육이 지원되고 있다. 또한 평등하고 민주적인 가족관계 정립을 위한 가족모델을 발굴·홍보하고 있으며, 특히 저출산·고령화 대책과 관련하여 시대적 여건과 가치관에 따라 합리적이고 건전한 의례문화 확립을 위한 프로그램을 운영하는 단체들을 지원한다.

가족문화 개선을 위해서는 사회적 확산이 중요하므로, 가족가치 확산을 위한 홍보 및 캠페인을 전개하게 된다. 방송·인쇄 매체 홍보를 통해 가족의 소중함을 전파하고 오늘날의 건강한 가족상을 전파한다. 특히 건강한 가족문화 확산을 위해 활동하는 시민단체를 발굴 및 지원할 뿐 아니라 가정의 달과 가정의 날, 부부의 날 등을 통해 건강가정의 확산과 관련된 사회적 인식을 제고한다. 이때 특히, 대표적인 것으로 일주일에 하루 수요일은 가족과 함께 하자는 '가족사랑의 날' 캠페인을 실시하면서, 이때 가족과 함께 할 수 있는 가족사랑의 날에 제공되는 가족단위의 다양한 프로그램을 건강가정지원센터를 통해 제공하고 있다. 가족사랑의 날에는 부모와 자녀가 함께 하는 놀이활동, 여가활동 외에도 다양한 가족생활 교육과 봉사활동이 연계되어 시행되고 있다.

뿐만 아니라 평등하고 민주적인 가정을 만들기 위해 가족관계 관련 법령도 지속적으로 추진하고 있다. 양성평등관점에서 가족법제도를 개선하고자 하며, 가족관계등록제도에서 일부 국민의 사생활 침해 가능성이 있는 내용을 제외하거나 검토하는 노력을 하고 있다. 또한 2014년 2월에는 「양육비 이행확보 및 지원에 관한 법률」이 통과되어 한부모가정의 자녀 양육비를 안정적으로 확보하는 법과 제도적 장치가 마련되었다. 이에 따라 한국건강가정진흥원은 양육비이행관리기관의 역할을 수행하게 되었다.

교육서비스와 더불어 건강가정지원센터에서 제공하는 가족관계 및 가족가치 확산 서비스로는 상담서비스가 대표적이라고 할 수 있다. 가족관계를 개선하고 가족의 해체를 최소화하기 위해서는 각종 상담이 요구된다. 문제가 심화되어 이혼에 이르기 전에 부부간의 상담이나 자녀와의 갈등해소를 위한 상담 등 다양한 서비스를 통해 건강가정을 만들기 위해 노력할 수 있다.

② 가족여가문화 활성화

가족이 함께 하는 시간을 늘리고 가족의 소중함을 일깨우기 위해서는 가족여가문화를 확산해야 하는데, 그 대표적인 서비스는 가족단위 여가의 활성화를 위한 기반을 구축하는 것이다. 이를 위해 가족여가 정보제공을 위한 통합 시스템을 구축·운영하며, 전국적으로 설치되어 있는 건강가정지원센터 등의 서비스를 통해 문화기반시설을 확대한다.

또한 가족이 함께 할 수 있도록 다양한 가족여가 프로그램을 개발하고 보급한다. 이것 역시 건강가정지원센터를 통해 실시하며, 특히 가족친화 프로그램을 활성화한다. 예를 들어서 지역실정에 맞는 가족여가/체험 프로그램이나 아나바다 장터, 가족문화 캠페인 등을 들 수 있다. 또한 가족단위의 자연 체험형 국민여가 캠핑장을 조성하는 등 다양한 서비스를 제공한다.

뿐만 아니라 취약계층 가정의 문화체험 기회도 확대한다. 가족단위 문화체험 지원으로서 장애인, 노약자 등 사회 취약계층의 국내여행 프로그램을 지원하거나 소외가족의 여가문화 프로그램 활성화 및 참여를 지원하는 방안, 문화바우처 및 여행바우처 사업을 실시하는 것 등이 이에 포함된 서비스이다.

가족여가는 가족끼리 즐길 수도 있지만, 가족과 사회와의 연계 및 가족을 통한 공동체 문화 형성도 가족가치 확산을 위해 중요한 대안이며 정책이다. 따라서 가족여가문화 활성화 서비스에서는 가족단위 자원봉사활동을 활성화하는 방안을 강구한다. 즉 자원봉사활동을 위한 가족욕구 조사 및 지역자원을 파악하고, 이를 기초로 가족단위의 자원봉사활동 모델을 개발하고 교육한다. 또 우수 자원봉사활동 가족 사례를 발굴 및 포상하며 소식지 발간이나 지역별 가족봉사단 행사 등을 통해 가족봉사단을 홍보하고 참여를 독려한다.

이러한 활동은 가족과 지역사회의 소통과 연대를 강화하는 정책으로서, 가족봉사나 품앗이 등을 통하여 상부상조하는 공동체 문화를 조성하게 된다. 또한 가족 간 후견(Family-Guardian) 및 가족멘토링(Family-Mentoring) 등을 활성화하여 바람직한 가족여가문화와 공동체문화를 만들어나간다.

(2) 남성의 가족생활 참여 지원

가족가치 확산을 위해서는 남성의 가족생활 참여를 증진시키는 노력이 가장 필요하다. 따라서 여기에는 남성의 가정 내 역할 교육을 강화하는 서비스와 남성이 가족생활 참여를 증가시키도록 문화를 개선하는 서비스가 필요하다. 우선, 남성의 가정 내 역할 교육을 위해서는 학교교육과 평생교육을 통해 서비스를 제공한다.

학교교육을 통한 남성의 가족 내 역할교육에서는 현행 교과 교육에 양성평등 관련 교육내용을 포함시키고, 양성평등 교육과 관련된 창의적 체험활동을 연계하는 방안을 실시한다. 학교교육 중 창의적 체험활동에 남성의 가족 내 역할교육을 포함시켜 학교재량교육으로 실시한다. 또, 평생교육차원에서 '아버지 아카데미' 운영을 통해 아버지 교육을 활성화한다. 이를 위해 우선, 아버지 아카데미 교육 모형을 개발하고 보급한다. 대상별, 자녀연령별, 주제별로 프로그램을 다양하게 제공하고 있는데, 특히 중년기 남성의 교육을 강화하고 있다. 베이비붐 세대 아버지의 퇴직 이후 가정 내 '아버지 소외' 현상을 완화하기 위해 노년기 생활, 가족관계 등 노후생활설계 프로그램을 운영한다.

다음으로는 남성의 교육을 통해 남성의 가족생활 참여를 확대할 수 있는 문화를 조성하는 것이 시급하다. 따라서 다양한 매체를 통해 남성의 가족생활 참여를 독려하는 노력을 한다. 즉 드라마, 영화 등 영상매체를 통해 긍정적인 아버지상을 전달하고, 동영상 경진대회나 인터넷을 통한 토론의 장을 마련하는 것도 하나의 방법이다. 또 아버지가 가정 역할을 수행하기 어려운 것은 근무시간이 길기 때문이기도 하므로, 정시 퇴근 문화를 확산하는 캠페인을 실시하는 것도 포함된다.

뿐만 아니라 자녀의 학교교육에 어머니만이 참여하는 관행을 개선하기 위해 아버지가 학교활동에 참여하도록 제도를 만들어가는 서비스도 제공한다. 아버지 학교 참여를 활성화하기 위해서는 학교운영위원회, 학부모회 등 학부모 모임을 저녁에 개최하여 아버지 참여를 유도할 수 있으며, 아버지학교나 부자(父子)캠프 등 아버지 참여 프로그램을 확산하는 것이다. 또한 아버지가 학교활동에 참여한 우수사례를 발굴·홍보하기도 한다.

(3) 부모역할 지원

아버지뿐만 아니라 어머니도 부모됨의 준비가 없이 부모가 되거나 부모역할에 대한 지식이 없어 올바른 부모역할을 수행하지 못하고 있다. 따라서 부모역할을 잘할 수 있도록 부모역량을 강화하도록 하는 서비스를 제공한다. 여기에는 이미 부모가 된 사람들을 대상으로 부모교육 및 상담을 실시하는 서비스가 있다. 가족에는 가족형성에서부터 소멸까지 생애주기가 있으므로, 생애주기별 부모교육을 수행한다. 자녀발달 연령별로 부모교육 프로그램을 개발하여 교육하고, 각 가정의 맞춤형 프로그램(가족 특성, 지역, 부모의 특성 등)으로 세분화하여 제공한다.

또 가족 간의 문제는 부모자녀 간 의사소통의 단절이나 어려움에 기인하므로 부모자녀 간 의사소통 증진을 위한 맞춤형 서비스를 제공한다. 다양한 가족 특성이나 자녀의 발달단계 등에 따라 맞춤형 의사소통 증진 프로그램을 개발·보급한다. 특히 위기 아동·청소년의 부모교육을 강화한다. 즉 보호관할 청소년, 아동보호전문기관, 지역아동센터, 북한이탈주민가족과 결혼이민자가족 자녀, 조손가족 조부모 등을 대상으로 부모교육을 강화한다. 또한 부모를 위한 콜센터를 구축하여 다양한 정보를 제공한다. 건강가정지원센터 내에 부모를 위한 온라인 서비스 체계를 구축하고, 컨설팅 전문 인력을 통한 상담을 실시하며, 문제 예방을 위한 정보나 프로그램을 제공한다.

부모역할의 인지와 교육은 자녀를 출산하기 전부터 이루어져야 할 것이므로 예비부모 및 출산 부부를 위한 지원도 강화한다. 일반 예비부부, 대학생, 군인 등 다양한 집단을 대상으로 예비부모 교육을 실시하며, 결혼 전 준비교육 이수자에 대한 인센티브를 제공하는 방안도 있다. 또한 출산 및 자녀돌봄 관련 맞춤형 정보제공시스템 구축한다. 정보포털시스템을 통해 자녀돌봄 관련 정부정책 및 서비스, 관련 정보와 자료 등을 제공한다.

3. 과제와 전망

가족가치 확산 서비스는 가족정책에서 제공하는 가장 기본적인 서비스로서, 건강가정기본계획의 사업을 광범위하게 포괄하는 내용이다. 즉 모든 다양한 가정들이 생애주기별로 가족기능을 수행해나가도록 교육과 상담서비스를 제공하고, 가족관계와 가족여가를 통해 건강한 가족생활이 가능하고 가족문화가 형성되도록 하는 것이다. 이를 위해 평등하고 민주적인 가족문화, 가족여가 활성화, 아버지의 역할 강화, 부모역할교육 등에 관한 서비스를 제공하고 있다.

그러나 전체적인 정책과제의 측면에서 본다면, 가족돌봄 서비스, 다양한 가정의 역량강화 서비스, 가족친화적인 사회환경 서비스 영역이 구체적이고 대상이 분명한 영역인데 비해서, 가족가치 확산 서비스는 모든 가족을 대상으로 한다는 점에서 정책과제를 선정하기가 쉽지 않다. 특히 가족의 주요 구성원인 자녀들을 위한 서비스는 자녀돌봄지원 영역에서, 자녀를 돌보는 부모를 위한 서비스는 가족친화제도 영역에서 지원되고 있다. 그렇기 때문에 가족가치 확산 서비스는 가장 기본적이고 중요한 영역임에도 불구하고, 대상이 명확한 영역을 분리하기는 어렵다. 그러나 가족교육과 상담서비스를 통한 가족과의 소통 개선, 가족의 중요성에 대한 인식이 이루어지고, 가족과 함께 하는 시간의 증가로 가족에 대한 중요성과 소중함을 다시 생각하게 하며, 이로써 가족원으로서의 역할과 책임감을 수행하게 하므로, 사회가 필요로 하는 가족이 갖는 결혼과 출산에 대해 긍정적인 사회적 공감대의 형성, 그리고 가족의 심리적·정서적 지원기능을 강화시키는 역할을 담당하게 된다.

따라서 가족가치 확산을 위한 정책적 서비스는 국가가 유도하는 개인의 삶의 질을 높이고 사회의 안녕에 기여할 가족의 기능을 구현하게 하는 인식 개선 정책이라 볼 수 있다. 예를 들어 전통주의적 성역할 분업이 뚜렷했던 가정의 역할을, 취업여성이 증가한 변화한 사회적 구조에 맞추어 남성의 가족생활 참여를 통한 평등하고 건강한 가족문화로의 인식 개선과 변화를 유도하는 것 등을 들 수 있다. 따라서 오늘날 가족정책에서는 아버지교육, 아버지의 돌봄 참여를 많이 강조하고 있다. 이러한 아버지역할 참여의 중요성과 당위성에 대한 가족가치의 확산 정책은 저출산정책과도 연계되므로, 가족정책의 가장 보편적이고 예방적인 성격을 갖는 것이 가족가치와 관련된 정책이라 할 수 있다.

이러한 선도적인 국가의 가족가치 및 가족역량강화정책은 혼인이나 출산을 지연하거나 포기하여 가족의 규모가 점차 작아지고, 여러 가지 이유로 가족이 해체되고 있으며, 다양한 가족의 모습이 생겨나는 시점에서 더욱 중요해진다. 과거 가족정책과 달리 이러한 현실에서는 이미 변화하기 시작한 가족의 모습과 인식들을 그대로 인정하고 그에 적합한 정책서비스를 제공하는 것을 넘어, 앞으로 우리가 살아갈 미래 가족의 모습을 상정하고 그것을 지원하는 서비스를 만들어가는 정책이 가족가치와 관련된 정책이기 때문이다. 더 나아가 다문화가족, 한부모가족, 조손가족, 북한이탈주민가족 등 과거보다 더욱 다양해지고 있는 가족의 모습은 이제 정상가족이데올로기를 벗어나 새로운 가족유형에 대한 사회적 수용성의 확대를 요구한다. 그리고 개별적으로는 개개인의 다양한 가족유형에 대한 편견을 버리는 정책이 더욱 필요해질 것이다. 과거 여성정책이 모든 정책에서 성별영향력을 평가했던 것처럼 모든 정책에서 가족가치영향력을 고려할 필요가 있다.

가족의 미래와 여성가족정책 전망(장혜경 외, 2012)을 통해 그려진 가족미래 시나리오는 개인가치와 가족생활 경합 시나리오, 느슨하지만 친밀한 가족시나리오, 가족부담 극대화 시나리오 등을 제시하였다. 가족돌봄과 경제문제, 개인가치를 핵심축으로 가족의 여러 상황을 시나리오로 구성한 것이다. 내용과 구성에 대한 논의는 있을 수 있겠지만 미래 가족의 모습을 그려보았다는 데 의미가 있다.

생각해볼 문제

1. 가족의 모습이 바뀌어 갈 때, 우리가 원하는 가족의 모습은 무엇인가?
2. 우리 사회에서 가장 많이 공유되고 있는 가족가치는 무엇인가?
3. 각자의 집에서 소중하게 생각하는 가족가치는 무엇인가?
4. 가구원 수가 감소하고 1인 가정이 확대되는 현상은 결국 가정의 소멸을 가져오는가? 이것은 현대 사회의 변화 현상이므로 그대로 받아들이는 것이 바람직한가?
5. 가족가치 변화에 따른 실제 가족생활의 변화라고 할 수 있는 것은 무엇인가?

참고문헌

관계부처합동(2011). 제2차 건강가정기본계획

관계부처합동(2016). 제3차 건강가정기본계획

여성가족부(2016). 2015 가족실태조사 보도자료

장혜경(2012). 가족의 미래와 여성가족정책전망. 한국여성정책연구원.

통계청 보도자료(2012). 장래가구추계 : 2010-2035.

통계청(2012). 2012 사회조사 결과보고서

통계청(2013). 2013 혼인이혼통계

통계청(2017). 2017 혼인이혼통계 보도자료

통계청(2013). 2013 사회조사 결과보고서

통계청(2017). 2017 사회조사결과 보도자료

통계청(2018). 2018 사회조사결과 보도자료

통계청 통계포탈. 2019.1.20. 인출

한국건강가정진흥원(2014). 2013 전국 건강가정지원센터 사업결과보고서

제7장

가족친화환경 조성 서비스

우리나라의 가족친화정책은 저출산이라는 사회적 문제의 해결을 위해 본격적으로 추진된 정책이다. 자녀출산 및 양육에 따른 개별 가정의 부담을 완화시킴으로써 출산율을 높이고자 하는 목적을 담고 있다. 추진 전략은 크게 둘로 나뉜다. 하나는 직장을 중심으로 일과 가정의 양립이 가능한 환경을 조성함으로써 개별가정의 자녀출산 및 양육 부담을 줄여주고자 하는 가족친화적인 직장환경을 조성하는 것이며, 다른 하나는 지역사회 돌봄 기능 회복을 통해 가족들이 공동체적 방식으로 돌봄을 해결할 수 있도록 하는 지역사회환경을 조성하는 것이다. 이처럼 두 영역을 통합적으로 접근하고 있는 정책의 틀은 가족친화적인 직장환경조성 영역만을 다루고 있는 서구의 가족친화정책과 차별화되는 부분이다.

가족친화정책은 근로자의 일-가정 양립을 위한 법적 기준 및 적용, 가사 및 자녀양육 역할에 대한 양성평등적 관점, 장시간 근로를 야기하는 경쟁적 문화의 탈피 등 복합적인 요소들이 영향을 미치고 있다. 가족친화적인 환경 조성에는 기업이나 정부의 참여 및 지원이 선도적 역할을 하게 되지만 직장환경 영역에서는 기업이나 기관의 조직문화, 일-가정 양립 의식, 마을환경 영역에서는 공동체 의식, 주민의 자발적 참여 등이 뒤따르지 않으면 큰 성과를 내기 어렵다. 아직까지는 가족친화적 환경이 조성될 수 있는 우리 사회의 의식과 문화가 초기 수준에 머물러 있다. 가족친화직장환경, 가족친화 마을환경의 현 실태와 중점적으로 추진하고 있는 가족친화정책 내용을 통해 우리 사회의 가족친화수준과 앞으로의 정책과제를 점검해보고자 한다.

1. 현황 및 문제

1) 가족친화직장환경

정부는 2008년 관련법을 제정하고 가족친화관련 제도에 대한 적극적 홍보 및 지원을 하고 있지만 아직까지 직장의 기업 및 기관의 가족친화수준은 도입 단계에서 크게 벗어나지 못한 상태이다.

가족친화수준을 파악하는 가족친화지수는 2015년 기준 36.1점으로 시작단계에 머무르고 있다. 또 다른 지표라 할 수 있는 가족친화인증 기업 및 기관수는 2008년 9개에서 2018년 3,328개로 10년간 괄목할 만한 성장이 있었지만 전체 기업체수 47만 6,284개에 비하면 매우 미미한 수준이다. 현재 우리 사회의 가족친화직장환경 실태를 몇 가지로 다음과 같이 요약해볼 수 있다.

첫째, 우리 사회의 근로자들은 여전히 장시간 근로의 관행에 젖어있다.

가족친화직장환경 조성의 출발은 장시간 근로의 탈피에 있다. 2017년 기준 우리나라 근로자의 주당 평균 근로시간은 42.8시간으로 전년보다 12분 감소하였으나 OECD 주요국과 비교하면 여전히 높은 수준이다(통계청). 한국고용정보원(2014)의 조사에 의하면 임금근로자의 '희망 근로시간'과 '실제 근로시간'간의 차이를 살펴본 결과, 희망 근로시간보다 실제 근로시간이 초과하는 비율이 21.9%(약 376만 명)이었다. 과잉근로자의 실제 근로시간은 주당 평균 53.6시간으로 주 40시간 기준을 13.6시간 초과하는 정도로 근로시간이 길었다. 구체적으로 과잉근로의 이유를 살펴보면 '일자리 특성상 정규 근로시간이 길다'는 응답이 49.2%, '주어진 일을 마치기 위한 초과 근로를 할 수 밖에 없다' 18.0%, '원하는 소득을 얻기 위해 초과 근로를 해야 한다' 14.0%, '조직 문화적 이유로 정시 퇴근이 어렵다' 9.1%를 나타내고 있어 장시간근로의 문화를 개선하는 것이 쉽지 않을 것으로 여겨진다(한국고용정보원, 2014).

〈표 7-1〉 주된 일자리의 주당 실제 근로시간과 희망 근로시간의 차이

주당 평균 근로시간	과잉근로	과소근로	적정근로	전체
실제 근로시간(A)	53.6시간	35.3시간	44.5시간	46.4시간
희망 근로시간(B)	42.0시간	42.7시간	41.9시간	41.9시간
차이(A-B)	11.6시간	-7.4시간	2.6시간	4.5시간

자료: 한국고용정보원(2014). 임금 근로자 5명 중 1명 "난 근로시간 과잉": 남성, 서비스종사자, 이시직 및 소기업에서 과잉근로 비율 높아. 한국고용정보원.

근로자의 연차휴가 사용 실태

대한상공회의소에서 국내 기업 300개사 인사담당자를 대상으로 조사한 바에 의하면 응답 기업의 74.7%가 "근로자가 연차휴가를 일부만 사용(62.7%)하거나 거의 사용하지 않고 있다(12.0%)로 답하였다. '연차휴가를 모두 사용하고 있다'는 응답은 25.3%에 불과했다. 연차휴가를 사용하지 않는 이유는 '휴가 대신 연차수당을 받기 위해서가 51.8%, 업무과다 또는 대체인력 부족 22.8%, 상사의 눈치 등 직장분위기 20.5%, 휴가보다 일을 선호가 4.05, 기타 0.95로 나타났다

출처: 대한상공회의소, 2013, 근로자의 연차휴가 사용현황과 하계휴가 계획 조사

둘째, 가정생활의 요구에 대응할 수 있는 근무유연성 수준이 낮다.

2012년 가족친화지수를 토대로 살펴본 우리나라의 가정생활의 요구에 대응할 수 있는 근무유연성 수준은 낮은 것으로 나타났다. 근무유연성을 통해 가정생활의 융통성을 제공하기 위한 지원 제도들은 전반적으로 도입율이 높지 않으며, 도입한 기업이나 기관의 경우에도 활용도가 크게 높지 않은 상태이다. 1,500여개 기관 및 기업을 대상으로 한 여성가족부(2012)의 조사에 의하면 가장 높은 도입율을 보이는 탄력적 근로시간제가 34.5%에 불과하며, 선택적 근로시간제 26.8%, 단시간 근로제 22.6%, 직무대체제 25.5%로 조사대상 기업 중 약 1/4 정도만이 탄력적 근무제도를 도입하고 있었다. 게다가 제도 도입 기업의 활용도는 1~20% 수준인 경우가 대부분이었다.

〈표 7-2〉 기업의 가족친화제도 도입율과 활용도

(단위 : %)

유형	도입율	활용도			
		0	1~20	21~80	81~100
탄력적 근로시간제	34.5	17.3	66.1	13.7	2.9
선택적 근로시간제	26.8	13.5	74.9	10.8	0.8
단시간 근로제	22.6	27.0	64.4	6.3	2.3
직무대체제	25.5	5.7	57.3	16.5	20.4
재택근무제	7.2	60.6	37.9	1.5	-

자료 : 여성가족부(2012). 가족친화지수 조사 보고서.

미취업여성들의 시간선택제 일자리 선호 이유

고용노동부가 미취업 여성 1,000명을 대상으로 조사한 결과에 의하면 응답 여성 중 84.0%가 '시간선택제 일자리를 선호한다'고 답했다. 그 이유로는 '자녀 보육과 교육'(40.6%)을 가장 많이 꼽았고 '개인시간 활용'(21.2%)이 뒤를 이었다. 실제 통계청의 '경제활동인구조사'를 분석한 결과, 36시간 미만 일하는 근로자수는 2009년도 276만 8,000명에서 2013년에는 325만 6,000명으로 17.7% 증가했다

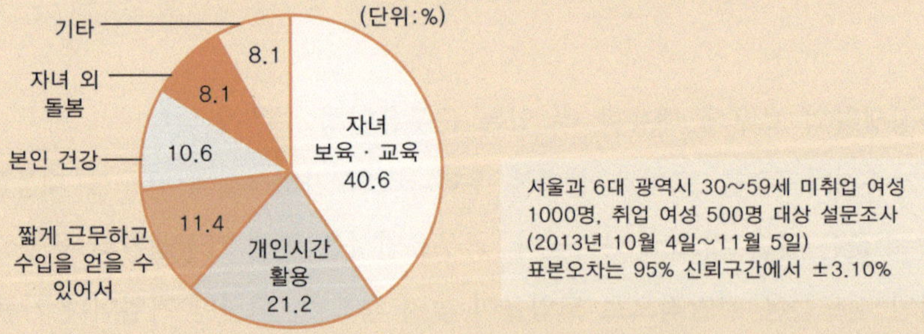

자료 : 서울신문. 2013.12.12.

셋째, 경직된 수직적 기업문화로 여전히 일중심의 생활이 지배적이다.

기업문화는 근로자의 가족과 관련된 요구에 대해 기업이 지지하고 반응하는 분위기(Mauno, Kimunen, & Pyykko, 2005)를 말한다. 가족친화제도를 이용할 경우 승진이나 경력에

부정적 영향에 대한 우려, 동료와의 관계에서의 심리적 불편함, 직장상사의 비지지적 지원, 장시간 근로를 기대하는 기업의 분위기(김필숙, 2010) 등은 직장과 일이 중심이 되는 근로문화를 고착시키고 있다.

일중심의 문화는 낮은 육아휴직 사용률에서도 확인할 수 있다. 전체 출생아 중에서 육아휴직 사용자수의 비율을 살펴보면 점차 증가하는 추세이기는 하나 2017년 기준 육아휴직률은 출생아수 대비 25.2%로 매우 낮은 수준이다.

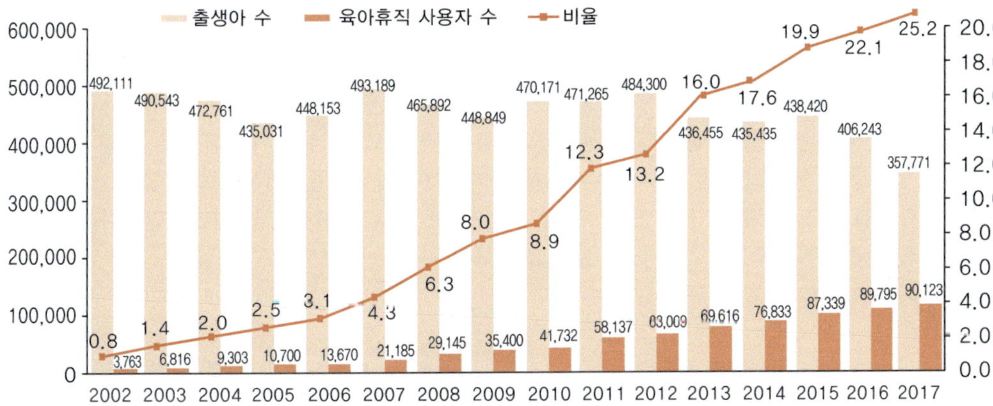

자료 : 내통령 소속 경제사회발전노사정위원회(2017).
일 · 가정 양립을 위한 일자리위원회 워크숍 자료. 및 국가통계시표를 침고로 재작성.

[그림 7-1] 출생아수 대비 육아휴직자 비율

잦은 야근의 이유

온라인 취업포털에서 직장인 1872명을 대상으로 조사한 바에 의하면 잦은 야근의 이유로 '할당된 업무량이 과중해서'가 55.6%로 1위였다. 그러나 '야근을 당연시하는 회사 분위기상' 49%, 업무 특성상 야근이 필수 33.4%, 상사가 퇴근하지 않아서 30.9%, 업무 분담이 잘 이뤄지지 않아서 30.7%, 잦은 회의 등으로 업무에 지장을 받아서 16.8%의 순으로 나타났다.

너무 잦은 갑작스런 회식

"우리 과장님은 자꾸 일 끝나고 술 한 잔 하고 가자고 잡아요. 결혼한 지 6개월 된 신혼부부인데, 안 따라가면 배신자라느니, 벌써 잡혀 산다느니 엄청 뭐라고 하세요. 과장님 따라 술자리 따라가는 것도 하루 이틀이지 매번 그러니까 아내한테도 혼나는 게 일이에요. 제발 회식은 미리 말씀 해 주세요!"
- 경기도 안산, 김O석 님

야근이 일상화된 회사 분위기

"눈뜨고 일어나면 겁이 날 정도로 일이 많습니다. 처리하면 또 들어오고, 처리하면 또 들어오고... 군대에서 눈 치우는 것 마냥 기계적으로 일하고 있는 나를 발견하게 됩니다. 나라에서는 가족과 함께하는 날도 정해놓고, 아빠들 일찍 귀가하라고 독려하는데 현실은 그렇지가 못합니다. 업무량도 업무량인데, 회사 분위기에 따라 많이 좌우되는 것 같기도 하고요. 강제로 야근 못시키게 하거나, 주말 근무 못하게 하는 법은 안 만들어지나요? 그런 거 만든다는 국회의원 있으면 전폭적으로 지지해 주고 싶을 정도에요."
- 경기도 구리, 박O덕 님

자료 : 소통하는 경기/도민과 통하는 경기 2014.2.21.
http://ggholic.tistory.com/8559

육아휴직 사용에 장애가 되는 요인은 육아휴직 제도가 있어도 육아휴직기간 동안의 소득상실, 눈치가 보여서, 동료에게 업무 부담을 줄까봐, 휴직 후 고용보장, 승진 및 평정에서의 불이익에 대한 우려 등의 이유로 육아휴직 사용을 꺼리게 된다. 또한 전통적 성역할의식은 남성의 일중심문화가 여전히 직장문화를 지배하게 만들고 있으며, 남성의 육아휴직 사용율이 극히 미미한 수준인 것을 통해 입증되고 있다. 남성의 육아휴직 사용율은 2003년 1.5%에서 2012년 2.8%로 점차 향상되는 경향을 보이고 있으나 절대적으로 낮은 수준에 머물러 있다(대통령소속경제사회발전노사정위원회, 2012).

넷째, 기업의 가족친화지원에 대한 인식 및 실행 수준이 낮은 상태이다. 가족친화지수를 통해 살펴본 직장에서의 가족친화문화 조성은 공공부문이 앞장서 민간부문을 선도하는 견인차 역할을 하고 있으며, 2005년 조사 이후 지속적으로 증가하는 추세이다.

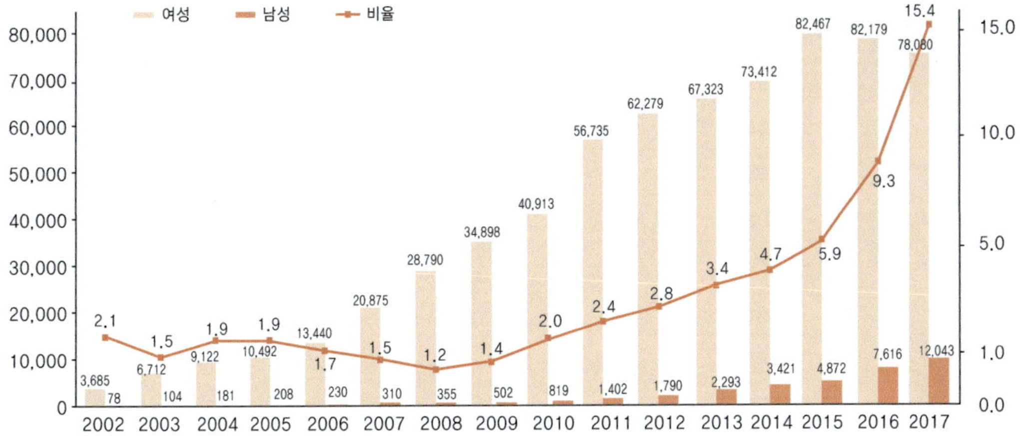

자료: 대통령 소속 경제사회발전노사정위원회(2017). 일·가정 양립을 위한 일자리위원회 워크숍 자료.

[그림 7-2] 성별 육아휴직 사용자 수

여성가족부의 '가족친화지수 조사 보고서'에 의하면 2012년 가족친화지수는 58.9점으로 전년보다 약간 상승하였으며, 공공부문이 63.6점 민간부문이 49.5점이었다. 미흡단계, 기본단계, 양호단계의 세 단계로 구분해볼 때, 공공부문은 기본단계에서 양호단계로 향하는 수준이며, 민간부문은 기본단계에 속하는 수준이다. 가족친화적 직장환경조성의 장애요인은 추가적인 비용부담이 가장 큰 이유가 되고 있으며, 가족친화인증제도를 알지 못하는 기업들이 여전히 많은 상태이다(여성가족부, 2012).

〈표 7-3〉 가족친화프로그램 도입 장애요인

(단위: %)

구분	많은 비용	업무부담과 직무요구로 인해 도입불가	더 중요한 경영 이슈들 산재	제도 효과성 부족	근로자에게 균등한 기회 제공 힘듦	잠재적 남용 가능성	투자한 것에 비교해 효과 미미	기업의 법적 책임에 대한 두려움	기타
공공부문	59.4	34.5	25.1	21.7	21.4	15.3	10.5	3.4	1.1
민간부문	44.9	27.8	33.3	18.4	23.8	16.3	16.3	1.4	0.7
전체	56.4	33.3	26.8	21.0	21.9	15.5	11.7	3.0	1.0

자료: 여성가족부(2012). 가족친화지수 조사 보고서.

〈표 7-4〉 가족친화인증기업 현황

구분 / 인증년도	계	대기업 (10.9%)	중소기업 (70.0%)	공공기관 (28.1%)
계	3,328	364	2,028	936
2008	9	3	0	6
2009	14	5	3	6
2010	23	7	6	10
2011	86	24	22	40
2012	101	23	29	49
2013	279	84	111	84
2014	444	77	257	110
2015	312	38	175	99
2016	523	53	314	156
2017	1067	58	695	314
2018	680	38	571	71

자료 : 가족친화지원사업(http://www.ffsb.kr).

다섯째, 안심하고 자녀보육을 맡기고 일을 할 수 있는 여건이 되지 못한다. 자녀를 양육하고 있는 부모에게 가장 도움 되는 제도는 직장보육시설이라는 응답이 47%로 가장 높았다. 2016년 직장어린이집 의무 이행율은 81.5%이며 이중 위탁 18.3%를 제외하면 직장어린이집 설치는 63.2%에 불과하다(보건복지부 보도자료 2017). 직장어린이집 설치 의무는 근로자 300인 이상이라는 기준이 적용되므로 중소영세사업장의 근로자들은 직장어린이집 이용이 원천적으로 막혀있다. 시간제 또는 종일제로 제공되는 아이돌봄서비스는 2017년 기준 63,546가구가 이용하고 있으며 2019년도에는 이용료 정부지원으로 9만여 가구가 이용할 것으로 예상하고 있다(idolbom.go.kr). 그러나 서비스 수요와 공급 시간대가 불일치하거나 지역별 수요편차가 큰 데 따른 어려움을 겪는 경우가 많다. 교육부의 초등돌봄교실, 보건복지부의 지역아동센터, 여성가족부의 방과후 아카데미와 같은 초등학생 대상의 돌봄서비스는 학기 중간에 돌봄 신청이 어려우며, 서비스 수요 대비 공급이 부족한 상태이다(교육부, 2014).

〈표 7-5〉 초등학생 대상의 돌봄서비스 현황

돌봄기관	운영규모	참여학생수	저소득층 비율	초등학생비율	주무부처
초등돌봄교실	7,395개	160천명	21.9%	100%	교육부
지역아동센터	3,500개	107천명	86.1%	80.3%	보건복지부
방과후 아카데미	200개	8천명	95.2%	76.7%	여성가족부
계	11,095개	275천명	67.8%	85.7%	

자료: 교육부(2014). 초등 방과후 돌봄 확대·연계 운영 계획 발표.

2) 가족친화 마을환경

자녀돌봄은 가족친화 마을환경에서 가장 핵심적 요소라고 볼 때, 오늘날의 가족친화적 마을환경은 부모협동어린이집 형태의 공동육아가 가장 대표적이라 할 수 있다. 산업화 과정에서 지역사회 공동체의식이 거의 사라지면서 가족생활에서 필요한 다양한 요구들이 이웃에 기주하는 가족들과의 교류를 통해 해결되는 전통적 지역사회의 가족친화적인 마을환경은 찾아볼 수 없게 되었다. 1990년대에 '육아협동조합'으로 시작된 부모협동어린이집은 부모들이 어린이집 설립부터 보육프로그램 계획에 이르는 어린이집 운영의 대부분에 참여한다. 공동육아에 참여하는 부모들은 어린이집 운영에 국한되지 않고 혈연가족보다 큰 가족공동체를 형성하는 경험을 하게 됨으로써 가족친화적인 마을환경에 기여하는 면이 있다. 그러나 부모협동어린이집은 2017년 현재 164개소로 전체 어린이집의 0.4%, 아동수는 4,508명으로 전체 보육아동의 0.3%를 차지하는 정도로 비중이 낮은 상태이다.

부모협동어린이집은 가족친화적인 마을공동체로 발전하기도 한다. 대표적인 사례가 성미산 마을이다. 공동육아협동조합 형태로 1994년도에 국내 최초로 '우리어린이집'이 설립되고 1995년에는 '날으는 어린이집'이 설립되었으며, 2013년 현재 공동육아협동조합 어린이집 4곳, 방과후 어린이집 2곳이 가족친화마을의 터를 잡는 역할을 하였다. 2009년에는 생활협동조합에서 지역조합원인 주민과 노인돌봄을 위한 돌봄두레를 만들어 운영하고 있다. 이밖에 생활협동조합, 마을학교, 대안학교, 차정비서비스협동조합, 공동체형 반찬가게, 마을방송국, 되살림가게, 바느질 작업장, 마을카페, 의료생협 등이 운영되고 있다. 자녀 및 노인돌봄을 포함한 거주환경, 마을축제 및 문화동아리를 포함한 여가환경, 일자리 창출 경제환경 등 가족친화 마을환경의 거주, 여가, 경제의 3요소를 모두 갖춘 가족친화 마을환경이 조성되어 있다.

민간에서 설립한 도서관이나 정부 주도하에 설립된 작은도서관 등은 지역내 아동 및 부모들에게 양호한 접근성과 생활친화적 문화공간 기능을 제공하고 있다. 지역내 영유아 부모들의 품앗이 육아 형성 및 유지를 위한 거점 기능을 하는 민간설립 도서관, 지역도서관 기능 외에 다문화가족 프로그램, 음악회, 낭독회 등 문화프로그램, 주민결혼식, 마을축제, 어린이벼룩시장 프로그램을 진행하는 도서관들이 지역공동체 형성의 구심점 역할을 함으로써 가족친화 마을환경 조성의 가능성을 열어 놓고 있다.

인천시 연수구 소재 '짱뚱이 도서관'

2003년 민간에 의해 설립된 짱뚱이 도서관은 돌봄과 배움의 공동체를 비전으로 설립된 도서관이다. 동 도서관의 전신은 1990년대 말 저소득층 아동을 위한 지역 내 공부방으로, IMF 이후 실직자나 맞벌이 가정 아동 대상의 지역내 보육을 주된 목적으로 출발하였다. 타 지역과 비교할 때 지역내 보육기능을 수행할 기관이 없는 실정이어서 각종 후원과 봉사활동으로 운영되었으며, 후원 내용 중 도서 기증이 많아 이를 지역 내 다른 아동들이 함께 활용할 수 있도록 도서관으로 전환하였다. 이후 도서관 공간이 확대되고 기업의 리모델링비 지원을 받아 현재의 도서관에 이르렀다.

어린이도서관은 아동들이 부모들과 함께 손쉽게 이용하는 공간으로 자리매김하게 되었으며, 도서관에서 운영하는 각종 프로그램 이용 부모들을 중심으로 육아품앗이가 자연스럽게 형성, 유지되는 과정으로 발전하였다.

자료: 유해미 · 김문정(2013). 지역사회 공동육아 활성화 방안. 육아정책연구소.

2. 법과 정책서비스

1) 관련 법

가족친화정책은 모성보호관련법으로 불리는 근로기준법, 남녀고용평등법, 고용보험법에서 출발하였다. 이들 법이 수차례 개정되는 데는 1919년 처음 채택된 국제노동기구의 모성보호협약과 1981년 제정된 가족부양책임이 있는 남녀근로자에 대한 기회 및 대우균등에 관한 협약을 근거로 하고 있다(정영금, 2009). 국제노동기구는 1919년 제 1차 총회에서 여성의 출산 전후의 고용에 관한 협약을 채택하였고, 1952년 개정된 모성보호협약에는 출산휴가, 출산휴가 중 의료 및 소득급여의 권리, 적용범위의 확대, 12주의 출산휴가기간 등에 대해 규정하였다. 1953년 제정된 근로기준법에서는 산전·후 휴가제도가 도입되었다. 산전, 산후 60일의 유급휴가, 휴가기간 전후의 해고 제한, 생리휴가, 무급육아휴직에 대한 규정이 포함되었다. 1987년 남녀고용평등법이 제정되었고, 2001년 근로기준법, 남녀고용평등법, 고용보험법의 모성보호의 3법이 개정되면서 출산휴가가 60일에서 90일로 증가하여 오늘에 이르고 있다.

남녀고용평등법은 2007년 남녀고용평등과 일-가정 양립 지원에 관한 법률로 일부 개정되었으며, 2008년도에는 가족친화 사회환경의 조성 촉진에 관한 법이 제정되어 가족친화직장환경, 가족친화 마을환경, 가족친화적 문화조성 및 확산 사업 그리고 가족친화 사회환경 조성에 필요한 선문인력 양성에 관한 사업까지 포함시키고 있다.

현재 가족정책으로 시행되는 가족친화정책은 주로 '가족친화 사회환경의 조성 촉진에 관한 법률'을 근거로 시행되고 있다. 관련법에서는 가족친화 사회환경 조성 관련 정책수립에 있어 가족친화 사회환경 조성 정책의 기본방향 및 목표, 가족친화제도 도입 및 활성화에 관한 사항, 가족친화기업 지원에 관한 사항, 지역사회 가족 돌봄 환경 조성 촉진에 관한 사항, 가족친화 시설 조성에 관한 사항, 가족친화 문화 확산에 관한 사항과 그 밖에 가족친화 사회환경의 조성을 위하여 필요한 사항을 규정하고 있다.

특히 가족친화 직장환경의 조성 촉진을 위해서는 가족친화제도 인식제고를 위한 홍보, 가족친화제도에 대한 컨설팅, 직장내 가족친화 교육 실시 및 강사양성, 가족친화 프로그램 개발 및 보급, 가족친화 우수기업 선정 및 포상, 기업이 공동으로 사용할 수 있는 어린이집 등의 설치 및 운영지원 등 구체적인 지원 사항을 명시하고 있다. 또한 가족친화 마을 환경의 조성 촉진을 위해서는 가족친화 마을 모델의 개발보급, 가족친화 시설 조성 지원, 지역사회 가족 돌봄 프로그램 개발 지원, 마을환경의 가족친화적 요소에 대한 평가, 가족친화 마을환경의 인식제고를 위한 교육과 홍보 등의 사업을 실시하도록 되어 있다. 이러한 가족친화 마을환경의 조성촉진사업은 건강가정기본법 제2장(건강가정정책) 제15조(건강가정계획의 수립)에 포함되어야 하는 사항 중 2항의 '가정친화적인 사회환경의 조성'에도 해당된다.

이와 같은 특성상 우리의 가족친화정책은 두 개의 축을 구성하여 진행되고 있다. 그것은 '목표달성을 위한 정책대상'－기업 또는 마을－과 '정책 추진전략'－기업의 가족친화제도 도입, 운영, 마을의 안전한 물리적 환경조성 및 돌봄의 사회적 분담이 가능한 공동체적 생활양식문화 정착－이다.

가족친화정책은 저출산문제 해결에서 출발하였고, 때문에 가족친화정책은 곧 모성보호정책이라는 일반적인 인식이 강하다. 가족친화정책은 자녀, 노부모 등 가족돌봄을 개인적·사회적 차원에서 좀 더 수월성 있게 해결할 수 있도록 지원하며, 그 방법으로서 남성의 가정생활 참여, 돌봄의 사회적 분담을 채택하고 있고 또한 안전하고 쾌적한 가족생활을 목표로 하는 정책이다. 기혼여성뿐만 아니라, 기혼남성, 가족돌봄의 요구를 갖는 미혼의 남녀근로자 그리고 가족돌봄요구와 관계없는 모든 가족원들을 위한 가족정책이다.

특히 일－가정 양립을 위한 가족친화정책은 여성정책기본계획, 건강가정기본계획, 저출산·고령사회 기본계획 등 여러 관련부처 계획에서 중복적으로 다루어지고 있다. 여성정책기본계획에서는 양성평등의 관점에서 여성의 경력단절을 예방하기 위한 목적으로, 건강가정기본계획에서는 자녀양육 부모의 역할수행을 지원하기 위한 목적에서 그리고 저출산·고령사회 기본계획에서는 자녀양육 부담으로 인한 출산율 저하의 문제해결을 위해 가족친화정책을 다루고 있다. 제4차 여성정책기본계획(2013-2017)에서는 일과 가족의 조화를 3대 목표 중 하나로 설정하고 돌봄 지원과 일·가족 양립 기반 구축을 정책과제로 채택하였다.

2) 관련 정책서비스

(1) 가족친화 직장환경 조성

가족친화 직장환경 조성 정책은 일과 가정생활을 조화롭게 병행할 수 있도록 지원하는 정책으로서 근로자의 성별이나 결혼여부와 관계없이 모든 근로자를 정책 대상으로 한다. 하지만 가족친화 직장환경 조성 정책의 출발은 기혼여성의 임신 및 출산한 기혼여성의 모성을 보호하는 지원 제도로부터 시작되며, 자녀를 양육하는 부, 모들이 일과 가정생활을 양립할 수 있도록 지원하는 제도, 가족친화적인 직장문화와 가족역량을 강화하기 위한 제도들로 구성된다. 복지서비스 전달수단이라는 관점에서는 시간, 금전, 서비스의 세 유형으로 관련 정책적 제도들을 구분할 수 있을 것이다. 그러나 질적인 가족생활의 유지라는 관점에서 보면 모성보호, 가정생활의 시간확보, 시간사용의 융통성, 가족돌봄의 요구충족, 가족친화적 근로문화와 가족친화적 가족문화의 6개 특징으로 파악할 수 있다.

첫째, 임신 또는 출산한 여성 근로자가 일을 병행할 수 있도록 지원하는 모성보호 차원의 가족친화정책이 이루어지고 있다. 임신중 또는 산후 1년 미만의 임산부에게 도덕적, 보건상 유해 또는 위험한 업무 종사 제한(근로기준법 65조), 산후 1년 미만 여성에 대한 시간외 근로 제한(근로기준법 71조), 생리휴가(근로기준법 73조), 태아검진 시간 허용(근로기준법 74조 2), 출산전후의 90일 휴가(근로기준법 74조) 및 급여지급(남녀고용평등일가정양립 18조)(고용보험법 75조)이 되고 있다.

〈표 7-6〉 출산 휴가 및 배우자 출산 휴가 관련 법 규정

휴가종류	년도	근거법령	이용 기간	재원부담 및 급여수준	대상
출산 휴가	1953	• 근로기준법	60일	• 사용자, 통상임금	• 임신 중 여성
	2001	• 근로기준법 • 남녀고용평등 및 일가정양립지원에 관한 법률 • 고용보험법	90일	• 최초 60일은 사용자, 통상임금 • 30일은 고용보험	• 임신중 여성 • 180일 이상 고용보험료 납부한 피보험자
	2005		90일	• 우선지원대상기업은 90일 고용보험 지급(상한 135만원)	• 임신중 여성 • 180일 이상 고용보험료 납부한 피보험자
	1987	• 남녀고용평등 및 일가정양립 지원에 관한 법률 • 고용보험법	1년 (산전후휴가포함)	• 무급	• 휴직: 생후 1년 미만 영아를 가진 근로여성
	1995		1년 (단, 생후 1년미만)	• 무급	• 휴직: 생후 1년 미만 영아를 가진 근로여성 또는 그를 대신한 배우자
	2001		1년	• 고용보험: 20만('01)	• 휴직: 생후 1년 미만 영아를 가

<table>
<tr><th>휴가종류</th><th>년도</th><th>근거법령</th><th>이용
기간</th><th>재원부담 및
급여수준</th><th>대상</th></tr>
<tr><td rowspan="3"></td><td></td><td rowspan="3"></td><td></td><td rowspan="3">→30만('03)→40만('05)→50만('07)→통상임금 40%(하한 50만원, 상한 100만원)('10)</td><td>진 근로자
• 급여:180일 이상 고용보험료 납부한 피보험자, 같은 자녀에 대해 피보험자인 배우자가 육아휴직(30일 미만은 제외)을 부여받지 아니하고 있을 것</td></tr>
<tr><td>2006</td><td>1년</td><td>• 휴직 : 생후 3년 미만 영아를 가진 근로자
• 급여 : 상동</td></tr>
<tr><td>2010</td><td>1년</td><td>• 휴직 : 만 6세 미만 초등학교 취학전 자녀를 양육하는 근로자
• 급여 : 상동</td></tr>
<tr><td rowspan="2">배우자출산
휴가</td><td>2007</td><td rowspan="2">• 남녀고용평등 및 일가정양립 지원에 관한 법률</td><td>3일</td><td>• 무급</td><td rowspan="2">• 배우자의 출산을 이유로 휴가를 청구하는 근로자</td></tr>
<tr><td>2012</td><td>5일, 3일은 유급</td><td>• 사업주</td></tr>
</table>

자료 : 김혜영 외(2010). 한국과 중국의 가족변화와 지원정책(I). 경제인문사회연구회를 근거로 보완 작성.

둘째, 근로시간에 대한 법적 규정을 통해 절대적인 가정생활시간량을 확보함으로써 일과 가정생활의 균형을 꾀하고자 하는 정책이다. 법정근로시간 규정, 유급휴가 사용촉진, 야간근로 및 휴일근로 제한 등이 해당된다. 2003년 개정, 공포된 근로기준법에는 1일 및 1주간 근로시간에 대한 규정을 두어 법정근로시간을 주 40시간으로 제한하고 있다. 법정근로시간은 근로로 인한 피로를 회복시키는 노동력 보전의 의미와 함께 인간다운 생활, 가족과 함께 함으로써 즐거움을 누릴 수 있도록 하는 목적이 있다. 2018년 7월부터는 연장 및 휴일근로 포함 1주 최대 52시간으로 제한하는 개정 근로기준법이 시행되어, 장시간 근로를 개선하기 위한 법적 기반이 마련되었다.

셋째, 근로시간에 융통성을 제공하는 탄력적 근무제도들이다. 탄력적 근무제도는 탄력적 근로시간제, 선택적 근로시간제의 두 유형으로 구분할 수 있으며, 특히 초등학교 취학전 자녀를 양육하는 근로자의 육아지원을 위해 운영하는 제도로서 가족돌봄의 수월성을 높이기 위한 조치이다. 탄력적 근로시간제로는 단시간근로제, 직무대체제 등이 있으며 재택근무제, 스마트 워크센터 등은 유연한 근무공간을 제공하는 사례이나 출퇴근시간의 절약, 육아나 가사활동과 병행할 수 있는 시간융통성도 허용된다. 선택적 근로시간제에는 집중근무시간제, 직무공유제, 경조휴가제, 장기근속휴가제 등을 사례로 들 수 있다.

〈표 7-7〉 **탄력적 근무제도**

구분	내용	사례
탄력적 근로시간제	주 40시간 근로원칙을 준수하는 범위 내에서 근로시간을 탄력적으로 운영하는 제도	단시간근로제, 직무대체제, 재택근무제 등
선택적 근로시간제	업무시작 및 종료시각을 근로자의 자유의사에 맡기는 제도로 회사의 규정으로 선택할 수 있는 출퇴근 시간대를 사전에 정하고, 상사의 승인을 받아 출퇴근 시간을 선택하도록 하는 '자유출퇴근제'도 포함	집중근무시간제, 직무공유제, 경조휴가제, 장기근속휴가제 등

자료 : 여성가족부(2012). 가족친화지수 조사보고서.

넷째, 자녀 또는 다른 가족원들의 돌봄요구를 직장생활과 병행할 수 있도록 지원하는 제도들이다. 시간지원의 형태로서 유급수유시간(근로기준법 75조), 육아휴직, 육아기근로시간 단축, 배우자출산휴가, 가족돌봄휴직 등이 가능하다. 가족돌봄휴직(남녀고용평등일가정양립 22조 2)은 양육기 자녀 외에 근로자의 부모, 배우자, 자녀 또는 배우자의 부모의 질병, 사고, 노령으로 인해 가족돌봄이 필요할 때 휴직을 신청할 수 있다.

다섯째, 직장에서부터 가족친화적인 문화가 조성되도록 지원하는 정책들이다. 일과 성과에 편중된 직장문화가 가정도 함께 고려하는 문화로 전환되는 것은 단시간에 이루어지기 어렵다. 가족친화지수개발, 가족친화기업인증제도, 가족친화경영 컨설팅, 가족친화교육, 가족사랑의 날 캠페인 등 다양한 각도에서 문화적 변화를 시도하는 이유이다.

〈표 7-8〉 건강가정지원센터의 가족친화문화조성사업

프로그램명	대상	목적	주요 내용
가족사랑의 날	지역사회 모든 가족	가족 공동체적인 지역사회를 조성하고 사회통합 실현	• 가정헌법만들기 • 가족티셔츠만들기 • 난타/사물놀이 등 공연 관람 • 아빠와 함께하는 요리교실 • 가족과 함께 영화보기 • 캠페인
가족여가문화활동		문화프로그램과 체험활동 등을 통한 건전한 가족여가문화 향유	• 가족캠프 • 가족사진 공모전 • 주말가족농장 • 공연, 전시 , 문화 체험활동
축제 및 행사		가족 및 이웃이 함께 어울리는 지역문화의 장을 제공함으로써 가족간 친밀감과 유대감 증진	• 5월 가정의 달 행사 • 가족축제 및 행사 • 가족영화제 • 가족 체육대회
캠페인		평등한 가족문화를 확대하고 건강한 가족의식 확립	• 건강가정 캠페인 • 출산장려캠페인 • 건전한 결혼문화 조성 캠페인 • 양성평등 캠페인
마을 공동체 만들기		가족친화적인 지역사회 조성	• 가족친화 마을 만들기 • 마을 공동체 만들기

자료 : 한국건강가정진흥원(2013). 연간사업실적보고서.

가족친화지수(Family-Friendliness Index, FFI)는 가족친화제도에 대한 인식 제고 및 가족친화 직장환경 조성을 유도하기 위해 개발되었다. 기업 또는 기관의 일반현황, 탄력적 근무제도, 자녀출산 양육 및 교육지원제도, 부양가족지원제도, 근로자 지원제도, 가족친화 문화조성, 가족친화프로그램 운용관련 실태, 가족친화인증제 등 8개 영역으로 구성된다.

여섯째, 양성평등 및 가족역량강화를 통해 가정내 가족친화적 문화조성을 목적으로 하는 정책이 이루어지고 있다. 가정내 전통적 성역할분담에 따른 부·모의 역할수행이 남성들을 직업생활에 매진하게 만듦으로써 아버지와 어머니 모두에게 부과되는 스트레스와 낮은 생활만족도를 개선하는데 목적을 두고 있다. 아버지의 가족생활참여를 통해 자녀의 인성발달, 부부관계 만족도, 아버지로서 그리고 남편으로서의 역할 수행에 따른 삶의 질 증진의 효과를 기대할 수 있다.

(2) 가족친화 마을환경 조성

가족친화 마을환경의 개념을 관련법에서의 규정을 기준으로 살펴보면 가족친화 마을환경 조성 정책에는 두개의 하위 사업영역이 포함되는 것으로 볼 수 있다. 하나는 일-가정양립을 지원하는 가족돌봄의 지역사회 내에서 해결을 위한 사업, 또 다른 하나는 다양한 가족구성원이 필요로 하는 시설 및 공간을 갖추고 있는 살기좋은 마을을 조성하는 사업이다. 현재는 가족돌봄의 사회적 분담에 초점을 둔 가족친화 마을환경 조성 정책에 역점이 주어지고 있으며, 그럼에도 아직까지 두드러진 성과를 내고 있다고 보기는 어렵다.

가족친화 마을환경 조성 정책은 중앙정부와 지자체가 평행적으로 추진하는 경향을 보이고 있다. 중앙정부의 관련 정책은 중앙정부가 직접 추진하거나 건강가정지원센터와 연계 또는 위탁형태로 추진하며, 지자체는 주민주도의 마을공동체를 선발 지원하는 형태로 추진되고 있다.

첫째, 중앙정부의 관련 정책으로서 가족친화 마을환경 조성 정책은 여성가족부가 안전행정부의 살기 좋은 마을 만들기 9개 유형중 하나인 '가족형'마을로서 2006년도에 강원도 영월, 충남 논산, 전남 장흥의 세 지역을 시범지역으로 선정, 3년 계획의 예산지원을 한 것에서부터 시작되었다.

〈표 7-9〉 살기 좋은 마을의 영역별 구성요소에 따른 가족친화마을 모델의 사례

살기 좋은 지역 만들기		가족친화마을 모델에의 적용
구분	구성요소	
안락하고 편리한 거주환경	주거,교육,의료, 복지, 안전, 교통	• 필요한 시설의 보행거리 내 이동 • 위계별 녹지 공간 • 보행 및 자전거 도로 연결망 • 마을의 공동체 생활을 지원하는 물리적 환경 • 육아 및 노인 돌봄을 위한 가족지원프로그램 운영 • 마을 공동체 생활을 통한 가족내외 소통 및 관계 증진

살기 좋은 지역 만들기		가족친화마을 모델에의 적용
구분	구성요소	
경쟁력있는 근로환경	기업, 근로, 지원기관	• 지역환경 개선으로 인한 인구 유입 • 가족돌봄 부담 감소를 통한 여성경제활동참여의 증가 • 마을환경 조성에 따라 마을 내 일자리 창출 • 가족친화적기업환경 조성으로 근로자만족 · 기업생산성 증가
쾌적하고 즐거운 여가환경	문화,예술,경관,환경,위락,스포츠	• 실외 가족여가시설 환경 조성 • 마을내 여가활동을 통한 관계 형성 • 보행 위주의 시설 이용을 통한 운동효과 및 건강증진 • 다양한 여가 및 문화 프로그램 제공

자료 : 차성란(2010). 가족친화마을만들기를 위한 모델 및 핵심 요소

그러나 뚜렷한 성과를 거두지 못하면서 2011년도에는 여성가족부가 지역의 건강가정지원센터와 연계형으로 가족친화 마을조성 사업을 추진하였다. 부산 북구 화명동, 광주 광산구, 경기도 고양시 등 전국의 8개 지역을 시범사업 대상지로 지정하여 공동육아나눔터, 가족품앗이, 장난감 도서관, 가족사랑 축제 등을 추진하였다.

시범사업선정 외에 또한 여성가족부는 2008년부터 '가족품앗이' 시범사업을 시작해 2018년 기준 123개 시 · 군 · 구 건강가정지원센터에서 가족품앗이 및 공동육아나눔터 사업을 별도 사업으로 위탁 시행하고 있다. 가족품앗이는 지역에 거주하는 이웃들과 자녀돌봄과 양육을 품앗이하고자 할 때 그룹을 결성할 수 있도록 연결해주고, 자녀학습, 체험활동, 나들이, 캠프, 놀이활동 프로그램, 부모교육 등 다양한 보육 및 교육 프로그램을 제공, 지원하는 형태이다.

공동육아나눔터는 2018년 말 기준 224개소가 설치되어 있으며, 연 이용인원 95만 명에 이르고 있다. 공동육아나눔터운영 사업은 자녀를 기르는 부모들이 지역에 거주하는 가족들과 함께 모여 정보공유 및 공동보육활동을 진행하기 위해 필요한 공간을 제공하는 데 목적을 두고 있다. 이웃집 방문이 쉽지 않은 도시 지역에서 가족친화마을의 공동체적 특성을 형성하고 강화시키기 위해서는 지역주민들이 부담 없이 방문, 사용할 수 있는 공용공간이 매우 중요하기에 진행되는 사업이다.

둘째, 지자체의 경우에는 서울시의 마을공동체사업, 대전시의 사회적자본지원사업, 전남 광주 북구의 가족친화형 마을만들기 사업 등 지자체의 관심 여부 및 수준에 따라 다양한 형태의 가족친화 마을환경 조성 정책이 시행되고 있다. 서울시 마을공동체 지원의 경우, 자치구별로 지역주민들의 자발적 조직 구성을 통해 지역사회 내에서 자녀돌봄, 가족단위 문화활동 등이 이루어지도록 지원하고 있다. 2013년 6월 기준 지원을 받고 있는 약 880여개 사업참여자 중 가족친화적인 마을에 포함될 수 있는 유형으로는 부모커뮤니티, 공동육아, 아파트공동체, 마을기업, 상가마을공동체, 마을미디어, 에너지자립마을, 안전마을, 다문화마을공동체, 우리마을프로젝트 등이 있다. 공동육아를 위한 마을공동체 26곳에는 예산을 지원, 부모와 아이가 함께 하는 생태체험, 가족캠프, 육아사랑방, 육아카페 등 지역사회 내 돌봄 공간을 제공하거나 저소득가정, 다문화가정, 맞벌이 가정을 위한 일시 돌봄을 제공하고 있다.

서울시 마을공동체의 부모커뮤니티 사업 예시

1. 부모역할 배우기와 실천활동
   - 좋은 아빠들의 모임, 예비부모 · 청소년 자녀를 둔 부모모임 등
   - 부모와 자녀문제 해소를 위한 역량강화 및 상담활동
2. 제도 교육을 넘어선 부모들의 대안교육
   - 방과후 프로그램(국영수 등 학습활동 제외), 토요체험학습, 재능나눔 교육 등
3. 아이들의 정서함양, 건강증진 등을 위한 부모들의 정보교류 및 프로그램 활동
   - 귀가지도 등 자녀안전문제 해소를 위한 활동, 자녀와 함께하는 환경, 봉사활동 등
4. 빈곤, 다문화, 조손, 청소년 가장 등의 돌봄 계층을 위한 부모역할 및 지원활동
   - 부모 및 자녀의 역량강화 지원활동 등

자료: 2014년 1차 부모커뮤니티 활성화 사업 지원 계획. 공고. 서울시마을공동체 종합지원센터. http://www.seoulmaeul.org/bbs/board.php?bo_table=notice&wr_id=140&page=7&srch=

3. 과제와 전망

우선 가족친화정책 중 가족친화직장환경조성 분야를 살펴보면, 현재 일과 가정의 양립을 중심으로 하는 직장에서의 가족친화적 환경조성은 아직 시작단계에 있다. 관련법제화, 평가를 위한 지표개발이 이루어졌으나 제도 정착이나 환경조성을 위한 추진력을 발휘할 수 있는 인센티브 및 실질적인 지원이 부족한 상태이다.

직장에서의 가족친화적 환경 수준을 높이기 위해 앞으로 해결해야 할 여러 과제들이 있다.

첫째, 가족친화지원제도 중 자녀돌봄 이외에 노부모 돌봄을 포함한 가족돌봄지원이 강화될 필요가 있다. 현재 가족친화지원제도에는 가족돌봄휴가 제도가 도입되어 있지만 활용율이 낮을 뿐만 아니라 전체 가족친화정책에서 차지하는 비중도 매우 미미하다. 이미 우리 사회는 고령화 사회로 진입하였다. 앞으로 근로자에게 있어 노부모를 포함한 가족돌봄의 문제는 일과 가정 양립을 위해 해결해야 할 중요한 과제가 될 것이다. 가족돌봄자를 위한 직장에서의 제도적 지원과 지역사회에서의 돌봄 분담의 문제를 해결할 좀 더 구체적이며 실질적인 방안이 모색되어야 할 것이다. 미국의 경우 1980년대 말 연구에 의하면 전형적 기업 근로자 중 25~33%가 노인을 돌보고 있는 것으로 보고된다(Friedman and Gray, 1989; Hyland, 1990에서 재인용). 고령화 속도가 OECD 국가 중 어느 국가보다 빠른 우리 사회에서 노인부양문제는 근로자의 일-가족 갈등에서 점차 비중이 높아질 것이 분명하다.

둘째, 일 중심의 패러다임에서 의미있는 삶의 패러다임으로의 전환이 필요하다. 현재 우리의 가족친화정책은 여성의 경력단절을 예방하거나 일 중심적 가치로 인해 출산과 결혼이 기피되는 현상을 막기 위한 관점에서 접근되고 있다. 심지어 가족친화제도의 유형 중에는 근로자들이 일을 좀 더 원활히, 더 긴 시간 할 수 있도록 지원하는 성격을 지닌 경우도 있다. 결혼에 대한 가치관, 자녀에 대한 가치관과 같은 가족가치관은 단순히 개인적 사고의 변화로만 접근할 수 없다. 사회의 사회경제적, 문화적 환경 변화에 따른 변화이므로 어떤 가치들이 근본적으로 바뀌어야 하는지 검토할 필요가 있다. 산업발전에 따른 경제적 풍요가 사회환경과 가족환경에 영향을 준 결과, 이제 어떤 방식의 삶이 개인과 가족에게 의미가 있는지 각자 탐색하고 실천할 수 있는 방향으로의 가족친화정책 패러다임이 바뀔 필요가 있다.

셋째, 기업의 영리추구라는 특성상 가족친화 직장환경의 조성은 기업의 안정적 경영체계 유지를 전제로 할 수 밖에 없다. 경영구조가 열악한 중소규모의 기업들이 가족친화 직장환경 조성에 참여할 수 있는 실질적인 대안들이 정책적으로 지원되어야 할 필요가 있다. 기업별 맞춤형의 가족친화경영컨설팅이 그 역할을 하고 있으나 좀 더 효과적인 방법이 제시되어야 한다. 예를 들어 기업의 경영구조적 특성상 시차출퇴근제와 같은 유연근무는 기업별 의사결정에 따라 도입할 수 있다. 하지만 육아휴직시 요구되는 대체인력 수급은 소규모 기업에서 업무수행을 평상 수준에서 유지하면서 대응하기가 쉽지 않다. 동종 업종간 가족친화직장환경조성 협의체를 구성하여 공동 대응하는 방법을 찾을 수 있을 것이다.

육아휴직 대체인력은 교육공무원, 공기업과 같은 일부 직장을 제외하면 대체인력 채용에 대해 금전적 지원을 한다고 해도, 기업 측에서 보면 평상수준의 업무유지나 대체할 인력 채용 공급에서 어려움을 겪기 때문에 제도와 시행간 거리가 멀다.

넷째, 가족친화 직장환경 조성은 직장문화, 근로자의 문화를 변화시키는 일이다. 경영사의 가족친화제도 도입 결정을 위한 의식 전환, 중간관리자의 업무관행 및 내부 직원관리와 관련된 사고의 전환, 일반 근로자의 삶에 대한 새로운 가치제고 등이 필요하다. 이러한 문화적 변화를 점진적으로 이끌어낼 수 있도록 가족친화직장교육이 세분화, 전문화되어 진행될 필요가 있다.

가족친화 마을환경의 조성 역시 이제 시작 단계에 있다. 게다가 마을환경은 지역주민의 자발적 참여의사와 지속적인 실천이 필수적 조건이며, 이는 공동체 의식을 전제로 한다는 점에서 단시일의 성과를 기대하기 어렵다. 하지만 가족친화 마을환경 조성의 필요성에 대한 인식과 지자체의 관심이 큰 만큼 앞으로의 발전을 기대하기에 충분하다.

첫째, 가족친화 마을환경 조성을 이끌어 갈 수 있는 지역리더의 발굴, 지원하는 정책이 요구된다. 가족친화 마을환경 조성은 지역주민의 참여가 필수적 조건인 만큼 지역을 기반으로 사업을 추진할 수 밖에 없다. 또한 가족친화 마을환경 조성을 위한 시도가 궤도에 오르기까지 핵심 인력의 일정 기간 이상 지속적 노력이 요구된다. 지역리더의 역할 수행을 시민의식이나 사회봉사정신에만 의존하기에는 시간적, 경제적 희생이 너무 크다. 행정지원체계에서 마을의 이장, 통장과 유사한 지위와 최소한의 경제적 지원이 가족친화 마을환경 조성을 사업으로 지속시켜나가는 데 도움이 될 수 있다.

둘째, 가족친화마을의 리더 발굴 및 지원, 참여주민을 대상으로 한 주민자치교육, 사업수행과정에서 요구되는 공무원의 행정적 지원, 전문가의 자문을 지역주민의 요구와 연계하는 네트워킹 등 마을환경 조성을 지원하는 마을만들기지원센터의 설립과 체계적 운영지원이 요구된다. 현재 일부 지자체에서 관심 정도에 따라 산발적으로 수립되어 있어 수적으로 많지 않으며, 지역 민간단체의 수탁운영체제를 띠고 있어 단체의 역량에 따라 사업성과가 달라지는 비표준화상태이다.

셋째, 중앙부처간 협력을 통해 가족친화 마을환경 조성 사업이 체계적으로 진행되어야 예산낭비를 막을 수 있으며, 더욱 성과를 기대할 수 있다. 여성가족부의 가족친화 마을 만들기와 안전행정부의 살기 좋은 마을 만들기는 전혀 다르지 않다.

넷째, 가족친화 마을환경 조성에 관련되는 기관들의 긴밀한 네트워킹이 요구된다. 건강가정지원센터를 비롯하여, 평생교육기관, 작은도서관, 마을만들기지원센터, 등 수행하는 업무 내용이 궁극적으로 가족친화적인 삶과 연관되어 있어 이들 네트워킹은 시너지 효과를 크게 낼 수 있다. 가족친화마을에는 자녀돌봄만이 해결과제가 아니다. 생애주기별로 다양한 단계의 연령대의 가족들이 각 단계별 과업에 따라 문제를 마을에서 공동체적 방식으로 해결할 수 있는 형태가 되어야 한다. 노인돌봄, 가족여가문화, 마을기업, 성인교육 등 거주, 여가, 경제의 세 요소를 총망라할 수 있는 다양한 기관들의 역할이 협력적으로 진행될 수 있다.

생각해볼 문제

1. 기업 경영자가 가족친화제도의 도입을 결정하는 데 있어 고려하게 될 사항을 논의해보자.
2. 외국의 가족친화기업 사례를 살펴보고 국내 기업에의 도입 가능성에 대해 검토해보자.
3. 가족친화마을의 성공적 사례를 알아보고 그 이유를 찾아 이야기해보자.

참고문헌

고용노동부(2014). 오늘부터 만 8세 이하 또는 초등학교 2학년 이하 자녀를 둔 근로자도 육아휴직 가능. 보도자료.

관계부처 합동(2010). (제2차) 건강가정기본계획: 2011-2015.

교육부(2014). 초등 방과후 돌봄 확대 연계 운영 계획 발표. 보도자료. 2014.1.28.

기획재정부(2014.2). 일하는 여성을 위한 생애주기별 경력유지 지원방안. 기획재정부.

김필숙(2010). 가족친화적 기업문화가 인적자원 성과에 미치는 효과: 일-가족 갈등의 매개효과를 중심으로. 성신여자대학교 대학원 박사학위논문.

김혜선 · 차운아(2009). 직장-가정 간 상호작용과 가족친화적 조직지원이 근로자의 조직몰입과 이직의도에 미치는 효과. 한국심리학회지: 산업 및 조직, 22(4), 515-540.

김혜영 · 김은지 · 최인희 · 선보영 · 이재호(2010). 한국과 중국의 가족변화와 지원정책(I). 경제인문사회연구회.

김혜원(2011). 가족친화제도와 기업성과. 노동정책연구, 11(3), 1-24.

대통령 소속 경제사회발전노사정위원회(2017). 일 · 가정 양립을 위한 일자리위원회 워크숍 자료.

대한상공회의소(2013). 근로자의 연차휴가 사용현황과 하계휴가 계획 조사.

보건복지부(2012). 2012년 전국 결혼 및 출산 동향 조사. 보건복지부, 한국보건사회연구원.

보건복지부(2013). 2012 보육실태조사. 보건복지부.

보건복지부 보도자료(2017). 직장어린이집 설치의무 미이행 등 129개 사업장 명단 공표.

안병철 · 이숙현 · 장은미 · 정기선 · 최은정 · 김수영 · 임인숙(2005). 가족과 기업. 신정.

여성가족부(2012). 가족친화지수 조사 보고서.

유계숙(2007). 가족친화 기업정책의 시행 및 이용 여부와 근로자의 직업만족도, 이직의도, 직무성과. 가족과 문화, 19(2), 35-59.

유해미 · 김문정(2013). 지역사회 공동육아 활성화 방안. 육아정책연구소.

정영금(2009). 일-가정 균형과 관련된 법과 정책의 비교고찰, 한국가족자원경영학회지, 13(2), 85-105.

차성란(2010). 가족친화마을만들기를 위한 모델 및 핵심 요소. 한국가정관리학회지, 28(2), 63-76.

통계청(2018). 2018 일 · 가정 양립지표.

한국건강가정진흥원(2013). 연간사업실적보고서. 한국건강가정진흥원.

한국고용정보원(2014). 임금 근로자 5명 중 1명 "난 근로시간 과잉": 남성, 서비스종사자, 임시직 및 소기업에서 과잉근로 비율 높아. 한국고용정보원.

Hyland, S.(1990). Helping Employees with Family Care. *Monthly Labor Review*, 22-26.

Mauno, S., Kimunen, U. & Pyykko, M.(2005). Does work-family conflict mediate the relationship between work-family culture and self reported distress? Evidence from five finish organization. *Journal of Occupational and Organizational Psychology*, 78, 509-530.

2014 가족친화인증기업 우수 사례집(http://ffm.mogef.go.kr/).

2014년 1차 부모커뮤니티 활성화 사업 지원 계획 공고. 서울시마을공동체 종합지원센터. (http://www.seoulmaeul.org/bbs/board.php?bo_table=notice&wr_id=140&page=7&srch=).

제4부

가족돌봄정책

제8장

자녀돌봄 서비스

우리나라는 경제발전과 함께 빠르게 도시화가 진행되어 1975년 이래 가족구조와 가족 가치관에 있어서의 변화를 매우 심각하게 경험하고 있다. 핵가족화가 증폭되면서 자녀 출산에 관한 인식도 변화되어 출산을 미루거나 자녀 출산도 선택의 문제로 받아들여 무자녀 또는 소자녀 출산 경향이 높아지고 있다. 자녀에 대한 가치관의 변화는 한국 가족구조 변화의 중요한 현상인 저출산·소자녀화를 보다 심화시키는 한편, 자녀의 양육과 돌봄을 지원하는 보육 및 아동돌봄 정책에 대해 높은 관심을 기울이게 하였다.

2004년 6월 이후에는 보육업무가 보건복지부에서 여성가족부로 이관되고, 「영유아보육법」이 개정(2004년 1월)되면서 자녀양육 및 돌봄에 대한 평가와 새로운 모색이 가속화되고 있다. 이제 내 자녀만 잘 보살피고 키우는 데에서 벗어나 이웃과 지역사회 및 국가가 차세대를 보호하고 육성하는 데 높은 관심을 지니게 되었고, 국가 정책적 차원의 문제로 인식하게 되었다. 즉 저출산 문제가 보육정책 및 아동돌봄정책과의 연관성이 커지면서 육아·보육 및 아동돌봄에 대한 국가적 지원은 부모의 양육부담을 줄이면서 경제활동과 자녀 출산이 동시에 가능한 환경을 조성하는 방향으로 나아가고 있다. 뿐만 아니라 자녀돌봄의 지원범위도 과거에는 가정에서 적절한 양육과 보호가 어려운 빈곤가정의 자녀를 부모 대신 돌봐주는 요보호아동 중심의 선별적 지원이었다면, 오늘날에는 모든 아동을 대상으로 하는 보편적이고 일반적인 아동돌봄지원정책이 실시되고 있다.

본 장에서는 저출산·보육 및 아동돌봄으로 이어지는 자녀돌봄의 실태를 파악하고, 돌봄의 대상, 성격, 내용 및 기능에 따라 다양하게 제공되고 있는 자녀돌봄과 관련된 일련의 정책과 그 실행 현황을 살펴보고자 한다. 나아가 앞으로 자녀돌봄을 위한 정책의 과제와 전망을 살펴보고자 한다.

1. 현황과 문제

1) 현황

(1) 맞벌이가족의 증가와 저출산 현황

2000년대에 들어서면서 평균적으로 우리나라 여성의 2명 가운데 1명은 경제활동에 참가하는 것으로 나타나고 있다. 즉 여성의 경제활동참가율은 약 49~53%에 이르며, 천만 명 이상의 여성들이 경제활동을 하고 있다(통계청, 2018). 2000년대에 들어와 경제발전과 함께 50%대를 넘었으며, 2009년 금융위기 이후 49%대로 다소 하락하였다가 경기회복과 함께 매년 꾸준히 상승하여 약 53%에 육박하고 있다.

〈표 8-1〉 여성의 경제활동인구 및 경제활동참가율

(단위 : 천 명, %)

구분 \ 연도	2005	2007	2009	2011	2013	2015	2017
15세 이상 여성인구	19,683	20,086	20,593	21,119	21,576	22,018	22,357
여성경제 활동인구	9,860	10,092	10,153	10,520	10,862	11,426	11,773
여성경제 활동참가율	50.1	50.2	49.3	49.8	50.3	51.9	52.7

자료 : 통계청(2018). 여성경제활동인구 및 참가율.

여성의 경제활동참가율을 연령별로 살펴보면, 여성들의 경제활동이 출산과 육아기에 집중적으로 제한되고 있는 것을 알 수 있다. 평균적으로 여성의 경제활동 참가율은 20대 후반 가장 높게 나타나고 이어서 40대 후반과 50대 전반 순으로 높아, 임신 · 출산 · 육아 시기인 30대 후반의 경력단절이 발생하는 M자형의 곡선을 보이고 있다. 이러한 현상(즉 경력단절)은 그만큼 기혼여성이 결혼과 함께 직장과 가정생활 특히, 육아를 병행하기가 어렵다는 것을 보여주는 결과이다.

한편, 출산과 육아로 인한 경력단절의 시기를 지나 중장년 기혼여성(40~54세)의 경제활동 참여가 다시 증가하면서 직장생활과 자녀돌봄을 병행해야 하는 어려움을 겪는 맞벌이 가구도 증가하고 있다. 이들 맞벌이 기혼여성의 취업 이유는 생활에 보탬과 생계유지가 가장 많았고, 그 다음으로 사회활동과 자기발전 및 자녀교육비 충당, 노후대책 마련 등의 순서로 나타난 반면, 비취업 이유는 자녀양육이 절대적으로 우세하였다(김선미, 2013 : 223 재인용). 또한 통계청의 조사결과(2018)에서도 경력단절여성이 직장(일)을 그만둔 사유가 결혼(34.3%), 육아(33.5%), 임신 · 출산(24.1%) 순으로 나타나 자녀출산과 양육이 여성의 경제활동 유지에 가장 큰 장애요인임을 알 수 있다(통계포털, 2018). 그 외에 자녀교육과 가족 돌봄은 약 9.1%에 불과하다.

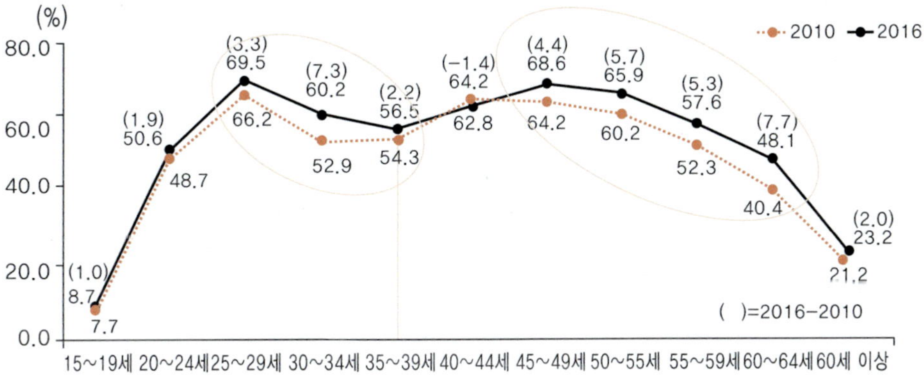

자료 : 통계청(2017). 경제활동인구연보.

[그림 8-1] 연령별 여성의 경제활동참가율

여성의 경제활동에 있어서 임신과 출산이 가장 큰 제한 요인으로 작용하게 되면서 여성에게 임신과 출산은 선택의 문제가 되기 시작하였으며, 출산율은 해마다 하락하여 우리나라는 OECD국가 중 출산율 최하위를 나타내고 있다. 가임여성 1인당 평균 1.05명의 자녀를 출산하고 있어, 소자녀화현상이 뚜렷하게 나타나고 있으며 한 자녀의 사회적응문제, 부모의 과잉교육 및 보호, 노부모 부양문제 등 다양한 사회문제를 초래하고 있다.

〈표 8-2〉 연도별 가임여성 1인당 합계출산율 추이

(단위 : 명)

연도	2010년	2011년	2012년	2013년	2014년	2015년	2016년	2017년
합계출산율	1.23	1.24	1.30	1.19	1.21	1.24	1.17	1.05

자료 : 국가통계포털(http://www.kosis.kr). 가임여성 합계출산.

(2) 영유아 보육 현황

① 보육시설의 유형별 시설 수와 아동 현황

보육시설을 유형별로 살펴보면, 약 4만 개의 어린이집 중에서 국·공립어린이집은 2000년 이후로 꾸준히 증가하여왔으나 7.8%에 불과하고, 민간개인과 가정어린이집이 83.7%에 달한다. 이는 한국에서 보육서비스 제공이 거의 전적으로 민간개인사업자에 의해 주도되고 있으며, 국가나 비영리법인, 직장, 부모협동조합 등 다양한 주체들의 역할이 상대적으로 미약한 상황임을 나타내는 것이다.

보육시설 유형별 아동 수를 보면, 국·공립어린이집 이용 아동 수는 2008년에 비해 2017년 약 6만 3천여 명이 증가하였으나 민간어린이집과 가정어린이집 이용 아동 수는 약 13만 5천 명 정도로 2배 이상 더 많이 증가하였다(보건복지부, 2017). 그러나 2014년을 기점으로 부모들의 선호도가 높은 국·공립어린이집이나 직장어린이집, 협동어린이집 등의 아동 수는 지속적으로 증가하는 반면, 사회복지법인, 법인단체 등, 민간어린이집, 가정어린이집 등에 다니는 아동 수는 지속적으로 감소하고 있다. 특히 그동안 운영상의 문제가 많았던 개인 소유의 민간어린이집과 가정어린이집의 아동 수가 뚜렷이 감소하는 경향을 보이고 있다. 이는 현실적으로 부모들이 국·공립시설을 보다 선호하지만 수용아동 수가 적기 때문에 차선책으로 자녀를 가까운 민간어린이집에 보내게 됨을 반영하고 있다.

〈표 8-3〉 **보육시설 유형별 시설 수와 아동 현황**

(단위: 개소, 명, %)

구분		전체	국·공립	사회복지 법인	법인·단체 등	민간 개인	가정 어린이집	직장 어린이집	협동 어린이집
어린이집 수		40,238 (100.0)	3,157 (7.8)	1,392 (3.5)	771 (1.9)	14,045 (34.9)	19,656 (48.8)	1,053 (2.6)	164 (0.4)
아동 현원	2017	1,450,243 (100.0)	186,916 (12.9)	96,794 (6.7)	43,404 (3.0)	738,559 (50.9)	321,608 (22.2)	58,454 (4.0)	4,508 (3.0)
	2014	1,496,671	159,241	104,552	49,175	775,414	365,250	39,265	3,774
	2010	1,279,910	137,604	114,054	51,126	671,891	281,436	21,901	1,898
	2008	1,135,502	123,406	113,894	53,818	615,647	210,438	16,809	1,491

자료: 보건복지부(2017). 2017년도 보육통계.

② 보육예산

보건복지부에서 배정하는 보육 관련 예산의 변화추이를 살펴보면, 해마다 20% 이상 증가하여 2012년 3조 원을 넘고 있다. 2012년 정부의 보육예산 중 보육료 지원이 전체 예산의 79%(2조 4천억 원 정도)로 가장 큰 비중을 차지하고 있다.

〈표 8-4〉 보육예산액의 연도별 변화

(단위 : 명)

연도	2008년	2009년	2010년	2011년	2012년
예산액	1,471,780	1,710,430	2,087,609	2,478,380	3,028,567

〈표 8-5〉 2011년과 2012년 보육예산의 세부 내역 비교

(단위 : 백만 원)

연도	합계	보육 서비스	영아보육 보조금	보육센터 기능보강	보육 인프라	보육센터 평가인증	보육센터 지원비	보육센터 비이용아동 돌봄지원
2011년	2,478,380	395,023	1,934,611	14,650	32,500	4,957	46,138	89,794
2012년	3,028,567	423,153	2,391,291	11,867	30,734	6,026	156,234	102,646

또한 2012년 이후 정부는 0~2세 무상보육정책을 실시함으로써 소득수준에 관계없이 전계층을 대상으로 하여 0~2세 모든 아동은 어린이집을 자기부담 없이 이용할 수 있고, 3~4세 아동은 보육시설 이용 시 소득 하위 70%의 경우 보육료를 지원하고 있다. 그리고 국·공립 어린이집의 신축, 증·개축하거나 시설환경 개선을 위한 기능보강비의 지원, 국·공립이나 법인어린이집 보육교사의 인건비를 지원(보육서비스)하고 있다. 그 외에도 보육 인프라 구축을 통해 중앙보육정보센터와 지방보육정보센터의 운영을 지원하고, 보육의 질 향상을 위해 보육교사의 자격관리와 보수교육, 프로그램 개발 및 보급, 전자바우처 관련 업무를 지원하며, 교육환경을 개선하기 위해 어린이집 지원 영역에서 교재교구비나 차량운영비를 지원한다. 차상위계층의 36개월 미만 아동이 있는 경우에는 영아보육보조금으로 월 10만 원~20만 원의 양육수당을 받을 수 있다.

(3) 자녀돌봄 현황

가정에서 자녀양육과 돌봄 현황을 살펴보면, 영유아의 주중 이용기관은 어린이집(놀이방 포함) 51.6%, 유치원 23.4%, 없다 21.1% 순으로 높게 나타났으며, 이용하는 기관의 월평균 비용은 26.4만 원으로, 10~30만 원 미만이 45.6%로 가장 많고, 30~50만 원 미만(22.5%), 10만 원 미만(17.8%), 50~100만 원 미만(11.2%), 100만 원 이상(2.9%)순으로 나타났다.

기관이용 외 시간 영유아의 주 돌봄자는 어머니가 72.7%로 가장 높게 나타났고, 다음으로 친조부모(9.6%)와 외조부모(9.0%) 순으로 높게 나타났다. 반면 가사도우미(1.4%), 베이비시터(1.3%), 아이돌보미(0.4%)로 대체서비스를 이용하는 비율은 낮았다.

반면 기관 미 이용시 영유아의 주 돌봄자는 어머니가 81.4%, 외조부모가 11.2%로 대부분을 차지해 제2차(2010년) 가족실태조사에서 돌봄자가 어머니(81.2%), 친조부모(3.8%), 외조부모(2.1%) 순으로 높게 나타났던 것에 비해 외조부모의 비율이 눈에 띄게 증가하였음을 알 수 있다. 즉 점차 집에서 아이를 전적으로 돌보는 경우 모계 네트워크를 중심으로 아이돌봄 경향이 높아지는 것으로 보인다. 돌봄 비용은 영유아 자녀가 기관을 이용하지 않을 경우에는 지출이 없는 경우가 대부분(93.0%)으로 어머니나 조부모 중심의 돌봄이 이루어져 비용 지출이 없는 것으로 파악된다. 지출이 있는 경우 평균 비용은 65.4만 원으로 나타났다.

부모별로 비교하면, 기관을 이용하지 않을 경우 주 돌봄자의 평일 평균 돌봄시간은 10~14시간 이하(83.5%), 7~9시간 이하(12.2%) 순으로 상당히 긴 것으로 나타났다. 부모 모두 10~14시간 이하가 가장 높은 비율(82.7%, 84.4%)을 차지하고 있었으나 부보다 모의 비율이 높게 나타났다.

영유아 자녀의 주돌봄자가 아프거나 급한 일이 있을 때 긴급돌봄 조력자로는 부모(37.3%)와 조부모(33.4%)가 대부분을 차지하며, 그 다음은 조부모 이외의 친인척(9.1%)으로, 급할 경우 도움을 받을 수 있는 사람들은 친인척들이 대부분이었다. 2010년에 비해 긴급돌봄 조력자로 부모의 비율이 낮아진 반면 조부모, 도움을 받기 어렵다, 조부모 이외의 친척, 아이의 형제자매 비율은 높아진 것으로 나타났다. 초등학생 자녀돌봄과 관련하여서는 방과후 주된 활동으로는 학원(60.7%)이 가장 많았고, 집에서 보호자와 함께 지내는 경우(19.0%)가

그 다음으로 높게 나타났다. 반면 보호자 없이 집에서 혼자 있는 경우도 2.9% 정도 되었다. 방과 후에 학원 등 기관을 이용할 때 지출하는 비용은 10~30만 원 미만(31.4%), 30~50만 원 미만(29.6%), 50~100만 원 미만(20.7%) 순으로 높게 나타났다. 방과 후 기관을 이용하는 초등학생 자녀가 기관 이용 이후에도 돌보는 사람 없이 혼자 있는 시간(일평균)은 1시간 정도(16.8%), 2시간 정도(10.3%)로 나타났고, 4시간 이상도 4.3%로 나타나 응답자의 1/3 정도가 방과 후 기관이용 후 1시간 이상 '나홀로 아동'으로 지내는 것으로 나타났다.

〈표 8-6〉 기관 미이용 시 주 돌봄자의 평균 돌봄 시간(평일)

구분		0~3시간 이하	4~6시간 이하	7~9시간 이하	10~14시간 이하	15시간 이상	평균(시간)	전체
가구대표 성별	남성	7	8	24	190	-	10.36	230
		(3.2)	(3.5)	(10.6)	(82.7)	-		(100.0)
	여성	0	4	31	192	-	10.80	227
		(0.0)	(1.8)	(13.8)	(84.4)	-		(100.0)
	전체	7	12	56	382	-	10.58	457
		(1.6)	(2.7)	(12.2)	(83.5)	-		(100.0)
맞벌이 여부	맞벌이	0	4	29	67	-	9.89	101
		(0.0)	(4.2)	(29.1)	(66.7)	-		(100.0)
	비맞벌이	7	8	26	292	-	10.73	334
		(2.2)	(2.4)	(7.9)	(87.6)	-		(100.0)
	전체	7	12	56	360	-	10.54	435
		(1.7)	(2.8)	(12.8)	(82.7)	-		(100.0)

자료: 여성가족부(2016). 2015년 제3차 가족실태조사.

2) 문제점

(1) 저출산 해소와 일·가정 양립 문제

기혼의 취업여성에게 자녀출산 자체보다는 이후의 아이를 맡아 돌봐줄 양육처가 없다는 것이 출산을 꺼리는 요인이 되고 있다. 따라서 자녀의 연령과 가족 특성에 적합한 수요자 중심의 가족돌봄 지원체계 및 서비스 마련이 긴급한 실정이다. 이는 곧 최근 사회적 이슈로 부각되고 있는 근로자의 일·가정 양립과 관련하여 일하는 여성의 중단 없는 지속적인 경제활동과 가정생활의 병행을 지원하는 일이며 저출산 해결 및 국가경쟁력 강화의 중요한 요소로 작용하기 때문이다.

앞서 통계청 통계포털 자료에 의하면, 여성의 경력단절 사유에서 지난 10년간 육아와 가사가 차지하는 비중이 가장 많은 것으로 나타났으며(통계청, 2018), 2015년 여성가족부의 제3차 가족실태조사에서도 이러한 경향이 여전히 나타나 여성의 비취업 사유가 연령보다 가사와 육아 때문에 더 영향을 받고 있음을 알 수 있다. 특히 비취업 사유가 남성의 경우에 취업 적정 시기가 아님, 나이, 건강 등의 순으로 우세한 것에 비해 여성의 경우에는 가사일과 자녀돌봄이 1, 2순위로 나타나 성별에 따른 비취업 사유에 명확한 차이를 나타내 보이고 있다(여성가족부, 2016). 이러한 결과를 통해 자녀돌봄에 대한 부담이 기혼여성의 직장생활 지속에 가장 큰 걸림돌이 되고 있음을 알 수 있으며, 돌봄을 위한 주변의 자원 활용 가능성이나 여건이 마련되지 못하면 결국 자신의 일(직장)을 포기해야 함을 보여주고 있다(송혜림·유아랑, 2013).

(2) 영유아보육 현장의 문제

① 국·공립보육시설의 부족 및 다양한 보육시설 충족의 미비

자녀양육과 돌봄을 지원해주는 보육서비스 욕구가 늘어나고 있고 보육시설 수도 지난 10여년간 계속 증가하고 있지만 각 가정의 특성과 요구에 적합한 다양한 보육시설은 여전히 부족한 상황이다. 2017년 기준 우리나라의 보육시설은 개인이 운영하는 민간보육 및 가정보육시설이 80%이상 대다수를 차지하고 있으며, 부모들이 선호하는 국·공립보육시설이 차지하는 비율은 7%, 직장보육시설은 2.6%로 10%내외에 불과하다. 또한 각 가족은 처해진 상황에 따라 야간보육, 주말보육 등 보육서비스에 대한 욕구가 매우 다양하지만, 이러한 다양한 보육수요를 충족해줄 수 있는 영아, 장애아, 방과후, 시간 연장, 휴일보육, 24시간 보육서비스는 극히 미흡한 실정이다.

〈표 8-7〉 특수보육시설 현황

(단위 : 개소)

구분		계	(%)
특수 보육 시설	영아 전담	648	1.7
	장애아 전담	186	0.4
	장애아 통합	810	2.1
	방과후	516	1.4
	시간연장	6,535	17.2
	휴일	207	0.5
	24시간	230	0.6
	소계	9,132	24.0
전체 보육시설		38,021	100.0

자료 : 보건복지부(2017). 2017 보육통계.

② 양질의 보육 욕구의 증가

가구 당 자녀수가 줄어들면서 자녀양육에 관심이 증대되는 것과 동시에 가계 소득의 증가로 질 높은 보육서비스와 다양한 형태의 보육에 대한 부모들의 욕구가 증가되고 있다. 조사에 의하면 소득이 높아질수록 아동보육도 단순히 보호차원의 탁아사업에서 '아동보육+교육 중심'으로 전환이 되고 있다(권금주, 2012).

국민소득이 1만 불 이하일 때에는 직장여성 위주의 탁아 중심의 보육 사업이었다면, 국민소득 1~2만 불 시대에는 직장여성 위주의 아동보육 욕구가 동시에 요구되고, 국민소득 2만 불 이상이 되면 아동보육·교육으로 전환될 것이라고 전망하고 있다. 따라서 국민소득 3만 불 시대에 접어든 우리나라에서 1자녀 시대(2016년 합계출산율 1.05명)에 접어들면서 단순히 자녀를 맡아서 돌보는 수준이 아니라 교육적인 측면을 더욱 강화하는 양질의 보육 욕구가 증가할 것으로 보인다. 보육교사 1인당 아동 수가 2004년 12명, 2008년 8.1명, 2014년 6.2명으로 감소함으로써 보육서비스의 질적 향상에 다소 기여한 것으로 보인다. 그러나 앞으로 보육의 질을 보다 향상시키기 위해서는 보육예산의 확충과 함께 아동의 물리적 환경, 교육내용 및 수준 등 다양한 차원에서의 질적인 제고가 함께 이루어져야 할 것이다.

③ 보육대상 및 보육료 지원 한정의 문제

비취업모의 자녀는 0~2세에 어린이집 보육을 약 50% 정도 시작하고 50% 정도는 가정 내 양육을 하고 있지만, 맞벌이 취업모는 0~2세에 75% 정도가 어린이집 보육을 시작하고 있다. 따라서 현재의 보육정책은 0~2세 모든 보육시설 이용 아동의 보육료만을 지원하기 때문에 가정 내 양육을 원하는 비취업모도 어린이집에 자녀를 맡기는 선택을 할 가능성이 많아졌다. 즉 0~2세의 무상보육이 보편화되면서 비취업가정의 보육시설 이용으로 정작 맞벌이가정의 아동은 이용을 못하는 경우가 발생하고 발달주기 상 양육자와의 애착 형성이 중요한 시기에 가정에서의 양육과 돌봄을 기피하고 시설에 맡겨질 가능성이 높아지는 문제가 발생하고 있다.

또한 36개월 미만의 소득 하위 70% 이하의 아동의 보육료만을 지원대상으로 하므로 보육시설을 이용하지 않는 36개월 이상의 차상위계층 아동은 국가의 보육정책의 혜택이 미치지 못하고 있다. 즉 보육시실에 맡기지 않고 조부모나 이웃의 도움으로 자녀를 양육하는 가정은 보육지원의 사각지대에 놓이게 된다(노명숙, 2012).

④ 자녀양육비 부담의 증가

최근 출산율 감소로 부모들은 과거보다 자녀양육과 돌봄에 대한 관심이 높은 경향이 있다. 질 높은 보육서비스에 대한 욕구뿐 아니라 어학과 예체능 등 조기교육 과열 현상 등으로 양육비 부담이 점차 증가되고 있다. 1인당 월평균 자녀양육 비용은 영아 62.9만 원, 유아 74.8만 원으로 나타나, 우리나라의 자녀양육에 대한 경제적 부담이 높은 편임을 알 수 있고(여성가족부, 2011), 이러한 현상이 출산을 기피하는 가장 중요한 요인이 되고 있다. 그러나 소자녀 사회에서, 맞벌이부모가 많은 상황에서, 보다 안전하고 질 높은 보육환경에 대한 기대는 높은 교육열로 이어져 자녀에 대한 투자는 여전히 높은 관심을 받고 있고 특히 어린 영유아기 자녀에 대한 부모의 기대가 높아지고 있다.

⑤ 보육취약계층의 증가

최근 이혼율의 증가와 함께 가족해체에 의한 조손가정, 한부모가족, 한부모다문화가정이 증가하고 있으며, 장애아 출현율의 증가와 함께 장애아동가족도 증가하고 있다. 이들 취약 계층 아동의 적절한 보육을 받을 권리가 보장되어야 하며, 보육서비스 이외에 아동의 가정 환경을 변화시킬 수 있는 아동-부모를 위한 포괄적 서비스가 제공될 필요가 있다.

(3) 맞벌이가정의 증가와 자녀 양육·돌봄의 문제

기혼여성의 취업률이 증가하면서 맞벌이가정들이 자녀양육과 돌봄에서 다양한 어려움을 경험하고 있는 것으로 나타났다. 맞벌이에 대한 호감도를 묻는 질문에 전체의 76.%가 바람직하다고 응답한 반면, 바람직하지 않다고 본 사람은 불과 5%에 그쳤고 그저 그렇다고 대답한 사람은 19%였다. 성별로 보면 여성의 경우 긍정적으로 생각하는 사람은 78.6%, 남성의 경우 긍정적으로 생각하는 사람은 73%로, 남녀 모두가 맞벌이에 대해서 긍정적으로 받아들이고 있음을 알 수 있다. 그러나 맞벌이가족의 아내는 남편보다 역할갈등을 더 많이 느끼고, 이를 해소하기 위해 아픈 자녀를 잘 돌볼 수 있는 유급휴가의 실시, 남편과 부인의 의료보험카드의 단일화, 맞벌이부부에세 불리한 현 세제의 개선과 관공서 및 은행의 야간 창구 개설 등의 지원이 요구되고 있다(황혜원·신정이, 2009).

특히 학령 전기 자녀를 둔 맞벌이가정은 어린 자녀를 보육시설에 맡기고 직장에 나가 일을 하면서 심리적으로 불안하고 부모로서 죄책감을 느끼는가 하면, 가정 내 돌봄 노동이 증가하고 특히 가정 내 여성의 돌봄 노동에 대한 부담이 상당히 증가하고 있다(송혜림·유아랑, 2013). 따라서 맞벌이 여성은 남성에 비해 이중노동의 부담 속에서 항상 남성에 비해서 일·가정을 양립하는 데 많은 시간을 소요하는 것으로 나타났고 이로 인해 개인의 심신 피로와 시간 부족, 직장에서의 생산성 하락 및 취업중단을 경험하는 것으로 보고되고 있다. 특히 6세 미만의 어린 자녀가 있는 맞벌이가정은 일·가정 역할 갈등이 적을 경우 9%가 취업중단을 하는 것에 비해 역할갈등이 높은 경우에는 48%가 취업중단의 의지를 지니고 있는 것으로 나타났다.

한편 맞벌이가족 자녀는 어머니의 취업으로 인하여 홑벌이가족 자녀와는 달리, 자기보호(self-care)를 해야 하는 상황에 놓이기가 쉬워 삶의 질에 위협을 받을 수 있다. 이는 초등학교 저학년의 방과 후 자기보호 아동이 42.3%인 것으로도 잘 알 수 있다(오선영, 2003). 뿐만 아니라 가정과 사회에서의 지지가 원만치 않은 경우 여러 가지 어려움에 부딪힐 수 있다.

최근 이혼율과 미혼부모의 증가로 한부모가족 아동의 수가 점차 증가하고 있는데, 미중 상당 비율이 저·중 소득층 가구에 속하여 한부모 양육자가 직장에서 일하는 동안 조부모의 돌봄조차 제대로 받지 못할 경우 홀로 방치되는 아동이 적지 않다. 실제 보건복지부의 2009년 '전국아동학대 현황 보고서'에 따르면, 2009년 신고된 아동학대 사건(5,685건) 중 아동방임이 전체의 35.6%를 차지해 가장 많은 아동학대 유형으로 나타났고, 2012년 국회 입법조사처 조사에서도 방임아동을 포함해 사회적 돌봄을 받지 못하는 '나홀로 아동'이 약 70만 명에 이르는 것으로 나타났다. 이들 아동들은 보호받지 못하는 상태에서 성폭력과 유괴 등 아동 대상 범죄의 주요 표적이 된다는 점에서 정부가 취약계층의 아동방임 문제에 보다 적극적으로 대처할 필요가 있다.

맞벌이가정에서도 생활 상 가장 불편한 일이 대해 자녀양육 및 교육이었으며(89.4%), 그 다음으로 가사노동(74.8%), 시댁 등 친척관계(16.5%), 부부관계(11.3%), 과소비(3.5%) 순으로 나타났다. 또한 결혼 후 직장생활의 가장 큰 어려움도 자녀양육(83%)이었으며, 대부분(80%) 자녀양육 문제로 직장을 그만두려고 생각해 본 적이 있는 것으로 나타나(이인덕, 2003), 자녀양육과 취업을 병행하기가 얼마나 어려운지 잘 알 수 있다. 그러나 맞벌이부부의 자녀양육 및 돌봄을 지원하기 위한 시설 및 프로그램도 전반적으로 부모의 직장노동시간대와 노동패턴 등의 특성을 충분히 고려하지 않고 일률적으로 제공기관의 입장에서만 기획, 운영된다는 점에서 서비스의 가장 큰 한계가 있다. 정부에서는 이러한 한계를 극복하기 위하여 다양한 육아지원 인프라의 확충을 추진해 왔으나 성과평가 결과에 따르면 다양성의 확보에 있어 상대적으로 미흡한 것으로 나타났다. 따라서 향후 가족생활시간의 다양한 패턴을 고려한 수요자 중심의 가족돌봄지원체계를 구축하고, 그에 적합한 서비스 지원방안을 마련하기 위한 정책적 노력이 더욱 필요하다.

마지막으로 자녀양육과 돌봄에 있어서 소득계층별로 다층구조화가 심화되고 있다. 저소득층일수록 아동이 보육과 돌봄서비스에서 배제되거나 방임되는 경우가 많고, 고소득층 아동일수록 교육열풍 속에서 과도한 사교육을 받고 있다. 즉 소득수준이 낮을수록 교육기능은 부족하지만 저렴한 어린이집(보육시설)을 이용하는 비율이 높게 나타난 반면, 고소득층은 비용은 비싸지만 교육기능이 강화된 (사립)유치원을 선호하는 경향을 보이고 있다. 또한 고소득층일수록 기본적인 보육시설만이 아니라 다양한 사교육 프로그램을 복합적으로 이용하여 유치원 외에 반일제 이상 학원, 특기 및 보습학원, 문화센터 등 사설 교육기관을 이용하는 비율이 눈에 띄게 높다. 그리고 교재교구 방문교육, 예체능 방문교육, 학습지, 개인과외 등 개인 방문교육서비스를 받는 사례도 상대적으로 높게 나타난 반면 저소득층 아동은 보육시설 이외에 다른 사교육 프로그램을 이용하는 비율이 매우 낮았다. 특히 예체능과 교재교구 방문교육이나 개인과외를 받는 사례는 거의 없었다. 더불어 가족돌봄 지원에서도 고소득층이 가족으로부터 더 많은 지원을 받는 것으로 나타났다. 어린이집, 유치원, 학원에서 돌아온 아동이 부모가 맞벌이를 하거나 아동을 직접 돌보기 어려울 때에 부모 외의 양육대행자의 돌봄이 필요한데, 고소득층 가정에서는 상당수가 동거·비동거 조부모의 도움을 받아 아동을 돌보고 있는 반면, 저소득층 가정은 조부모의 도움을 받는 비율이 상대적으로 낮았다.

2. 법과 정책서비스

여성의 경제활동참가율이 지속적으로 증가하면서 결혼과 임신, 출산에 대한 부정적인 가치가 높아지고 가정에서의 자녀양육과 돌봄의 공동화 현상에 많은 문제가 발생하고 있다. 따라서 정부에서는 자녀양육과 돌봄의 문제를 해결하기 위하여 과거 단순히 보육지원 중심이던 자녀돌봄과 가족지원정책에서 최근 일과 가정을 양립할 수 있는 종합적 지원방향으로 법과 제도 및 정책서비스를 바꾸어나가고 있다. 최근의 자녀양육 및 돌봄과 관련법에는 모성보호법, 「영유아보육법」, 「아동복지법」, 「양육비 이행확보 및 지원에 관한 법률」, 「저출산·고령사회기본법」, 「남녀고용평등과 일-가정 양립 지원에 관한 법률」 등이 있다.

1) 관련법

(1) 모성보호법

모성보호의 구체적인 범위는 각국의 사정에 따라 차이가 있는데, 우리나라의 모성보호 관련법은 단독 법률로 존재하는 것은 아니고, 기존의 「근로기준법」, 「남녀고용평등법」, 「고용보험법」 등에서 모성보호와 관련된 법안들을 총칭하는 개념이다. 2001년 7월 국회에서 모성보호 관련법 3개 개정안이 통과되면서 11월부터 시행되었고, 이에 따라 산전후 휴가일이 90일로 확대되었으며 육아휴직급여 및 직장 내 성희롱 행위자에 대한 벌칙규정이 신설되었다. 또한 연장·야간·휴일근로는 18세 이상 여성근로자부터 조정 가능하게 되었으며, 취업금지 직종도 일반 여성은 1개로 축소, 임산부는 12개로 강화되었다.

개정안의 주요 내용은 출산 전후 휴가를 60일에서 90일로 확대하는 등 모성보호를 강화하고, 출산 전후 휴가급여 및 육아휴직급여의 신설과 이로 인한 비용의 사회화와 함께 직장과 가정이 양립할 수 있는 내용을 담고 있다. 또한 여성의 연장·야간·휴일 근로 제한규정을 합리적으로 조정하고, 「남녀고용평등법」을 전 사업장으로 확대하여 적용하도록 하였다. 2004년부터는 육아휴직급여를 인상하는 등 모성보호 강화를 위한 법 개정이 지속적으로 이루어지고 있으며, 자녀 돌봄 및 양육(임신과 출산 등)과 관련된 세부적인 내용은 다음과 같다.

첫째, 출산 휴가의 연장으로, 60일에 불과하던 기존의 출산휴가가 90일로 연장되고, 산후휴가는 최소 45일이 보장된다. 또 휴가 기간의 급여는 종래 회사가 지불하던 60일의 임금 외에 나머지 30일의 임금은 고용보험과 정부 재정에서 지급하도록 한다. 둘째, 유급의 육아휴직제도를 신설해, 배우자인 여성이 근로자가 아닌 경우에도 남성 근로자가 자유로이 육아휴직을 신청할 수 있도록 하였고, 휴직자는 소득의 일부를 고용보험에서 지급받는다. 셋째, 남녀고용평등에 관한 규정으로, 기존의 5인 이상 사업장에서 1인 이상의 모든 사업장으로 확대되며, 1999년 도입된 간접차별의 개념을 명확히 규정함으로써 고용 상 차별행위를 예방할 수 있게 하였다. 채용·승진 및 직장 내 성희롱 등 성차별을 당한 근로자의 권리구제 절차를 정비하였고, 정년·퇴직·해고와 관련된 남녀 차별이나 직장 내 성희롱 피해자에 대한 불이익 조치, 육아휴직을 이유로 불리한 처우나 해고 등에 대해서도 법적 처벌을 받을 수 있도록 하였다. 넷째, 여성의 연장 · 야간 · 휴일근로 제한 규정을 조정해 18세 이상의 여성은 당사자 간 합의 또는 본인이 동의한 경우에 한해 야간 · 휴일근로가 가능하도록 하였다. 그러나 모성보호를 위해 임신 중인 여성 또는 산후 1년이 지나지 않은 여성의 경우에는 본인의 동의와 근로자 대표협의를 거쳐 고용노동부장관의 인가를 받아야 한다.

그러나 유산 · 사산 휴가, 가족간호휴직제 등은 도입하지 않음으로써 이들 조항을 꾸준히 주장해 온 여성계 · 노동계 · 시민단체의 반발이 계속되고 있고, 기업은 기업대로 개정된 모성보호 관련 법안이 노동자 측에 유리하다는 이유로 반대 입장을 고수하는 등 논란이 일고 있다.

(2) 영유아보육법

「영유아보육법」은 영유아 및 가정의 복지 증진을 위하여 영유아의 보호 및 교육에 관한 법률로 1991년 처음 제정되었고, 2004년 정부의 보육의 공공성 강화, 수요자 중심의 효율적 보육서비스의 제공, 보육 현장의 양적, 실적 향상의 균형, 보육참여문화 형성 및 확대를 위하여 전면 개정, 2013년 8월 아동학대의 예방 강화, 보육시설의 안전관리 강화, 다문화가족의 보육지원, 국가의 보육료 지원 확대를 위하여 재개정 및 2014년 8월 시행되었다.

이 법은 영유아의 심신을 보호하고 건전하게 교육하여 건강한 사회 구성원으로 육성함과 아울러 보호자의 경제적 · 사회적 활동이 원활하게 이루어지도록 함으로써 영유아 및 가정의 복지를 증진하기 위하여 제정되었다(제1조). 특히 국가와 지방자치단체뿐 아니라 모든 국민이 영유아를 건전하게 보육할 책임이 있다(제4조)고 규정함으로써 영유아 보육의 중요성을 부각시키고 있다.

또한 영유아의 보육에 관한 사업의 기획 · 조사 · 실시 등에 관하여 필요한 사항을 심의하는 기관으로 보건복지부에 중앙보육정책위원회를, 특별시 · 광역시 · 도 및 시 · 군 · 구에는 지방보육정책위원회를 두고(제6조), 보육에 대한 제반 정보의 제공 및 상담을 위해서는 중앙 및 지방에 육아종합지원센터를 설치 · 운영하도록 하고 있다(제7조). 보호자의 위탁을 받아 영유아를 직접 보육하는 기관인 어린이집의 종류는 국 · 공립어린이집, 사회복지법인어린이집, 법인단체 등 어린이집, 직장어린이집, 가정어린이집, 부모협동어린이집, 민간어린이집으로 나누어 규정하고 있다(제10조).

이 밖에 보육계획의 수립, 어린이집이 갖추어야 할 설치기준 등 기타 필요한 사항과 보육교직원의 자격 등에 관하여 규정하고 있고, 어린이집의 운영에 관한 사항, 영유아의 보육에 필요한 비용의 부담과 보조, 세제지원과 함께 어린이집에 대한 지도 및 감독에 관한 사항을 규정하고 있다.

특히 2004년 개정법에서는 어린이집 인가제도 및 보육교사의 국가자격증제도 시행, 지역사회와 연계된 보육서비스 제공, 보육내용의 표준화, 직장보육시설 설치, 보육비용의 부담, 무상보육의 특례 등의 내용이, 2013년 8월에는 아동학대의 예방 강화, 보육시설의 안전관리 강화, 다문화가족의 보육지원, 국가의 보육료 지원 확대 등의 내용이 추가되었다.

(3) 저출산 · 고령사회기본법

2005년 합계출산율이 1.1명대에 머무는 초저출산 현상이 나타나면서 정부는 이러한 문제를 해결하기 위한 대책으로 「저출산 · 고령사회기본법」을 제정, 시행하게 되었다. 「저출산 · 고령사회기본법」은 국가의 지속적인 발전을 위한 인구 구성의 균형과 질적 향상을 실현하고, 국민이 건강하고 안정된 노후생활을 할 수 있도록 하는 것을 기본이념으로 하고 있다(제2조). 저출산은 국가 존립 및 국가발전과 직결되며 국가정책적 차원에서 해결해야 할 문제이므로 이러한 문제점을 거시적 안목에서 체계적으로 해결하기 위하여 국가 및 지방자치단체로 하여금 저출산 · 고령사회 정책을 수립하고 추진하는 체계를 마련할 것을 주요 내용으로 한다. 즉 저출산 · 고령사회 수립 및 추진체계에서는 매 5년 저출산 고령사회 기본계획을 작성하여 저출산 · 고령사회위원회 및 국무회의의 심의를 거친 후 대통령의 승인을 얻어 확정하도록 하였다(제20조 1항, 2항). 또한 수립된 기본계획은 중앙행정기관 및 지방자치단체에서 매년 시행계획을 수립, 그 추진실적을 평가하여 저출산 · 고령사회정책에 반영하도록 되어 있다(제21조).

우리나라는 2006년 '출산 · 양육에 유리한 환경 조성 및 고령사회 대응기반 구축'을 목표로 제1차 저출산·고령사회 기본계획(새로마지플랜 2010) 하에 저출산 극복을 위한 사회적 인식과 저소득층 중심의 보육지원을 확대해 왔으며, 제2차 저출산 고령사회 기본계획(새로마지플랜 2015)에서는 모든 계층의 일·가정의 양립을 위한 환경 조성에 초점을 맞추어 '점진적 출산율 회복과 고령사회 대응체계의 확립'을 추진해오고 있다(보건복지부, 2010).

〈표 8-8〉 제1차와 제2차 저출산·고령사회 기본계획의 비교

구분		1차 계획	2차 계획
저출산	주요 대상	저소득가정	맞벌이 등 일하는 가정
	정책 영역	보육지원 중심	일·가정 양립 등 종합적 접근
고령화	주요 대상	65세 이상 저소득 노인	50세 이상 베이비붐 세대
	정책 영역	소득보장, 요양보호	소득, 건강, 주거 등 전반적 사회시스템
추진 방식		정부 주도	범사회적 정책공조
투자 규모		42.2조 원(실제 규모)	75.8조 원(투자계획)

자료: 보건복지부(2010). 2011년 보건복지부 업무계획.

(4) 남녀고용평등과 일-가정 양립 지원에 관한 법률

이 법은 헌법의 평등이념에 의거해 고용에 있어 남녀의 평등한 기회와 대우를 보장하고 모성을 보호하고 여성고용을 촉진하여 남녀고용평등을 실현하는 한편, 근로자의 일과 가정의 양립을 지원하여 모든 국민의 삶의 질을 높이고자 1987년 제정되었고, 2007년 「남녀고용평등과 일-가정 양립 지원에 관한 법률」로 법제 명을 변경하고 일부 내용을 개정하였다. 또한 2012년에도 저출산 문제 및 고령화 등의 사회문제를 해소하기 위한 규정 마련을 위해 일부 내용이 개정되었다.

변경된 법률은 저출산·고령화 시대에서 여성인력의 적극적 활용과 일-가정 양립의 필요성이 제기되면서 이를 제도적으로 뒷받침하기 위해 육아휴직제도를 보완하고 배우자의 출산휴가를 제공하는 등 새로운 제도를 도입하고자 개정되었다. 개정된 내용 중 자녀양육 및 돌봄과 관련된 주요 사항은 다음의 세 가지이다.

첫째, 육아기의 근로시간을 단축하는 제도를 도입하는 것이다. 시간제 육아휴직의 일종

인 육아기 근로시간 단축제를 도입함으로써 전일제 육아휴직과 함께 근로자의 상황에 맞춰 육아 방법을 선택할 수 있도록 한 것으로, 단축 후 근로시간은 주당 15시간~30시간이다.

둘째, 배우자 출산휴가를 도입하는 것이다. 3일 동안(2013년 2월 2일부터 5일의 범위에서 3일 이상, 최초 3일은 유급)의 배우자 출산휴가를 법정의무제로 도입하였다.

셋째, 초등학교 취학 전의 아동양육을 지원하기 위한 사업주의 노력의무에 관한 것이다. 사업주가 근로자가 육아를 양육하기 위해 필요한 조치인 탄력적인 근로시간제, 연장근로 제한 등의 의무를 행하도록 규정하여 근로자가 초등학교 취학 전 자녀를 양육할 수 있도록 하였다. 이에 따라 만 8세 이하 또는 초등학교 2학년 이하 자녀(2014년 1월부터)의 양육을 위해 육아휴직을 신청하는 경우 사업주는 의무적으로 1년 이내의 육아휴직 기간을 허용해야 한다.

한편, 2012년 개정법에서는 배우자가 출산휴가가 3일에서 5일로 확대되었고 이 중 3일이 유급이 되었다. 또한 근로자는 가족의 질병, 사고, 노령 등의 이유로 가족돌봄휴직(무급, 최대 90일)을 신청할 수 있으며, 사업주는 근속기간 1년 미만 등 예외적인 경우를 제외하고 의무적으로 허용해야 하는 규정이 신설됐다.

(5) 아동복지법

이 법은 아동이 건강하게 출생하여 행복하고 안전하게 자라도록 그 복지를 보장함을 목적으로 모든 아동이 좋지 않은 각종 사회적 환경으로부터 보호받고, 온 국민이 아동애호와 아동복지사업에 참여하는 국민적 기풍을 조성하고자 제정되었다. 1961년 「아동복리법」을 1981년 전문 개정과 함께 「아동복지법」으로 바꾸었으며, 2000년, 2011년 전문 개정 및 2013년과 2014년 일부 개정을 통해 폭넓은 아동의 권익과 보호가 이루어지도록 지속적으로 변화되고 있다. 그 내용은 다음과 같다.

첫째, 아동의 범위를 18세 미만인 자로 하고, 모든 국민과 국가 등은 이들 아동을 보호, 양육하고 사회생활에 잘 적응할 수 있도록 육성할 것을 의무화하며, 어른들로 하여금 이러한 정신을 실천할 수 있는 사회분위기 조성과 어린이에 대한 애호정신을 심어주기 위해 매년 5월 5일을 '어린이날'로 하고 있다.

둘째, 도와 시 · 구 · 군에 아동위원을 두어 아동복지에 관한 각종 상담과 지도업무를 담당하도록 하고, 동 · 읍 · 면에 명예직 아동위원으로 위촉하여 이들이 지역 내 아동에 대하여 항상 그들의 생활 상태나 가정환경을 상세히 파악하고, 관계행정기관이나 아동복지지도원 등과 상호 협력하여 문제아동의 발생을 사전에 막고 아동의 건전한 활동을 유도할 수 있는 기능을 하도록 하고 있다.

셋째, 특별시 · 광역시 · 도 · 시 · 군에 아동복지지도원을 두어 아동에 대한 적절한 보호조치, 아동 및 가족에 대한 상담과 가정환경의 조사, 전문적 · 기술적 지도 및 감독, 지역사회자원의 활용과 알선 및 아동문제의 예방과 원조 등 아동의 복지 증진 및 육성에 관한 업무를 수행할 수 있도록 하고 있다.

넷째, 아동의 건전한 정서생활을 유지, 개발하기 위하여 국가 · 지방자치단체가 아동이 항상 이용할 수 있는 아동복지시설을 마련하도록 하고 있다. 아동복지시설의 종류에는 아동양육시설, 아동일시보호시설, 아동보호치료시설, 아동직업훈련시설, 자립지원시설, 아동단기보호시설, 아동상담소, 아동전용시설, 아동복지관 등이 있다.

다섯째, 국가와 지방자치단체는 아동학대를 예방하고 수시로 신고를 받을 수 있도록 긴급전화를 설치하여야 한다. 이 경우 그 설치 · 운영에 관하여 필요한 사항은 대통령령으로 정한다.

여섯째, 아동보호전문기관을 설치하여 학대받는 아동을 발견 · 보호 · 치료하며, 이들을 예방하고 방지하는 홍보도 한다. 또한 보건복지부령으로 아동보호전문기관을 설치하고, 상담원 등을 두어 운영하여야 한다. 또한 아동학대를 발견하면 누구든지 반드시 신고할 의무를 가질 것을 규정하고, 아동학대신고를 접수한 아동보호전문기관 직원이나 사법경찰관리는 지체 없이 아동학대의 현장에 출동하여야 하며, 아동학대행위자로부터의 격리 또는 치료가 필요한 때에는 아동보호전문기관 또는 치료기관의 인도에 필요한 조치를 하여야 한다.

(6) 양육비 이행확보 및 지원에 관한 법률

이 법은 자녀양육에 대한 경제적 어려움을 겪는 한부모가정이 양육비의 원활한 이행을 확보할 수 있도록 지원체계를 마련하고, 한시적 양육비 긴급 지원제도를 통하여 미성년 자녀가 최소한의 생존권을 누릴 수 있도록 지원함으로써 미성년 자녀의 안전한 양육환경을 조성하려는 목적에서 제정되었다. 2014년 제정되어 2015년 3월부터 시행되고 있으며 그 내용은 다음과 같다.

첫째, 양육비용 부담에 관한 채무, 즉 "양육비 채무"를 규정하여 미성년자인 자녀에 대하여 해당 비양육부·모의 부모가 양육비를 지급하도록 하고(제3조), 이를 위해 여성가족부장관이 자녀양육비 산정을 위한 양육비 가이드라인을 마련하여 법원의 판결, 심판 등에 적극 활용하도록 하였다(제5조).

둘째, 여성가족부에 양육비 이행확보를 위한 제도의 신설 및 개선, 양육비 채무 불이행자에 대한 제재조치, 양육비 가이드라인의 마련 등에 관한 사항을 심의·의결하기 위한 "양육비이행심의위원회"를, 양육비 청구와 이행확보 지원 등에 관한 업무를 수행하기 위해여 한국건강가정진흥원에 "양육비이행관리원"을 두도록 하였다.

셋째, 비양육부·모 또는 양육부·모는 당사자 간 양육비 부담 등 협의가 이루어지지 않을 경우 이행관리원의 장에게 양육비에 관한 상담 또는 협의 성립의 지원을(제10조), 양육부·모는 이행관리원의 장에게 양육비 집행권원 확보를 위한 법률지원을, 양육비 채권자는 양육비 이행확보에 필요한 법률지원이나 양육비 채권 추심지원(제11조)을 신청할 수 있다. 또한 양육비 이행지원을 신청한 양육비 채권자는 양육비 채무자가 양육비채무를 이행하지 아니하여 자녀의 복리가 위태롭게 되었거나 위태롭게 될 우려가 있는 경우에는 이행관리원의 장에게 한시적 양육비 긴급지원을 신청할 수 있다(제14조).

넷째, 양육비가 지급되지 아니한 경우 이행관리원의 장이 양육비 채무자의 양육비 지급능력에 대한 확인조사와 사건기록 열람의 신청(제15조), 양육비 이행지원을 위한 법률지원 및 채무자의 재산에 대한 양육부·모의 추심지원(제18조 및 제19조) 등을 할 수 있다. 또한, 양육비 지급 이행이 완전하지 못할 경우에는 양육비 채무자에 대한 세금 환급 예정금액의 압류(제20조), 양육비 지급 이행확보 목적의 신용정보회사 등의 양육비 체납에 관련 신용정보의 제공(제21조)이 가능하도록 하였다.

2) 관련 정책서비스

현재 우리나라의 자녀양육 및 돌봄 관련된 정책은 크게 출산 및 일-가정 양립을 위한 고용노동지원과 보육 및 돌봄 지원으로 구분되어 진행되고 있다. 고용노동지원과 관련해서는 정부부처 중 고용노동부에서, 자녀를 위한 보육 및 돌봄과 관련해서는 보건복지부와 여성가족부에서 함께 공적 서비스를 제공하고 있다.

이 중 출산 관련 지원책은 금전적으로 자녀의 출생 시에 일정 금액을 지원하는 일회성 지원에서부터 일정 기간 동안 지속적으로 보육료를 지원하는 것에 이르기까지 그 내용과 기간이 다양하다. 여기에는 출산장려금 지급, 셋째 자녀 양육비 지원, 정관복원 수술비의 건강보험 적용 등이 포함된다. 이러한 지원책 중 가장 보편적인 것은 출산장려금이지만 급여수준이나 급여방식에 있어서 실질적인 지원효과는 미흡한 것으로 평가된다. 이는 출산 및 보육비의 지원이 부모의 소득에 따라 주로 도시근로자 가구 평균 소득 이하의 경우에 혜택을 볼 수 있어 실제 출산율을 높이는 데에는 큰 영향을 미치지 못하기 때문이다. 이 외에도 출산 전후 및 유산·사산 휴가, 배우자 출산휴가 등 비금전적인 지원제도가 실시되고 있다(권금주, 2012 : 152).

일-가정 양립과 관련된 지원으로는 임산부의 근로조건 개선, 육아휴직, 가족돌봄휴직, 직장어린이집 지원 및 공공보육시설의 운영 등 일과 가정의 양립이 가능한 환경을 제공하려는 지원이 이루어지고 있다. 저출산 위기 담론의 확산으로 2000년대 이후 정부의 보육정책이 강화되기 시작하였고, 특히 보육서비스에 대한 지원도 급속하게 증가해 왔다. 이로써 이제까지 보육정책이 갖고 있던 잔여적 성격은 2004년 「영유아보육법」의 전면 개정을 통해 모든 영유아에 대한 보육의 책임을 명시함으로써, 추상적인 정책목표상에서는 보편적 보육정책으로 변화되었다.

현재 보육서비스 관련 정책적 지원은 크게 규제 및 보육의 질 관리, 보육시설 지원과 보육료 지원의 세 가지로 나타나는데, 정부가 공공보육시설을 통한 보육서비스를 직접 공급하는 생산자로서의 역할보다는 주로 규제와 재원공급자(공급자 지원, 수요자 지원)의 역할을 수행하고 있다.

〈표 8-9〉 정부부처별 자녀양육 및 돌봄 지원정책

주관 부처	서비스 유형	내용 및 세부 프로그램
보건복지부	보육시설	• 국·공립어린이집 확충 / 사립유치원평가 내실화 • 민간육아시설 서비스 개선: 평가인증제 시행 등, 보육인력의 전문성 제고
	보육교육비 지원	• 보육·교육비 전액 지원대상 확대: 만 0세~만 5세까지 연령별 지원 단가 보육료 지원 • 양육수당 지원 확대: 보육시설 미이용 시 연령별 차등지원
여성가족부	보육 서비스	• 맞벌이부부를 위한 맞춤형 서비스 확대: 시간 연장 보육서비스 활성화를 위한 인건비 및 지원방식 추진 • 이웃 간 돌봄나눔사업 활성화: 공동육아나눔터 운영, 자녀양육 품앗이 연계 • 아이돌봄 서비스 확대: 시간제, 종일제 • 취학아동 방과후 돌봄 서비스 확대(보건복지부, 교육부 합동): 지역아동센터 확대, 청소년 방과후 아카데미 지속 확대, 초등학교 방과후 아이 돌봄 서비스 확대
	가족친화 환경조성	• 가족사랑의 날 운영 • 가족친화인증제 운영
고용노동부	출신진후 휴가	• 여성근로자가 자녀를 출산하는 경우 출산전후 90일 휴가보장
	유산·사산휴가	• 자연유산의 경우 임신기간에 따라 차등 부여
	임산부의 근로조건 보호	• 임신 중, 산후 1년 경과하지 아니한 여성을 대상으로 경미한 근로로의 전환 • 임산부 등의 사용 금지 • 임산부의 야간·휴일근로 제한 • 임산부의 시간외근로 제한 • 임신 중 탄력적 근로시간제 금지 • 육아시간(유급수유시간)의 부여
	배우자 출산휴가	• 출산일 전후 3~5일 사용 가능(3일 유급)
	육아휴직	• 만 6세 이하의 초등학교 취학 전 자녀가 있는 경우 최대 1년 사용 • 육아휴직급여 지급(통상임금의 40%, 상한 100만 원, 하한 50만 원) • 육아기 근로시간 단축제: 육아기 근로자들의 선택의 폭을 확대하기 위해서 육아휴직 대신 사용 가능
	가족돌봄 휴직	• 가족(부모, 자녀, 배우자, 배우자의 부모)이 질병, 사고, 노령으로 인해 돌봄이 필요한 경우에 사용할 수 있는 휴직제도(연 90일 사용, 1회 사용 시 최소 30일 이상 사용)
	직장어린이집 지원(보건복지부)	• 사업주의 사업장 근로자를 위한 보육시설 설치비용 융자, 설치비용 무상지원, 보육교사 등 인건비 지원, 중소기업직장어린이집 운영지원 등
	공공보육시설 운영	• 직장어린이집 설치가 어려운 중소기업 근로자를 위해 육아부담 완화와 고용안정을 위해 공공어린이집 운영(전국 24개소)

자료: 여성가족부, 보건복지부, 고용노동부 홈페이지(2012) 참조.

한편, 2009년 9월부터 보육서비스지원에 있어서 가장 중요한 변화가 이루어졌는데, 보육료 지원방식이 공급자 지원방식에서 이용자 지원방식으로 전환된 것이다. 이용대상 가정에 전자바우처 카드를 제공하는 방식을 도입하여 서비스 이용자에게 선택권을 줌으로써, 공급기관 간의 경쟁을 유도하고, 이를 통해 서비스 품질의 개선을 이룬다는 취지에서 시행되었다. 하지만 바우처 방식을 통해 서비스 질이 개선되고 서비스 이용비용 부담이 낮아졌는지에 대해서는 분명한 효과가 드러나지 않고 있고, 면밀한 평가가 필요한 상황이다.

최근 자녀양육 및 돌봄에 대한 정부의 서비스지원 방향은 영유아대상의 시설 중심 보육을 근간으로 하면서 부모의 다양한 욕구에 맞추어 서비스 종류를 다원화하는 방식으로 보육 관련 예산을 획기적으로 증가시키고 있다. 2012년 3월부터 만 0~2세 영아는 소득수준에 관계없이 보육시설을 무상으로 이용할 수 있도록 하였으며, 만 5세 유아에게는 유치원과정과 보육시설과정을 통합한 누리교육과정의 시행에 따라 유치원과 어린이집 어디에 다니든지 소득에 관계없이 지원을 하고 있다.

이와 같이 정책의 변화 방향은 저소득층·취약계층, 또는 어린이집이나 유치원을 이용하는 가정을 지원하는 선별적 지원에서 벗어나 자녀를 키우는 모든 가정에 대한 보편적인 지원으로 바뀌어가고 있다. 따라서 부모들의 입장에서 자녀돌봄 방식이 단일화된 보육료지원(보육시설이용지원) 방식에서 가정양육에 대한 양육비지원이나 아이돌봄 서비스의 이용 등의 다양한 선택이 가능한 방식으로 확대되고 있다.

〈표 8-10〉 **연령별 자녀돌봄 지원정책과 서비스**

아동 연령	서비스 종류	지원대상	소득 기준	지원 수준	비고
만 0세	양육수당	보육시설을 이용하지 않는 저소득 가정의 아동	차상위 가정	월 20만 원	양육수당, 보육서비스, 0세아 종일제 돌봄서비스 중 택 1
	보육서비스	보육시설 이용 아동	소득, 재산 무관	전액지원	
	0세아 종일제 아이돌봄 서비스	맞벌이, 한부모취업가정, 다자녀가정(쌍둥이가정)	소득에 따라 차등 지원	월 40만~70만 원	

아동 연령	서비스 종류	지원대상	소득 기준	지원 수준	비고
	시간제 아이돌봄 서비스	모든 아동 ※ 단, 0세아 종일제 돌봄서비스를 이용하는 영아나 보육시설을 이용 시간대에는 서비스 이용은 가능하나 금액은 지원되지 않음	소득에 따라 차등 지원	시간당 최고 4,000원	양육수당, 보육서비스, 0세아 종일제 돌봄서비스를 보완하는 역할
만 1~2세	양육수당	보육시설 이용하지 않는 저소득가정의 아동	차상위 가정	월 15만원	양육수당, 보육서비스 중 택 1
	보육서비스	보육시설 이용 아동	소득, 재산 무관	전액지원	
	시간제 아이돌봄 서비스	모든 아동 ※ 단, 보육시설을 이용 시간대에는 서비스 이용은 가능하나 금액은 지원되지 않음	소득에 따라 차등 지원	시간당 최고 4,000원	양육수당, 보육서비스를 보완하는 역할
만 3~4세	보육서비스/유치원교육	보육시설 및 유치원 이용 아동	영유아 가구 평균소득 70% 이하	전액지원	–
	시간제 아이돌봄 서비스	모든 아동 ※ 단, 보육시설을 이용 시간대에는 서비스 이용은 가능하나 금액은 지원되지 않음	소득에 따라 차등 지원	시간당 최고 4,000원	보육서비스를 보완하는 역할
만 5세	보육서비스/유치원교육	보육시설 및 유치원 이용 아동	소득, 재산 무관	전액지원	–
	시간제 아이돌봄 서비스	모든 아동 ※ 단, 보육시설을 이용 시간대에는 서비스 이용은 가능하나 금액은 지원되지 않음	소득에 따라 차등 지원	시간당 최고 4,000원	보육서비스를 보완하는 역할

자료 : 구혜령(2012). 저출산시대의 자녀돌봄지원 정책.

(1) 보육료 지원

만 0~5세 자녀의 어린이집이나 유치원 이용에 대한 보육료 지원을 통해 부모의 자녀양육부담을 경감시키고 원활한 경제활동을 지원하는 제도이다. 서비스의 지원대상은 소득수준에 무관하며, 보육시설을 이용하는 모든 아동을 대상으로 지급한다. 즉 만 0세~2세의 보육료(286천~394천 원), 만 3~5세의 누리과정보육료(222천 원), 다문화보육료 및 장애아보육료(취학 전) 지원아동을 원칙으로 한다.

다만, 시간제 보육료는 영유아 중 법정저소득층 및 장애아동에 한해 지원하고(취학아동에 대한 지원 불가), 만 12세 이하 취학아동 중 법정저소득층과 장애아동에 대해서는 시간 연장 보육료에 한하여 지원한다. 야간보육료와 24시간 보육료는 24시간 지정 어린이집을 이용하는 경우에만 지원이 가능하며, 휴일(토요일 제외) 보육료는 일 보육료를 정부지원 단가×휴일 보육일수/26일(공휴일제외)로 계산하여 이것의 150%(지정시설은 100%)를 지원한다.

〈표 8-11〉 추가적인 보육료 지급의 유형

구분	시간제 보육료	시간연장형 보육	야간보육	24시간 보육
지원 대상	부득이한 경우에 비정기적으로만 보육시설 이용하는 비취학 법정저소득층 및 장애 영유아	만 12세 이하 취학아동 중 법정저소득층과 장애아동 매월 지원한도액: 60시간	야간에만 어린이집 이용 시에만 지원 가능	주간보육도 이용하고 야간보육이 불가피하다고 판단되는 아동(야간 맞벌이, 한부모 또는 조손가정 등)
보육 시간	이용시간	기준시간 초과 (19:30~24:00) 토요일(15:30~24:00)	19:30~익일 07:30	24시간
보육료	법정저소득층 아동: 3,000원 장애아동: 3,900원	일반아동: 2,700원 장애아동: 3,700원 (연령 관계없이 동일)	만 0세: 394천 원 만 1세: 347천 원 만 2세: 286천 원 만 3세 이상: 220천 원	만 0세: 394천 원 만 1세: 347천 원 만 2세: 286천 원 만 3세 이상: 220천 원
기타 사항	보육통합정보시스템에 의한 지급처리가 불가, 시·군·구에서 수기로 처리	※ 아침, 저녁급식비는 기타 필요경비 지침에 따라 수납 가능	24시간 지정 어린이집에서만 보육 가능	24시간 지정 어린이집에서만 보육 가능

자료: 보건복지부 복지로(www.bokjiro.go.kr).

(2) 양육수당 지급

만 0~5세 자녀를 어린이집이나 유치원에 보내지 않고 가정에서 키우는 경우에 양육수당을 받을 수 있다. 연령대별로 10만~20만 원씩 지급되는 양육수당은 자녀를 어린이집 등에 보낼 때 받는 보육료보다 지원 금액은 적지만, 바우처가 아닌 현금으로 지원되는 점이 장점이다.

양육수당 지원대상은 시설을 이용하지 않고 가정양육을 하는 만 0~5세 전 계층이다. 여기에는 농어촌아동, 장애아동, 아동복지시설(그룹홈 포함) 재원 아동, 입양대상과 위탁가정에서 보호·양육되고 있는 아동 등도 포함된다. 다만 앞의 보육료나 유아학비를 지원받고 있거나, 종일제 아이돌봄 서비스를 이용하고 있거나, 교육부의 유치원은 아니지만 국립학교(국가지원)로 인가받아 유치원과 동일한 성격의 교과과정을 시행하고 있는 기관 등을 다닌다면 지원에서 제외된다.

양육수당은 매년 보건복지부에서 지정한 액수대로 연령별로 차등 지원받는다. 농어촌아동과 장애아동은 특수한 상황으로 지원액이 약간 많다.

양육수당의 신청 시기는 아이의 출생일로부터 2개월(출생일 포함 60일) 이내에 신청하는 것이 좋다. 60일 내에 양육수당을 신청하면 출생일부터 기간을 계산해 지급하고, 60일을 초과해 신청하면 신청 월부터 지급하기 때문이다. 양육수당 신청은 따로 정해진 날 없이 상시 신청 가능하며, 기존 보육료나 유아학비를 양육수당으로 변경할 때는 반드시 '변경신청 단계'를 거쳐야 한다. 양육수당의 신청은 아이의 보호자로서 친권자·후견인, 그 밖에 아이를 사실상 보호하고 있는 사람이 주민등록상 아동의 거주지 관할 동 행정복지센터를 방문해 사회복지서비스 및 급여 제공(변경) 신청서 등을 제출하거나 복지로(hwww.bokjiro.go.kr)를 통해 온라인 신청하면 된다.

(3) 아이돌봄서비스

아이돌봄서비스는 만 12세 이하 아동을 둔 맞벌이가정 등에서 아이들을 위해 아이돌보미가 가정을 직접 방문하여 아동을 안전하게 돌봐주는 서비스이다. 아이돌봄서비스는 서비스 유형(소득기준으로 가, 나, 다, 라형 구분)에 따라 시간제(일반형, 종합형)서비스, 종일제(영아종일제·보육교사형)서비스, 기관파견서비스, 질병감염아동 특별지원 서비스로 그 종류가 다양하다. 또한 아이돌봄서비스의 이용자는 전국 가구 평균 소득(4인 기준)을 기준으로 하여 서비스 이용시간 및 아동 수에 따라 정부지원금과 이용료에 차이가 있다. 아이돌봄서비스는 소득활동과 다자녀양육으로 양육공백이 발생하는 가정에 대해 정부가 서비스지원에 우선순위를 두고 있으며, 시간제 및 영아종일제 정부지원시간을 초과하는 아동은 비용을 전액 부모가 부담하여야 한다. 또한 경증장애아도 서비스를 이용할 수 있다.

〈표 8-12〉 아이돌봄 서비스의 유형 및 이용대상

<table>
<tr><th colspan="2">서비스 유형</th><th>이용대상</th><th>서비스 안내</th></tr>
<tr><td rowspan="2">시간제</td><td>시간제
(일반형)
돌봄서비스</td><td rowspan="2">만 3개월 이상~
만 12세 이하
아동</td><td>• 정부지원유형에 따라 가 · 나형 연 720시간, 다형 연 480시간 정부지원
• 아동당 최소 2시간 이상 사용이 원칙이며 가사활동은 제외
※ 나홀로 방치되는 초등학교 방과후 아동은 연 720시간까지 정부지원</td></tr>
<tr><td>종합형
돌봄서비스</td><td>• 아이돌봄 서비스 외 돌봄 아동과 관련된 가사 서비스 제공
※ 정부지원시간은 시간제 서비스(일반형) 지원시간 한도 내에서 차감</td></tr>
<tr><td rowspan="2">종일제</td><td>영아종일제
돌봄서비스</td><td rowspan="2">만 3개월 이상~
만 24개월 이하
영아</td><td>• 정부지원유형에 따라 가 · 나형 월 240시간, 다 · 라형 월 200시간 정부지원
• 정부지원시간 내에서 계약에 따라 돌봄서비스 제공
※ 1일 최소 6시간 이상 사용 원칙</td></tr>
<tr><td>보육교사형
돌봄서비스</td><td>• 영아종일제 아동의 특성에 맞춘 전문 돌봄 프로그램에 따른 서비스 제공
※ 영아종일제 서비스와 동일한 기준으로 정부지원 시간 및 지원금 차등 지원</td></tr>
<tr><td colspan="2">기관파견
돌봄서비스</td><td>사회복시시실,
학교, 유치원,
보육시설 등 만
0~12세 아동에
대한 돌봄서비스
가 필요한 기관</td><td>• 기관에서 단체로 아동을 돌보는 경우 돌봄 수요가 증가하는 시간대에 돌봄 활동 보조
※ 돌보미 1인당 돌볼 수 있는 최대 아동 수(만 0~2세: 3명, 만 3~12세: 5명)가 존재하며, 한 명의 돌보미가 여러 연령대의 아동을 대상으로 동시에 서비스를 제공할 수 없음</td></tr>
<tr><td colspan="2">질병 감염 아동
특별 지원</td><td>법정 전염성 질병
및 유행성 질병에
감염된 시설 이용
아동</td><td>• 별도 정부지원시간 차감 없이 이용비용 50% 정부지원
※ 질병감염 여부는 병원진단서 및 처방전을 제출
(미제출 시 본래 가구 유형에 따라 요금 부과)
※ 법정전염성 질병은 「감염병의 예방 및 관리에 관한 법률」 제2조 감염병에 한함</td></tr>
</table>

자료: 여성가족부(idolbom.mogef.go.kr).

서비스 유형 및 정부지원 유형에 따라 보통 시간제 돌봄서비스는 아동 1인 기준 1시간당 5,500원에 아동 1인 증가 시 2,500원씩 증가되고, 가사지원을 하는 종합형의 경우에는 아동 1인 기준 1시간에 7,000원에 아동 1인 증가 시 시간당 3,500원씩 증가된다. 영아 종일제 돌봄서비스는 아동 1인당 월 110만 원(월 200시간 기준)에 아동 1인 증가 시 2,500씩 이용단가가 증가하고, 보육교사형 돌봄서비스는 아동 1인당 132만 원(월 200시간 기준)에 아동 1인 증가 시 3,500원씩 이용단가가 증가한다.

(4) 가족품앗이 및 공동육아나눔터

정부에서 직접적으로 금전적 지원을 하는 보육료나 양육비 및 아이돌봄 서비스 외에, 여성가족부에서는 간접적으로 자녀양육과 돌봄의 여건을 조성하는 가족품앗이와 공동육아나눔터사업을 지원하고 있다. 가족품앗이사업은 현재 151개 건강가정지원센터에서 전국적으로 수행되는 상호부조의 공동체 활동으로, 노동력이 부족할 때 품과 품을 서로 주고받음으로써 서로 도움을 상부상조하는 기능을 수행한다.

건강가정지원센터의 가족품앗이는 일대일의, 혹은 지역사회 내의 다자간 품의 교환 보다는 공동구성원들 사이에서 육아와 관련된 돌봄 품이나 정보를 교환하고, 이를 토대로 구성원 간의 유대를 형성해 활동범위를 넓혀나가는 활동이다. 따라서 가족품앗이는 원래 육아와 관련된 노동력의 교환만을 의미하였지만 품앗이의 대상이 물질적 · 비물질적 유형 모두가 가능하므로 물품 교환의 품앗이라 할 때는 보다 확대된 개념으로 이웃 간에 서로 도움이 필요한 유 · 무형의 모든 것들을 교환하는 것을 의미하게 된다. 음식, 옷, 기구, 정보 등 보편성과 구체성이 높은 물적 자원의 교환에서부터 서비스, 관심, 동조 등 특수성과 상징성이 높은 인적 자원의 교환까지 그 범위가 무궁무진하다(차성란, 2012). 즉 가족품앗이는 자녀양육과 돌봄을 토대로 '가족원들에 의한 품 교환 행동'이며, 가족원들의 욕구충족을 위해 제공할 수 있는 '모든 유형의 다양한 인적 · 물적 자원을 주고받는 호혜적 활동'으로 무급의 상호 간 자녀돌봄 서비스의 교환지원이라 할 수 있다.

이에 비해 공동육아나눔터사업은 공동육아가 자율적으로 이루어질 수 있도록 나눔의 터,

즉 장소를 제공하는 것이다. 공동육아나눔터는 건강가정지원센터 내부뿐 아니라 아파트 단지 등 주거 공간 내 또는 병원, 마트, 도서관 등 생활시설과 연계한 다양한 장소에 설치될 수 있으므로, 나눔터의 사용 방법에 따라 다양한 기능을 가질 수 있다. 어린아이를 기르는 둘 이상의 부모들이 육아라는 공통된 활동을 하기 위해 자신의 가족과 다른 가족이 함께 정보를 공유하고 어울려 나눌 수 있는 공간(장소)이기도 하며, 장난감이나 책의 대여 등이 가능한 공간이기도 하고, 초등학교 아동은 학교 끝나고 집에 가는 길에 잠시 들렀다가는 쉼터의 장소가 되기도 한다. 또한 공동육아 나눔터에서는 지역주민을 대상으로 하는 부모교육, 아버지 교육의 강좌가 정기적으로 열리고, 상주하고 있는 유급자원봉사자에게 잠시 아이를 맡길 수도 있다. 즉 자녀돌봄이 어려운 일시적인 상황, 즉 방과후부터 부모가 퇴근하여 오는 시간까지, 혹은 아동돌봄의 공백이 우려되는 주말이나 방학에 돌봄 서비스가 제공됨으로써 부모 없이 방치되는 '나홀로 아동' 문제가 해결될 수 있을 것이며, 여러 명의 아이를 동시에 돌보기 때문에 저렴한 비용으로 부모들이 이용할 수 있는 이점이 있다.

3. 과제와 전망

최근 자녀돌봄에 대한 정책적 지원은 2000년대 이후 저출산 심화의 과정 속에서 여성의 사회진출 증가에 맞추어 '보육시설에서의 탁아개념'에서 '보육서비스'로의 전환, 교육에 대한 사회의 전반적 관심 증대에 따른 보육의 질적 향상 및 요보호 중심의 선택적 지원에서 모든 아동대상의 보편적 지원으로, 그리고 획일적 지원에서 다양한 선택의 기회부여의 방식으로 등의 실질적 요청이 반영되고 있다. 모든 아동들이 보호와 교육을 받아 최적의 발달에 도달할 수 있는 권리를 보장해 줌과 동시에 자녀를 가진 기혼여성들이 자유롭게 일할 수 있는 권리도 보장해주며, 나아가 아동발달을 위해 아동을 둘러싸고 있는 가족과 더 나아가 지역사회의 발전을 지원해주는 통합적인 사업으로 변화하고 있다. 따라서 이제 모든 자녀들이 차별 없이 잘 자랄 수 있도록, 자녀 출산에서부터 양육과 돌봄이 우리 모두의, 국가의 책임이라는 데 사회적 합의가 이루어지고 있다. 그러나 현실은 여전히 모든 자녀들이 광범위하고 보편적인 서비스를 지원받는 데 재정적 한계를 지니고 있으므로, 이를 위해 다음과 같은 과제를 해결해 나가야 할 것이다.

첫째, '보편적 복지'를 지향하는 현재의 자녀양육 및 돌봄정책에 여전히 남아 있는 수혜대상에 대한 연령제한이나 소득제한 등을 해지할 필요가 있다. 저출산정책과 관련해서 이제까지 저소득 3자녀 이상 다자녀 가정과 보육시설 위주의 지원에 초점이 맞추어져 저소득 중심의 제한적 지원정책이 실시되어 일반 가정의 자녀양육 관련 정책 체감도가 낮고 결혼기피나 소자녀관 등 결혼과 가족에 대한 가치를 변화시키기에 미흡하였다. 따라서 여성의 경제활동 참여 증가에 따라 출산과 양육에 대한 부담을 줄이기 위해 소득과 관계없이 생애주기별 결혼-출산-보육 연계 환경을 구축하는 통합적 지원체계가 필요하다. 예를 들어 불임부부지원, 미숙아 의료비 지원, 신생아 난청검사 및 장애 예방검사, 국가필수예방접종 등이 저소득층으로 한정되어 있었으나 대상자의 확대가 필요하다(권금자, 2012: 155-157).

둘째, 임신·출산 관련 의무의 시행 및 감독이 더욱 강화되어야 한다. 즉 임신과 출산에 관련된 건강권과 노동권을 개인의 정당한 권리로 보장해야 하며 법적 의무 실시가 이루어져야 한다. 즉 산전후휴가, 육아휴직, 근로시간 단축 등의 유연근무를 실시하는 데 있어서 기업의 재정적 부담이 예측되므로, 국가적 차원에서 구체적인 추진과 시행 계획을 마련하고 기업의 임금부담 완화 및 실시 기업에 대한 인센티브 제공 등의 지원과 감독 강화 및 노동 관련법의 정비를 진행하여야 할 것이다. 뿐만 아니라 산전후휴가의 대상자 확대와 지원체계가 보편주의에 입각하여 근무환경이나 채용조건 등과 관계없이 이용될 수 있도록 확대되어야 한다. 즉 비정규직과 영세사업장의 지원확대, 무급가족과 여성자영업가족의 여성지원 및 배우자 출산 간호휴가제 등이 더욱 확대 실시되어야 할 것이다. 그리고 기업과 사회 모두가 출산과 양육을 위한 역할을 분담하고 지지하는 인식 개선이 필요하다.

셋째, 보육의 공공성이 보다 확대되고, 보편적 보육정책이 실현되기 위해 양육수당이 현실화되어야 한다. 이를 위해 먼저 국·공립어린이집과 법인보육시설의 수가 대폭 확대되어야 하고, 보육시설 운영비와 종사자 인건비 및 시설환경 개선을 위한 국비보조금을 지급하고 국가가 지도감독을 강화하는 방식으로 공공형 기능이 보강되어 민간어린이집이 공공형

어린이집으로 전환되어야 한다. 또한 양육수당도 현재의 36개월에서 만 5세 이하 아동의 부모에게까지 지원대상이 확대되어야 하며, 소득수준에 따른 제한이 없어지고 조부모나 이웃에게 자녀돌봄을 맡기고 있는 가정에도 정책적 지원의 영향이 미쳐야 한다.

넷째, 다양한 욕구에 부합하는 보육서비스의 제공, 즉 다양한 유형의 자녀양육 및 돌봄의 서비스가 확대되어야 한다. 특히 영아일 경우, 시설보육 중심으로만 정책이 추구될 경우 영유아의 인권이 침해될 수 있으므로 시설보육과 함께 다양한 방식의 돌봄서비스가 제공되어야 한다. 또한 맞벌이를 하는 가정이 증가하는 현실과 일-가정 양립의 필요성으로 인해 0~2세의 질 좋은 영아전담어린이집이 확충되어야 하고, 부모가 가정 내 양육이 가능하지만 일시적인 외출이나 외부의 돌봄 지원이 필요한 경우에 이용할 수 있는 시간제 보육서비스가 확대되어야 할 것이다. 시간제 보육의 확대를 위해서는 현재 여성가족부가 건강가정지원센터를 통해 실시하고 있는 아이돌보미제도(재택돌봄파견서비스)를 활성화하여 부모의 자녀양육 및 돌봄의 부담을 경감시키는 것이 필요하다. 그리고 보육정보센터를 통한 시간제 보육도 보강될 필요가 있다 부모가 자녀를 직접 데리고 가서 맡길 상황이 안 되거나 보육정보센터가 근거리에 있지 않은 경우에는 이용이 어렵기 때문에, 지역 내 시간제 보육서비스를 이용할 수 있는 거점 어린이집 시스템이 모색될 필요가 있다. 그리고 직장보육시설에 대한 제재 조항을 강화하여 직장 내에서의 자녀보육이 가능하도록 해야 하며, 직업 유형에 적합한 시간제, 야간, 24시간, 주말 보육도 보다 확충되어야 한다. 이를 통해 자녀의 특성에 맞는 양육과 돌봄 유형을 선택할 수 있으며, 특히 다문화, 저소득, 결손 가족의 자녀의 경우에는 단순히 보육만이 아니라 맞춤형 서비스를 제공하고 일시·긴급 상황에 대한 대응 효과를 지닌다는 점에서 그들의 환경적인 부족을 채워줄 수 있는 통합적 보육서비스가 실시될 수 있을 것이다(노명숙, 2012).

다섯째, 자녀를 잘 양육하기 위한 부모교육과 부모상담시스템과 같은 양육지원서비스의 제공이 필요하다. 현재 보육정보센터와 육아종합정보지원센터를 통해 이러한 서비스가 이루어지고 있지만 보다 실질적인 지원이 이루어질 수 있도록 기능 보강이 필요하다. 또한 부모 역할에서 오는 갈등을 해결하고 부모 효능감을 발견하도록 지원이 필요하다(이혜원, 2013).

여섯째, 자녀양육 및 돌봄과 관련하여 정부의 막대한 직접적인 보육예산 지원의 부담을 해소하기 위하여 간접적인 지원방식으로서 지역사회의 공동체 활동에 기반한 가족품앗이와 공동육아나눔터와 같은 사업의 활성화가 필요하다. 이를 위해 접근성이 좋은 동(洞) 단위까지는 나눔터의 설치가 필요하고 이를 운영하기 위한 예산(리모델링, 책 및 장난감, 프로그램 운영 등)과 운영주체가 필요하다. 그러나 이는 지역사회 내 유휴공간을 발굴하고 기업의 후원을 얻어 리모델링을 하여 주민들이 자발적으로 운영주체가 되는 방식을 채택한다면 큰 예산이 없이도 운영이 가능할 것이다.

마지막으로 정부의 자녀돌봄지원정책이 이제까지의 문제해결적 · 잔여적 · 가족책임 중심적인 협소한 시각에서 벗어나 예방성, 보편성, 통합성 등을 지향하는 방향으로 나아가야 할 것이다. 즉 단편적인 아동복지의 시각이나 여성의 취업 활성화 및 출산율 회복을 위한 수단으로서의 정책이 아니라 자녀의 건강한 성장과 발달을 위한, 자녀돌봄에 대해 부모와 지역사회, 국가가 책임을 공유하는, 그리고 양성평등한 자녀돌봄 분담의 다차원적인 시각이 필요하다. 즉 자녀돌봄 지원정책이 단순히 출산율 회복이나 여성고용의 활성화, 일-가정 양립을 위한 수단적인 정책, 즉 여성정책, 노동정책, 인구정책의 일환에서 벗어나 보다 통합적 가족정책의 맥락에서 자녀돌봄과 부모역할 자체에 대한 연구와 고민이 필요하다.

생각해볼 문제

1. 저출산·고령화 현상이 자녀돌봄에 어떤 직접, 간접적인 영향을 미치는지에 대해 생각해보자.
2. 자녀돌봄의 공백을 줄이기 위해 일·가족 양립 정책이 어떤 도움이 될 수 있는지 생각해보자.
3. 자녀돌봄의 부재로 인하여 나타나는 사회적 문제에는 어떤 것이 있는지 생각해보자.
4. 현재 정부가 지원하는 자녀돌봄 지원서비스의 문제점은 무엇이며, 개선방안은 무엇인지 생각해보자.

참고문헌

강기숙·한유미(2010). 영아의 발달과 어머니의 양육지식 및 아버지의 양육참여에 관한 연구－보육실태 및 계획과 관련하여. 한국가정관리학회지, 28(6), 71-80.

구혜령(2012). 저출산시대의 자녀돌봄지원정책. 한국가정관리학회 2012년도 제51차 공동춘계학술대회 자료집, 91-98.

권금주(2012). 가족정책론. 교문사.

김승권·양옥경·조애저·김유경·박세경·김미희(2004). 다양한 가족의 출현과 사회적 지원체계구축방안. 한국보건사회연구원.

김선미 외(2010). 자녀양육 지원사업 개선방안. 여성가족부 연구보고서.

김선미 외(2011). 지역 돌봄 기능 활성화 방안. 여성가족부 연구보고서.

김선미(2013). 맞벌이가정, 삶의 경로와 조정방식에 대한 질적 연구. 한국가족자원경영학회지, 17(2), 219-241.

김소영·김선아·이기영(2011). 맞벌이 가정의 일－가정 양립의 양상과 조화로운 양립의 가능성 탐색 연구. 한국가족자원경영학회지, 15(1), 93-116.

노명숙(2012). 보육정책의 실태와 과제. 한국산학기술학회논문지, 13(12), 5738-5744.

박정윤·조희금·송혜림·서지원(2012). 기혼 취업여성의 자녀돌봄 및 가사서비스 이용실태에 관한 연구. 한국가정관리학회지, 30(5), 89-105.

송혜림·유아랑(2013). 돌봄노동의 사회적 지원 정책을 통해 본 일－가정 양립 실태에 대한 연구: 학령

전기 자녀를 둔 기혼취업여성의 경험을 중심으로. 한국가족자원경영학회지, 17(4). 101-125.
신나미 외(2008). 한국아동패널 2008. 육아정책연구센터.
여성가족부(2006). 2005년 제1차 가족실태조사.
여성가족부(2011). 2010년 제2차 가족실태조사.
여성가족부(2016). 2015년 제3차 가족실태조사.
이삼식 등(2009). 2009년 전국 결혼 및 출산 동향 조사. 보건복지부 · 한국보건사회연구원.
이혜원(2013). 보육정책의 효과와 개선방향. 한국조세재정연구원.
차성란(2012). 건강가정지원센터의 가족품앗이사업 활성화를 위한 정책적 제안: 지역화폐 도입을 중심으로.
통계청(2009, 2013, 2014, 2017). 경제활동조사결과.
보건복지부(2017). 2017 보육통계.
통계청(2017). 2017년 혼인 · 이혼통계.
통계청(2013). 지역별고용조사.
허재준 · 안상훈 · 김수영 · 김수완 · 김영미 · 백승호 · 이수연 · 조육연 · 정해식(2012). 고용—복지 통합형 사회서비스 전달체계 개선방안. 한국노동연구원.
한국학중앙연구원(2014). 한국민족문화대백과.
법제처 국가법령정보센터(www.law.go.kr).
법률(www.daum.net/lawnb).
네이버 시사상식사전(www.naver. com).
보건복지부 복지로(www.bokjiro.go.kr).

제9장

노인돌봄 서비스

전통적으로 우리는 가족 안에서 노부모를 '모셔' 왔다. 그러나 변화된 가족과 사회환경 속에서 노인들은 이제 '돌봄'의 대상으로서 가족과 사회 모두에게 가족간, 세대간 갈등의 원인 제공과 해결해야 할 부담스런 과제로 받아들여지기도 한다. 돌봄 제공자는 물론 돌봄 수혜자인 노인들도 더 이상 가족에게 자신의 노후생활보장을 기대하지 않는다. 노인 자신이 그리고 국가가 그 책임을 맡아야 한다는 인식이 보편적으로 확산되고 있다. 그러나 짧은 노인돌봄서비스 체계 구축 기간, 노인돌봄을 위한 막대한 예산 규모, 돌봄대상자인 노인 숫자의 급속한 증대로 인해 공적인 지원 서비스를 제공하는 데에도 어려움을 겪고 있다.

1981년도 노인복지법이 제정되면서 노인복지의 제도적 기반이 마련되었지만 여전히 노인돌봄은 선(先) 가정 후(後) 사회보장의 체제를 유지해왔다. 그러다가 1989년 노인복지법 개정으로 시설거주 노인을 위한 정책에서 일반 노인을 위한 재가복지가 강화되기 시작하였으나, 이 역시 저소득층 노인을 위한 복지서비스 관점에서의 정책이라 할 수 있다.

실제 보편적 · 포괄적 노인정책이 시작된 것은 저출산으로 인한 고령사회 문제가 사회적 문제로 인식되기 시작된 이후부터이다. 2005년 저출산 · 고령사회 기본법 제정, 2006년 제1차 저출산 · 고령사회 기본계획이 수립되어 노인가족의 생활환경 개선을 위한 정책이 마련되었다. 2008년부터는 노인가족을 위한 노인장기요양보험제도가 시행되고 있지만, 수혜대상 범위가 제한적인 점을 고려하면 진정한 의미의 보편적 가족서비스로 보기는 어렵다. 그나마 대규모 은퇴가 예상되는 베이비붐세대를 위한 노후생활설계서비스가 시도되고 있지만, 이 역시 아직 미미한 수준이다. 노인가족의 돌봄문제는 현재 시행 중인 정책현황을 살펴보는 것 이상으로 노인돌봄문제를 가족정책의 관점에서 검토해봄으로써, 앞으로 추진해야 할 과제를 정리하는 것이 필요하다.

1. 현황 및 문제

1) 현황

(1) 돌봄요구의 증가

노인돌봄에 대한 정책적인 관심은 다음과 같은 인구 사회적인 변화와 밀접하게 연관된다. 첫째, 평균수명의 연장으로 노인인구는 좀 더 가파르게 증가하는데 비해 지난 30여년 사이에 출산율은 지속적으로 낮아짐에 따라 급속한 고령화가 진행되고 있다. 우리나라의 65세 이상 노인인구는 2018년 기준 738만 명으로 전체 인구의 14.3%를 차지한다. 2017년 기준 14세 이하의 유소년 인구는 675만 명, 13.1%로 이미 2016년부터 노인인구가 유소년 인구수를 뛰어넘었다.

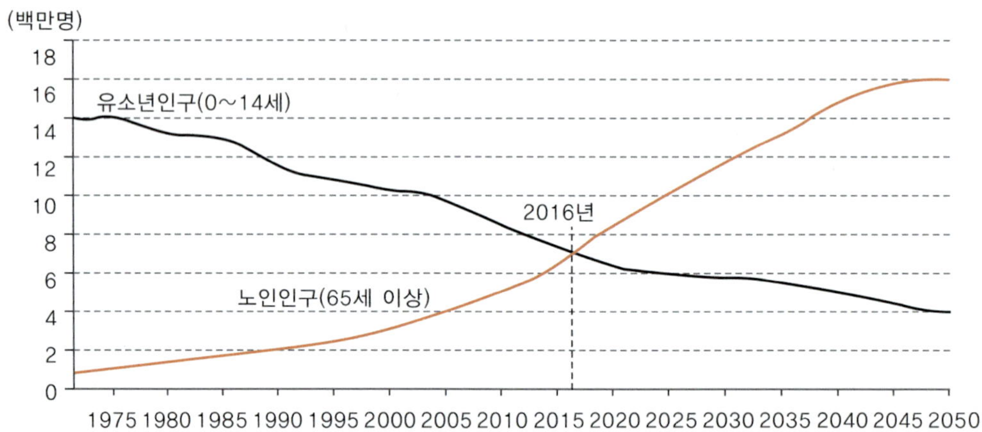

[그림 9-1] 유소년인구와 노인인구의 장래인구추계

둘째, 사회적 돌봄을 필요로 하는 1인 노인가구가 지속적으로 증가하고 있다. 65세 이상 고령자 독거노인 가구는 2017년 현재 총 가구의 7.0%를 차지하고 있으며, 2035년에는 15.4%로 지속적 증가세가 예측된다. 노인가구 중 비율을 살펴보면, 2017년 기준 독거노인 비율은 19.3%이며, 자녀와 동거하지 않는 노인가구가 72.4%에 이르고 있다.

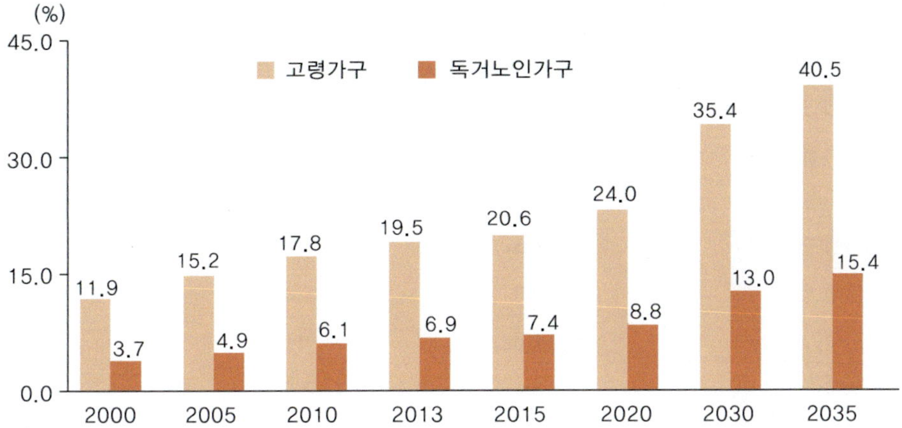

자료: 통계청(2013). 고령자통계.

[그림 9-2] 우리나라 고령가구와 독거노인 가구의 증가 추이

셋째, 노후생활준비가 미흡한 베이비붐 세대의 대규모 은퇴가 시작되고 있다. 베이비붐 세대는 인구의 14.4%에 해당하는 715만 명의 대규모 인구집단으로, 이들의 본격적인 은퇴와 노년기가 시작되었다. 그들은 노부모부양의 마지막 세대이지만, 자신들은 사적 영역에서 자녀로부터 노후생활을 보장받지 못하는 세대이다. 그러면서도 여전히 자녀세대에게 물심양면의 경제적·정서적 투자를 집중시킨 세대로서 자신의 노후생활을 준비하지 못한 샌드위치 세대이다. 베이비붐세대는 분명 그들의 돌봄을 정책적으로 고려해야 하지만 과거 노인들 특성과는 상이한 배경을 지니고 있다는 점에서 차별화된 노인돌봄 정책이 요구된다.

〈표 9-1〉 베이비붐 세대 인구 현황

(단위 : 명, %)

구분	계	남	여
전체인구	49,779,440	24,942,339	24,837,101
베이비붐세대인구	7,147,628	3,597,371	3,550,157
비율	14.4	14.4	14.3
1963년생(만 48세)	856,208	435,737	420,471
1962년생(만 49세)	873,017	439,822	433,195
1961년생(만 50세)	870,828	437,011	433,817
1960년생(만 51세)	848,881	427,043	421,838
1959년생(만 52세)	813,794	410,138	403,656
1958년생(만 53세)	778,511	392,599	385,912
1957년생(만 54세)	742,471	374,114	368,357
1956년생(만 55세)	704,309	353,305	351,004
1955년생(만 56세)	659,509	327,602	331,907

주 : 위자료는 추정인구로 다음 인구추계시 확정인구로 수치가 변경될 수 있음
자료 : 통계청(2011). 장래인구추계.

(2) 돌봄기능 수행의 축소

가족과 관련된 여러 환경의 변화 요인으로 인해 노인돌봄을 사회적 방식으로 해결해야 한다는 생각에 영향을 미치고 있다. 예를 들어 가족규모가 축소되고 확대가족에서 핵가족으로 가족구조가 단순화되면서 노인돌봄을 제공할 가족내 인적자원을 찾기가 어려워졌다. 2015년 기준 핵가족 비율이 81.7%이며, 3세대나 4세대 가구는 5.3%에 그치고 있다. 게다가 이혼율과 가정폭력 등 가족관계의 불안정성은 가족체계 유지를 위한 사회심리적 기능, 관리적 기능수준을 저하시킴으로써 노부모부양을 어렵게 만들고 있다.

더욱이 노부모 부양을 담당할 가능성이 높은 40세~50세 여성들의 취업이 증가하면서 노부모 부양을 위한 시간 확보 문제로 남게 된다. 2017년 통계청 자료에 의하면 여성의 경제활동참가율은 40~49세가 67.4%, 50~59세 64.2%로 20~29세 63.6%, 30~39세 62.3%보다 높게 나타나고 있다.

2) 문제점

(1) 돌봄제공자의 문제

노인돌봄에 대한 의식은 부양책임의 주체가 '가족'에서 '정부 또는 사회'로 전이되고 있다. 하지만 정부의 노인돌봄 서비스 대상자는 경제적 취약계층이 중심이 되므로 노인돌봄의 대부분은 여전히 가족이 중심이 되며, 특히 가족 중에서도 여성에게 맡겨져 있다.

취업 중인 여성에게 일과 가정생활을 균형적으로 병행하는 것은 우리 사회의 근로문화에서 중요한 해결 과제이다. 이를 좀 더 원활히 해결하기 위해 정부가 일-가정 양립을 위한 환경을 기준으로 가족친화기업인증제를 실시하고 있다. 하지만 가족친화기업을 평가하는 기준에는 자녀출산 및 양육, 교육에 초점이 주어져 있다. 출산휴가, 육아휴직, 육아기근로시간단축제, 태아검진시간 보장, 배우자 출산휴가, 유연근무제 등이 모두 가정생활 중 자녀출산 및 양육을 지원하는 제도들이다. 가족친화기업인증 기준 중 노인이나 환자, 장애인을 돌보기 위한 휴가제로 가족휴가제가 있지만 2012년도 가족친화인증기업을 대상으로 조사한 바에 의하면 조사대상 95개 기업 중 가족간호휴가제를 도입한 기업은 25개 기업(26.0%)에 불과하다.

노부모부양 부담은 부양자의 역할과중 때문이며, 특히 주부양자로서 노부모 부양을 맡게 되기 쉬운 여성에게 과중한 역할의 요구가 발생한다. 노부모 부양 부담은 객관적 부담감과 주관적 부담감으로 구분할 수 있다. 주관적 부담감은 주로 부양과정에서 가족관계의 갈등으로 인한 부담이다. 이에 비해 객관적 부담은 개인생활, 사회생활, 직업생활, 휴가기회의 제한, 부양자의 건강 악화 등(Platt & Hirsch, 이윤정, 1994에서 재인용)으로 일과 가정생활을 병행할 때 더욱 그 어려움이 커질 수 있는 경우이다.

노인돌봄 제공자가 경험하는 또 다른 문제는 기혼여성들이 배우자 돌봄으로 돌봄노동 기간이 연장된다는 점이다. 노부모돌봄의 성인자녀 의존성이 낮아지면서 노부모 스스로 노후생활을 영위하게 되고, 좀 더 연령이 높은 남편에 대한 돌봄을 배우자인 아내들이 전담하게 된다. 여성들은 젊은 시절 자녀출산 및 양육, 노부모돌봄의 기간을 거쳐, 배우자돌봄으로 이어지는 돌봄노동 전담자로서의 역할이 강화되고 있다. 최인희(2012)의 연구에 의하면 여성노인들은 배우자의 질병이나 사고를 계기로 일상적 돌봄을 시작하게 되며, '자식에게 피해가 가지 않게 하려고'(48.7%), '배우자가 내가 돌봐주길 원해서'(42.0%), '내가 돌보는 것이 마음이 편해서'(38.7%) 배우자를 돌보는 것으로 나타났다. 그러나 이들 배우자를 돌보는 여성노인들은 건강, 경제상태, 배우자관계, 자녀와의 관계 등 영역에서 만족도가 가장 낮은 집단으로 나타났다. 특히 치매가족 돌봄제공자는 우울증, 불안감, 죄책감, 자아상실, 구속감과 같은 정서적, 심리적 어려움을 겪으며, 개인 시간의 부족, 가사와 간병의 이중적 부담, 재정적 긴장, 동작부양에 따른 애로, 사회적 관계망의 축소 등(김소영, 2013) 돌봄제공에 따른 부담 정도가 매우 크다.

(2) 돌봄수혜자의 문제

① 일상생활 수행에서의 불편함

일반적으로 노인들은 연령이 높아짐에 따라 신체적·정신적 건강은 낮아지는 부정적 관계를 예상할 수 있다. 노인의 신체적·정신적 건강상태는 일상생활 수행능력에 영향을 주며, 능력 수준은 곧 노인돌봄에 대한 요구를 반영하게 된다. 「2017 노인실태조사」에 의하면 응답자의 89.5%가 만성질환을 갖고 있었다. 일상생활 수행능력은 옷 입기, 세수 및 목욕하기, 화장실 이용하기, 이동하기, 식사하기 등의 활동으로 구성되는, 개인이 매일 수행해야 할 과업이다. 일상생활 수행능력으로 측정되는 기능 제한율은 8.7%였지만, 남자노인(6.1%)보다 여자노인(10.7%)들이 일상생활 수행에 어려움을 겪는 비율이 높았으며 65~69세 노인(3.1%)보다 85세 이상 노인(31.9%)이 더 많이 기능제한을 경험하고 있는 것으로 나타났다. 인지기능저하는 이보다 더 심각한 상태로, 평균적인 인지기능저하율은 14.5%이며 80-84세 노인의 16.0%, 85세 이상 노인의 27.4%가 인지기능저하를 경험하고 있었다.

노인들의 신체적·정신적 건강 악화는 일상적 생활공간 및 시설 환경에서도 위험과 불편을 경험하게 만든다. 대중교통 이용이나 이동시 불편함을 느끼거나(59.0%), 주택 내에서 생활하면서 현관, 계단, 문턱, 조명, 환기 등에서 불편함을 느끼는 비율(43.4%)이 높아진다.

② 낮은 삶의 질

노인들은 불규칙한 식생활 및 영양의 불균형 상태, 열악한 주거환경, 여가생활기회 및 다양성의 제한, 스스로를 돌보지 않는 자기방임 등에 빠질 가능성이 높다. 노인의 식습관은 치아손실, 소화흡수력 약화, 미각기능 상실 등과 같은 신체적 건강과 관련된 요인 외에 경제적 문제, 사회적 역할, 심리적 변화, 가족과의 동거형태, 거주지역 등에 영향을 받는다. 노인들에게서 나타나는 식생활에서의 문제는 식품섭취량이 줄고 식품 다양성이 감소하며, 높은 결식빈도 등으로 영양불균형 및 영양결핍이 나타나는 것이다. 많은 노인의 공통적 특성인 심리적 소외감은 음식에 대한 무관심, 식욕감퇴(김은미, 2012)를 가져온다. 대구지역과 전북지역의 도시 및 농촌 거주 노인을 대상으로 조사한 바(김정희, 2010, 김윤희, 2009)에 의하면, 결식하는 비율이 높으며 그 이유는 '식욕이 없어서', '귀찮아서', '같이 식사하는 사람이 없어서' 등과 같은 것이었다. 특히 농촌지역에 거주하며 혼자사는 여성노인에게서 이러한 문제가 더욱 두드러지고 있었다.

주거수준을 면적 미달과 시설 미달로 구분했을 때 일반가구는 면적과 시설 미달이 비슷한 수준이다. 이에 비해 노인가구는 시설수준에서 열악한 것으로 나타난다(천현숙, 오민준, 2013). 일반가구의 자가율이 54.25%인데 비해 노인가구는 70.6%이며, 일반가구의 가구당 주거사용면적은 68.71m^{2}인데 노인가구는 72.4m^{2}로 노인가구의 주거수준은 낮지 않다. 그러나 화장실이나 목욕시설이 열악하고, 높은 위치에 있는 점멸스위치나 키보다 높은 부엌작업대, 그리고 오래된 도배와 장판 등 주거시설 환경이 열악하다.

2014년 생활시간조사에 의하면 60세 이상 노인의 여가시간은 1일 7시간 16분으로 한국인의 평균 여가시간 4시간 49분보다 1.5배 더 긴 것으로 나타났다. 이중 TV 시청이 3시간 48분으로 여가시간의 절반은 TV시청으로 보내고 있었다. 실제 노인들이 참여하고 싶은 여가활동으로는 운동이나 건강관리프로그램(31.5%)이지만, 대부분의 노인들은 복지관 및 문화센터(93.3%)나 집안(90.0%)에서 많은 시간을 소일하고 있다.

노인의 삶의 질을 극한 상태로 저하시키는 자기방임은 노인 1인가구의 비율이 높아지는 고령사회에서 대처해야 할 시급한 문제이다. 자기방임은 노인 스스로 자신의 건강, 생활,

환경관리를 적극적 또는 소극적으로 하지 않는 것을 의미한다(이민홍 · 박미은, 2014). 이는 노인 스스로 자신을 돌보지 않는 경우이기 때문에 고령의 독거노인이 가장 위험한 대상집단이다. 예를 들어 노인 스스로 본인의 위생이나 주거환경을 극도로 불결하게 유지하며, 생명유지에 필요한 의 · 식 · 주 제공이나 약복용 등을 스스로 하지 않거나 도움을 거부하고 사회적으로 고립되는 상태(우국희, 2013)가 지속된다면 위험하다. 이는 삶에 대한 의지를 찾기 어려운 최소한의 삶을 영위하는 형태로서 인간다운 삶의 수준을 유지하지 못하고 있기 때문이다.

③ 우울과 고독감

소외와 고독감, 우울과 같은 심리적 · 정서적 징후는 보편적 감정이지만 가족관계, 사회적 관계가 축소되는 노인에게 있어서는 경우에 따라 치명적인 영향을 미칠 수 있다. 노인들은 은퇴에 이은 사회적 역할의 상실, 친구나 배우자와의 사별, 자녀결혼으로 인한 별거 등으로 사회적 관계의 범위나 빈도가 축소될 수밖에 없다. 가족관계는 가장 기본적인 사회적 지지체계로서 노년에 가까울수록 가족관계에서 안정적 지지와 삶의 만족을 얻을 수 있다. 그러나 과거에 비해 성인자녀와의 분거로 부모-성인자녀관계 및 지지가 약화되고 있으며, 노년의 지혜와 경험을 활용할 기회인 조부모로서의 역할도 보장받기 어렵다.

특히 공식적 사회적 관계보다 노인에게 있어 친척, 이웃, 친구와 같은 비공식적 사회적 관계는 긍정적이고 규칙적인 생활을 가능케 함으로써 신체적 및 정신적 건강을 유지하는 데 도움이 되고 노후생활의 만족을 유지하는 데 기여한다(김미호 · 문재우, 2013). 그러나 「2017 노인실태조사」에 의하면 고령이 될수록 친한 친구나 이웃의 수는 크게 줄어들고, 무배우자 노인들이 유배우자 노인보다 외로움과 소외감 때문에 더 많이 힘들어하는 것으로 나타났다.

사회적 관계의 축소로 인한 외로움과 소외감은 우울로 이어지기 쉽다. 노인들은 신체적 불편, 배우자 사망, 경제사정의 악화, 사회와 가족으로부터의 고립, 일상생활에서 자기통제의 불가능, 지난 세월에 대한 회환과 같은 다양한 스트레스로 우울을 경험한다(Jarvik, 1976). 특히 경제적 어려움이나 나쁜 건강상태, 그리고 사회적 활동이 적을 때 우울 정도가 높아지는 것으로 보고된다(한삼성, 2010).

④ 가정경제의 어려움

노인들은 건강상의 문제와 함께 노후생활유지에 필요한 경제적 자원의 궁핍으로 어려움을 겪는 경우가 많다. 「2017 빈곤통계연보」(한국보건사회연구원, 2017)에 의하면 2016년 말 기준 65세 이상 노인의 빈곤율은 46.7%로, 우리나라 전체 인구의 빈곤율이 13.8%인 것을 감안하면 노인빈곤율은 평균 빈곤율의 3.4배에 달하는 수준이다. 한국을 제외한 OECD 국가의 65세 이상 노인인구의 빈곤율은 전체 인구의 빈곤율과 비슷하거나 더 낮은 것과 비교된다.

연도별로 2011년도에 48.8%, 2012년 48.2%, 2013년 47.5%, 2014년 47.2%, 2015년 44.7%, 2016년 46.7%로 노인빈곤율에 감소가 나타나고 있다. 그러나 2006년도에 46.1%였던 것을 고려하면 10년 사이에 오히려 노인빈곤율은 더 악화된 것으로 볼 수 있다. 우리나라의 노인 빈곤율은 OECD 국가 중 가장 높은 수준으로 OECD 국가 평균 노인빈곤율 14.5%의 3배 이상에 달한다.

〈표 9-2〉 65세 이상 노인 빈곤율 추이

(단위:%)

구분 \ 년도		2011	2012	2013	2014	2015	2016
중위소득 50%미만 (상대빈곤)	1인가구 제외	41.0	39.3	39.6	38.4	34.6	37.1
	1인가구 포함	48.8	48.2	47.5	47.2	44.7	46.7
최저생계비 미만 (절대빈곤)	1인가구 제외	29.2	27.4	28.4	27.0	22.1	27.0
	1인가구 포함	35.0	33.7	34.5	33.2	28.8	32.6

자료: 한국보건사회연구원. 2017 빈곤통계연보, 2017.

노후보장패널을 이용한 조사연구(장미혜 외, 2013)에 의하면 노인의 경제적 빈곤은 남성노인보다 여성노인의 경우 더 취약한 상태에 놓여있다. 특히 빈곤 여성노인은 전체 노인 중 연령이 좀 더 높고, 교육수준이 더 낮으며, 배우자 없이 독거하는 비율이 높고, 취업률은 상대적으로 낮았다. 여성노인들은 빈곤에 처하게 될 위험이 매우 높으며, 빈곤에 처할 경우 그들이 경험하는 빈곤 강도가 상당히 심각한 상태이다.

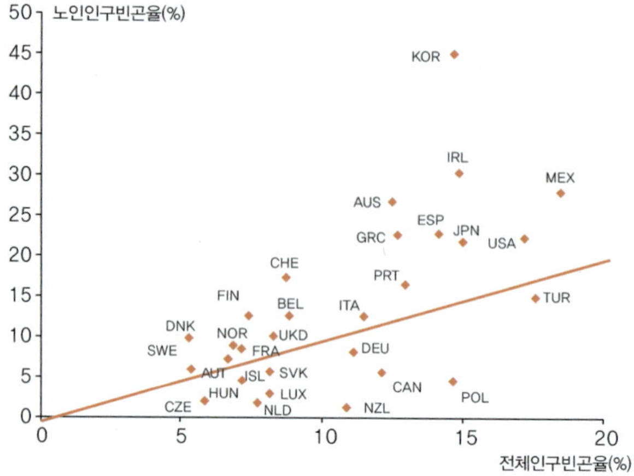

[그림 9-3] OECD 국가의 65세 이상 노인 및 전체 인구 빈곤율

주: 중위소득의 50% 이하를 빈곤으로 정의함.
자료: OECD(2011). Pensions at a Glance 2011.

2. 법과 정책서비스

1) 관련 법

노인돌봄과 관련된 법은 노인복지정책의 법적 근거인 노인복지법이 근간이 된다. 노인복지법은 1981년도에 제정되어 2014년에 이르기까지 30여 차례 개정을 거쳤다. 노인복지법에는 제3조에 "경로효친의 미풍양속에 의한 건전한 가족제도의 유지, 발전 노력"을 명시하고 있으며, 노인의 날 지정(제6조), 노인전용주거시설(제8조), 노인의 사회참여 지원(제23조), 노인일자리전담기관의 설치 및 운영(제23조의 2), 건강진단(제27조) 등에 대한 조항을 담고 있다. 제27조 2항에는 "홀로 사는 노인에 대해 방문요양 서비스 및 안전확인 등의 보호조치"를 구체적으로 규정하고 있다.

협의의 노인돌봄을 규정하고 있는 관련법으로는 장기요양보험법과 치매관리법이 있다. 2007년 10월 시행된 장기요양보험법은 65세 이상 노인 또는 치매, 뇌혈관성질환과 같은 노인성 질병을 가진 자를 대상으로 한 신체활동이나 가사활동 지원을 규정하고 있다. 재가급여, 시설급여, 특별현금급여의 장기요양급여를 지원함으로써 노후의 건강과 생활의 안정은 물론 노인을 돌보는 가족의 부담을 덜어주고자 한다.

2012년 2월부터 시행된 치매관리법은 치매의 예방, 치매환자의 진료 및 요양 서비스 계획수립 및 시행을 통해 치매로 인한 개인적 고통을 줄이고 사회적 부담을 경감시키고자 하는 목적을 갖고 있다. 구체적으로는 치매검진사업, 치매진단 및 치료 비용의 지원, 치매상담센터 설치를 명시하고 있다.

1991년 12월 제정된 고령자고용촉진법은 2008년 고용상 연령차별금지 및 고령자고용촉진에 관한 법으로 명칭이 변경되었다. 근로자 채용, 임금, 교육, 승진, 해고 등에서 고령자 차별을 금지하고, 고령자 취업알선, 창업지원, 직업능력훈련, 취업정보제공, 정년연장 등을 장려하는 규정을 둠으로써 노후의 소득을 보장하기 위한 법이다.

노인돌봄을 직접적으로 명시하고 있지 않으나 돌봄제공자의 돌봄시간 확보와 관련된 것으로는 2011년 5월 발표된 남녀고용평등과 일-가정양립지원에 관한 법이 있다. 해당 법 제 22조 2항에서는 가족의 질병, 사고, 노령 등의 사유가 있는 근로자는 연간 최대 90일의 무급 가족간호 휴직을 신청할 수 있다.

저출산과 고령화의 직접적인 연관성으로 인해 고령사회 정책은 저출산 정책과 궤를 같이 한다. 정부는 세계 최저 수준의 출산율과 급속히 진행되고 있는 고령화의 문제에 대처하기 위해 2005년 9월 저출산·고령사회 기본법을 제정하였다. 관련 정책의 중요사항을 심위하기 위한 기구로서 대통령 소속 하에 저출산·고령사회위원회를 설치하였다. 2005년 10월에는 보건복지부, 노동부, 산업자원부, 기획예산처 등 12개 부처 공무원과 민간 자문가로 구성된 '저출산·고령사회정책본부'를 출범하였으며, 2006년 7월에는 '새로마지 플랜 2010'으로 불리는 제1차 저출산·고령사회 기본계획을 수립하였다. 새로마지 플랜은 3단계 확산 계획으로 구성되어 제1차 기본계획(2006~2010)에서는 고령사회 대응을 위한 기반 구축, 제2차 기본계획(2011~2015)은 고령사회 대응체계 확립, 제3차 기본계획(2016~2020)은 고령사회에의 성공적 적응을 목표로 하고 있다.

2) 관련 정책서비스

(1) 취약계층 노인을 위한 돌봄지원서비스

① 신변 및 생활지원 서비스

노인돌봄 서비스는 대상을 기준으로 취약계층 노인을 위한 잔여적 서비스와 노인 전체를 대상으로 한 보편적 서비스로 구분할 수 있다. 가족형태의 핵가족화로의 변화뿐만 아니라 부양에 대한 가치가 변화하면서 잔여적 성격의 노인돌봄 서비스는 저소득층, 독거노인을 중심으로 지원되고 있다. 정부는 2012년 5월 독거노인종합지원대책을 발표하였으며 각종 중장기 계획에도 독거노인 대응방안을 포함시키고 있다. 많은 노인들이 홀로 생활하게 되면서 안전과 생활지원에 대한 요구가 크게 증가하였기 때문이다.

〈표 9-3〉 노인돌봄기본서비스와 노인돌봄종합서비스

구분	기본서비스	종합서비스
대상자	• 만 65세 이상 요양서비스 불필요 독거노인	• 만 65세 이상 요양서비스 필요 노인
선정기준	• 소득, 건강, 주거, 사회적 접촉 수준으로 선정 평가	• 노인장기요양보험 등급 외 A, B 판정자 • 전국 가구 월평균소득 150% 이하
서비스내용	• 예방서비스 • 주기적 안전확인, 생활교육(건강, 운동, 기상특보, 치매예방교육), 서비스연계	• 가사 및 일상생활지원, 주간보호서비스
제공방식	• 정부위탁 노인복지관에서 채용한 생활관리사 파견	• 민간 장기요양센터 소속의 노인돌보미가 제공
이용자 부담	• 무료	• 무료~소액의 본인부담금 • 바우처 방식 지원

자료: 보건복지부(2018). 2018 노인보건복지사업안내(II).

독거노인이 주 대상이 되는 신변 및 생활지원 서비스는 크게 노인돌봄기본서비스와 노인돌봄종합서비스로 구분된다. 노인돌봄기본서비스는 만 65세 이상의 요양서비스가 필요하지 않은 독거노인이 대상이며, 노인돌봄종합서비스는 요양서비스가 필요하나 장기요양보험의 서비스 지원을 받아야 할 정도는 아닌 요양보험 등급 외 A, B 판정을 받은 노인을 대상으로 한다. 종합서비스는 독거노인만을 대상으로 한 서비스는 아니지만 대부분의 수혜자들이 독거노인들이다. 기본서비스는 소득, 건강, 주거, 사회적 접촉 수준이 기준이 되며, 종합서비스는 전국 가구 월평균소득 150% 이하라는 기준을 적용, 두 종류의 서비스 모두 일정 소득수준 이하의 노인에게 지원되고 있다.

노인돌봄기본서비스는 독거노인의 안전확인, 생활교육, 서비스 연계를 주 내용으로 가구 방문이나 전화를 통해 서비스를 제공한다. 생활교육의 경우, 운동, 건강, 기상특보, 치매예방교육 등을 실시하며, 서비스 연계는 방문을 통해 노인에게 필요한 욕구를 파악한 후 정부 지원사업 및 지역사회 민간복지 자원과 연계한다.

〈표 9-4〉 **노인돌봄서비스 연계 사례**

욕구	종류	내용	관련 기관 및 단체
소득보장	경제적 지원	기초생활보장, 긴급지원, 기초연금, 결연후원 등	읍·면·동사무소, 민간복지기관 등
고용보장	노인사회활동지원사업	노인사회활동지원사업 제공, 취업알선	시니어클럽, 노인취업지원센터 등
권익보호	안전확인	119어르신폰, 사랑의안심폰, 독거노인 응급안전알림서비스 등	국민안전처, 읍·면·동사무소, 시·군·구 등
	노인학대예방	학대상담, 보호 및 지원 등	노인보호전문기관
건강보장	노-노케어	안부확인, 말벗 및 생활안전 점검 등	노인보호전문기관
	방문보건사업	가정방문을 통한 건강관리	보건소
	치매검진 및 관리지원	치매조기검진, 치매치료관리비(약제비) 등 지원	보건소
	의료서비스	지역사회 의료기관 연계를 통한 진료·치료 서비스	민간 의료기관 등
	종합서비스	가사, 활동지원 또는 주간보호서비스	노인돌봄종합서비스 수행기관
	장기요양보험	방문요양, 방문목욕, 방문간호, 주·야간보호, 단기보호, 복지용구, 노인요양시설 입소 등	국민건강보험공간, 노인장기요양보험 지원센터

욕구	종류	내용	관련 기관 및 단체
영양관리	무료급식	경로식당, 식사제공	무료급식 사업수행단체 민간복지기관 및 단체
	식사배달	도시락, 밑반찬 배달	민간복지기관 및 단체
주거보장	주택마련	영구임대주택, 독거노인 공동생활가정 등	시 · 군 · 구청, 읍 · 면 · 동사무소, 주택공사 등
	노인복지시설입소	노인복지주택, 양로시설, 노인공동생활가정 등	노인주거복지시설 등
	주거개선사업	도배 · 장판, 전기공사, 냉 · 난방 수리 등	주택 · 전기 · 가스안전공사 등 민간자원봉사 및 후원
장례지원	장례의례지원	무연고 독거노인 장례의례 지원시 종교의례	종교단체, 꽃집, 사진관 등

자료 : 보건복지부(2018). 2018 노인보건복지사업안내(II).

노인돌봄기본서비스 외에 취약층의 독거노인을 위한 서비스로, 독거노인 응급안전돌보미서비스, 독거노인 사랑잇기서비스, 무연고 독거노인 장례지원서비스, 무료급식지원, 노인보호전문기관 및 쉼터 운영 등의 서비스가 지원되고 있다. 독거노인 응급안전돌보미서비스는 화재, 가스, 출입감지, 활동센서, 응급호출기 등의 장비를 설치해 365일 안전 확인 모니터링을 하는 서비스이다. 독거노인 사랑잇기서비스는 민간과 공공기관 상담원이 안부 확인전화를 통해 안전 확인을 하며 필요한 경우 방문 봉사활동이나 후원연계 및 물품지원을 하는 돌봄으로 이어진다. 독거노인 사랑잇기서비스는 지역사회의 민간자원봉사자와 소외된 독거노인을 1:1 결연을 통해 노인들의 사회참여를 유도하고자 하는 서비스로서 독거노인종합지원센터가 결연사업을 주관하고 있다.

그 밖에 학대받는 노인들을 위한 지원기관으로 중앙 및 지역의 노인보호전문기관, 그리고 학대노인쉼터를 운영하고 있다. 지역노인보호전문기관에서는 노인학대 신고접수 및 현장조사, 노인학대자 및 학대피해노인에 대한 상담, 노인학대 예방교육 등을 실시하고 있으며, 지역 내 노인복지시설, 의료기관, 법률기관 등이 협력적 관계를 유지하며 사례관리 방식으로 학대받는 노인들을 지원하고 있다.

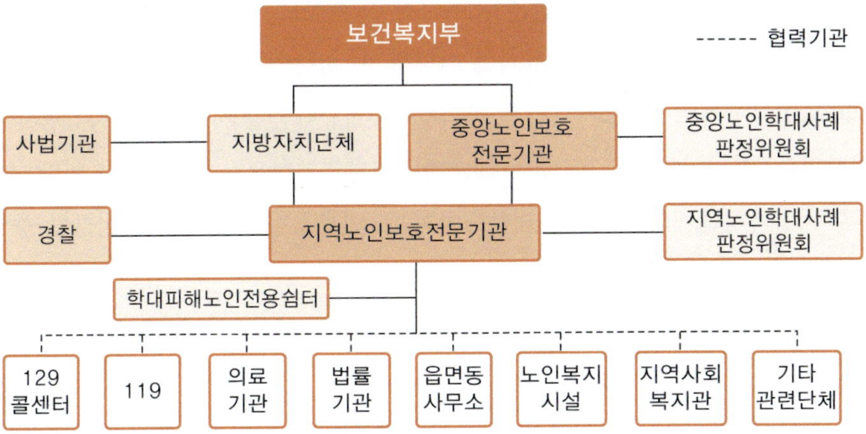

자료: 보건복지부(2018). 2018 노인복지사업안내(II).

[그림 9-4] 노인학대예방사업 체계도

노인돌봄종합서비스는 방문서비스, 주간보호서비스의 두 유형으로 구분된다. 방문서비스는 신변·활동지원과 가사·일상생활지원 등을 내용으로 한다. 신변·활동지원 내용은 식사도움, 세면도움, 갱의, 화장실이용, 외출동행, 보호자 입회하의 목욕보조 등이며, 가사·일상생활지원은 취사, 생활필수품 구매, 청소, 세탁 등을 예로 들 수 있다. 주간보호서비스는 기능회복, 급식 및 목욕, 송영서비스 등이다. 카드식 바우처를 발급하고, 5단계 소득수준에 따라 일부 본인부담금 선납을 통해 서비스가 제공된다.

② 경제적 지원

취약계층을 위한 경제적 지원에는 소득지원 형태인 기초연금과 소득보전을 위한 일자리 지원제도가 시행되고 있다. 취약계층 노인의 소득 지원은 모든 유형의 경제적 취약계층을 대상으로 한 기초생활보장제도 외에 2014년 7월부터 시행된 기초연금제도가 있다.

기초연금의 대상자 및 연금액은 가구의 각종 소득과 재산을 소득으로 환산한 소득인정액이 기준이 된다. 65세 이상 노인 중 소득 하위 70%이하를 대상으로 하며, 이를 기준으로 할 때 2019년도에는 단독가구 137만 원 이하, 부부가구 219.2만 원 이하인 가구가 기초연금의 수령 대상이 된다. 소득 하위 20% 이하인 노인의 경우, 최대 30만 원까지 지급된다.

취약계층 노인을 위한 일자리사업은 소득보전을 목적으로 하지만 그 밖에도 사회참여, 신체적 및 심리적 건강 등의 2차적 효과를 기대할 수 있는 사업이다. 일자리 유형은 노인사회활동 및 노인일자리로 구분하여 각각 공익활동, 재능나눔활동, 그리고 시장형사업단, 인력파견형사업단, 시니어인턴십, 고령자친화기업, 기업연계형으로 구분할 수 있다. 노인일자리의 경우 지방자치단체와 복지관, 대한노인회, 노인보호전문기관, 시니어클럽 등이 주요 수행기관이 되고 있다(보건복지부, 2018).

문화바우처는 노인들만을 위한 제도는 아니며, 경제적 어려움과 동반되는 문화적 생활로부터의 배제를 보완하는 문화복지정책으로 2005년부터 시작되었다. 접근방식은 '문화 바우처카드'와 '기획바우처 사업'으로 구분된다. 바우처카드는 주로 저소득가구의 청소년, 복지시설 거주자들에게 제공되는 데 비해 기획바우처 사업은 자발적 관람이 어려운 거동불편 독거노인, 재가장애인 등을 위해 '찾아가는', 또는 '모셔오는' 서비스를 제공한다.

〈표 9-5〉 **노인일자리 및 사회활동 지원**

구분		주요내용
노인 사회 활동	공익활동	노인이 자기만족과 성취감 향상 및 지역사회 공익증진을 위해 자발적으로 참여하는 봉사활동
	재능나눔활동	재능을 보유한 노인이 자기만족과 성취감 향상, 지역사회 공익 증진을 위해 자발적으로 참여하는 봉사성격의 각종 활동
노인 일자리	시장형사업단	참여자 인건비 일부를 보충지원하고 추가 사업수익으로 연중 운영하는 노인 일자리
	인력파견형사업단	수요처의 요구에 의해서 일정 교육을 수료하거나 관련된 업무능력이 있는 자를 해당 수요처로 연계하여 근무시간에 대한 일정 임금을 지급받을 수 있는 일자리
	시니어인턴십	만 60세 이상 노인에게 일할 기회를 제공함으로써 노인의 직업능력 강화 및 재취업 기회를 촉진
	고령자친화기업	고령자가 경쟁력을 가질 수 있는 적합한 직종에서 다수의 고령자를 고용하는 기업 설립 지원
	기업연계형	기업이 적합한 노인일자를 창출하고 유지하는데 필요한 직무모델 개발, 설비 구입 및 설치, 4대 보험료 등 간접비용을 지원

자료 : 보건복지부(2018). 노인보건복지사업안내(II). 보건복지부.

(2) 보편적 돌봄지원서비스

① 요양서비스

2008년 7월부터 시행되고 있는 노인장기요양보험제도는 건강보험, 산재보험, 고용보험, 연금보험과 함께 제5의 사회보험이다. 일상생활을 혼자서 수행하기 어려운 노인들에게 요양급여를 제공함으로써 노년기 건강 증진 및 생활안정을 도모하고 가족의 돌봄 부담을 덜어주기 위해 마련된 제도이다. 건강보험, 산재보험, 고용보험, 연금보험과 함께 제5의 사회보험으로서 소득에 관계없이 심신기능상태를 기준으로 요양의 필요도를 판단하여 장기요양인정을 받은 자에게 서비스를 제공하는 보편적 의료운영체계이다. 그러나 수급자 자격요건을 중증 요양보호로 제한하고 있어 수혜인구 비율은 낮은 편이다. 전 국민이 가입한 국민건강보험제도를 통해 노인장기요양보험료를 수납하는 보편적 방식으로 재원이 마련되지만 보험급여의 대상자는 65세 이상 노인 또는 40~65세 미만의 노인성 질병을 가진 자로서 6개월 이상의 기간 동안 독립적 생활이 어려운 자이다.

서비스 유형은 노인을 위한 급여와 돌봄제공 가족을 위한 급여로 구분된다. 대상노인을 위한 급여는 재가급여와 시설급여로 분류되며, 재가급여는 가정에서 요양보호사로부터 식사, 화장실 이용, 세면, 목욕, 말벗, 외출동행, 간호서비스 그리고 집 안 청소 등의 가사지원서비스를 제공받을 수 있다. 시설급여는 노인의료복지시설에 장기간 입소하여 신체활동지원 및 기능회복훈련 등의 서비스를 제공받는다. 특별현금급여서비스는 가족요양비, 특례요양비, 요양병원간병비 등이 있으며, 일상생활과 신체활동 지원에 필요한 용구 구입, 대여를 지원하는 복지용구서비스가 있다.

한편, 보건복지부는 2007년부터 '치매조기검진사업'을 시행하고 있다. 만 60세 이상 노인을 대상으로 지역보건소나 협약 병원을 통해 무료 검진 실시하며, 검진 후 치매진단을 받는 경우 보건소 내 치매상담센터의 치매환자로 등록하여 치료관리 및 돌봄 관련 각종 사회적 서비스(장기요양보험, 노인돌봄 서비스, 치료비지원, 상담 등)를 제공한다. 또한 보건복지부는 「사회서비스 이용 및 이용권 관리에 관한 법률 시행규칙」 개정을 통해 치매노인을 대상으로 간병하다 지친 가족을 도와줄 수 있는 치매환자 가족휴가제를 시행할 근거를 마련하였다(2015. 1. 5. 시행).

치매환자 가족휴가제

노인돌봄종합서비스 대상자 중 치매노인을 대상으로 장기요양기관 등 보호시설에 연간 6일 정도 맡기고, 간병으로 지친 가족에게 환자의 보호 및 돌봄에서 벗어나 스트레스를 감소시키도록 도와주는 제도

② 노령연금

정부는 고령화 사회를 대비하여 자녀세대로부터의 경제적 돌봄 없이 안정적 노후생활을 유지할 수 있도록 다층적 소득보장제도를 추진해왔다. 공공부조로서 기초생활보장제도와 기초연금, 국민연금 또는 직역연금, 퇴직연금, 개인연금, 주택 및 토지연금의 다층적 구조이다. 이 중 국민연금은 노령, 장애, 사망 등의 이유로 소득이 감소되었을 때 연금을 지급하여 최소한의 소득을 보장하는 사회보장제도이다.

[그림 9-5] **다층적 노인소득보장제도**

그러나 연금 수급자 수로 보면 국민연금은 노후생활보장을 위한 노령연금으로서의 기능이 가장 크다. 연금 수급자 중 82.3%가 노령연금 수급이며, 유족연금 16%, 장애연금 1.6%

의 수준이다. 사업장을 통한 가입과 지역가입의 방법이 있으며, 전업주부는 임의가입이 가능하고, 자영업자나 농어업인 등은 지역가입을 하게 된다. 2018년 10월 말 기준 국민연금 가입자수는 2,190만 명이며 이중 노령연금 수급자는 3,764천 명으로 국민연금 가입기간 10~19년인 경우, 월평균 40만 원, 20년 이상인 경우 91만 원을 수령한다(국민연금통계).

공적 연금-국민연금

공적 연금은 국민연금과 특수직역연금으로 구분된다. 특수직역연금은 공무원연금, 군인연금, 사립학교교직원연금으로 국민연금과 중복가입이 되지 않는다. 국민연금은 1988년 1월 1일부터 시행된 사회보장제도로서 노령, 장애, 사망 등으로 소득활동이 불가능한 경우 기본적인 생활을 유지할 수 있도록 연금을 지급하는 제도이다. 장애와 사망은 기대치 않게 발생하는 생활사건임을 고려할 때, 국민연금은 노령연금으로서의 기능이 기본이 된다.

18~59세 총인구 대비 잠재적 공적연금 사각지대에 있는 인구는 44.19%에 이른다. 국민연금 적용대상자 21,479천 명 중에서도 약 15%인 4백 89만 명이 공적 연금 잠재적 사각지대에 있는 것으로 추정된다.

〈15~59세 인구 : 32,632천 명〉('17년 말 기준)

<table>
<tr><td colspan="6">18~59세 총인구 32,632천명[4] (100.0%)</td></tr>
<tr><td rowspan="5">비경제활동
인구[6]
9,293천명</td><td colspan="5">경제활동인구[5] 23,338천명</td></tr>
<tr><td rowspan="4">공적연금
비적용자[8]
239천명</td><td colspan="4">공적연금 적용자[7] 23,099천명</td></tr>
<tr><td colspan="3">국민연금 적봉내싱[0] 21,470천명</td><td rowspan="3">특수직역
연금[10]
1,620천명</td></tr>
<tr><td rowspan="2">납부예외자
3,852천명</td><td colspan="2">소득신고자
17,627천명</td></tr>
<tr><td>장기
체납자[11]
1,036천명</td><td>보험료
납부자
16,591천명</td></tr>
<tr><td>28.48%</td><td>0.73%</td><td>11.81%</td><td>3.17%</td><td>50.84%</td><td>4.96%</td></tr>
<tr><td colspan="4">소계
14,421천명(44.19%)</td><td colspan="2">소계
18,211천명(55.81%)</td></tr>
</table>

주: 1) 동 산출결과는 납부시점(적용시점)에서의 근로상태를 기준으로 한 것이므로 수급관점에서의 연금사각지대와는 차이가 있음에 유의

2) 또한 통계청 자료와 국민연금자료 산출기준의 차이로 인해 일부 통계치가 관점에 따라서 달라질 수 있음에 유의해야 함(예를 들면, 통계청 기준으로 볼 때 경활자인 협업배우자는 국민연금제도에서 적용 제외 집단이며, 비경활자 혹은 실업자 중에서도 국민연금 보험료를 납부하는 경우가 있으므로 두 통계치 간 단순 합산 시 오류가 발생할 수 있음)

자료: 2017 국민연금 생생통계(국민연금공단 홈페이지)

③ 고령자 고용촉진

또 다른 방법으로 노인들의 경제활동 기간을 연장시킴으로써 노후소득을 보장하기 위한 제도들이 운영된다. 고령자 고용촉진 사업의 일환으로서 시행되는 구체적 사업으로는 임금피크제지원금 제도가 있으며, 정년연장형, 고용연장형, 근로시간 단축형 등 세 가지로 운영되고 있다. 그 밖의 제도로는 고령자 고용촉진 장려금제도, 고령자 전직 지원, 고령자 특화형 직업훈련 및 취업지원, 중고령 여성 맞춤형 취업지원, 중고령자 적합형 일자리 창출 및 창업지원 등이 있다. 이들 제도의 효과적 시행을 위해 고령자인재은행, 중견전문인력고용지원센터, 시니어클럽, 노인취업훈련센터, 고령자취업알선센터 등의 기관이 설립되어 지원활동을 하고 있다.

④ 노후생활설계 및 정보제공

정부는 베이비붐 세대를 비롯하여 노인가족들이 문제에 직면하기 이전에 예방 차원에서 활용할 수 있는 보편적 생활설계서비스를 제공하고 있다. 온라인상의 '100세누리' 사이트를 개설하여 취업을 포함한 정보제공 및 교육, 노후진단 및 상담 등의 서비스를 제공함으로써 노후의 경제활동 지원뿐 아니라 노후생활설계를 촉진시키고자 노력하고 있다. 노후정보는 건강, 여가 및 자원봉사, 복지 관련 제도, 재무 등에 관한 정보를 제공하고 있다. 국민연금공단에서는 전국에 설치된 상담지사를 통해 온라인 상담 및 방문상담, 교육을 실시하며, 노후준비에 대한 진단 및 설계를 지원하고 있다.

(3) 공동체형 노인돌봄서비스

돌봄공동체의 한 형태로서 노인그룹홈은 경로당을 이용하여 독거노인들이 공동생활을 할 수 있도록 하는 것으로 2006년 김제시에서 최초로 시작되었다. 지방자치단체에서 시행하고 있는 돌봄공동체는 주로 농촌지역에서 노인돌봄을 해결하는 방법으로 채택되고 있다. 농촌지역은 경로당이나 마을회관과 같은 지역내 공유공간 사용이 가능하고, 지역공동체 의식이 남아있기 때문에 도시와 비교할 때 공동체 방식으로의 노인돌봄서비스가 좀 더 용이하다.

김제시의 경우 '한울타리 행복의 집'은 2013년 기준 127개, 1258명이 참여(김영란 외, 2013)하고 있으며, 충청남도의 '독거노인 공동생활제' 29개소 , 경남에서는 '독거노인 공동거주제'라는 명칭으로 81개소가 운영중에 있다. 지자체는 공간리모델링 비용과 전기, 통신, 급식, 난방 등을 위한 운영비를 지원하고 있다. 지역의 독거노인들은 식사, 놀이, 취침 등을 공동 공간에서 해결하면서 상호간 일상적 돌봄과 정서적 돌봄을 해결한다.

농촌지역 공동이용시설 중심의 맞춤형 서비스 지원

농식품부는 농촌 노인에게 맞춤형 서비스를 제공하기 위해 '농촌 고령자 공동시설지원'시범사업을 추진한다.

- 전국 44개시군에 공동생활 홈 26개소, 공동급식시설 20개소, 작은 목욕탕 16개소를 설치할 계획이다.

- 공동생활 홈: 농촌에 거주하는 다수의 고령자가 모여 식사, 취침 등 주거생활이 가능하도록 한 시설 또는 주택
- 공동급식시설: 마을회관 등 기존시설에 조리 및 식사 제공을 위한 설비를 갖춘 시설
- 작은목욕탕: 읍면 소재지 등 농촌 중심지에 소규모로 목욕서비스를 제공하는 시설

자료: 보건복지부. '더 이상 노인 고독사는 안돼 ! 함께 살고, 친구하자!' 보도자료, 2014. 4. 4.

3. 과제와 전망

정부의 노인돌봄정책은 2005년 「고령사회기본법」 제정 이전과 이후로 성격이 구분된다. 이전의 노인돌봄 서비스는 피라미드형 인구구조하에서 노인을 전적인 부양대상자로서 접근하는 방식을 취하였다. 이후부터는 본격적인 고령사회 인구구조를 바탕으로 생활인으로서의 노인복지를 향상시키고자 하는 관점을 취하고 있다. 이러한 정책 방향은 2012년 제2차 고령사회 보완계획의 세부추진 과제인 '안정된 노후소득보장', '건강수명 연장', '적극적 노년

의 삶', '안전하고 편리한 생활'에서 분명히 드러난다. 그럼에도 현재 노인돌봄 서비스는 고령사회라는 구조적 여건보다는 서비스 대상자로서 노인의 생활환경에 초점을 맞추는 지원 수준에 머무르고 있다. 고령자의 삶의 질이 보장되는 고령사회의 비전에 도달하기 위해 해결해야 할 과제들을 살펴보면 다음과 같다.

첫째, 가족 내 노인돌봄 제공자를 지원하는 서비스를 개발, 확대할 필요가 있다. 노인돌봄에 있어 개인-가족-지역사회-정부가 유기적 대응을 하는 것이 바람직하다. 하지만 노인돌봄의 요구는 노인의 일상생활에서 간헐적·돌발적으로 발생하기에, 가족이 가족원인 노인의 돌봄요구를 파악하게 되며, 또한 가장 효과적, 효율적일 수 있다. 지역사회와 정부가 노인돌봄의 짐을 나눈다 해도 가족은 노인돌봄의 1차적 담당자이자 출발점일 수밖에 없다. 정부는 일·가정 양립 정책의 틀 속에서 가족휴가제를 새롭게 도입하였지만, 노인돌봄(가족원)을 위한 시간을 제공하는 것만으로 노인돌봄 제공자의 부담을 덜기는 어렵다. 노인돌봄 제공자를 지원하기 위한 행정, 돌봄제공자를 위한 서비스, 돌봄 관련 교육 등의 분야에서 새로운 체계 및 프로그램들을 개발하고 도입, 운영할 필요가 있다. 행정 분야에서는 노인돌봄에 필요한 서비스 정보제공 및 상담, 서비스 연계 시스템, 서비스 질 모니터링 체계의 도입이 가능할 것이며, 법적으로뿐만 아니라 기업문화적으로도 가족휴가제를 자유롭게 사용할 수 있는 환경 조성에 정부가 나서야 할 것이다. 돌봄제공자 서비스 분야에서는 돌봄제공자들이 노인돌봄으로 인해 생긴 정신적 · 육체적 피로를 해결할 수 있는 시설 및 프로그램 제공을 고려할 수 있으며, 노인세대와 젊은 세대 간 소통 프로그램, 노인돌봄의 방법에 대한 기본적 이해 교육 등이 가능할 수 있다.

둘째, 연령 외에 노인의 건강, 소득, 직업적 전문성, 거주지역 등에 따라 노인집단을 다양하게 구분하고, 집단별 특성을 고려해 노인돌봄 서비스를 특화할 필요가 있다. 지금까지 우리 사회에서 노인은 정형화된 하나의 이미지로 고착되어 있다. 건강, 사고방식이나 가치관, 활동성, 전문적 지식이나 기술 등에서 부정적인 이미지로 인식된다. 과학, 의학, 산업 등에서 커다란 환경 변화가 이루어진 지금 베이비붐 세대를 필두로 높은 교육수준, 건강한 신체, 건전한 시민의식을 지닌 노인집단들이 존재한다. 건강한 노인은 사회적 부담이 아니라 자녀세대를 위해 기여하거나 돌봄을 요하는 노인을 도울 수 있는 자원이다. 베이비붐 세대

집단, 독립적 생활과 생산적 활동이 가능한 건강한 노인, 나눔 자원을 소유한 전문인력집단 등의 집단별 요구와 소유한 자원을 파악하고 그에 맞는 맞춤형의 돌봄정책을 수립해야 할 것이다.

셋째, 돌봄의 필요에 따라 돌봄을 제공받을 수 있는 노인돌봄 서비스 제도 운영이 이루어져야 할 것이다. 현재 노인장기요양보험에 의한 요양급여, 노인돌봄기본서비스 및 노인돌봄종합서비스 등은 복잡한 기준에 따라 소득, 건강상태를 단계별로 세분화하여 등급판정을 받아야 하며, 그렇지 않을 경우 서비스 제공이 어려운 상태이다. 예산상의 제약으로 자산과 건강의 두 기준에 따라 서비스 대상자를 최소한으로 제한하고 있다. 현재는 취약층의 독거노인 중심의 돌봄정책이라 할 수 있다. 장기요양보험은 사회보험제도라는 점을 고려할 때 보험금을 납부한 누구나 돌봄을 필요로 할 때 제공받을 수 있어야 할 것이다. 돌봄의 필요가 높은 대상자들이 수혜를 받을 수 있도록 서비스 대상범위를 확대하는 우선적 노력이 요구된다.

넷째, 지역에 맞는 노인돌봄 서비스를 개발, 운영해야 할 것이다. 노인이 갖는 여러 특성 중에서도 거주지역은 노인의 일상적 생활 및 생산활동과 관련되어 커다란 차이를 만든다. 농촌거주노인들은 젊은이들이 빠져나간 농촌에서 여전히 생산인구로 활동한다. 농번기와 농한기, 그리고 농번기에도 일을 시작하고 끝내는 시간과 연동하여 노인들의 돌봄서비스 요구가 달라지고, 돌봄서비스를 제공할 수 있는 시간도 달라진다. 또한 농촌은 지역주민과의 유대관계가 유지되고 있어 공동생활가정과 같은 그룹홈이 노인돌봄의 방식이 될 수 있는 반면, 도시지역은 동일한 방식으로의 해결이 어렵다. 지역의 산업적 특성, 거주노인의 개인적·가정환경적 특성 등을 고려한 노인돌봄 해법을 모색해야 할 것이다.

다섯째, 예방적 · 보편적 차원의 노인돌봄 서비스를 통해 활동적 노년(active aging)이 가능하도록 서비스를 지원할 필요가 있다. 노인돌봄은 이제 전 인구 중 일부 노인층의 문제로 볼 수 없다. 2014년 기준 65세 이상 고령자는 약 638만 명, 전 인구의 12.7%로 고령사회 비율 14%를 코앞에 두고 있다. 예비노인 또는 노인을 대상으로 노년기 경제적 안정, 건강유지, 노년기의 원만한 부부 및 가족관계 유지, 지속적인 사회참여 등을 준비할 수 있도록 함으로써 활동적 노년(active aging)을 누릴 수 있을 것이다. 독립적인 노년기가 연장될수록 노인돌봄 수요의 발생 시기와 발생량이 감소되는 노인문제의 예방적 효과를 기대할 수 있다. 현재 지역의 건강가정지원센터에서 노년기 가족교육을 실시하고 있으나 노년기 생활 전반을 준비할 수 있는 체계화된 교육내용을 갖추고 있지 못하다. 건강보험공단에서는 노후생활설계 및 노후준비진단 프로그램을 제공하고 있으나 이용자의 수적인 면에서 제한적이며, 다양한 노인집단의 요구를 반영하기에는 콘텐츠가 단조롭다.

여섯째, 직접적이고 개별적인 노인돌봄 서비스를 넘어 노인의 생활환경인 지역사회를 고령친화적 환경으로 조성할 필요가 있다. 우리 사회는 고령사회를 목전에 두고 있다. 요양시설 보호, 신변·활동지원 서비스, 가사지원 서비스를 필요로 하는 노인뿐만 아니라 사회경제적 배경이나 건강상태가 다양한 노인들의 삶의 질을 위해 고령친화적 환경을 조성해야 할 것이다. 고령친화환경은 '나이가 들어가는 모든 시민들이 안전하고 건강하며 사회경제적 참여가 자유로운 환경'으로 정의된다. 서울시복지재단(2011)은 고령친화도시를 주거, 교통, 안전 및 고령친화시설, 의사소통 및 정보제공, 지역사회활동 참여, 사회적 존중 및 배려, 고령자원활용 및 일자리 지원, 지역복지 및 보건의 8개 영역으로 구성하였다. 각 영역에서 노인의 주거선택권, 안전성, 편리성, 사회참여기회, 노인인권 보장, 노인부양체계 강화 등의 노력을 통해 고령친화적 환경을 조성함으로써 노인들은 지역사회 내에서 독립적으로 계속 거주할 가능성이 높아진다.

일곱째, 지역사회 공동체에 의한 노인돌봄을 활성화할 필요가 있다. 노인들의 지역사회에서의 계속 거주는 노인돌봄 서비스 제공자인 정부와 수혜자인 노인 모두에게 있어 긍정적이다. 공적 돌봄서비스 제공의 주체인 정부는 노인복지 예산상의 제약, 일상생활에서 발생하는 다양한 노인돌봄 요구를 충족시키기 어려운 운영의 경직성의 한계를 지니고 있다. 2018년 현재 공적 노인돌봄 서비스를 받을 수 있는 등급판정자 및 등급 외 판정자에 속하는 노인은 총 83만 명으로 전국 65세 이상 노인의 11.8%에 불과하다(노인장기요양보험 홈페이지). 공적 돌봄서비스는 주로 신체적 돌봄을 위주로 이루어지고 있으며 사회적·정서적 도움을 필요로 하는 노인들을 지원하고 있지 못하다. 또한 노인가구의 특성에 따라 필요로 하는 돌봄서비스 내용이 다르고 서비스 요구도 비정기적이거나 요구의 발생도 시기를 예상치 못하거나 긴급한 특성을 지닌다.

노인들은 오랫동안 거주해 온 지역사회에서 친숙하고 친밀한 관계에 있는 이웃 주민들로부터 도움을 받을 때 정서적 안정과 만족감이 높아질 수 있다. 지역사회에 독립적으로 거주하는 노인들은 도움을 받을 뿐 아니라 경우에 따라 자신의 인적·물적 자원을 이웃주민이나 다른 노인들에게 도움을 주기도 하는 상호작용을 가능케 한다. 지역주민이나 다른 노인과의 호혜적 돌봄은 구조화된 틀에 의해 제공되는 공적 서비스와 달리 맞춤형의 돌봄서비스를 제공할 수 있음으로써 효율적이기도 하다.

생각해볼 문제

1. 취약계층 노인을 위한 복지서비스와 보편적 서비스로서의 노인서비스 사례를 알아보고, 고령사회 시스템 구축이라는 관점에서 노인복지서비스의 방향에 대해 토의해보자.
2. 노후소득보장을 위한 방법으로서 공적 연금과 사적 연금의 조합을 통한 계획을 수립해 보자.
3. 젊은 세대와 노인 세대가 경쟁적 관계가 아니라 사회통합에 기여할 수 있는 고용정책에 대해 생각해보자.
4. 전통사회 효문화를 고려할 때 현대사회 친고령사회문화의 바람직한 방향이 무엇일지 토의해보자.
5. 노인의 사회참여 방법으로서 자원봉사, 시민단체활동 등의 실태를 알아보고 사회참여의 활성화 방안을 모색해보자.

참고문헌

김미호 · 문재우(2013). 노인의 가족관계와 사회적 관계가 우울과 자살생각에 미치는 영향. 한국케어매니티먼트연구, 10, 1-26.

김소영(2013). 치매노인 가족의 부양부담과 부양자의 삶의 질에 관한 연구. 숙명여자대학교 정책대학원. 석사학위논문.

김영란 · 송치선 · 이철선(2013). 지역연대에 기초한 노인 1인가구돌봄지원방안-노인돌봄공동체 사례를 중심으로. 한국여성정책연구원

김영란 · 송치선 · 이철선(2013). 지역연대에 기초한 노인 1인가구돌봄지원방안-노인돌봄공동체 사례를 중심으로. 한국여성정책연구원

김용익(2012). 이미 늙은 한국사회: 한국은 초고령사회를 준비하고 있는가?. 민주정책연구원.

김윤희(2009). 전북지역 도시와 농촌지역 노인의 식행동 및 영양상태 평가. 원광대 교육대학원 석사학위논문.

김은미(2012). 노인들의 식품섭취 패턴에 영향을 미치는 요인 분석-제5기 1차년도(2010) 국민건강영양조사 자료 이용-. 계명대학교 대학원 석사학위논문.

김정희(2010). 노인들의 건강관련 생활습관 및 식생활 실태에 관한 연구-대구지역을 중심으로. 영남대학교 교육대학원 석사학위논문.

김형수(2002). 한국 노인의 자살생각과 관련요인 연구. 한국노년학, 22(1), 159-172.

박세정 · 고수현(2008). 치매 노인의 삶의 질 향상에 관한 연구. 복지행정논총, 18(2), 115-142.

보건복지부(2012). 65세 이상 10명 중 8명, "70세는 넘어야 노인":전국노인 대상, [2011년도 노인실태조사] 결과발표 및 정책적 함의. 보건복지부.

보건복지부(2018). 노인보건복지사업안내(II). 보건복지부.

선우덕 외(2012). '제1차 장기요양기본계획수립방안 연구'. 보건복지부. 한국보건사회연구원. 정책보고서 2012.

여유진(2013). 여성 경제활동 현황, 결정요인 및 효과. 보건 · 복지 Issue & Focus, 215, 한국보건사회연구원. 인터넷자료.

염지혜(2013). 노노케어의 시행과정과 향후 정책적 과제, 한국노년학, 33(2), 221-238.

우국희(2013). 자기방임 유형의 자기결정권과 의사결정능력에 대한 탐색적 연구: 영국 정신능력법의 의사결정능력 평가기준. 비판사회정책, 38, 45-81.

원시연(2014). 노인돌봄서비스사업의 실태와 개선과제. 국회입법조사처.

윤민석(2013). 경제적 측면에서 바라본 고령화 문제. 서울특별시 서울연구원.

이민홍, 박미은(2014). 한국 고령 독거노인의 자기방임에 관한 연구. 사회복지정책, 41(1), 123-142.

이윤지(2013). 노인 우울증의 영향요인에 관한 연구. 가톨릭대학교 행정대학원. 석사학위논문.

정경희(2012). 고령화 정책의 성과와 장기목표. 보건복지포럼.

정경희 · 이소정 · 이윤경 · 김수봉 · 선우덕 · 오영희 · 김경래 · 박보미 · 유혜영 · 이은진(2010). 베이비 부머의 생활실태 및 복지욕구. 한국보건사회연구원.

정인영(2013). 노후소득보장체계와 노인빈곤. 국민연금연구원.

최인희(2012). 여성노인의 배우자 돌봄:어떻게 여성노인의 부양부담을 경감시킬 것인가?. 한국여성정책연구원.

최희경(2009). 노인에 대한 사회적 돌봄과 돌봄 서비스의 질 보장. 집문당.

최희경(2010). '신노년' 정책 담론에 대한 비판적 재검토-활동적 노화, 성공적 노화, 생산적 노화를 중심으로. 한국사회정책, 17(3), 41-65.

최희경(2011). 돌봄과 노동 양립을 위한 가족돌봄자 지원정책 연구. 한국사회정책, 18(4), 271-298.

통계청(2012). 한국의 사회지표 : 2012 한국의 사회지표.

한국노인인력개발원(2013). (2012)노인일자리 통계동향, 한국노인인력개발원.

한국보건사회연구원(2017). 빈곤통계연보. 한국보건사회연구원.

한삼성(2010). 노인의 우울증 경험에 관한 관련요인 분석. 구한의대학교 보건대학원 석사학위논문.

Jarvik, L. F.(1976). Aging and Depression : Some Unanswered Questions. Journal of Gerontology, 31(3), 324-326.

OECD(1998). Maintaining Prosperity in an Ageing Society. Paris : OECD.

국민연금통계(http://www.nps.or.kr/)

노인장기요양보험(http://www.longtermcare.or.kr/)

제10장

위기가족 지원 서비스

일상생활을 해나가는 과정에서 우리는 누구나 여러 가지 해결하기 어려운 생활상의 문제를 경험하게 된다. 이러한 문제들 중 일부가 일정 시간 내에 개인이 가지고 있는 자원이나 대처능력으로 해결되지 못하고 감당이 어려워질 때 위기를 경험하게 된다. 함께 생활을 해나가는 가족도 가족구성원 개인이나 가족생활주기 상의, 또는 가족외부로부터 다양한 문제와 위험이 닥침으로써 위기에 처하게 되는데, 실직, 재난과 교통사고, 성 · 가정 · 학교폭력과 이혼, 질병 등 가정 내 · 외의 다양한 위기요인들이 발생한다. 위기가족은 이러한 문제를 해결하는데 상대적으로 대처자원과 능력이 부족하고 한가지의 위기가 다른 위기와 연관되어 중복적으로 가족에게 영향을 미치기 때문에 위기에서 벗어나기 쉽지 않으므로, 자살이나 사망, 가정해체 등의 극단적 결말에 이르지 않도록 주위의 이웃과 친척, 지역사회와 국가 등의 다양한 사회적 도움과 지원이 필요하다.

가족이 처하는 다양한 위기, 즉 신체적, 정서 · 심리적, 경제적 위기 및 가족외적 위기 등에 대응하여 가족 돌봄서비스를 제공하기 위해 정부에서는 정책적 지원을 위한 관련 법률로 국민기초생활 보장법, 의료급여법, 긴급복지지원법, 재해구호법, 재난 및 안전관리기본법, 성폭력방지 및 피해자보호 등에 관한 법률, 가정폭력방지 및 피해자보호 등에 관한 법률 등 다양한 법률과 제도를 마련하고 있다. 그러나 현재까지 가족 돌봄 서비스의 지원대상이 저소득층에 한정되어 시행되고 있으며, 서비스의 종류도 심리 · 정서적 지원이나 한시적으로 소액의 생계비 지원에 머물고 있어 위기가족이 위기에서 벗어나는 데 정책적 지원의 실효성이 부족하다는 비판이 일고 있다.

따라서 앞으로 개인과 가족이 위기와 불행으로부터 벗어나 사회적 안정과 안전 및 복지를 누릴 수 있는 환경을 구축하기 위하여 보다 보편적인 차원에서의 복지서비스의 지원이 요구되며, 안전과 인권존중에 대한 인식 개선과 향상을 위한 예방적 차원에서의 노력이 더욱 필요하다.

1. 현황과 문제

1) 현황

빈곤, 실직 등 동일한 스트레스 사건 및 상황에 직면하였더라도 개인과 가족의 맥락, 즉 '가족자원'과 '스트레스 사건 · 상황에 대한 가족인식'과 '대응능력'에 따라 위기의 여부는 달라진다. 다양한 스트레스 사건 · 상황에 직면하게 되면 대부분의 가족은 기존의 문제해결 방식으로 상황을 해결하려고 하며, 기존방식으로 스트레스 사건 · 상황을 벗어나기 어려울 경우 새로운 방식으로 문제해결을 시도하게 된다. 이러한 상황에서 일부 가족은 사건 · 상황에 대응할 수 있는 적절한 문제해결 방안을 찾지 못하여 위기에 처하게 된다. 즉 대응 및 사회 지원체계의 부족 또는 부재로 가족 내 긴장(tension)이 증가하게 되어 가족 체계 내 자원과 욕구 간에 균형의 혼란을 겪게 되고, 위기기간 동안 행동, 감정, 심리적 불안정, 두려움, 분노, 오역, 문제에 대한 집착 증세를 보이게 된다(Mayer와 James 저, 한인영 외 3인 역, 2013 재인용).

가족위기는 가족주기단계별로 발달과업이 성취되지 못했을 때(김유경 외, 2009), 빈곤과 가정해체의 이중고통상황에서(이혜연 외, 2009), 이혼 시(신재주, 2004), 심리적 결손에 따른 기능적 해체상태나 가족구조의 변화에 의해(박영희, 2004), 또는 가족의 내외적 환경변화 등으로 인해 가족기능이 취약해지는 상황에서 발생된다. 위기 시에 가족은 가족의 기능이 약화되어 가족불안정이 심화되며, 위기관리를 제대로 하지 못할 경우에는 취약가족이 되거나 더 나아가 가족해체의 가능성이 높아지게 된다. 이때 위기가족이 경험하는 위기의 범주는 경제적 위기, 정서 · 심리적 위기, 신체적 위기, 돌봄 · 부양의 위기, 가족 외적 위기 등 다양하다(김승권 외, 2011).

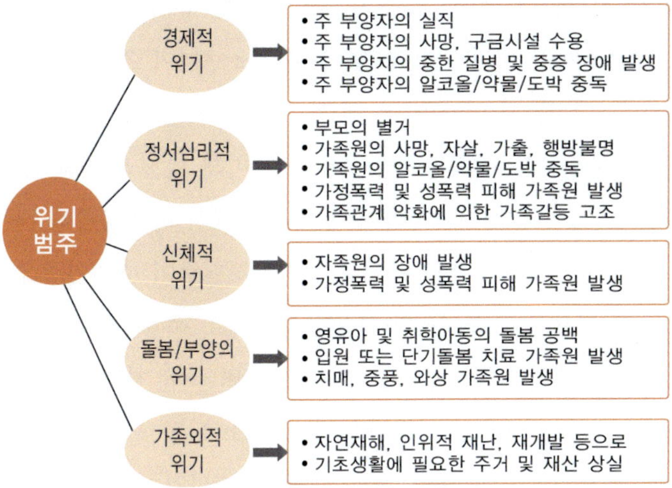

자료: 김승권 외(2011). 취약·위기 및 한부모 가족 지원체계 구축과 자립지원 방안 연구.

[그림 10-1] 위기가족의 범주 및 주요 위기요인

(1) 실직으로 인한 경제적 위기가족

1997년의 IMF 경제위기와 2008년 금융위기와 같은 경제적 위기는 국가 전체의 경기하락뿐만 아니라 기업과 사회 전반의 일자리 감소로 인해 장기적인 대규모 실업사태를 유발하고 있다. 이러한 국가경제적 위기 상황에서 가족은 가족원의 실업으로 인하여 가구소득의 감소를 경험하게 되고, 실업당사자와 그 가족 및 친인척에게 이르기까지 경제적 어려움뿐 아니라 정신적 어려움을 경험하게 된다. 이러한 위기상황은 개별 가족이 처한 개인적 상황이기보다는 사회변화로 인해 불가피하게 겪어야 하는 비선택적인 상황이기 때문에, 위기로 인한 각종 가족문제 역시 사적 영역으로서의 가족내부의 노력뿐 아니라 가정 외적 환경으로부터의 지원이 반드시 필요하다.

통계청의 2015 인구주택총조사(2016)에 의하면, 전체 가구 중 가구원이 취업 및 실업문제를 지니는 위기가족은 약 5%를 차지하는 것으로 나타나고 있다. 이는 가구원의 건강문제와 경제적 어려움(부채, 카드빚 등)으로 인한 위기문제 다음으로 높은 비율이다.

실직가족은 일반가정에 비해 경제적 어려움을 심각하게 경험할 뿐 아니라 재정적 안정도가 역시 낮은 것으로 나타났다. 실직 후 현재 소비지출을 유지하기 곤란한 경우가 실직 당시에는 낮았으나(4.3%) 6개월 미만 20%를 넘어 이후 2~3년이 지나 비교적 장기간에 걸쳐 지속되고 있는 것으로 나타났다(여성가족부 제3차 가족실태조사, 2016).

실직가족의 연평균 총소득은 취업가족의 총소득에 비해 낮고 월평균생활비도 적게 소비하는 것으로 나타났다. 그러나 취업가족이 소득범위 내에서 소비생활을 하는 것에 비해 실직가족은 소득을 초과하여 소비생활을 함으로써 빈곤경험률이 취업가족에 비해 높았고 생활수준이 보다 열악한 것으로 예측되었다(김승권 외, 2011). 즉 생계유지의 어려움뿐 아니라 과중한 주거비의 부담과 열악한 주거수준으로 주거의 빈곤화, 자녀 양육 및 교육문제 등을 함께 경험하고(조성희, 1999), 실직으로 인한 소득의 감소로 상호교환적인 사회적 의무를 할 수 없어 다른 가족, 친척, 이웃들과의 사회적 관계 및 대인관계에 문제가 발생하는 것으로 나타났다(안병철, 1998).

특히 이러한 경제적 위기 상황에 대해 침착하게 논의를 통해 해결해 나가기보다 의견충돌이나 폭력적 해결을 하는 성향이 취업가족보다 높게 나타났다(김승원 외, 2011). 즉 실직의 과정 속에서 부부간의 갈등이 심화되고 실직 전 가정폭력을 자행하는 경우가 많으며, 부부간의 가출, 별거, 이혼 및 자녀의 비행이나 정서 및 행동장애 등의 문제를 야기하기도 한다. 특히 실직가족의 자녀들은 경제적 어려움이 클수록 부모에 대한 적대감이 크고 우울과 소외감 등의 심리적 증상이 나타나며 가족정체감을 상실하거나 부모와 또래집단과의 관계에도 부정적인 영향을 미치는 것으로 나타났다(최일섭 · 조성희, 2000).

(2) 이혼위기의 가족

우리나라는 지난 30년간 이혼자의 수가 8배 이상 증가하여 이혼율, 즉 이혼으로 인한 가족해체 현상이 급격히 심화되고 있다. 기혼가정, 유배우자가정의 수가 줄어드는 이유 중에는 실제로 혼인을 기피하는 미혼자 수가 크게 증가한 것이 한 원인이지만, 그보다 더 중요한 원인은 급격히 증가한 이혼율에 있다.

지난 30년간 이혼자 수가 지속적으로 증가해 왔으나, 최근에 와서 2004년 이후 약간의 편차는 있으나 이혼 건수가 다소 줄어드는 경향을 보이고 있어 상당히 고무적이다. 특히 어린 자녀를 양육할 가능성이 많은 결혼 초기에 이혼하는 조이혼율이 감소하고 반면, 결혼관계를 오랫동안 유지해 왔던 중장년층 부부와 황혼부부의 이혼 비율이 증가하고 있다.

이혼의 사유도 시대적으로 변화되어 왔다. 1979년까지는 이혼 사유 중 배우자의 외도로 인한 것이 26.2%로 가장 높았으나 1980년대에는 경제문제, 성격차이, 배우자 외도 순으로, 1990년대에는 경제문제, 성격차이, 가족부양의무 불이행 등의 순으로, 2000년대에는 성격차이와 가족부양의무 불이행 순으로 주요 원인이 바뀌었다(통계청, 2016). 과거 배우자 부정과 경제문제로 이혼하는 경우가 줄어드는 반면 성격차이나 가족부양의무 불이행 등으로 인한 이혼과 별거가 증가하는 추세이다.

이혼위기가족은 이혼 전후로 경제생활수준에서 큰 차이가 나타난다. 전반적으로 이혼 후 소득감소 현상이 나타나며, 여성이혼가족이 훨씬 심각한 어려움을 경험하였다. 이혼 전에 비해 남성이혼가족보다 여성이혼가족의 소득 감소폭이 훨씬 크게 나타나 이혼 후 소득의 남녀 격차가 현격하게 벌어지고 경제적으로 더 어려운 상황이 되었다(김미숙 외, 2005). 특히 이혼가족은 평균 소득이 유배우자 가구의 절반수준에 못 미치는 데 반해 소비지출은 유배우자가족보다 높아 경제적으로 어려운 상태였으며, 주거비, 식료품비 등 기본 생활보장에서 어려움을 더 경험하였다(장혜경 · 민가영, 2002; 김승권 외, 2011).

이혼가족의 취업상태는 유배우자가족보다 낮아서 경제적으로 열악한 상황에 취업률까지 상대적으로 낮은 수준으로 나타났다. 특히 이혼 전후 여성의 취업률이 이혼 전보다 이혼 후에 비해 대폭 상승하여 경제적인 책임과 어려움 등으로 여성가구주 대다수가 취업하는 것으로 나타났다. 종사상의 지위 역시 상용직근로자와 자영업자가 이혼 후 지속적으로 감소하여 직업불안정성이 높아졌으며, 이혼가족은 취업 시 애로사항으로 자녀양육부담이 가장 높아 맞벌이여성과 함께 자녀 돌봄과 직장생활 및 가사부담의 삼중고에 시달리고 있다. 주택소유형태에 있어서도 이혼가족은 자가 비율이 유배우가족보다 2배 이상 낮은 반면 전세 및 월세는 2배 이상 높아서 주거여건도 상당히 불안정한 것으로 나타났다.

(3) 재난 및 교통사고 위기 가족

최근 10년간 우리나라에서는 초고속 경제발전 과정에서 안전에 대한 소홀로 인한 인재(人災)와 지구온난화의 영향으로 인한 재해·재난의 피해가 크게 증가하였다. 삼풍백화점과 성수대교붕괴, 세월호사건 및 대형 화재와 같은 안전 불감증에 의한 인재(人災)와 경주 포항 지진 및 기후변화로 인한 천재지변(天災地變) 등 다양한 재난·재해가 끊이지 않고 있다. 따라서 사망자 수를 기준으로 할 때, 재해·재난에 의한 사망자수가 세계 1위인 교통사고 사망자수보다 많은 것으로 나타났다(김승권 외, 2011).

그러나 교통사고의 경우에는 부상자의 수가 사망자에 비해 약 6배에 이르므로, 중상자와 장애자를 감안하면 교통사고로 인한 위기가족이 재난·재해 사망자가족 수에 비해 훨씬 많은 것으로 추측되나 이에 대한 정확한 통계 데이터는 파악하기 힘들다.

〈표 10-1〉 재난 및 교통사고 위기가족의 수

(단위 : 명)

위기요인	위기가족의 규모
2010인구주택센서스 총인구 중 내국인	47,990,761
재해·재난에 의한 사망자(최근 10년 평균)	8,792
교통사고에 의한 사망자(최근 10년 평균)	6,518
교통사고에 의한 부상자(최근 10년 평균)	352,874
합계	368,184

(4) 성폭력 위기 가족

여성가족부 산하 전국성폭력상담소의 상담집계 실적은 매년 급격히 증가하고 있다. 성폭력 피해유형은 강간이 가장 많고, 그 다음으로 성추행과 기타 성희롱·음란전화 순으로 나타나고 있다. 문제는 폭력의 피해가 심각한 강간 건수가 가장 많은 비중을 차지하여, 피해 당사자의 심적·신체적 고통이 높을 뿐 아니라 가족원들 다수에 대한 파급효과도 커지게 된다. 즉 가족원 중 누군가의 성폭력 피해로 인한 심리 정서적 어려움이 장기적으로 가족생활과 관계에 부정적 영향을 미치게 되고, 특히 19세 미만의 유아·어린이·청소년 피해자가 가장 많아(37.6%) 자기보호 능력이 없는 자녀를 위해 이후의 치료와 법률적 해결을 함께 할 피해가족과 부모들에 대한 정책적 지원이 무엇보다 필요하다.

성폭력 피해자들은 이 사건으로 인해 신체적·사회적·정신적으로 다각적인 심각한 후유증을 경험하게 되고, 미성년자의 경우에는 인생전반에 걸쳐 매우 커다란 고통과 영향을 받게 될 뿐 아니라 양육부모의 생활에도 큰 피해를 미치게 된다. 또한 성폭력 피해자들은 신체적 손상이나 질병 이외에도 정신적 후유증, 즉 수치심과 분노, 죄책감, 불안과 강박, 우울, 외상 후 스트레스 장애(PTSD)와 자살 등 보통 3가지 이상의 복합적 심리적 이상반응을 보임으로써(박옥임 외, 2007) 일상생활에서 정상적인 활동이 어려운 경우가 많으며, 친구나 대인관계에 부정적 영향을 미치는 등 사회적으로 노출되는 것을 극도로 꺼리게 되어 도움을 받을 기회조자 갖지 못하는 경우도 많다.

전반적으로 성폭력 피해자의 특성은 대부분 여성이며, 유아와 아동, 청소년 등 자기보호 능력이 미약한 미성년자의 피해가 심각하며, 피해자의 학력이 전체적으로 중학생과 고등학생의 비율이 높게 나타나고 있다. 또한 1회성 피해보다는 지속적인 피해가 많으나 피해신고 율이 낮아 성폭력에 대한 우리사회의 인식 개선과 함께 지역중심의 안전망 구축이 시급함을 알 수 있다.

(5) 가정폭력 위기가족

통계청(2016) 보고서에 의하면, 전체 가구 중 가정 내 폭력을 경험하는 가정폭력 위기가족은 0.03%(5백 가구) 정도 되고 있다. 이는 다양한 가족위기문제 중 그 비율이 가장 낮은 편이다.

그러나 가정폭력 관련 상담신고건수는 해마다 꾸준히 증가하고 있다. 2006년 이후 전국 관련 기관(여성긴급전화1366과 가정폭력상담소)에서의 폭력상담건수 중 약 40% 정도가 가정폭력이었고 가장 많은 비중을 차지하였다. 가정폭력 법안이 제정된 2000년대 이후 가정폭력 접수 건수나 형사 입건 수는 매년 급증하는 반면 불처분율이 평균 48%로, 대개 가정폭력 피해 당사자가 자녀를 생각하여 신고를 꺼리거나 고소를 취하하는 경우가 많은 것으로 나타났다. 그들 중 대다수는 그들의 가정폭력 문제를 외부로 노출하지 않다가 심각한 상황에 이르러서야 가출 또는 이혼 등의 방법으로 해결하였으며, 피해 가출여성 중 70%가량이 폭력 배우자를 떠났다가도 결국 다시 돌아가고, 쉼터 체류기간도 개인마다 일정하지 않은 것으로 나타나고 있다(이종원, 2010).

가정폭력의 가해자나 피해자, 그리고 피해에 노출된 자녀 등은 모두 낮은 자아존중감을 갖는다는 것이 공통적 특징이다. 특히 피해자 아내의 경우에는 남편의 구타빈도가 많고 구타정도가 심할수록, 그리고 구타기간이 길수록 자아존중감이 낮고 자아기능에 많은 손상을 입으며, 무기력, 부정적 자아상, 절망 등의 정신적·심리적 특징을 보이는 것으로 보고되고 있다(유계숙 외, 2009). 또한 가정폭력의 피해자들은 생활전반에 걸쳐 자기효능감이 낮고 문제해결능력이 낮게 나타나고 있다. 즉 피해자들은 대부분 외상 후 스트레스 장애를, 소수가 우울증 진단을 받은 것으로 나타났으며, 가정폭력을 목격한 자녀들에게 우울과 불안 등 부정적 심리적 특성과 공격적 행동, 사회성에서의 어려움에 영향을 미치는 것으로 나타났다. 또한 부부간의 의사소통이 역기능적이며, 이는 신체적 폭력의 유발과도 연관된 것으로 나타났다(이종원, 2010). 또한 가정폭력은 공격적이고 여성 지배적인 남성의 성격, 여성의 높은 경제적 의존, 남성의 낮은 사회경제적 지위, 부부갈등, 높은 알코올 소비, 불평등한 부부 간 권력구조, 가족관계의 역동성과 친밀감 정도 등과 관련이 높은 것으로 나타나고 있다.

2) 문제점

(1) 복합적이고 중복적인 문제 경험

위기가족이 겪는 어려움에 대해 선행연구들(이승권 외, 2011; 박정윤, 2012)에서는 일반적으로 위기가족이 개인적·가족적·경제적·사회적 어려움을 복합적이고 중복적으로 경험하는 것으로 제시하고 있다. 우선 위기가족이 겪는 개인적인 문제는 가족원의 자살, 교통사고(배우자 또는 자녀), 폭력, 실직, 중독, 갑작스러운 죽음 등으로 인해 부정적 정서와 일탈적 행동반응이 나타나게 된다.

둘째, 가족적 문제는 가족 성원 중 한 개인에게 발생한 위기사건과 그로 인한 정신적 외상(trauma)이 가족전체에게 영향을 미쳐 가족 전체의 어려움이 발생하게 된다. 전쟁, 재난사고, 폭력과 성학대 등에 의한 외상 후 스트레스 장애는 외상을 당한 본인뿐 아니라 가족 내의 모든 사람들에게 영향을 미치며, 가족들은 이로 인해 이차적인 정신적 외상을 경험하게 될 뿐만 아니라 가족기능과 가까운 친척의 네트워크까지 붕괴된다. 즉 가족의 자살이나 교통사고와 같은 예상하지 못한 충격적인 스트레스로 스스로 상황을 극복하는 과정에서 개인적 차원의 문제는 가족차원으로 연결되어 가족원 개인의 심리 정서적 어려움이나 문제행동이 가족원 한 사람에게 국한되지 않고 다른 가족과의 상호작용에 영향을 미쳐 가족갈등을 가중시키거나 유대감을 약화시키게 된다(박정윤, 2012).

셋째, 위기가족은 공통적으로 경제적 어려움을 경험하고 있다. 경제적 어려움을 느끼는 가족은 장기적인 가계 빈곤에 노출되어 있는 가족과 위기사건을 계기로 빈곤가정으로 추락할 가능성이 높다. 우선 실직이나 가장의 사망과 같은 위기사건은 직접적으로 가계경제를 악화시키면서 빈곤가정으로의 전락으로 이어질 수 있다. 그리고 가계경제의 부담과 스트레스는 돌봄 공백을 가져오고, 가족건강 악화 등과 연계되면서 위기사건 자체에서 확대되어 이중, 삼중고가 되게 된다(박정윤, 2012). 이러한 위기가족의 경제적 어려움은 단지 수입원이나 실직 자체의 1차적인 원인에서만 그치는 것이 아니라 2차적으로 부채나 생활의 어려움과 부정적인 행동의 결과가 연쇄적으로 더 많은 경제적 부담을 발생시킬 수 있다(김승권 외 4인, 2011).

넷째, 위기가족은 사회적 차원에서 주변으로부터의 위기사건에 대한 부정적 시각과 지지체계의 부족으로 어려움을 경험한다. 위기를 경험한 직후 외부로부터의 지지를 받고자 하였으나 자원의 부재 혹은 자원을 활용할 수 있는 방안을 찾지 못해 위기상황을 극복하는데 시일이 오래 걸리거나 해결하지 못하는 경우가 발생하였다(김승권 외 4인, 2011). 자살, 가정폭력, 중독 등의 위기는 주변사람들이나 이웃의 부정적 인식으로 인해서 가족이 외부의 도움을 요청조차 할 수 없어 문제를 방치하는 상황에 이르거나. 이에 대한 두려움으로 또 다른 간접적인 위기상황을 만들 수 있다(박정윤, 2012).

마지막으로, 의료적 문제로 위기를 경험하는 가족은 질병으로 인한 신체적 위기, 위기사건 이후 정신적 스트레스로 인한 심리적 위기, 의료적 처지를 요하는 가족원을 위한 돌봄의 과정에서 오는 위기 등을 중복적으로 경험하게 된다. 그리고 가족원의 질병이나 간병문제 등은 의료적 문제이기도 하지만 그로 인한 경제적 지출과 심리적 부담감 등이 가중되면서 더 많은 위기를 초래할 수 있다. 가족원의 신체적 질병이 일시적인 것이 아니라 만성적이고 장기적인 질병으로 인한 위기이기 때문이다.

(2) 위기가족 유형별 문제점

① 실직 및 경제적 위기 가족

1997년 IMF와 2007년 금융위기 이후 장기적 실업으로 실직자와 실직가정이 증가되고 있기 때문에 실직가족에 대한 지원정책이 장기적이고 체계적인 관점에서 마련될 필요가 있다. 그러나 현재의 실직가족지원 정책은 실직 상황으로부터의 탈피에 초점이 맞추어져 있어 보건복지부의 사회복지통합관리망을 통한 사례관리와 방문상담서비스 등과 지자체 및 민간단체에서 종합적인 긴급지원서비스의 제공 및 실직가정 대학생 교육비지원 사업 등이 실시되고 있다. 또한 긴급지원법에 근거하여 저소득 실직가족이 한시적으로 지원받고 있다. 그러나 전반적인 실직가족지원정책이 실직자를 대상으로 하는 실업탈피와 실직가족의 경제적 생계유지 정책에 초점이 맞추어져 있어 실직가족이 직면한 심리적·정서적 어려움에 대한 지원은 부재한 실정이다.

따라서 실직위기가족을 위해 다음과 같은 지원정책 상의 개선이 필요하다. 첫째, 실직가족의 구성원과 특성에 초점을 맞춘 체계적 실직가족지원이 마련되어야 할 것이며 실직가족의 심리적 · 정서적 기능회복에 대한 지원이 마련되어야 할 것이다. 둘째, 정책서비스 지원의 효과성을 높이기 위해 실직가족의 발굴과 지원을 위한 행정적인 노력이 보다 적극적으로 이루어져야 할 것이며, 서비스지원도 실직가족의 가족기능과 건강성이 회복할 때까지 지속적으로 제공되어야 할 것이다.

② 이혼 위기가족

전반적으로 이혼가족이 이혼 후 가장 크게 경험하는 어려움은 소득감소로 인한 경제적인 어려움이다. 유배우가족에 비해 주생활과 식생활 등 기본 생활보장에 어려움을 경험하고 특히 여성이혼가족이 훨씬 심각한 수준이다. 그러나 경제적으로 열악한 실정을 해결할 취업률에 있어서 이혼여성이 이혼남성보다 상대적으로 낮은 수준으로 나타나 경제적 어려움이 훨씬 높은 것으로 나타났다.

두 번째로 자녀양육 문제이다. 이혼가족은 과반수 정도가 이혼 당시 자녀가 있었고, 대다수 자녀양육자가 자녀의 부모에게 집중되어 있어 여성이혼가족의 경우 자녀의 양육부담에, 경제적 어려움까지 이중, 삼중의 어려움을 경험하게 된다. 이러한 경향을 반영하여 취업여성의 애로사항으로 이혼여성은 자녀양육부담이 42.4%로 가장 높았고, 그 다음은 가사부담과 자녀와의 공유시간부족 순으로 나타났다.

세 번째로 이혼 당사자들은 심리·정서적으로 어려움과 가족생활의 부정적 경험이 증가하는 것으로 나타났다. 특히 이혼전후 심리·정서적 불안정에 있어서는 여성이혼가족이 더 높고(7.6%), 가정생활의 부정적 경험에서는 남성이혼가족이 더 높았다(6.3%). 이혼 남성도 이혼 후에 정서적인 불안이나 일상생활의 유지, 자녀양육으로 인한 심리적 부담감을 많이 경험하게 된다고 한다(이재경의 연구, 2000).

네 번째로 이혼한 부모는 대부분 이혼 후 자녀와의 관계에서 공통적으로 어려움을 경험하였다. '주로 엄마에게 집착', '친가와 멀어짐', '외가와 가까워 짐' 등으로 나타났고, 사회생활에서는 친구와 멀어지고 행동장애, 비행 및 가출 등이 발견되었다(장혜경 · 민가영, 2002). 또한 부모에게 거부감과 분노 등의 부정적인 감정과 강박증, 대인관계의 문제 등을 나타내었다(정진영, 1993; 주소희, 1992).

③ 재난 및 교통사고 피해가족

교통사고 피해가족은 사망자에 비해 부상자의 수가 6배에 달하여 폭력이나 자살, 재난 등의 여러 위기가족 중 그 수가 가장 많다. 그러나 우리나라는 현재 정부차원에서의 위기가족지원체계가 제대로 확립되어 있지 않은 상황이고, 특히 재난사고에 교통사고가 해당되지 않으므로 피해가족이 저소득가족(즉 기초수급자나 차상위계층)의 긴급복지지원의 혜택을 받는 경우를 제외하고는 정책적 지원을 받기가 힘든 상황이다.

단 교통안전공단에서 교통사고피해가족지원사업을 수행하고 있으나 그 지원대상이 자동차사고 피해가족 중 장애1~4급이면서 저소득가족(수급자 및 차상위계층)으로 극히 한정되어 있다. 또한 경제적 지원 및 심리·정서적 지원을 제공하고 있으나 한시적이어서 다양한 서비스를 지원받기가 사실 상당히 어려운 상황이며 지원범위와 지원금액도 매우 적다. 뿐만 아니라 교육사고 피해가족들은 이러한 제도에 대한 홍보가 잘 되어 있지 않아 잘 알고 있지 못할 뿐 아니라 도움을 요청해도 까다로운 수혜기준에 해당되지 않으면 공단에서 지원을 하지 못하는 상황이 자주 벌어진다. 특히 교통사고 피해가족 심리안정지원사업은 전국 151개 건강가정지원센터 중 지역별로 14개소에 한정하여 서비스를 제공하고 있으며, 총 10회에 이르는 위기상담 이외에는 캠프형태의 집단 상담과 자조모임 등으로 구성되어 있어 피해가족서비스 지원에 대한 접근성이 매우 한정적이라 할 수 있다.

④ 성폭력 피해가족

성폭력 피해자는 폭력 경험이후 신체적 피해뿐 아니라 심리·정서적 피해 이외에, 일부에게서 가족이나 애인관계가 악화(3.5%)되거나 별거 또는 이혼(0.5%)하게 되었다고 나타남으로써 가족관계에서도 부정적인 영향을 받고 있다. 이는 성폭력 피해가 피해 당사자만이 아니라 가족관계를 통해 피해자가족에게도 영향을 미침을 알 수 있으며, 이러한 경향은 남성 보다 여성피해자에게 더 큰 영향을 미치는 것으로 나타났다(여성가족부, 2010). 또한 피해여성의 가족들은 피해경험 후 피해자에게 긍정적, 부정적 반응을 모두 적절히 하지 못하고 있는 것으로 나타났다. 그리고 성폭력피해자는 비교적 성폭력 경험 후 이 문제로 정신적, 신체적 고통의 기간을 경험할 뿐 아니라 조사와 합의, 법률적 과정 등을 진행하면서 가족과 함께 상당히 장기간 심리적 고통과 함께 사회적 시선과 편견으로 힘들어하며 학업과 일상생활에 지장을 초래하는 것으로 나타났다.

⑤ 가정폭력 피해가족

신체적 폭력을 경험한 후 가정폭력 부부들은 가정생활에 있어서 아내폭력은 64.5%, 남편폭력은 56.2%의 변화를 경험하는 것으로 나타났다. 특히 폭력경험이후 가장 많은 경우 배우자와의 관계가 나빠지고(아내 44.5%, 남편 29.7%), 그 다음으로는 자녀의 정서·행동에 문제가 생기는 경우와 배우자와 별거 또는 이혼에 이르는 경우의 순으로 변화가 많았다(여성가족부·연세대학교 사회복지대학원, 2010). 특히 결혼이민여성의 경우는 가정생활 변화율이 73.8%로 일반가정보다 더 높은 것으로 나타났으며, 가정생활에서의 변화 경향은 일반가정과 마찬가지로, 배우자와의 관계 악화, 자녀의 정서·행동에 문제 생김고가 배우자와의 별거 및 이혼 등의 순으로 나타났다. 김승권 외(2008)의 연구에서도 가정폭력 후 소수의 가족(3%)은 별거하거나 가족해체에 이르는 것으로 나타났다.

또한 가정폭력은 부부만이 아니라 이를 경험한 자녀들에게도 정서와 행동 및 대인관계 등에 부정적 영향을 미치는 것으로 나타나고 있다(김정옥·박경규, 2002; 정인숙, 2003). 따라서 가정폭력 피해가족들은 가정폭력의 감소를 위해 가장 필요한 정책적 지원으로 법적 조치의 강화(48.9%)를 가장 많이 요구하였으며, 그 다음으로는 가족관계 증진을 위한 교육프로그램의 활성화, 홍보계몽강화, 폭력발생 가정에 대한 지속적인 사례관리, 홍보 및 계몽의 강화의 순으로 나타났다. 아는 결혼이민자의 경우에도 동일하게 나타났으며, 그 외의 요구에 있어서는 일반국민들의 경우에는 다음으로 상담서비스의 보편화에 대한 요구가 높았던 것에 비해 결혼이민자의 경우에는 양성평등교육 강화를 들어 가정 내에서의 배우자간 양성평등이 낮다고 인식하고 있음을 알 수 있다.

2. 법과 정책서비스

1) 관련 법

가족위기, 즉 실직이나 경제적위기, 신체적 위기, 정서·심리적 위기, 가족외적 위기 등에 대응하기 위하여 정부에서 정책적 지원을 위한 관련 법률로는 「국민기초생활 보장법」, 「의료급여법」, 「긴급복지지원법」, 「재해구호법」, 「성폭력방지 및 피해자보호 등에 관한 법률」, 「가정폭력방지 및 피해자보호 등에 관한 법률」, 「사회복지사업법」 등이 있다. 가족의 위기양상은 중복적·복합적으로 작용하기 때문에, 이들 관련법들도 상호 연관되어 위기가족을 지원하게 되나 중복지원은 배제되도록 조치하고 있다.

(1) 국민기초생활보장법

국민기초생활보장법은 빈곤선 이하의 저소득 국민에게 국가가 생계·교육·의료·주거·자활 등에 필요한 경비를 주어 최소한의 기초생활을 제도적으로 보장하고자 제정된 법으로, 헌법 제34조에 근거하여 생활보호법을 폐지하고 새로이 제정되었다(1999. 9. 7, 법률 6024호). 즉 생활이 어려운 자에게 필요한 급여를 행하여 이들의 최저생활을 보장하고 자활을 조성할 수 있도록 돕기 위한 것이다. 이 때 생활이 어려운 상황은 위기 상황 중 가족원의 실직, 사망, 가출, 행방불명, 질병 등 다양한 원인에 의해 발생하게 되므로 이들 위기가족들을 지원하는 데 도움이 된다.

법 조항은 총칙, 급여의 종류와 방법, 보장기관, 급여의 실시, 보장시설, 수급자의 권리와 의무, 이의신청, 보장비용, 벌칙 등 9장으로 나뉜 전문 51조와 부칙으로 구성되었다. 이 법의 보호대상은 가족의 소득 합계가 최저생계비 이하인 가구이며, 지급되는 급여에는 생계급여·주거급여·의료급여·교육급여·해산급여·장제급여 및 자활급여의 7종이 있다. 급여는 원칙적으로 금전으로 지급하지만 최저생계비가 전액 지급되는 것은 아니며, 가구의 소득과 의료비·주민세·전화세 등 다른 법령에 의해 지원받는 금액을 차감하고 지불된다. 단 해산비와 장제비는 최저생계비와 별도로 지급된다.

급여를 받는 자에 대해서는 매년 1회 이상 소득 및 재산, 부양의무자 등의 사항을 조사하여 소득·재산이 늘었거나 부양을 받게 되어 더 이상 요건에 적합하지 않으면 보호대상에서 제외한다. 한편 근로능력이 있는 사람에게는 고용안정센터를 통해 직업훈련·취업알선·자활공동체사업·공공근로사업·창업지원·자원봉사 등의 고용서비스를 제공하며, 취업이 어려운 사람에게는 자활센터의 자활공동체사업이나 자활공공근로사업 등을 통해 자활능력을 키울 수 있도록 지원한다.

(2) 긴급복지지원법

긴급복지지원법은 생계곤란 등의 위기상황에 처하여 도움이 필요한 사람을 신속하게 지원함으로써 이들이 위기상황에서 벗어나 건강하고 인간다운 생활을 할 수 있도록 지원하기 위하여(제1조) 제정된 법이다. 2005.12.23. 법률 제7739호로 최초 제정되었으며 2006. 3. 24부터 시행되었다. 2009년 전문개정과정을 거친 후 지속적으로 일부 조항이 개정되었고 현재는 2014. 12. 30.일부개정안이 공포되어 2015. 7. 1.부터 시행될 예정이다(법률 제12934호).

이 법은 갑작스럽게 경제적·사회적 어려움에 처한 사람을 조기에 발견하여 생계비, 의료·주거서비스 등을 적기에 지원함으로써 이들이 위기상황에서 벗어나는 데 크게 도움을 주고 있다. 이 법에서의 "위기상황"이란 본인 또는 본인과 생계 및 주거를 같이 하고 있는 가구구성원이 다음의 어느 하나에 해당하는 사유로 생계유지 등이 어렵게 된 경우이다(제2조).

1. 주소득자(主所得者)가 사망, 가출, 행방불명, 구금시설에 수용되는 등의 사유로 소득을 상실한 경우
2. 중한 질병 또는 부상을 당한 경우
3. 가구구성원으로부터 방임(放任) 또는 유기(遺棄)되거나 학대 등을 당한 경우
4. 가정폭력을 당하여 가구구성원과 함께 원만한 가정생활을 하기 곤란하거나 가구구성원으로부터 성폭력을 당한 경우
5. 화재 등으로 인하여 거주하는 주택 또는 건물에서 생활하기 곤란하게 된 경우
6. 그 밖에 보건복지부장관이 정하여 고시하는 사유가 발생한 경우

이러한 위기는 앞서 설명한 위기가족의 범주(그림 10-1) 중 경제적, 심리·정서적, 신체적, 가족외적 위기의 일부분에 해당하는(실직이나 중독, 가족갈등이나 별거, 이혼, 주거 및 재산상실 등을 제외한) 위기들로서, 이들 위기가족들을 정부가 지원하기 위한 법적 근거가 되고 있다. 즉 가구의 주요 소득자의 사망, 가출, 가구구성원의 질병, 학대, 폭력, 그리고 화재 등으로 갑자기 생계를 유지하기 곤란해졌을 때, 1개월간(최소) 정부의 도움을 받을 수 있으며, 위기상황에 처한 가족들에게 일시적으로 신속한 지원이 이루어진다(제3조).

그러나 「재해구호법」, 「국민기초생활 보장법」, 「의료급여법」, 「사회복지사업법」, 「가정폭력방지 및 피해자보호 등에 관한 법률」, 「성폭력방지 및 피해자보호 등에 관한 법률」 등 다른 법률에 따라 동일한 내용의 구호·보호 또는 지원을 받고 있는 경우에는 이 법에 따른 지원을 받지 못 하며 중복수혜가 불가능하다.

지원종류 및 내용은 금전 또는 현물(現物) 등의 직접 지원과 민간기관・단체와의 연계 등의 간접적 지원이 제공된다. 이 중 금전 또는 현물 등의 직접 지원은 생계, 의료, 주거, 교육 지원 및 사회복지시설 이용 지원, 그 밖의 지원 등에 해당될 때 지원이 가능하다.

긴급지원은 지원요청 후 3~4일 이내에 긴급지원 담당공무원이 현장 확인 후 지원받을 수 있다. 생계・주거・사회복지시설이용, 그 밖의 지원은 1월, 의료지원은 1회가 원칙이다. 다만, 시장・군수・구청장의 판단에 생계・주거 등의 지원은 1개월 범위에서 연장이 가능하다. 그러나 이와 같은 지원으로도 위기상황이 해소되지 않는 경우는 긴급지원심의위원회의 의결로 의료지원은 1회에 한해, 그 외 지원은 2개월까지 추가지원이 가능하다.

그러나 최근 친지・이웃 등을 통한 사적 안전망의 붕괴로 정부에 대한 의존도가 더욱 높아지고 빈곤위기가정의 자살사건 발생이 증가됨에 따라 긴급지원제도의 개선 및 지원대상의 확대가 필요해졌다. 또한 “신청”과 “선별”을 통한 소극적 복지에서 벗어나 사각지대에 빠져있는 이들을 적극적으로 찾아내어 복지제도의 지원을 받을 있도록 하기 위해 법 개정이 매년 지속적으로 이루어져왔다. 특히 긴급지원 여부를 지방자치단체가 판단할 수 있도록 범위를 확대하고, 안내 강화, 정기적으로 위기상황에 처한 사람에 대한 발굴조사 및 운영실태 점검, 긴급지원담당공무원의 권한을 확대하는 등 긴급지원의 진입장벽을 낮추고 찾아가는 복지를 통해 최소한의 사회안전망을 확대하려는 노력이 계속되고 있다.

(3) 재해구호법

재해구호법은 비상재해의 복구와 이재민의 보호를 위한 법률(1962. 3. 20 법률 제1034호)로, 전문 19조와 부칙으로 구성되어 있다. 가족외적 위기에 해당하는 비상 재해가 발생하였을 때 응급구호를 제공함으로써 재해의 복구, 이재민의 보호와 사회질서의 유지를 목적으로 한다(제1조). 이때 정부가 지원하는 구호는 한해, 풍해, 수해, 화재, 기타의 재해로 인하여 동일한 지역 내에서 다수의 이재자가 발생하는 응급적인 구호(제2조)이며, 이재민과 일시 대피자를 대상으로(제3조) 필요시에 행한다.

구호의 종류에는 수용시설의 제공, 급식 또는 식품・의류・침구・학용품 및 기타 생활필수품의 급여, 의료 및 조산, 이재자의 구출, 이재주택의 응급수리, 생업에 필요한 자금·기구 또는 자재의 급여나 대여, 생업알선, 장사, 기타 사항 등 다양하며(제4조), 구호 지역(시·도)에서는 이재자에게 현금을 지급하여 구호할 수 있다. 재해구호는 이재자의 현재지를 관할하는 특별시·광역시·도가 실시하는데, 시·도는 구호의 만전을 기하기 위하여 필요한 계획의 수립과 구호조직을 확립하여 상시 재해예방조치를 취하는 동시에, 재해가 발생하였을 때에는 신속히 구호를 실시하도록 되어있다.

(4) 재난 및 안전관리기본법

이 법은 각종 재난으로부터 국토를 보존하고 국민의 생명·신체 및 재산을 보호하기 위해 국가와 지방자치단체의 재난 및 안전관리 체제를 확립하고, 재난의 예방·대비·대응·복구와 그밖에 재난 및 안전관리에 필요한 사항을 규정하기 위한 목적으로 제정된 법이다. 제1장 총칙, 제2장 안전관리기구 및 기능, 제3장 안전관리계획, 제4장 예방 및 대비, 제5장 응급대책, 제6장 긴급구조, 제7장 재난의 복구, 제8장 재정 및 보상 등, 제9장 보칙, 제10장 벌칙 등 총 10장 82개조와 부칙으로 구성되어 있고, 2004년 3월 11일 법률 제7188호로 제정된 이후 일부 개정이 이루어졌다.

이 법에서 재난은 국민의 생명·신체·재산과 국가에 피해를 주거나 줄 수 있는 것으로서 그 범위가 상당히 방대하다. 즉 태풍·홍수·호우(豪雨)·강풍·풍랑·해일(海溢)·대설·낙뢰·가뭄, 지진·황사(黃砂)·적조(赤潮), 그밖에 이에 준하는 자연현상으로 인해 발생하는 재해·화재·붕괴·폭발·교통사고·화생방 사고·환경오염 사고, 그 밖에 이와 유사한 사고로 발생하는 대통령령으로 정하는 규모 이상의 피해와 에너지·통신·교통·금융·의료·수도 등 국가 기반 체계의 마비와 전염병 확산 등으로 인한 피해에 이르기까지 다양하다(제3조). 따라서 국가와 지방자치단체는 재난으로부터 국민의 생명·신체 및 재산을 보호할 책무를 지니고, 재난을 예방하고 피해를 줄이기 위하여 노력해야 하며, 발생한 재난을 신속히 대응·복구하기 위한 계획을 수립·시행해야 한다(제4조).

재난사태의 선포는 중앙본부장이 대통령령으로 정하는 재난이 발생하거나 발생할 우려가 있는 경우 사람의 생명 · 신체 및 재산에 미치는 중대한 영향이나 피해를 줄이기 위해 긴급한 조치가 필요하다고 인정하면 중앙위원회의 심의를 거쳐 국무총리에게 선포를 건의하거나 직접 선포할 수 있다(제36조). 재난에 관한 예보 또는 경보의 발령은 중앙본부장과 지역본부장이 대통령령으로 정하는 재난으로 인하여 사람의 생명 · 신체 및 재산에 대한 피해가 예상되면 그 피해를 예방하거나 줄이기 위해 할 수 있으며(제38조), 재난현장에서는 시 · 군 · 구 긴급구조 통제단장이 긴급구조 활동을 지휘한다. 다만, 치안활동과 관련된 사항은 관할 경찰관서의 장과 협의해야 한다(제52조).

특별재난지역의 선포는 중앙본부장이 대통령령으로 정하는 재난의 발생으로 인해 국가의 안녕 및 사회질서의 유지에 중대한 영향을 미치거나 그 재난으로 인한 피해를 효과적으로 수습 및 복구하기 위해 특별한 조치가 필요하다고 인정하면 중앙위원회의 심의를 거쳐 해당 지역을 특별재난지역으로 선포할 것을 대통령에게 건의할 수 있으며(제59조), 특별재난지역의 선포를 건의 받은 대통령은 해당 지역을 특별재난지역으로 선포할 수 있다(제60조).

재난관리에 소요되는 비용은 국가가 재난관리를 원활하게 실시하기 위해 필요하면 대통령령으로 정하는 바에 따라 그 비용의 전부 또는 일부를 국고에서 부담하거나 지방자치단체, 그 밖의 재난관리 책임자에게 보조할 수 있다(제66조). 따라서 지방자치단체는 재난관리에 드는 비용에 충당하기 위해 매년 재난관리기금을 적립해야 한다(제67조).

(5) 성폭력방지 및 피해자보호 등에 관한 법률

성폭력방지 및 피해자보호 등에 관한 법률은 전신(前身)으로 1994년 1월 5일 제정되었던 「성폭력범죄의 처벌 및 피해자보호등에 관한 법률」(법률 제 4702호)이 폐지되고 「성폭력범죄의 처벌 등에 관한 특례법」과 함께 2010년 4월 15일 각각 분리되어 제정되었다.

전문 38조와 부칙으로 이루어진 이 법은(법률 제10261호) 제정 이후 일부 내용이 개정되었으나, 국가와 지방자치단체가 성폭력을 방지하고 성폭력 피해자의 보호 · 지원을 수행하여야 함을 명시하고 성폭력 신고체계의 구축 · 운영, 성폭력 예방을 위한 조사 · 연구, 교육 및 홍보, 피해자를 보호 · 지원하기 위한 시설의 설치 · 운영 등의 조치에 대한 의무를 밝히고 있다(제3조). 즉 국가 또는 지방자치단체가 성폭력피해상담소(제10조)와 성폭력피해자보호시설(제12조)을 설치 및 운영함으로써 성폭력 피해로 신체적, 정서·심리적 위기를 경험하게 된 가족들이 피해상담과 보호시설의 이용에 대한 지원을 받을 수 있도록 하였다. 보호시설에 입소한 사람의 보호기간은 보통 6개월 이내이나 필요 시 연장 가능하다.

(6) 가정폭력범죄의 처벌 및 피해자보호등에 관한법률

이 법은 가정폭력의 예방·방지와 더불어 가정폭력으로 인한 피해자를 보호하기 위한 국가나 지방자치단체의 의무에 관한 사항을 규정하고 있다(제1조). 즉 가정폭력은 가정 구성원 사이의 신체적·정신적 또는 재산상 피해를 수반하는 행위(제2조)로, 국가나 지방자치단체가 가정폭력신고체계의 구축운영, 가정폭력 예방·방지를 위한 교육과 홍보, 가정폭력 관련 상담소 설치, 가정폭력 피해자 보호시설 설치 등 가정폭력의 예방·방지와 더불어 가정폭력으로 인한 피해자를 보호하기 위한 구체적인 방안을 마련하도록(제4조) 명시되어 있다. 따라서 가정폭력으로 신체적, 정서·심리적 위기를 경험하게 된 가족원은 국가나 지방자치단체가 설치 및 운영하는 가정폭력 관련 상남소(세6조)의 가정폭력피해자 보호시설(제7조)에서 피해상담과 보호시설의 이용에 대한 지원을 받을 수 있다.

2) 관련 정책서비스

(1) 위기가족 유형별 지원서비스

① 실직 및 경제적 위기가족을 위한 지원서비스

현재의 실직가족지원 정책은 실직 상황으로부터의 탈피에 초점이 맞추어져 있어 한시적인 지원을 제공하는 긴급복지법과 저소득가구를 대상의 사회복지통합관리망(행복e음)이 대표적이다.

■ 사회복지통합관리망(행복e음)

사회복지통합관리망은 지자체 복지담당 공무원들이 복지행정업무를 처리하는 정보시스템으로서 다양한 복지급여 및 서비스 이력을 개인별, 가구별로 통합 관리하는 시스템이다.

기존의 기초생활수급자 이외에 복지사각지대의 긴급지원이 필요한 실직, 노숙가구를 포함한 저소득층 가구로 서비스지원 대상을 확대하였으며, 실직으로 인해 발생하는 복합적인 욕구를 해결하기 위해 읍면동 복지담당공무원에 요청하여 공공서비스뿐 아니라 민간서비스까지 연계되는 사례관리와 찾아가는 방문상담 서비스를 지원받을 수 있다.

■ 긴급복지지원제도

위기상황으로 인정하는 사유 중 경제상황 악화에 해당하는 저소득 실직자와 휴·폐업 자영업자 가구가 빈곤층으로 전락되는 것을 방지하고 사회안전망 강화의 차원에서 한시적으로 위기에 처한 실직가족에게 근로복지공단의 생활안정자금과 희망드림 창업자가정지원 사업을 제공한다.

〈표 10-2〉 긴급복지지원법의 지원 대상요건

구분	내 용
실직자 요건	• 가구원 중 주 소득자가 고용보험 피보험자격이 신고 되어 있지 않은 자 • 2008년 10월 1일 이후 실직하여 1개월이 경과하고 실직 전 6개월 이상 근로한 자 • 1개월간 소정 근로시간이 60시간 이상이고, 월 평균 임금이 24만 원 이상인 자
휴 · 폐업 자영업자 요건	• 가구구성원의 소득이 최저생계비 이하인 시기에 있어야 함 • 국세청 사업등록자 중 휴폐업 신고 전 종합소득금액이 2,400만 원이하인 자 • 2008년 10월 1일 이후 휴폐업자로 신고 후 1개월이 경과한 자 ※ 변호사, 세무사, 법무사 등의 전문직 사업자와 부동산 임대업, 병·의원, 약국, 사채업 등의 고소득 자영직종은 제외
지원 내용	• 생계지원 외에 의료지원, 주거지원, 사회복지시설이용지원, 교육지원, 그 밖의 지원(연료비, 전기요금, 해산비, 장제비) - 생계지원의 최고 지원 금액은 90만 8천원 이며 식료품비, 의복비 등 1개월 생계유지비 지원 - 각종 검사 및 치료 등 의료서비스를 지원하는 의료 지원은 300만원 이내, 주거지원은 중소도시, 4인 기준으로 32만원이 지원 - 사회복지시설이용지원은 4인 기준 110만원, 교육지원은 초·중·고에 따라 차등지급

자료 : 보건복지부 홈페이지(http://www.mw.go.kr).

■ 기타 지원제도

기타 실직가족을 대상을 하는 지원제도에는 실업급여, 취업성공패키지, 직업능력정책, 사회적 기업 및 희망근로프로젝트 등이 실시되고 있으며, 이외에도 여성가장 대상의 창업 및 실업자 훈련, 그리고 직업훈련생계비 대부사업 등이 제공되고 있다.

실업급여는 근로자가 실직하였을 경우 일정한 기간 실직자 및 그 가족의 생계안정을 도모하기 위해 지급하는 것으로 구직급여와 취업촉진수당으로 분류된다. 고용노동부에서 주관하는 '취업성공패키지'는 지원대상자에 대한 개인별 취업지원 관리를 보다 강화하고 단계별로 통합적인 취업지원 서비스를 제공하는 한편, 취업성공수당을 지급함으로써 취업촉진을 도모하는 데 있다. 직업능력정책으로는 실업자 훈련 지원제도, 내일배움카드제 등이 있다. 또한 취약계층을 대상으로 일자리, 사회서비스제공 등 사회적 목적을 추구하고, 수익창출 등 영업활동을 수행하는 사회적 기업이 수행되고 있다. 이외에도 근로능력이 있는 사회적 취약계층 즉 차상위계층, 경제위기로 인한 실직자, 휴·폐업 자영업자 등에게 한시적인 일자리를 제공하는 희망근로프로젝트, 여성가장을 대상으로 하는 창업훈련과 여성가장실업자 훈련 등이 있다. 직업훈련생계비 대부는 근로복지공단이 직업훈련에 참여하는 실업자에게 생계비를 장기 서리로 대부하여 생계에 대한 부담 없이 체계적인 훈련을 받을 수 있도록 지원하여 더 나은 일자리로의 이동을 돕기 위해 수행되는 사업이다.

이 외에도 지자체 차원에서 서울시의 SOS위기가정 특별지원사업이 있다. 이 사업은 한 가정의 '주소득자'가 갑작스러운 실식이나 휴폐업 등 사업실패로 소득을 상실하고 경제적 어려움으로 일가족이 빈곤층으로 전락할 위험, 즉등 '가족해체'의 심각한 위기상황에 처한 가정을 지원한다. 그리고 아름다운 재단의 실직가정대학생 대상 마지막 학기 등록금 지원사업과 파랑새기금을 통한 교육비지원 사업을 통해 실직가정 대학생을 위한 교육비를 지원하고 있다.

② 이혼위기가족을 위한 지원서비스

이혼위기의 가족은 이혼에 이르는 과정에서 법적·제도적 지원을 받을 수 있다. 이혼 중에서는 이혼위기가족 회복지원과 이혼가족통합지원 사업을 제공 받을 수 있고, 이혼 직후에는 사회심리적 지원과 상담서비스를 지원 받을 수 있다.

이혼위기가족회복지원사업은 2011년 7월부터 여성가족부와 서울가정법원이 연계하여 이혼과정 중의 부부와 자녀를 대상으로 이혼위기 가정의 가족기능을 회복하거나 갈등을 최소화하기 위한 전문상담서비스 및 다양한 이혼관련 프로그램을 전액 무료로 지원하는 것이다. 2012년부터 서울가정법원 외에 부산, 대구, 인천, 경기, 전남 등 5개 지역 법원에서 시행되고 있으며, 서비스의 대상자는 각 지역 가정법원에 협의 및 재판이혼의 신청자이다. 서비스 지원 내용은 상담서비스와 교육서비스로, 상담서비스는 법원과 연계하여 이혼 신청부부에 대해 이혼상담 및 조정, 이혼신청 미성년 자녀에 대한 심리검사 및 치료 등 심리·정서적 지원, 청소년상담센터, 지역 아동상담 기관 등 관련 기관과의 연계 및 이혼위기와 갈등을 경험한 부부대상의 집단 상담 등이 제공되며, 교육서비스는 이혼위기와 부부갈등 요인의 발견 및 해소를 위한 부부교육, 자녀정서 이해 및 적응 돕기 등을 위한 부모교육 등이 제공된다.

재판이혼의 경우는 가정법원에서 각 지역건강가정지원센터에 상담을 의뢰하여 이루어지고, 협의이혼의 경우는 건강가정지원센터의 전문상담원이 이혼신청자를 위해 1주일에 1회씩 법원에 나가 출장상담을 한다. 혹은 전화 또는 센터를 내방할 경우에도 서비스를 제공하고 있다. 한편 건강가정지원센터는 이혼위기 부부를 대상으로 가족상담(최소 6회기 이상), 부모교육, 집단상담 서비스를 제공하며, 부모의 이혼과정에서 심리·정서적 불안이 심한 미성년 자녀에 대해서는 미술치료, 놀이치료 등의 심리치료를 제공한다.

여성가족부 산하 전국 151개 건강가정지원센터에서는 이혼위기가족을 대상으로 이혼전후 상담서비스를 제공하여, 이혼위기가족들의 갈등조정과 문제를 해결함으로써 가족유지를 돕고, 이혼 과정의 및 이혼 가족에게 이혼에 대한 준비와 성공적인 홀로서기를 위한 상담과 프로그램을 지원하고 있다.

그 외에 이혼과정상의 법적서비스지원에는 이혼숙려제도, 재산분할청구권, 자녀양육권 및 면접교섭권 등이 수행되고 있다. 이혼숙려제도는 경솔한 이혼을 방지하고 이혼결정에 대해 재고할 기회를 주기 위해 협의이혼 의사 확인신청 후 3개월간의 숙련기간을 두는 제도이다. 그리고 재산분할청구권은 한쪽 배우자가 상대방 배우자에 대하여 재산분할을 청구하는 권리로써, 혼인 중에는 별산제의 형태이나 이혼 시에는 공동재산제의 형태를 취하고 있다. 자녀양육권은 이혼 시 친권자의 미성년자녀에 대한 보호 및 교양의 권리의무로, 양육자는 법률상의 부 또는 모에 한정되며 양육자에 대한 감독자로서 지위를 보유하고 양육비를 부담한다. 또한 면접교섭권은 자녀를 양육하지 않은 부모 중 일방이 자녀와 직접 면접 및 접촉하는 권리로 이혼한 부모는 면접교섭에 의해 필연적으로 교류를 가질 수 있다.

이혼직후의 정책서비스는 이혼가족 사회심리적 지원과 상담서비스가 있다. 이혼 직후의 가족들을 위한 사회·심리적 지원과 상담서비스는 전국 151개 건강가정지원센터의 이혼전후가족상담 서비스를 중심으로 지원되고 있으며 그 외 모자자립시설과 민간단체, 복지관 등을 통해 자립을 위한 취업과 자조모임 지원 및 지역사회의 자원 연결 등의 다양한 서비스가 제공되고 있다. 이혼 후 한부모가족을 위한 정책서비스는 다음의 11장 한부모가족에서 설명하고자 한다.

③ 재해피해가족을 위한 지원서비스

재난피해가족은 재난 및 안전관리기본법의 '국민의 생명, 신체 및 재산과 국가에 피해를 주거나 줄 수 있는(제3조)' 큰 규모의 사건에 처한 가족으로, 재난지역의 선포는 국가(국무총리)와 지방자치단체, 소방방재청 등이 선정하며, 이 지역의 피해가족은 정부로 부터 재난복구비용과 심리정서적 지원을 제공받을 수 있다.

재난복구비용은 재난피해가구의 피해정도를 재난지수로 계산하여 주택, 농경지 등에 대한 피해복구비와 이재민구호비를 지급한다(재난구호 및 재난복구비용 부담기준 등에 관한 규정 제9조). 복구지원금은 재난지수에 따라 차등지원하며 최소 50만 원에서 최대 5,000만 원에 이른다.

심리·정서적 지원은 재난으로 피해를 입은 사람에 대한 심리적 안정과 사회 적응을 위한 상담을 제공하는 것으로, 소방방재청은 각 시·도에 재난심리지원센터를 설치하여 서비스를 제공하고 있으며, 웹사이트 상에는 재난경험에 대한 자가진단프로그램인 심리상담정보센터(http://www.dmhs.go.kr/)를 운영하고 있다. 서비스의 지원대상자는 재난으로 인한 사망자와 실종자의 가족, 신체적 상해를 입은 사람, 재산상의 손실이 크거나 직접 전환이 불가피한 경험자로, 기초조사에서 심리적 충격과 우울증으로 정신의학적 차원에서 심리지원활동이 필요하다고 인정되는 사람이 대상이 된다. 특히, 재난경험자 중 아동, 노약자 및 장애인을 우선 지원하며, 소방관과 자원봉사자 등 재난수습 참여자에게도 제공된다. 재난심리상담의 범위는 재난충격, 사회·심리적 부적응에 해당하는 심리적 피해상담으로 한정하며, 정신·신경의학적 치료(예: PTSD 외상 후 스트레스 장애)에 대해서는 적절한 의료기관을 연계하도록 하고 있다.

④ 교통사고피해가족을 위한 지원서비스

교통사고 피해가족 중 생활형편이 어려운 저소득층의 경우에는 상실소득액(손해액)이 적어서 보험피해보상비만으로는 기본적인 생계조건을 회복할 수 없는 상황이 초래된다. 또한 교통사고로 인하여 가장이 사망하거나 중증후유장애를 입는 피해가족도 경제적으로 어려움을 경험하게 되므로, 최소한의 생계를 유지하도록 보장하고 생활안정을 도모하며, 유자녀들이 학업을 지속하여 건전한 사회구성원으로 성장할 수 있도록 1999년 자동차손해배상보장법에 그 근거를 신설하여 자동차사고 피해자 유자녀 등에 대한 지원 사업이 2000년 1월 1일부터 시작되었다.

자동차사고피해가족에 대한 지원사업의 대상자는 가구소득이 최저생계비 이하인 피해자의 유자녀, 중증후유장애인과 피부양노부모이며, 재활보조금과 생활자금(무이자대출), 장학금, 피부양보조금 등이 지급된다. 지원 금액은 보조금과 무이자대출금의 경우에는 각각 월 20만 원 정도이며, 장학금은 초·중·고등학생별로 분기별 각 10, 20, 30만 원이 지급된다.

⑤ 성폭력위기가족을 위한 지원서비스

성폭력의 피해자는 「성폭력방지 및 피해자보호 등에 관한 법률」에 의해 피해 신고 및 수사, 무료법률, 주거 및 의료지원과 피해자와 그 가족들을 위한 심리·정서적 회복지원(상담 및 치료) 및 서비스연계지원 등의 제공을 받을 수 있다.

먼저 여성긴급전화 1366 및 전국성폭력상담소를 통해 성매매와 성폭력 피해에 대한 피해 신고와 상담, 서비스연계(의료, 상담, 법률구조기관 및 보호시설 등), 위기개입서비스 등의 서비스를 제공받을 수 있다. 해바라기(여성)아동센터와 여성·학교폭력피해자 One-stop지원센터 등의 폭력피해자통합지원체계를 통해서는 성, 가정, 학교폭력 등에 대한 상담, 수사, 법률, 의료지원 등의 서비스 지원을 받을 수 있다. 그 외에도 숙식, 법률 및 심리상담, 치료지원 등의 주거관련서비스가 성폭력피해자 보호시설과 성폭력 피해아동 전용쉼터 등을 통해 제공되고 있고, 퇴소 후 자립지원을 위한 직업 · 취업 훈련 프로그램 등이 함께 지원되고 있다. 그리고 성폭력 피해자와 그 가족들을 위한 의료 및 심리 · 정서적 회복치료와 함께 무료법률의 지원이 이루어진다.

⑥ 가정폭력위기가족을 위한 지원서비스

가정폭력을 당하여 피해자와 그 가족원이 원만한 가정생활이 곤란하거나 주거 및 생계유지 등이 어렵게 된 경우에 국가가 이들 가족이 위기에서 벗어날 수 있도록 「긴급복지지원법」 제2조 제4호에 의하여 긴급지원을 제공한다. 특히 가정폭력피해자가 국민기초생활수급권자에 해당될 경우에는 생계, 의료, 교육, 해산, 장제 및 자활 등의 급여도 받을 수 있다(국민기초생활보장법 제7조 제1항).

가족폭력 피해가족을 위한 지원은 가족폭력 피해자나 그 가족원(만 18세 미만)이 폭력피해 후 안전을 위해 타 지역 학교로의 취학지원과 만 4세 이하 자녀 대상의 보육료 지원이 있다. 그 외에 폭력가족을 위한 통합서비스로서 가정법률상담소와 건강가정지원센터, 사회복지관 등을 통한 상담 및 치료서비스와 가족기능강화서비스가 있다.

폭력가족을 위한 상담 및 치료서비스는 가족폭력 행위로 인한 치유와 회복을 위하여 폭력피해자와 가해자 및 피해가족들을 대상으로 가족갈등과 알코올문제에 대한 상담 및 치료(개인/부부/집단), 심리검사, 가족관계개선 및 폭력재발 방지교육, 캠프, 자조모임, 법률상담 등의 다양한 서비스를 제공한다. 가족기능강화서비스는 건강가정지원법에 근거하여 폭력피해가족을 위한 갈등해소 및 자존감과 적응력 향상을 위해 가정폭력 예방교육, 가족상담 및 연계서비스, 사례관리 등의 가족지원프로그램과 심리성격검사, 가족 상담 및 치료, 교육훈련 등의 가족관계증진 프로그램 을 제공한다. 또한 가정폭력방지 및 피해자보호 등에 관한 법률에 의해 치료비와 무료법률구조사업 등의 지원하며, 폭력피해 회복 및 재발방지 프로그램에 의해 직업훈련 및 상담, 심리치료와 의료, 수사, 법률 등의 무료서비스를 제공하고 있다. 그 외에 가정폭력보호시설에서는 폭력피해자의 일시 보호 및 신체적 · 정신적 안정 등 포괄적인 지원서비스를 제공하고, 외국인 폭력피해 이주여성들을 위해 이주여성 긴급지원센터 1577-1366, 이주여성 쉼터, 폭력피해 이주여성 자활센터 등이 운영, 지원되고 있다.

(2) 정부의 복합적인 위기가족지원을 위한 서비스

① 여성가족부의 가족역량강화사업

위기가족을 지원하는 (재)건강가정진흥원의 가족역량강화사업에서는 가족위기를 상황적 위기 중 성폭력과 학교폭력, 자살(시도), 재난으로 인해 정신적 외상을 경험한 것으로 판단되는 개인과 그 가족을 대상으로 서비스를 지원하고 있다. 반면 이혼, 사별, 실직, 알코올 중독 등 복합적이고 만성적인 문제는 위기가족지원 대상에서 제외된다. 교통사고 피해가족 지원은 상황적 위기 중 별도사업으로 진행하고 있다. 즉 발달적 위기나 실존적 위기, 체계적 위기를 경험하는 개인이나 가족은 해당이 되지 않는다.

② 보건복지부의 긴급복지지원

긴급복지지원법에 따른 위기사유의 발생으로 생계유지 등이 곤란한 위기가족에게 생계비, 주거비, 복지시설이용, 교육비, 의료비 등의 서비스를 지원한다. 또한 '생계유지 등이 곤란'한 위기상황이란 생계유지의 곤란, 의료비 감당의 곤란, 주거확보의 곤란 및 사회복지시설이용 서비스를 필요로 하는 상태로 정의하고 있다. 이러한 긴급지원사업에서는 선지원 후처리, 단기지원, 현물지원 우선시, 가구단위 지원 등을 원칙으로 한다.

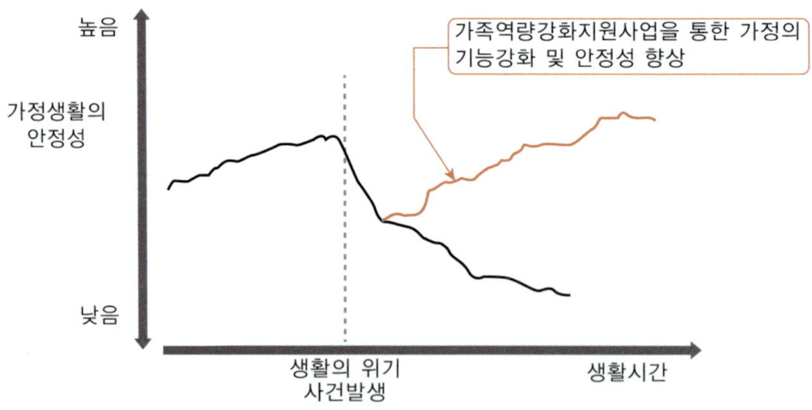

[그림 10-2] 위기가족 대상의 가족사례관리의 사업수행 방법

〈표 10-3〉 정부의 다양한 위기가족지원 서비스

	가족역량강화사업	희망복지지원단	드림스타트	무한돌봄센터 /무한돌봄네트워크팀
주무 부처	여성가족부	보건복지부	보건복지부	경기도
사업 목표	가족기능 회복과 정서·경제적 자립역량 강화	빈곤계층의 탈 빈곤, 빈곤예방	빈곤의 세습 고리단절 빈곤아동의 전인적 발달과 문제해결 능력 증진	복합적 문제에 직면한 위기가정의 자립지원
사업 대상	최저생계비180%이하 취약 한부모가족 조손가족 위기가족	탈빈곤 지원이 가능한 국민기초생활수급가구 및 차상위 빈곤가구, 긴급지원 대상가구 및 국민기초생활수급자 탈락 가구 중 통합사례관리를 통해 빈곤예방 지원 가능 가구 등	0세~12세 아동과 그들의 가족 국민기초생활보장 수급, 차상위계층 가정, 법정한 부모가정, 학대 및 성폭력 피해아동 등을 우선지원	생계, 주거, 의료, 교육, 고용 등 복합적인 복지욕구를 가지고 있어 사례관리가 필요하다고 판단되는 개인 또는 가구
조직 인력	광역시·도에 2개소 전국 30개 센터운영 인원 2~6명	시군구 단위로 1개	시군구 단위로 1개	무한돌봄센터: 경기도의 시군 단위 1개 무한돌봄네트워크: 시군에 여러 개
서비스 지원 내용	가족상담, 교육및 문화, 학습지원, 주거개선, 취업교육알선	생계비지원 및 사례관리	학습지원, 문화교육프로그램 운영, 상담 및 사례관리	지역사회 네트워크 통한 간섭시원. 사례관리

자료: 정지영·박정윤·고선강(2014). 가족역량강화사업의 개선방향과 표준화 모델 개발.

3. 과제와 전망

위기가족 돌봄과 관련하여 우리나라의 정책적 지원은 아직 명확하게 규정되어있지 못하다. 태풍, 폭설 등 천재지변과 같은 국가재난이나 대구지하철 참사, 천안함사태, 그리고 최근 세월호사태에 이르기까지 대형사건·사고가 발생하였을 때 매스매디어에서 다루어질 때만 즉각적인 관심을 불러일으키다가 곧 또 다른 이슈들에 의해 사회적 관심의 대상에서 멀어져 버리는 경우가 많다. 그러나 모든 가족이 일상생활을 경험하다보면 늘 어려움을 경험하게 되고 이로 인해 가족 간의 갈등과 문제, 해체위기와 또 다시 회복의 과정을 반복적으로 경험하게 된다. 따라서 정부가 일시적인 위기상황에서 가족이 유지되고 가족해체의 위기에서 벗어날 수 있도록 가족관계 강화와 가족지원서비스를 제공할 필요가 있다. 이는 가족해체 후 가족지원서비스를 제공하는 것보다 가족의 유대가 강화되어 가족이 스스로 위기상황에서 벗어날 수 있도록 예방 및 초기대응지원을 하는 것이 가족의 상처와 다양한 심리적, 정서적 문제와 여파를 미연에 방지할 수 있기 때문이다. 하지만 우리나라는 아직까지 이러한 위기가족 돌봄에 대한 체계적 관리정책이 별도로 마련된 것은 없으며, 국가적 재난으로 공포될 경우에 한하여 한정된 범위 내에서 위기가족을 위한 돌봄 지원이 제공되고 있다. 따라서 앞으로 상시적인 위기가족 돌봄 지원체계를 수립하여 보다 체계적이고 효과적으로 운영해 나가기 위해 위기가족 유형별 해결과제를 살펴보면 다음과 같다.

우선 위기가족에 대한 명확한 범위 규정과 공식적 지원체계의 마련이 시급하다. 최근 지구 온난화와 함께 태풍, 쓰나미, 지진, 폭설 등 다양한 천재지변이 대규모로 발생하고 수백명의 사상자가 발생하는 화재와 붕괴 등 대형사고와 사건들이 계속 일어남으로써 위기에 처한 가족들이 사고 후 정상적인 생활을 꾸려나가는 데 있어서 경제적 곤란과 불안, 가족 간의 갈등 및 사회적 적응에 고통을 경험하고 있다. 따라서 이들 위기가족들이 위기를 경험하는 과정에서 정부로부터 회복지원을 받을 수 있는 통로와 방법 등을 명확하게 알 수 있도록 홍보와 체계적인 운영시스템이 마련될 필요가 있다. 2014년 4월 발생한 세월호 사건에서처럼 재난상황에 대한 정부의 대처와 지원시스템이 단지 문서화되어 있는 것에서 벗어나 실제로 긴급 지원이 이루어질 수 있도록 위기대응에 대한 인식개선과 함께 체계적인 운영시스템이 마련될 필요가 있는 것이다. 즉 긴급한 재난, 재해 상황에 신속히 대처하기 위하여 '핫라인'을 만들고 위기가족의 발견에서부터 개입, 관리, 종결 및 사후관리에 이르는 체계적 관리를 수행할 수 있는 조직과 인력이 정부 전달체계 내에서 상시 운영될 필요가 있다. 현재 30개시도 건강가정지원센터에서 가족역량강화사업의 일부분으로 제공되고 있는 '위기가족지원사업' 이나 보건복지부에서 제공하는 저소득 대상의 '긴급지원사업' 및 지자체 단위의 통합사례관리팀(희망복지지원단이나 드림스타스 등)은 지역의 한계 및 업무지원범위의 불명확성, 지원 대상 및 서비스의 한계로 인해 주로 기초생활수급자 혹은 차상위계층의 빈곤층, 그리고 한부모나 조손가족, 다문화, 북한이탈주민 등의 취약가족 중심으로 한정하여 서비스를 제공하고 있다. 따라서 보편적이고 일반적인 가족이 지역사회 내에서 위기서비스를 지원받는 데에는 큰 한계를 지니고 있다. 그러므로 보편적인 대상에게 서비스를 제공할 수 있도록 통합사례관리의 범위를 확대하고 현재 시행되는 여성가족부의 위기가족지원서비스의 지원범위와 규모도 역시 확대해나갈 필요가 있다.

둘째, IMF와 국제금융위기 등 여러 차례의 국가경제적 위기로 인해 대량 발생된 실직위기가족에 대해 정부차원의 장기적이고 체계적인 지원과 함께 가족단위의 맞춤형 관리체계가 마련될 필요가 있다. 현재 고용노동부에서 이루어지는 일자리알선, 취·창업교육과 지원, 실업보험 및 사례관리와 상담서비스 등의 서비스지원은 실직 당사자의 경제적 위기탈피에만 초점이 맞추어져 있어 실직으로 인한 경제적 위기를 극복하는 과정에서 가족원 간의 갈등으로 가족이 해체를 경험하는 경우가 많으므로, 실직 당사자만이 아니라 실직위기가족으로 범위를 확대하여 가족 전체가 경험하는 경제적 문제에서부터 심리·정서적 기능회복을 함께 다룸으로써 경제적 위기의 극복과 함께 가정의 건강성과 기능도 회복하는 정책적 실효성을 동시에 얻을 필요가 있다. 즉 실직자를 대상으로 하는 재취업 및 상담서비스와 함께 실직가정의 심리·정서적 기능 회복을 함께 나루는 실직위기가정에 대한 맞춤형 서비스의 지원이 필요하다. 또한, 앞서 실직으로 인한 경제적 어려움이 3년 이상 지속됨을 감안할 때 실직위기가족에 대한 지원이 보다 중장기적으로 체계적으로 지원될 필요성이 있다.

셋째, 이혼위기가족을 위한 정부 관련부처 간의 긴밀한 협조를 통해 보다 체계적인 지원과 상담이 연계될 필요가 있다. 이혼과정 상에서의 여성가족부 산하의 건강가정지원센터와 가정법원이 공동으로 가족갈등이나 이혼조정 및 이혼 후 심리·정서적 지원 등에 대한 상담과 법률적 지원을 제공하고 있으나 몇몇 지역에 한하여 부분적인 차원에서 연계지원이 이루어지고 있으며, 이에 대한 일반인의 인식은 상당히 낮은 상황이다. 현재 이혼율과 한부모가족 비율이 지속적으로 증가하는 경향을 볼 때, 여성가족부와 법무부가 관련부처 간 긴밀한 업무협조를 통해 지역의 가정법원과 건강가정지원센터가 가족갈등조정, 이혼전후상담과 숙려기간 및 양육이행 등의 문제에 있어서 이혼위기가족에 대한 상담 및 법률지원을 보다 체계적이고 효과적으로 운영할 필요가 있다.

넷째, 재난위기가족지원에 있어서는 전국 16개시도의 재난심리지원센터를 통해 물질적 지원과 심리·정서적 지원을 제공하고 있으나 재난대응체계에 대한 국민의 인지도가 낮고 현재의 운영시스템의 부실을 보완할 국가적 차원에서의 재난안전망 구축의 필요성이 제기되고 있다. 현재 우리나라는 2014년 세월호사건을 통해 재난관리 매뉴얼과 교재 및 재난대응프로그램이 부재할 뿐 아니라 이를 숙지하고 시행에 옮길 재난심리지원전문가를 양성하는 교육과정조차 없어 국가적 차원에서의 재난관리능력이 있는지 조차 의문시되고 있다. 따라서 이러한 재난관리전문가의 양성과 프로그램운영체계의 구축 및 운영의 정상화에 대한 노력이 필요하고, 재난위기가족에 대한 물질적, 심리·정서적 서비스에 한정되어 있는 지원을 교육과 한시적 생계보장, 일상생활보조 및 회복지원 등으로 확대하여야 할 것이다.

다섯째, 교통사고 위기 가족을 위한 지원은 현재 교통사고보험공단에서 사고 피해자가족 중 장애 1~4급의 저소득가족을 대상으로 한정하여 경제적 지원 및 심리·정서적 지원만을 제공하고 있다. 따라서 서비스지원 대상자와 범위에 있어서 매우 제한적이며, 특히 지원액도 너무 소액일 뿐 아니라 여성가족부의 건강가정지원센터를 통한 유자녀가정의 정서적지원도 극히 소수에 한정되므로 지원대상가족의 범위와 기준을 완화하고 서비스의 종류도 확대할 필요가 있다.

여섯째, 성폭력 위기가족의 지원은 현재 전국성폭력상담소와 보호시설을 통해 주거 및 심리정서, 무료법률지원 등이 이루어지고 있지만 성폭력 피해 당사자만을 위한 것이 대부분이다. 그러나 성폭력 피해가족은 법률적 분쟁 및 피해로 인한 신체·정신적 충격을 함께 경험하여 생계활동 및 일상생활이 일시적으로 정상 운영되지 못하므로 피해가족원 전체를 대상으로 하는 전문적인 심리·정서적 지원이 제공되어야 하며, 이 기간 동안의 한시적 생계비 지원과 교육비지원이 필요하다. 또한 가족원에게 피해가족을 대하고 돌보는 방법을 교육함으로써 피해자의 회복을 돕는 역량강화교육도 필요하다.

일곱째, 가정폭력 위기가족지원에 있어서 우리나라는 전통적으로 가족개념이 강하여 법적, 제도적 지원이 비교적 늦게 마련되었으며 가족폭력에 대한 인식도 낮은 편이다. 현재 지역별 가정·성폭력상담소와 보호시설을 통하여 주거 및 생계비와 심리상담, 법률적 지원 등이 다양하게 지원되고 있으나 최근 가정, 성, 학교 폭력 등이 급격히 증가함으로써 이에 대한 인식개선이 보다 시급히 강화될 필요가 있으며, 지역사회 단위에서 폭력에 대한 예방과 교육 및 서비스 지원을 위한 유관기관 간의 체계적인 연계활동이 필요하다. 즉 폭력관련 원스톱서비스기관 외에 지역사회의 심리상담 및 사례관리 등의 유관기관 간 유기적인 네트워크 활동을 통하여 분절적이고 단편적인 서비스 지원을 보완할 필요가 있다.

생각해볼 문제

1. 우리 가족이 생활하면서 경험할 수 있는 위기와 위험에는 어떠한 종류가 있으며, 언제, 어떻게 경험할 수 있는지 생각해 보자.
2. 주변의 이웃이나 지역사회에서 위기에 처한 가족들이 필요한 사회적 지원과 도움의 방법에는 무엇이 있는지 생각해보자.
3. 현재 시행되는 다양한 위기가족 지원제도 중 가장 개선이 시급한 것은 무엇이며 그 이유는 무엇인지 생각해보자.

참고문헌

김미숙 외(2005). 한국의 이혼실태와 이혼가족지원정책연구, 한국보건사회연구원.

김승권 외(2008). 2007년 전국 가정폭력실태조사, 여성가족부 한국보건사회연구원.

김승권・김유경・박정윤・김연우・최영준(2011). 취약・위기 및 한부모 가족 지원체계 구축과 자립지원 방안 연구. 여성가족부・한국보건사회연구원.

김정옥・박경규(2002). 청소년의 가정폭력 경험과 학교폭력과의 관계 연구-일반청소년과 비행청소년을 중심으로, 한국가족관계학회지, 제7권 1호.

박영희(2004). 위기가족의 유형과 가족복지서비스 제공방안, 한국사회복지협의회.

박옥임・조연숙・송민성・김정숙(2007). 일지역의 성폭력 피해자 실태분석, 한국가정과학회지 제10권 제1호 27~35.

박정윤(2011). 위기가족의 향후전망과 정책과제, 보건복지포럼 통권 175호.

안병철(1998). 실업과 가족, 실업의 영향, 매개요인, 대응전략을 중심으로, 민족과 문화7 한양대학교만족학연구소, 198.

정지영・박정윤・고선강(2014). 가족역량강화사업의 개선방향 및 표준화 모델 개발. 여성가족부. p. 156.

여성가족부(2010). 2010년 성폭력 실태조사.

여성가족부・연세대학교 사회복지대학원(2010). 2010년 가족폭력실태조사.

유계숙・장혜경・전혜정・김윤정・민성혜(2009). 가족정책론. 시그마프레스.

이종원(2010). 가정폭력 피해여성들의 자아존중감, 자기효능감, 일치적의사소통 향상을 위한 집단상담 프로그램의 효과, 대한가정학회지 제 48권 제4호. 103~123.

장혜경・민가영(2002), 이혼여성의 부모역할 및 자녀양육지원방안에 관한 연구, 한국여성개발원.

정인숙(2003). 가정폭력경험 아동의 심리 · 사회적 적응정도에 영향을 미치는 요인-가정폭력 피해여성을 위한 쉼터 및 보호시설 아동을 대상으로, 충남대 대학원 사회복지학과 석사학위논문.

정진영(1993), 한국의 이혼실태와 이혼가정자녀들의 문제에 관한 연구, 한국아동복지학 제1호 한국아동복지학회.

조성희(1999). 실직이후 부부의 이혼가능성, 가족과 문화 제11권 제2호, 한국가족학회.

조희금 외(2010). 제2차가족실태조사, 여성가족부.

최일섭 · 조성희(2000). 실업과 가족해체 : 사회복지 차원에서의 접근. 집문당.

통계청(2011). 2010 인구주택총조사 전수집계 결과

통계청(2011). 2010 혼인 · 이혼통계.

한국보건사회연구원(2009). 한국복지패널.

제5부

다양한 가족지원정책

- 제11장 한부모가족 서비스
- 제12장 다문화가족 서비스
- 제13장 1인 가정 서비스

제11장

한부모가족 서비스

정책 대상자로서 한부모가족은 한부모가족지원법 제4조에 근거하여 "배우자와 사별 또는 이혼, 유기된 자, 정신 및 신체 장애로 장기간 노동능력을 상실한 배우자를 가진 자로서 18세 미만의 아동을 양육하는 자(취학 중인 경우에는 22세 미만)"를 일컫는다. 이때 한부모가족은 모자가족과 부자가족으로 구분되는데, 두 경우 모두 모 또는 부가 세대주이거나 세대주가 아니더라도 사실상 세대원을 부양하는 가족을 모두 의미한다.

우리나라에서 한부모가족에 대한 사회적 관심을 갖게 된 것은 한국전쟁이후 발생된 전쟁미망인 보호에서부터이다. 한부모가족의 발생원인은 발생빈도나 사회적 문제로서의 중요성 모두가 배우자와의 사별에서 이혼으로 변화하였다. 과거에는 부부가족의 전형이 비교의 기준이 되서 한부모가족은 결손가족으로 이미지화되었지만, 이제 가족유형이 다양해지면서 이들 형태의 가족도 건강한 가족으로서 기능할 수 있다는 합의가 생기고 있다. 한부모가족이 지속적 증가추세를 보임에 따라 가족내 아버지 또는 어머니의 부재로 인해 겪는 어려움을 보완하고 가족기능을 지지하기 위한 정부 정책의 비중은 커질 수밖에 없다.

한편 현재 정부의 한부모가족지원 정책에는 조손가족을 포함하고 있다. 조손가족의 경우 한부모가족이거나 또는 양부모가족에 해당되지만 고령의 조부모가 신체적 노쇠나 질병 문제, 손자녀교육 지원의 제약 등의 문제로 인해 어려움을 가질 수 있다고 보기 때문이다. 청소년 한부모를 포함한 모・부자 한부모가족과 조손가족은 한부모가족 지원 정책의 범주에 포함되어 있지만 가족의 형성, 아버지 또는 어머니의 연령, 가족생활주기에 따른 생활경험의 차이로 지원 방식이나 통로가 다양할 수밖에 없다. 여기서는 취약 한부모가족에서 보여지는 경제적 빈곤, 자립의 어려움, 그에 따른 아버지와 어머니 역할상의 제약을 보완, 지지할 수 있는 세부 정책을 살펴보도록 한다.

1. 현황 및 문제

1) 현황

우리나라의 한부모가족은 꾸준한 증가세를 보이고 있다. 1985년 848천 가구에서 2018년 기준 2,158천 가구로 지난 30여년 사이에 2.5배 이상 증가하였다. 혈연가구 및 1인 가구 대비 한부모가구의 비율은 2018년 기준 10.9%, OECD 국가 평균인 9.4%(2010년 기준)를 넘어섰다. 모·부자가족을 구분해 살펴보면, 2016년 기준 모자가족은 1,395천 가구로 한부모가족의 약 76.8%를 차지하며, 부자가족은 421천 가구로 약 23.2%를 차지한다. 부자가정의 증가속도가 더 빨라 한부모가족에서 차지하는 비율이 높아지고 있음을 알 수 있다.

〈표 11-1〉 전국 한부모가족 현황

(단위 : 천가구, %)

연도	총가구수	한부모가구		
		계	모자가구	부자가구
2005	15,887	1,370(8.6)	1,083(79.1)	287(20.9)
2010	17,339	1,594(9.2)	1,247(78.2)	347(21.8)
2015	18,705	1,783(9.5)	1,374(77.1)	409(22.9)
2016	18,948	1,816(9.6)	1,395(76.8)	421(23.2)

자료 : 여성가족부(2017). 한부모가족지원사업안내.

한부모가족의 현황을 혼인형태별로 보면, 2010년 현재 이혼가정이 32.8%로 가장 높은 비율을 나타내며, 그 다음으로 사별가정이 29.76%, 유배우가정이 25.9%, 미혼모부가정이 11.6%의 순으로 나타났다. 사별에 의한 한부모가족의 비율은 감소하는 반면, 이혼에 의한 한부모가족의 비율은 증가하고 있다.

〈표 11-2〉 한부모가족 형성 요인별 현황

(단위 : 천가구, %)

연도	총가구수	한부모가구					한부모가구 비율
		사별	이혼	미혼	유배우	계	
1990	11355	498(56.0)	79(8.9)	85(9.6)	227(25.5)	889(100)	7.8
1995	12958	526(54.8)	124(12.9)	94(9.8)	216(22.5)	960(100)	7.4
2000	14312	502(44.7)	245(21.9)	122(10.9)	252(22.5)	1124(100)	7.9
2005	15887	501(36.6)	399(29.1)	142(10.4)	328(23.9)	1370(100)	8.6
2010	17339	474(29.7)	523(32.8)	185(11.6)	413(11.6)	1594(100)	9.2

자료 : 여성가족부(2013). 한부모가족지원사업안내.

한부모가족 지원 정책의 대상이 되는 저소득 한부모가족은 조손가족을 포함하여 2017년 기준으로 약 18만 1천 가구이다. 이 중 모자가족이 약 14만 1천 가구로 가장 높은 비율을 차지하고 있으며, 부자가족이 약 3만 9천 가구, 조손가족이 940여 가구를 차지하고 있다.

〈표 11-3〉 저소득 한부모가족 현황(전체)

(단위; 세대, 명)

연도별	계		모자가족 (미혼모가족)		부자가족 (미혼부가족)		조손가족	
	세대	세대원	세대	세대원	세대	세대원	세대	세대원
2014	192244	484232	147592	371367	43617	110297	1035	2568
2015	192387	482710	147926	370872	43460	109386	1001	2452
2016	187841	468414	145258	362137	41627	103966	956	2311
2017	181023	449469	141207	350674	38880	96575	936	2220

* 자료 : 사회보장정보시스템(행복e음) 연도말 기준
기준 : 한부모가족지원법에 따른 지원대상자(국민기초생활보장 동시보장결정가구 포함)
자료 : 여성가족부(2019). 한부모가족지원사업안내.

조손가족은 우리나라 전체 가구수 중 차지하는 비율이 높지 않지만, 지난 10년간 증가 추세를 보였다. 통계청의 「인구주택총조사」 자료에 의하면 2000년도 조손가구는 45,224가구로 전체 가구의 0.31%였으나 2010년도 119,294가구로 전체 가구 중 0.68%로 2배 이상 늘어난 것을 알 수 있다. 조부모가 손자녀를 양육하는 동기는 부모의 가출, 질병, 사망, 실직 등 다양한 이유가 있지만, 50%이상이 성인자녀의 이혼 및 별거가 원인(여성가족부, 2010)으로 나타나 최근의 이혼율 증가가 조손가족 증가에 영향을 준 것으로 볼 수 있다.

2) 문제

(1) 경제적 문제

한부모가족이 겪는 가장 큰 어려움은 경제적 어려움이다. 자녀양육과 교육문제 역시 한부모가족이 경험하는 어려운 문제로 지적되고 있지만, 내용적으로 보면 생활비 중 자녀의 양육비와 사교육비 지출 비중이 높은 데 따른 경제적 문제로 관계된다. 한부모가족의 경제적 자원은 여성 한부모가족의 적응에 많은 영향을 미치며, 한부모가족 여성가장에서 나타나는 낮은 수준의 심리적 안녕은 여러 가지 원인 중 경제적 문제에 큰 영향을 받는 것으로 알려져 있다(김오남, 2004).

한부모가족은 가계소득과 소비지출 면에서 열악한 구조 및 수준을 나타내고 있다. '2015 한부모가족실태조사'에 의하면 한부모가구의 월평균소득은 190만 원으로 '2014 가계금융·복지조사'에 나타난 평균 가구소득 390만 원, '2014 가계동향조사의 430만 원의 절반에도 미치지 못하였다. 한부모가족은 소득과 소비지출이 모두 전국 평균과 비교할 때 매우 낮은 수준이며, 게다가 한부모가족의 52.9%가 소득이 소비지출을 수용하지 못하는 적자가구이다.

〈표 11-4〉 **전국 평균 대비 한부모가족의 월평균 가계소득 및 소비지출**

(단위 : 천원, %)

구분	전국 평균	한부모가족	재가 한부모	시설 한부모
가계소득	3631.7	961.2	989.4	933.0
가계소비지출	2286.9	1086.9	1155.0	1018.8
가계소득 대비 소비지출	63.97	113.0	116.74	109.20
적자가계 비율	26.0	52.9	59.0	46.7

자료 : 김연우(2012). 한부모가족의 생활실태와 복지욕구. 보건복지포럼(187). 50-59.

한부모가족의 2015년 금융자산은 1,072만 원, 부동산 6,963만 원, 부채 1,438만 원으로 순자산 6,597만 원인 것으로 나타났다. 이는 2014년 가계금융·복지조사에서 조사된 평균 가구의 순자산 3억 3364만원의 19.8% 수준으로 가계경제의 열악한 상태를 짐작할 수 있다.

부채를 갖고 있는 한부모가족의 경우 부채의 이유로는 주거비(37.0%)가 가장 높은 비율을 나타냈고, 그 다음으로 생활비 지출(36.3%), 사업실패(15.5%), 자녀교육비(5.5%) 순으로 나타났다(여성가족부, 2015). 특히 한부모가족의 경제적 문제는 여성 한부모가족에서 두드러진다. 일반적으로 여성가구주 가구는 남성가구주 가구에 비해 빈곤율이 거의 두배 정도에 이를 정도로 심각하다(박재규, 2003).

여성 한부모가족의 경제적 문제가 남성 한부모가족에 비해 더 큰 어려움이 되는 이유는 여러 가지에서 찾을 수 있다. 첫째, 전통적 가족가치관이 많이 약화되었다고는 하지만 여전히 우리 사회에는 남성부양자의 이데올로기가 작동하고 있다. 전업주부이던 아내는 남편의 사망이나 이혼으로 가계소득원을 상실하게 된다. 새롭게 소득 창출을 위해 취업하고자 하지만 경력단절 상태인 기혼여성이 재취업을 하기에는 취업기회나 취업조건 모두에서 열악한 위치에 놓이게 된다. 둘째, 여성이 직업을 가지고 있었다고 해도 남성에 비해 여성은 상대적으로 낮은 인적자본 때문에 비정규직, 단순노무직 등에 취업해 있을 가능성이 높다(여윤경·양세정, 2001). 취업불안정과 같은 사회구조적 요인에 따른 여성한부모가족의 낮은 소득수준은 이들이 경제적 문제를 해결할 수 있는 가능성을 낮추게 된다. 셋째, 이혼으로 인한 여성 한부모의 경우, 약간의 위자료를 받거나 아예 받지 못하는 경우도 있으며, 어린 자녀가 있는 경우에도 자녀양육비를 제대로 받지 못하는 경우가 많다(김나희, 2006).

조손가족의 경제적 상태는 한부모가족 보다 더 열악한 수준이다. 여성가족부(2010)의 「조손가족실태조사」 결과에 의하면 조손가족의 가족생계 책임자가 조부모인 경우는 39.1%였으며, 정부나 공공기관지원금에 의존하는 비율이 46.7%로 가장 높았다. 그리고 이들의 월평균 가구소득은 2009년 2인 가족 최저생계비에도 미치지 못하고 있으며, 응답자 중 80만원 미만의 소득가구가 전체의 64.1%로 절대 다수를 차지하였다.

(2) 취업

한부모가족의 경우 전체적인 취업률은 76.4%로 전국 평균(78.8%)과 비교할 때 큰 차이가 없다. 하지만 종사상 지위를 살펴보면 전국 평균 상용근로자 비율이 47.7%이지만 한부모가족은 상용근로비율이 19.2%로 매우 낮은 상태이다. 한부모가족의 임시근로 비율은 34.7%, 일용근로 비율은 38.7%로, 한부모가족의 72.4%는 불안정한 상태로 일을 하고 있다고 볼 수 있다. 특히 한부모가족 중 취업하고 있지 않은 가구주에게 일을 하지 않는 이유를 질문한 결과 51.9%가 건강문제를 이유로 들었으며, 33.4%는 자녀양육 및 가사 문제, 29%는 일자리가 없는 문제, 그리고 24%는 임금 및 근무시간 조절의 어려움을 호소하였다.

2005년 '인구주택총조사' 결과를 재분석한 결과 조손가족의 조부모들 중 73.5%가 미취업 상태였으며(김혜영 외, 2011), 2010년 여성가족부 조사결과 가족생계를 책임지고 있는 가족원의 직업은 기타 직종과 단순노무직이 60%를 넘고 있었다. 이와 같이 한부모가족은 종사상 신분도 안정적이지 못해 계약직 및 자영업이 대부분이며, 특히 불안정 고용상태에서 일하고 있는 가족의 경우 안정적 근로소득을 확보하기 어려운 상태로 나타났다.

〈표 11-5〉 **전국 평균 대비 한부모가족의 가구주 취업률 및 종사상 지위**

(단위, %)

구분	전국 평균	한부모가족	재가	시설거주
가구주 취업률	78.8	76.4	74.0	78.8
고용주	7.3	1.1	1.0	1.2
자영업자	18.9	5.8	7.3	4.2
상용근로자	47.7	19.2	15.9	22.4
임시근로자	16.6	34.7	36.3	33.0
일용근로자	7.4	38.7	38.6	38.7
기타	2.1	0.7	0.9	0.5

자료: 김연우(2012). 한부모가족의 생활실태와 복지욕구. 보건복지포럼(187). 50-59.

(3) 주거문제

한부모가족의 주거수준은 양부모가족에 비해 주거안정성, 주거비용, 주거쾌적성, 주거환경의 모든 측면에서 열악한 것으로 조사된다. 2015년 '한부모가족 실태조사'에 의하면 재가 한부모가족들은 자가 거주율 21.2%로 전국 평균 60.3%과 비교해 매우 낮은 상태이다. 임차주거 중에서도 전세 22.6%, 월세 26.4%로 월세 비율이 높았으며, 친인척 집 등에 무상거주하는 경우가 15.2%로 이들의 주거생활이 매우 불안정한 상태에 있음을 알 수 있다.

여성한부모만을 대상으로 한 2013년도 「주거실태 조사」(황정임 외, 2013)에 의하면, 여성 한부모가족은 월세가 56.3%로 높은 비율을 차지하고 있었다. 생활비 중 주거비가 차지하는 비율이 양부모들은 2%인데 비해 여성 한부모는 9%로 주거비 지출 부담이 높았으며, 면적 기준, 설비기준, 최저주거 기준 등 주거쾌적성이 열악하였고, 특히 치안, 청소, 소음, 자연환경 등 안전과 쾌적성 항목에서 낮은 주거환경수준을 나타냈다.

〈표 11-6〉 전국 평균 대비 한부모가족의 주거실태

구분	전국 평균	재가 한부모가족[1]	여성 한부모가족[2]
자가	60.3	7.2	7.4
전세	20.9	16.3	29.0
월세	13.7	44.8	58.6
장기(영구)임대	1.1	12.6	-
부모님, 친인척 집 등에 무상거주	3.7	17.8	5.1
기타	0.3	1.3	-

자료: 김연우(2012). 한부모가족의 생활실태와 복지욕구. 보건복지포럼(187). 50-59 ; 황정임 외(2013). 여성가구주가구의 주거실태 및 정책방안 연구.

조손가족의 주거환경은 도시와 농촌 간에 다른 양상을 보인다. 조손가족의 주택소유율은 전체적으로 42.3%로 평균 주택소유율보다 낮은 상태이다. 대도시나 중소도시는 자택거주 비율이 29.3~39.8%인데 비해 농어촌은 75.0%가 자택에 거주하는 높은 주거 안정성을 보여준다. 그러나 농촌의 경우 가사노동량이 많고, 시설의 낙후성이 예견되는 단독주택 거주 비율이 도시(38%)에 비해 농어촌(83.8%)에서 매우 높은 상태이다(여성가족부, 2010).

(4) 자녀양육의 어려움

한부모가족은 생계부양자로서의 역할과 양육자로서의 역할을 배우자와 공유할 수 없기에 양부모가족에 비해 자녀양육에 더 많은 어려움을 겪는다. 자녀양육의 어려움은 남성 한부모가족과 여성 한부모가족에서 다르게 나타난다. 여성 한부모가족은 여성에 대한 노동시장의 불평등 때문에 좀 더 많은 시간을 경제활동에 투자해야 하는 노동구속적인 상황에 처해 자녀양육에 공백이 생길 수 있다. 이에 비해 남성 한부모가족은 여전히 남아있는 전통적 성역할과 자녀양육의 경험 부족으로 부모-자녀관계 형성에 어려움을 겪게 된다.

한부모가족에서는 양육시간이 절대적으로 부족하기 때문에 보호자 없이 시간을 보내는 '나홀로 아동'이 발생하는 문제로 이어진다. '2015 한부모가족실태조사'에 의하면 미취학아동 부모의 12.0%, 초등학생 부모의 54.4%, 중학생 이상 부모의 50.6%가 평소 자녀가 돌봄제공 어른 없이 지내는 시간이 있다는 응답을 하였다. 미취학자녀가 평균 하루 3.0시간을 어른없이 지내고 있어 아동의 안전문제가 염려되는 상황이었다. 청소년의 경우에는 어른과 같이 지내는 돌봄시간 부족이 생활적응 및 정신건강에 부정적 영향을 미칠 것으로 보여진다. 이같은 돌봄공백은 한부모가족의 취약한 사회적 관계망, 비양육부모와의 단절된 관계(김은지, 2013)와 같은 환경적 요인이 문제해결을 더 어렵게 하고 있다. 한편, 한부모가정의 아동은 심리적으로 우울하고 열등감을 느끼는 경우도 있지만 달라진 가족체계를 받아들이고 안정적인 정서상태를 보이는 아동도 상당수 존재한다. 한부모가정 아동이 한부모가정 발생 이후 어려움을 겪지만 시간이 경과되면서 점차 어려움을 극복하는 과정을 거치기 때문이다(길정우, 손인춘, 한국한부모가정사랑회, 2012).

한부모가족의 부모에게는 자녀양육과 관련해서 양육 비용, 학습지도, 자녀와 함께 할 수 있는 시간 부족 등의 문제가 어렵게 인식된다(엄미선 · 전동일, 2006). 특히 부자가족은 친인척의 도움을 받지 못하는 경우 자녀양육과 가사부담에서 어려움을 경험하며, 모자가족에 비해 한부모가족이 된 이후 부모－자녀관계가 악화되는 경우가 더 높게 나타난다(문은영, 2011).

한부모의 심리적 상태는 자녀양육에도 영향을 미치게 된다. 대부분의 한부모들은 자녀들에게 한부모로서 생활하는데 겪는 어려움을 나타내지 않으려 하고, 자신의 잘못으로 자녀들에게 만족스런 양육환경을 제공하지 못하는 것 같아 미안한 마음과 죄책감에 늘 시달리기도 한다(조성연, 2003). 또한 한부모의 자녀양육에 대한 부담감은 자녀의 신체적, 심리사회적, 정서적 발달 및 건강에도 영향을 준다. 한부모의 과중한 스트레스는 거부적 양육태도를 갖게 함으로써 정서적 불안, 학교생활 부적응, 방임, 학대 등 다양한 문제를 야기할 수 있다(방경숙, 2004).

한부모들은 자녀양육과정에서 심리적 부담은 물론 신체적 부담도 갖게 된다. 생계유지를 위한 취업활동과 함께 자녀양육, 가사노동 등의 다중역할을 수행해야 함에 따라 신체적 피로나 건강상의 문제를 갖는 경우가 많다(권복순 · 박영준, 2003). 특히 남성 한부모의 경우에는 자녀의 도시락 준비, 학부모회의 참가시 어색함, 어머니처럼 자녀교육을 구체적으로 돌봐주기 어려운 점 등을 고충으로 느끼고 있으며, 이 밖에도 일상생활의 처리나 식사해결 등 가사노동에 대한 경험부족이 한부모가족으로서의 적응을 어렵게 만든다(변화순, 1996).

한편, 조손가족에서 조부모들은 신체적 건강의 문제, 낮은 교육수준, 높은 연령에 따른 문화적 차이 등으로 손자녀 돌봄에 어려움을 겪는다. 손자녀 양육시 애로사항으로는 손자녀 양육 및 교육에 따른 경제적 문제를 대부분 조손가족에서 지적하고 있으며, 그 다음으로는 생활 및 학습지도, 상내준비, 건강 등이 어려움을 호소한다. 손자녀양육시 경제적 어려움은 조부모의 낮은 가구소득이 주 원인이지만, 친부모로부터의 양육비 지원도 매우 낮은 수준에서 이루어지고 있는 것도 이유가 된다.

따라서 조손가족에서 손자녀돌봄은 취학 및 미취학 손자녀 모두 어린이집, 학원이나 독서실과 같은 시설에 의존하는 비율이 낮고 대부분의 돌봄을 주로 조부모들이 전담하고 있었다. 특히 소득수준에 따라, 그리고 도시와 농어촌의 거주지역에 따라 중 · 고등학생의 방과후 학습 여건에 차이가 학업성취도에 영향을 줄 수 있기 때문에 지원과 관심이 필요하다. 또한 조손가족에서 학령기 손자녀들은 대부분 정상적으로 학교생활을 하고 있으나 학교생활 부적응이나 경제활동의 이유로 학교에 다니지 않는 경우도 많으며, 이 경우 특별히 하는 일 없이 지내거나 생업, 아르바이트를 하며 지내는 것으로 조사되었다(여성가족부, 2010).

(5) 정서 및 사회관계 문제

한부모들은 무력감, 절망감, 거부감, 무능력 등 자신과 환경통제에 대한 부정적 감정을 갖는 경향이 높다(조흥식 외, 2006). 부부가족을 전형적 가족유형으로 삼는 사회의 기준에 미달한다는 느낌, 그로 인해 사회가 자신을 거부하며 지지를 보내지 않으며, 주변 환경을 통제할 수 없다는 무력감과 절망감을 갖는다.

특히 부자가족의 경우 심리적, 정서적 어려움을 겪지만 시설에서 제공하는 상담 서비스 이용률이 낮다(문은영, 2011). 부자가족은 모자가족에 비해 사회적 관계망에서의 배제로 인한 어려움이 더 큰 것으로 나타난다. 한부모가족으로서 변화된 가족관계와 가정생활에 대처할 수 있는 자원을 제공해줌으로써 스트레스를 감소시키고, 자아정체감을 확립하며, 한부모가족으로서의 적응에 도움을 주기 때문에 한부모(특히 부자가족)에게 사회적 관계를 유지하고 확대할 수 있는 적극적인 방안이 요구된다.

부부관계가 사회적 관계의 1차적 지원망이라 한다면 2차적 지원망은 친인척, 친구, 이웃이 될 수 있다. 한부모가족의 경우 해체된 부부관계를 보완하는 원가족의 지지가 요구되지만 저소득층에 속하는 대부분의 한부모가족들이 오히려 친인척, 친구, 이웃과의 관계가 약화되거나 단절되면서 적응에 어려움을 겪는다(한경혜, 1996).

한편, 조손가족 내 손자녀들은 정서적 측면에서 불안정성이 다방면에서 나타나고 있다. 조부모와의 대화가 원활하지 않은 데 따른 부정적인 조부모-손자녀간 정서 관계, 우울 및 불안, 위기요소인 공격성과 충동성, 부주의 정도가 다른 가족유형에서보다 높게 나타나고 있었다. 특히 조손가족 청소년들은 학교생활에서의 부적응 사례가 자주 나타나 반사회적 친구, 신체적 폭행, 따돌림, 괴롭힘, 언어폭력, 돈이나 물건 강탈, 가출경험, 학교폭력 피해경험이 높은 것으로 조사되었다(김혜영 외, 2011).

2. 법과 정책서비스

1) 관련 법

한부모가족 지원을 위한 관련법으로서 1989년 처음으로 제정된 모자복지법은 남편의 장기간 노동능력 상실로 여성이 생계의 책임을 담당해야 하는 모자가정 수가 증가하면서 이를 위한 국가차원의 지원 요구를 담고 있다. 때문에 어머니가 세대주인 모자가정과 18세 미만(취학시에는 20세 미만)의 아동만을 지원 대상으로 하였다. 하지만 모자복지법은 눈에 띄게 늘어난 이혼가정으로 부자가정이 크게 증가함에 따라, 2002년도에 저소득 부자가정을 지원대상에 포함시키는 모부자복지법으로 변경되었다. 2007년도에는 부모의 사망, 생사불명, 장애, 질병, 장기복역 등으로 부양을 받을 수 없는 아동과 조부 또는 조모로 이루어진 가정, 만 24세 미만의 청소년 한부모(사실혼은 제외)가정을 지원대상 범위에 포함시켜 한부모가족지원법으로 개정되었다.

한편, 한부모가족지원법 제4조에 근거하여 정책 대상자로서의 한부모가족은 "배우자와 사별 또는 이혼, 유기된 자, 정신 및 신체 장애로 장기간 노동능력을 상실한 배우자를 가진 자로서 18세 미만의 아동을 양육하는 자(취학 중인 경우에는 22세 미만)"로 규정된다. 이때 한부모가족은 모자가족과 부자가족으로 구분되는데, 두 경우 모두 모 또는 부가 세대주이거나 세대주가 아니더라도 사실상 세대원을 부양하는 가족을 모두 의미한다.

특히 만 24세 미만의 모 또는 부로 구성된 한부모가족의 경우는 '청소년한부모'로 개념화되어, 한부모가족의 지원 범주에 포함된다. 우리나라의 법적혼 제도하에서 법적 혼인지위 없이 자녀를 출산하는 미성년 또는 성년 한부모가족이 증가하고 있으며, 특히 미성년 한부모가족의 경우 정규 교육 기회의 제약, 경제적 독립을 위한 직업적 능력과 기회에서 많은 어려움을 가지게 되어 이들에 대한 지원의 필요성이 강하게 대두된 것이다. 따라서 청소년 한부모가족은 미혼모나 미혼부 가족을 법적 테두리에 포함시키고자 하는 명칭으로 사용되는 것이다. 정책 대상의 기준에서 성인 한부모가족과 청소년 한부모가족은 부 또는 모의 연령이 만 24세 미만인지의 여부에 따라 구분되지만, 내용적으로는 법적 혼인 경험이 있었으나 현재는 한부모인 경우와 그렇지 않은 미혼 한부모가족으로 이해된다.

또한 한부모가족지원법은 제5조 2항의 특례규정에 따라 "아동을 양육하는 65세 이상의 조부모와 18세 미만 손자녀가 생계 및 주거를 함께 하는 가정 그리고 외국인 중 대한민국 국민과 혼인하여 대한민국 국적의 아동을 양육하는 자"를 지원대상의 범위에 포함시킨다. 이와같이 조손가족을 한부모가족의 범주에 포함시키는 이유는 조부나 조모가 손자녀 양육을 위해 경제적 · 신체적인 자원에서 제약이 있고, 손자녀의 인지 · 사회 · 정서적 발달을 위한 지원 등 손자녀양육을 원활히 하기 어려운 상황에 있다고 판단하기 때문이다.

〈표 11-7〉 **법에서 지정한 한부모가족 지원대상의 변화**

제 · 개정 일자	법률명	지원대상
제정 1989.4.1	모자복지법	• 모에 의해 양육되는 18세 미만의 아동(취학시에는 20세 미만)
일부개정 2002.12.18	모부자복지법	• 모 또는 부에 의해 양육되는 18세 미만의 자녀(취학중인 경우 20세 미만)
일부개정 2006.12.28		• 외국인에 대한 특례 신설 • 미혼모에 대한 특례 신설
일부개정 2007.10.17	한부모가족지원법	• 18세 미만의 자(취학중인 경우 22세 미만) • 조부 또는 조모로서 여성가족부령으로 정하는 자 포함

자료: 국회법률정보지식시스템 홈페이지.

한편, 취약한 부모, 위기가족, 조손가족 등을 위한 가족역량강화사업은 건강가정기본법 제21조 가정에 대한 지원 항목과 한부모가족지원법 제17조 가족지원서비스 항목에서 사업추진 근거를 찾을 수 있다. 건강가정기본법 제21조는 국가 및 지방자치단체가 가정의 원활한 기능 수행을 위해 지원해야 할 책임이 있음을 명시하고, 구체적인 지원 내용들을 열거하고 있다. 또한 2007년 개정된 사항으로 21조 4항에는 한부모가족, 노인단독가정, 장애인가정, 미혼모가정, 공동생활가정, 자활공동체 등 지원대상 가정의 유형에 대해 구체적으로 언급하였다. 한부모가족지원법 제17조에서는 한부모가족을 대상으로 아동양육 및 교육서비스, 장애인, 노인, 만성질환자 대상의 부양서비스, 가사서비스, 교육 및 상담 등 가족관계증진 서비스, 인지청구 및 자녀양육비 청구 등을 위한 법률 상담과 법률구조 서비스 등의 지원 노력에 대해 제시하였다.

가장 최근에는 청소년한부모의 '양육비이행 확보 및 지원에 관한 법률'이 2014년 3월 제정, 2015년 3월부터 시행되고 있다. 해당 법에는 양육비이행심의위원회 설치(제6조), 건강가정기본법에 따라 설립된 한국건강가정진흥원 내의 양육비이행관리원 설치(제7조), 공익법무관의 파견(제9조), 양육비 이행확보 지원(제10조~제21조), 양육비 이행확보 지원의 우선 제공(제22조) 등을 명시하였다.

2) 관련 정책서비스

한부모가족을 지원하는 정책서비스는 한부모가족, 조손가족, 청소년 한부모가족으로서 가구선정 기준 및 소득인정액 기준을 충족한 경우 지원대상으로 선정된다. 청소년 한부모가족은 만 24세 이하가 기준이 되며, 지원대상 가구원은 한부모가족의 모 또는 부와 만 18세 미만(취학 시 만 22세 미만)의 자녀가 포함된다.

한부모가족과 조손가족을 위한 서비스는 경제적 취약계층에 대한 보건복지부의 지원, 가족기능수행이라는 관점에서 접근하는 여성가족부 지원, 그리고 기타 부처들의 감면혜택 및 서비스와 같은 보조적 지원으로 구성되어 있다. 보건복지부는 국민기초생활보장제도라는 자산기준 수혜 대상자 제한 제도를 이용하여 한부모가족 중 경제적 취약계층에 대한 사회복지의 관점에서 주로 직접적인 금전적 지원을 하고 있다. 구체적으로는 기준 중위소득 50%~30% 이하인 가족을 대상으로 제공되는 생계급여, 의료급여, 주거급여, 교육급여, 해산급여, 장제급여, 자활급여 등이 있다.

이에 비해 여성가족부는 역시 서비스 수혜 대상자 선정에 있어 소득을 기준으로 범위를 제한하고 있지만 소득인정액은 한부모 및 조손가족의 경우 기준 중위소득 52% 이하, 청소년 한부모가족은 기준 중위소득 60% 이하로 정하고 있어 보편적 가족서비스를 지향하고 있다. 사업방식에 있어서도 복지급여, 복지자금대여, 복지시설입소 등은 직접적인 물적 지원이지만 특유의 가족요구 충족을 위해 맞춤형의 한부모가족 역량강화지원사업을 실시하고 있다.

청소년 한부모를 포함하여 한부모가족, 조손가족이 지닌 문제의 복합성, 가정환경의 다양성을 고려하여 초기상담, 욕구 및 강점사정, 서비스 제공과 사후관리에 이르는 지속적 사례관리 방식으로 지원하고 있다. 또한 지역의 한부모가족 지원기관들은 대상자 발굴 및 인적, 물적 자원연계를 효율적으로 추진하기 위해 지역사회 내 행정기관을 비롯하여 취업관련기관, 안전 및 인권기관, 교육기관, 의료기관 등의 협의체를 구성, 운영하고 있다. 청소년 한부모가족의 경우, 부모로서의 역할 수행, 독립적 가족기능 수행을 위한 기초 역량강화 차원에서 학업이행, 취업훈련, 자립촉진지원 등에 역점을 두고 있다. 미혼한부모가족을 위한 서비스는 2018년 기준 17개소에 설치된 권역별 미혼모부자 거점기관을 통해 출산 및 양육 시 위기지원, 상담을 통한 정서지원, 친자검사비지원, 교육 및 문화체험프로그램 운영, 자조모임 운영 지원이 되고 있다.

조손가족의 경우, 조부모가 수혜자로서 노인지원정책, 손자녀가 수혜 대상자인 아동지원정책을 통해 직간접적으로 지원을 받을 수 있다. 조손가정만을 위한 지원사업은 2011년 6월부터 시범사업으로 진행되는 건강가정지원센터의 희망사다리사업이 있다. 학습 및 정서지원, 주거지원을 주 사업내용으로 하고 있다. 인구대비 조손가정 비율이 높은 부산, 인천, 충남, 전북 등 4개 시도의 시범사업을 거쳐, 2012년부터는 취약한부모가족, 위기가족, 조손가족이 가족역량강화지원사업으로 통합되어 전국 17개 시도, 47개 건강가정지원센터에서 시행되고 있다.

가족역량강화지원사업의 주관기관은 사업의 활성화를 위해 지역 유관기관들의 협의체를 구성, 운영할 수 있다. 지방자치단체, 보건소 등의 관공서, 여성새로일하기센터, 고용안전지원센터 등 취업 관련기관, 경찰서, 소방서, 성폭력·가정폭력상담소, 자살예방센터, 재난심리지원센터, 학교, 교육청 등 교육기관, 병원, 정신보건센터 등 의료기관, 장학재단, 청소년지원 관련기관 등이 협의체를 구성할 수 있다. 해당 기관들간의 연계 및 협력을 통해 사업대상자 발굴, 정보공유, 서비스 지원 등을 논의, 사업의 효율성을 높일 수 있다.

(1) 기초 가정생활 수준 확보

① 소득 지원

한부모가족이 경험하게 되는 가장 일반적인 문제인 경제적 어려움의 완화를 위한 지원은 국민기초생활보장제도에 의한 수급권자 지정을 통해 이루어질 수 있다. 한부모가족 및 조손가족의 기초적인 가정생활 수준이 유지될 수 있도록 생계급여, 생활보조금 등이 지원되며, 전기요금을 비롯한 공과금 감면 및 할인, 각종 수수료 면제 등의 지원이 이루어지고 있다.

미혼한부모 가족의 경우, 2019년 기준 전국 17개소의 미혼모·부자지원기관을 통해 연간 가구당 70만 원 이하의 위기지원이 이루어지며, 자녀가 12개월 이하인 경우 연간 10만 원 한도내에서 추가지원이 가능하다. 조손가족의 경우, 65세 이상 조부모를 대상으로 한 기초노령연금이 노인정책의 일환으로 지급되며, 일부 아동은 가정위탁 대리양육의 혜택이 가능하다.

〈표 11-8〉 한부모가족복지시설 유형

시설유형		시설수	입소대상 및 기능	보호기간(연장가능기간)	입소정원
모자가족 복지시설 (46)	기본생활 지원	42	만 18세 미만 자녀를 양육하는 무주택 저소득 모자가족	3년(2년)	1039세대
	공동생활 지원	3	독립적인 가정생활이 어렵고 일정기간 공동으로 가정을 이루어 생활하면서 자립을 준비하고자 하는 모자가족	2년(1년)	45세대
	자립생활 지원	2	만 18세 미만의 자녀를 양육하는 무주택 저소득 모자가족, 기본생활지원형에서 퇴소한 모자세대로서 자립준비가 미흡한 모자가족	3년(2년)	31세대
부자가족 복지시설 (3)	기본생활 지원	2	만 18세 미만의 자녀를 양육하는 무주택 저소득 부자가족	3년(2년)	40세대
	공동생활 지원	2	독립적인 가정생활이 어렵고 일정기간 공동으로 가정을 이루어 생활하면서 자립을 준비하고자 하는 부자가족	2년(1년)	15세대
	자립생활 지원	–	기본생활지원형에서 퇴소한 부자세대로서 자립준비가 미흡한 부자가족	–	–
미혼모자 가족복지	기본생활 지원	20	이혼·사별 또는 미혼의 임신여성 및 출산 후(6월 미만) 보호를 요하는 여성	1년(6월)	520명

<table>
<tr><th colspan="2">시설유형</th><th>시설수</th><th>입소대상 및 기능</th><th>보호기간 (연장가능 기간)</th><th>입소 정원</th></tr>
<tr><td rowspan="2">시설 (58)</td><td rowspan="2">공동생활 지원</td><td>39</td><td>3세 미만의 영유아를 양육하는 미혼모
* 휴지시설 1개소 포함</td><td>2년(1년)</td><td>339 세대</td></tr>
<tr><td>2</td><td>출산 후 해당 아동을 양육하지 아니하는 미혼모</td><td>2년(6월)</td><td>15명</td></tr>
<tr><td colspan="2">일시 지원 복지시설(14)</td><td>11</td><td>배우자의 학대로 인해 아동의 건전 양육과 모의 건강에 지장을 초래할 우려가 있는 모와 아동</td><td>6월(6월)</td><td>315명</td></tr>
<tr><td colspan="2">한부모가족복지 상담소</td><td>5</td><td>한부모가족에 대한 위기, 자립상담 및 문제해결 지원 * 미운영 1개소 포함</td><td colspan="2">이용시설</td></tr>
</table>

주 : '18. 12월 현재, 총 128개소(생활시설 123개소, 이용시설 5개소)
자료 : 여성가족부(2019). 2019 한부모가족지원사업 안내.

② 주거 지원

한부모가족의 안정적 거주 지원은 독립주거 및 공동생활의 두 가지 형태로 시행되고 있다. 독립주거형으로서 영구임대주택에 대한 우선적 공급 혜택을 부여하고 있다. 공동생활형의 한부모가족복지시설은 2018년 기준 전국적으로 128(생활시설 123개소, 이용시설 5개소)가 설치 운영되고 있다. 한부모가족시설에서는 거주공간 서비스 외에 위기 및 자립지원 상담과 문제해결을 지원하고 있다.

(2) 가족기능수행 지원

① 출산 및 양육 지원

한부모가족의 출산지원을 위해 의료급여의 형태로 해산급여가 지급되고 있으며, 양육지원에서는 복지급여의 일환으로 아동양육비 및 학용품비가 지급 지원되고 있다. 아이돌봄서비스 이용비 감면 및 서비스 우선 연계, 어린이집 우선 이용이 가능토록 하는 자녀양육 서비스가 제공된다. 미혼모부자의 경우, 출산비 및 신생아 입원비, 예방접종비 등 모자건강에 필요한 병원비가 지급된다. 또한 양육에 필요한 분유, 기저귀, 의류, 장난감 등 생필품 지원이 되고 있다. 미혼부를 상대로 자녀인지청구 소송지원이 이루어지고 있으며, 양육비이행관리원에서는 비양육부모와 양육부모의 양육비 상담, 양육비 청구 및 이행확보를 위한 무료법률지원, 한시적 양육비 긴급지원, 양육비 채무 불이행자에 대한 제재 등의 업무를 지원하고 있다. 미혼모부자 지원기관에서 실시되는 청소년한부모를 위한 통합형 교육·문화체험프로그램에서는 임신·출산, 자녀양육 등과 관련된 생애주기별 정보 및 서비스를 제공한다.

부모역할 수행에 어려움을 겪고 있는 조손가족을 위해서는 '조손가족 희망사다리'라는 통합지원 서비스로서 양육과 교육영역의 지도사를 파견하는 방식의 지원이 이루어지고 있다. 양육서비스와 관련하여 조부모 활동보조와 전반적인 생활가사지원을 비롯하여 손자녀 긴급일시돌봄을 지원하며, 교육서비스로는 손자녀의 기초학습 및 부진 교과목 지도, 자기주도학습, 일상생활지도, 기타 교육프로그램 지원이 이루어지고 있다.

② 의료지원

기초생활수급 한부모가족을 대상으로 한 의료지원에는 의료급여와 장제급여가 있으며, 청소년산모의 경우 1회 임신마다 의료비가 추가 지원되고 있다.

③ 정서지원

한부모가족을 위한 정서지원은 지속적인 사례관리를 통한 통합서비스 형태로 이루어진다. '취약한부모가족 역량강화 서비스'는 미혼모부자가족을 포함한 한부모가족과 조손가족을 대상으로 심리적·경제적 자립을 위한 상담 교육프로그램과 자조모임 운영을 지원하고 있다. 한부모가족복지시설 입소자의 경우에도 심리적·정서적 상담을 통해 가족생활의 안정적 조기정착을 지원하고 있다. 미혼모부자가족의 경우 별도의 거점기관을 설립하여 부모역할에 대한 부담감 해소, 자존감 향상, 자립심 강화 및 재사회화 등 정서적 역량강화를 위한 상담, 교육·문화체험 프로그램, 자조모임 운영 지원을 하고 있다.

(3) 자립 지원

청소년한부모의 경우 자산형성계좌지원금, 자립촉진수당을 지원함으로써 자립 실천의 단서를 제공하고 있다. 또한 검정고시 학습비 지원과 청소년 한부모가 고등학생인 경우 수업료 및 입학금 지원을 함으로써 경제적 자립을 위한 교육지원을 하게 된다.

미혼모부자지원기관에서는 청소년한부모들이 자립경험을 공유, 발전적 논의가 이루어질 수 있도록 자조모임 운영 지원을 하고 있다. 지역 유관기관과의 연계에 의한 청소년 한부모의 자립지원으로 '희망복지지원단', 미혼모시설, 법률기관, 의료기관, 고용노동부 등과 지역 네트워크 구축, 정보제공 및 연계지원을 하고 있다. 보호시설, 의료 및 보건, 법률 등 전문기관 연계, 자녀양육을 위한 서비스 연계, 친권 및 양육권, 친부확인 절차 등의 법률, 행정 정보 제공, 직업교육, 자격증취득 등 교육기관 연계 등 자립을 위한 정보제공 등이 이루어지고 있다. 창업이나 사업운영에 필요한 자금을 대여함으로써 생업기반을 조성할 수 있도록 복지자금대여 제도가 있으며, 취업능력 진단에서부터 취업알선에 이르는 단계별 또는 통합 취업지원프로그램이 운영되고 있다. 프로그램 참여를 통해 개인별 취업활동 계획과 취업능력증진을 위한 상담과 훈련, 사업참여수당, 훈련참여지원수당, 취업성공수당과 같은 경제적 지원이 제공된다.

〈표 11-9〉 **한부모가족, 청소년한부모가족, 조손가족을 위한 지원**

<table>
<tr><th colspan="4">구분</th><th>내용</th><th>대상</th></tr>
<tr><td rowspan="5">가정
생활
기초</td><td rowspan="3">소득
지원</td><td colspan="2">기초생활보장수급자 책정</td><td>수급자 선정시 별도가구 인정 특례 적용</td><td>한부모가족(복지급여)</td></tr>
<tr><td colspan="2">요금 감면 및 할인</td><td>상하수도요금, 이동통신요금감면, 전기요금, 도시가스요금, 자동차 보험료 등</td><td>한부모가족(복지급여)</td></tr>
<tr><td colspan="2">수수료 면제</td><td>주민세, TV방송수신료, 주민등록표 열람 및 발급 수수료, 자동차 검사 수수료 등</td><td>한부모가족(복지급여)</td></tr>
<tr><td rowspan="2">주거
지원</td><td colspan="2">• 한부모가족복지시설입소
• 미혼한부모가족복지시설 입소</td><td>• 시설입소가구 생활보조금 월5만원
• 시설 아이돌봄서비스 지원</td><td>한부모가족(복지급여)</td></tr>
<tr><td colspan="2">• 임대주택특별공급</td><td>건설량의 10% 범위내</td><td>한부모가족</td></tr>
<tr><td rowspan="2">가정
기능
수행</td><td rowspan="2">출산
및
양육</td><td rowspan="2">임신 · 출산 진료비</td><td>의료급여</td><td>50만원(둘이상 태아 임신시 90만원)</td><td>한부모가족(복지급여)</td></tr>
<tr><td>청소년산모 의료비</td><td>1회 임신 120만원</td><td>만 18세 이하 산모(복지급여)</td></tr>
</table>

구분		내용	대상
	출산 및 양육시 위기지원	• 연간 가구당 70만원 이하(자녀2명 이상인 경우 최대 140만원) • 출산비, 자녀 입원 · 예방접종비 등 모자병원비 • 분유, 기저귀, 계절에 따른 내의 · 겉옷, 유모차, 보행기, 장난감 등 생필품	만 3세 이하자녀를 둔 청소년한부모가족
	아이돌보미 서비스	• 시간제 및 영아종일제 서비스 이용료 할인 • 서비스 우선연계	한부모가족
	보육시설 이용	어린이집 우선 이용	한부모가족
	자녀학습 · 정서지원	초중고생 자녀 배움지도사 파견	한부모가족
	아동양육비	한부모 월 20만원(청소년한부모 월 35만원)	저소득한부모 및 청소년한부모가족(복지급여)
	추가아동양육비	월5만원	만5세 이하 자녀를 둔 한부모 및 조손가족(복지급여)
	아동교육지원비(학용품비)	연간 5.41만원	한부모가족(복지급여)
	무료법률구조지원	• 미혼부 대상 자녀인지청구 소송 무료법률 지원 • 양육비 청구소송 및 이행확보 무료 법률 지원	한부모가족
	교육 · 문화체험프로그램	• 자녀양육 교육프로그램 • 공연관람, 가족캠프 등	한부모가족
	문화이용카드	7만원	한부모가족(복지급여)
정서지원	상담	• 부모상담 • 자녀양육상담(온, 오프라인) • 한부모가족지원 종합정보제공 • 지속적 사례관리	한부모가족
	자조모임	1인당 2만원, 1회 30만원 이내	청소년한부모가족
생활가사지원	생활도움서비스	• 조부모활동보조, 손자녀 일시돌봄 등 생활가사 전반(키움보듬이파견) • 긴급위기지원(지지리더, 키움보듬이파견)	조손가족 한부모가족

구분		내용	대상
자립지원	직업능력개발훈련 및 직업 알선	프로그램 참여	한부모가족
	복지자금대여	• 최대 7,000만원 • 사업운영 및 창업, 아동교육, 의료, 주택자금 지원	한부모가족(복지급여)
	자산형성계좌지원	최대 50만원	한부모가족(복지급여)
	검정고시학습비	연 154만원	청소년한부모가족(복지급여)
	고교생 교육비	수업료 및 입학금 전액	청소년한부모가족(복지급여)
	자립촉진수당	월 10만원	청소년한부모가족(복지급여)

* 복지급여: 소득인정액 기준 52% 이하의 한부모가족 및 조손가족, 소득인정액 기준 60% 이하의 청소년한부모가족

자료: 여성가족부(2019). 2019 한부모가족지원사업안내, 찾기쉬운생활법령정보 http://easylaw.go.kr/

3. 과제와 전망

한부모가족은 현재에도 지속적으로 증가하고 있으며, 모자가족으로 대표되던 한부모가족이 부자가족, 조손가족, 청소년한부모가족 등으로 서비스를 지원해야 할 한부모가족 유형도 변화하고 있다. 다양한 가족유형 중 하나로 가족기능의 수행이 편견없이 유지될 수 있도록 정책적 지원을 할 필요가 있다. 그러나 현재 한부모가족과 조손가족에 대한 지원은 경제적 취약계층으로서 접근이 이루어지고 있다. 여성가족부는 건강가정지원센터의 가족역량강화지원사업, 미혼모·부자 거점기관 운영을 통해 보편적 가족서비스로서 이들 가족들을 지원하고 있으나 대부분 서비스 및 프로그램 참여가 소득 및 자산 기준으로 제한되고 있다. 물론 모·부자복지에서 출발한 한부모정책은 현재 정책의 다양성이나 지원수준에서 크게 향상되었지만 여전히 미흡한 부분이 많은 상태이다.

이와 같이 한부모가족의 실태 및 관련 정책 현황을 살펴본 내용을 토대로 다음과 같은 해결과제를 제안할 수 있다.

첫째, 가정체계의 안정성을 유지할 수 있도록 가정건강성 증진 사업에 좀 더 역점을 두는 정책을 시행할 필요가 있다. 여성가족부는 지역의 건강가정지원센터를 통해 가족기능수행과 건강성 증진을 목적으로 교육, 상담, 문화 프로그램을 운영하고 있으며 법원연계 이혼위기가족 회복지원사업을 시행중에 있다. 그러나 보편적, 예방적 서비스를 원칙으로 하는 교육, 상담, 문화 프로그램 등 건강가정지원센터 서비스는 아직까지 이용자의 양적, 질적인 면에서 획기적인 개선이 이루어져야 한다. 이용자수가 좀 더 대폭적으로 확대되어야 할 뿐 아니라, 서비스를 필요로 하는 사람들이 이용할 수 있도록 홍보, 지역주민들의 건강가정지원센터에 대한 접근성, 건강가정지원센터의 예산을 비롯한 운영상황이 개선될 필요가 있다. 법원연계 이혼위기가족 회복지원사업은 이미 상당한 가정체계 위기를 경험하고 있는 가족을 위한 사후적 조처라 할 수 있다.

둘째, 한부모가족에 대한 인식을 정확하게 함으로써 한부모가족 발생을 예방토록 하는 정책적 노력이 필요하다. 현재 우리 사회에서는 가족해체의 사례를 주변에서 쉽게 발견할 수 있고, 가족가치관의 변화, 여성의 지위 향상, 사회경제적 불안정성, 성적 자기결정권 강화 등 여러 이유로 이혼가정, 미혼모가정, 조손가정의 수가 급격히 증가하였다. 이같은 사회적 환경은 가족원들에게 한부모가족 형성에 대해 허용적인 태도를 갖도록 영향을 미치게 된다. 한부모가족은 다양한 가족의 한 형태로서 그 자체에 대해 부정적 평가를 해서는 안 된다. 하지만 가족생활이 개인에게 갖는 의미, 가족의 건강성 유지를 위한 노력이 필요하다는 점, 위기시에 가족건강성이 가족체계를 유지할 수 있도록 영향력을 발휘할 수 있도록 잠재력을 갖는 것 등이 필요하다는 점, 그리고 한부모가족이 감당하게 되는 경제적·정서적 어려움, 자녀양육의 어려움 등에 대해 정확히 파악할 수 있도록 함으로써 한부모가족 형성 이전에 심사숙고 할 수 있도록 해야 할 것이다.

셋째, 특히 한부모가족을 위한 돌봄 및 교육의 다양한 요구가 충족될 수 있는 서비스 지원이 필요하다. 한부모가족이 경험할 수 있는 어려움은 경제활동, 주거안정, 자녀양육 및 교육 등 여러 측면이지만, 자녀양육 및 교육은 한부모가족의 일-가정 양립에서 가장 우선적으로 해결해야 할 문제이다. 취약 한부모가족은 물론 모든 한부모가족을 대상으로 한 영유아기 자녀돌봄, 초등교육기 자녀의 방과후 돌봄의 다양한 대안을 마련함으로써 경제적 자립이 가능하도록 해야 할 것이다.

넷째, 한부모가족 자녀의 복리를 위한 법적·제도적 개선 및 보완이 필요하다. 미혼 한부모가족의 경우, 미혼모가 자녀양육 및 가정생활유지의 모든 책임을 전담하는 형태이며, 서비스도 그러한 체제를 전제로 지원되고 있다. 미혼 양부모가 협력적 양육을 할 수 있도록 지원체계를 개선하는 방안, 이제 시작된 이혼가족 자녀의 양육비확보를 위한 법적체계 및 이행제도의 실효성 확보, 부모 면접교섭권 강화 등 한부모가족이 조기에 경제적 자립과 안정적 가정생활이 유지될 수 있도록 총체적 지원 체계 확립 및 운영이 이루어져야 할 것이다.

다섯째, 특히 부자가족을 위한 지원 제도 및 서비스가 확대될 필요가 있다. 현재 한부모가족정책은 모자가족을 중심으로 시행되고 있음으로써 부자가족은 극히 제한적 지원만 받을 수 있는 상태이다. 부자가족을 위한 거주시설, 가사지원 및 교육, 부모교육, 경제적 자립을 위한 직업훈련, 자조모임 등 부자가족이 경험하는 어려움을 중심으로 구체적 서비스가 제공될 필요가 있다.

여섯째, 조손가족을 위한 별도의 지원체계는 부재한 상태이다. 조손가족은 그동안 취약·위기가족지원사업으로 분류되어 왔으나 가족역량강화지원사업으로 통합되었으며, 조손가족지원사업 운영기관도 전국 건강가정지원센터 70개소로 확대되었다. 하지만 조손가족 지원사업의 비중이 높지 않으며, 사업의 지속성, 통합적 지원이라는 점에서 볼 때 부족한 점이 많다. 조손가족이 전체 인구대비 차지하는 비율이 높지 않지만, 이들이 갖는 어려움은 문제의 종류 및 강도에 있어서 다른 유형의 가족에 비해 더욱 심각하다. 조손가족은 한부모가족 중에서도 고령으로 인한 건강상의 문제, 취업기회의 한계선상에 있음으로써 경제적 빈곤, 손자녀 양육부담, 손자녀 학업능력, 조부모-손자녀간 세대차를 극복할 수 있는 세대통합, 법률적 및 제도적 지원체계 확립이 요구된다.

생각해볼 문제

1. 한부모가족, 청소년한부모가족과 조손가족이 경험할 수 있는 어려움에 어떤 차이가 있는지 비교하고 그에 따른 우선적 지원서비스에 대해 이야기해보자.
2. 한부모가족, 청소년한부모가족, 조손가족을 하나의 한부모가족정책의 틀 속에서 지원할 때 생길 수 있는 문제에 대해 생각해보자.
3. 한부모가족 중 부자가족과 모자가족을 위한 지원 정책을 비교해보자.
4. 청소년한부모가족 발생의 주 원인을 찾아보고 예방할 수 있는 방법에 대해 논의해보자.

참고문헌

권복순 · 박영준(2003). 장애아동 양육자의 양육부담과 사회적 지지에 관한 연구. 한국영유아보육학, 29, 191-219.

김정우 · 손인춘 · 한국한부모가정사랑회(2012). 한부모가족지원법 개정을 위한 토론회.

김나희(2006). 이혼 여성한부모가족의 성인 딸이 경험하는 문제와 대처방안에 관한 연구, 한부모가족연구, 1(1), 61-92.

김연우(2012). 한부모가족의 생활실태와 복지욕구. 보건복지포럼(187). 50-59.

김오남(2004). 한부모가족 여성가장의 심리적 안녕과 관련변인 연구. 한국가족복지학, 14, 85-118.

김은지 외(2013). 한부모가족 실태조사. 여성가족부.

김은지(2013). 한부모가족의 돌봄공백과 대응방안. 젠더리뷰.

김혜영 · 김은지 · 최인희 · 김영란(2011). 조손가족지원방안연구. 한국여성정책연구원.

문은영(2011). 서울시 한부모가족 실태조사를 통해 본 부자 가족의 현황과 문제점. 공공사회연구, 1(2), 135-174.

박재규(2003). 여성가구주의 빈곤화와 빈곤가구의 사회경제적 특성. 제 4회 한국노동패널 학술대회 발표논문.

방경숙(2004). 취업모와 미취업모의 양육태도, 양육부담감 및 학령전기 자녀의 기질과 건강관련 변인 비교. 아동간호학회지, 10(2), 217-224.

변화순(1996). 이혼가족을 위한 대책연구. 한국여성개발원.

변화순 · 백경희 · 김현주(2001). 한국 가족의 변화와 여성의 역할 및 지위에 관한 연구. 한국여성개발원.

엄미선 · 전동일(2006). 저소득 한부모 가족의 양육부담과 사회적 지지. 사회복지리뷰, 11, 75-108.

여성가족부(2010). 2010년 조손가족 실태조사.

여성가족부(2015). 한부모가족실태조사.
여성가족부(2019). 2019 한부모가족지원사업 안내.
여윤경 · 양세정(2001). 가구유형에 따른 소비지출패턴 비교 분석. 소비자학 연구, 12(4), 65-81.
이여봉(2003). 이혼 가정의 자녀 양육 지원 방안. 보건복지부.
조성연(2003). 여성 한부모가족의 모-자녀관계. 한국가정관리학회지, 22(1), 153-167.
조흥식 · 김인숙 · 김혜란 · 김혜련 · 신은주(2006). 가족복지학. 학지사.
한경혜(1996). 한국 이혼부부의 적응과 관련변인에 관한 실증적 연구. 이혼과 가족문제. 도서출판 하우.
황정임 · 김은지 · 남원석 · 이재웅(2013). 여성가구주가구의 주거실태 및 정책방안 연구-도시지역의 비혼 1인가구 및 저소득한부모가구를 중심으로. 한국여성정책연구원.
국회법률정보지식 시스템 홈페이지(http://likms.assembly.go.kr/law/jsp/law/ Main.jsp)
찾기쉬운생활법령정보 http://easylaw.go.kr/

제12장

다문화가족 서비스

최근 국제결혼의 증가와 함께 결혼이민여성과 배우자 및 자녀와 그 가족들로 형성된 다문화가족의 수가 급격히 증가하면서, 이들 가족의 문제가 사회적 문제로 부각되고 있다. 다문화가족은 가족 형성에서 2개 이상의 문화적 배경을 지닌 가족들이 함께 생활공동체로 묶이면서, 의사소통과 문화적 차이에 대한 이해의 부족으로 가족 간의 갈등이 심화되고 주위로부터의 차별 및 편견 등 다양한 어려움을 경험하게 된다.

2006년 이후 범정부차원에서 다문화가족을 지원하기 위한 정책서비스들이 마련되기 시작하였고, 2008년에는 「다문화가족지원법」의 제정과 함께 전국에 다문화가족지원센터가 설립되어 다문화가족을 위한 공적 서비스 지원전달체계가 마련되었으며 다양한 서비스가 제공되고 있다.

다문화가족을 위해 지원되는 정책 서비스는 주로 결혼이민자와 그 자녀를 돕기 위한 언어적응(한국어습득) 지원사업과 가족관계 향상을 지원하는 사업, 생활안정을 지원하는 사업, 심리·정서적 안정을 지원하는 사업, 지역사회 적응을 지원하는 사업 등이다. 그러나 앞으로 결혼이민자에 대한 일방적인 문화동화차원에서의 교육과 서비스의 제공이 아니라 상호문화교류와 가족통합적 차원의 서비스 지원정책으로 확대될 필요가 있으며, 가족생애주기단계별 맞춤형 서비스를 제공하고 체계적인 위기 상담과 지원정책이 마련되어야 할 것이다.

1. 현황과 문제

1) 현황

'다문화가족'이란 국제결혼 등을 통해서 서로 다른 국적의 상대가 만나 결합한 가정을 의미하나 법률적 용어는 아니다. 오히려 법률적으로는 협의의 개념인 '국제결혼'이란 용어가 더 많이 사용되고 있다. 그러나 국제결혼은 단지 결혼 당사자만을 의미하고 국적이 다른 사람과의 결혼 자체를 의미하기 때문에, 그 결혼으로 인해 형성된 가족 구성원(예: 자녀) 모두를 포함하지 못하는 한계가 있다. 따라서 '국제결혼'에 의해 형성된 가족 구성원을 포함하면서 한 가정 내 2개 이상의 서로 다른 문화가 공존한다는 의미에서 '다문화가족'이란 용어가 오늘날 사회적으로나 학술적으로 더 널리 사용되고 있다.

다문화가족은 보다 광의의 개념에서 우리 사회에 거주하고 있는 국제결혼이주자만이 아니라 새터민(북한이탈주민), 외국인노동자와 외국인거주자, 그 밖에 외국인과의 사이에서 태어난 자녀들까지 포함하기도 한다(김범수 외, 2007; 도미향 외, 2009 재인용).

그러나 「재한외국인 처우 기본법」에 의한 법적 측면에서 '결혼이민자'는 "대한민국 국민과 혼인한 적이 있거나 혼인관계에 있는 재한외국인"으로 정의되어, 결혼이민 당사자만을 한정적으로 지칭하고 있다. 현재 「다문화가족지원법」에서는 다문화가족의 개념을 "재한외국인 처우 기본법상의 결혼이민자, 또는 「국적법」 제4조에 따라 귀화 허가를 받은 자와 출생 시부터 대한민국 국적을 취득한 자로 이루어진 가족"으로 정의하고 있어 결혼이민자와 국제결혼에 의한 자녀와 가족 구성원들을 모두 포함하여 포괄적으로 정의하고 있다. 그러나 「다문화가족지원법」에서는 귀화한 외국인과 외국인이 한국에서 결혼한 경우는 다문화가족에 포함되지 않기 때문에 다소 제한된 정의로 규정하기도 한다.

1990년대 이후부터, 우리나라에서는 농촌이나 도시 저소득층의 한국남성과 외국여성이 결혼하는 국제결혼가정, 즉 다문화가족이 급격히 증가하기 시작하였다. 당시 1990년 우리나라의 국제결혼은 4,700쌍에 불과하였으나 1995년에는 13,494쌍으로 크게 증가하였으며, 이후로 2010년까지 누적 14만 쌍으로 10배 이상 증가하였다(한국결혼연구원, 2014). 이와 함께 형성된 다문화가족도 2015년 278,036가구로 증가하였다. 그러나 연간 다문화 혼인의 비율은 2008년 11.2%이후 매년 꾸준히 감소하다가 2015년 7.4%로 저점을 찍은 뒤 2016년 7.7%, 2017년 8.3%로 최근 2년간 다소 증가하고 있다. 이러한 2년간의 증가율은 최근의 한류 열풍으로 인해 태국 결혼이민자와 귀화자의 결혼 증가가 영향을 미친 것으로 파악되고 있다(통계청, 2018).

이로써 우리나라의 전체 혼인에서 다문화 혼인이 차지하는 비중은 8.3%로, 내국인 결혼(2017년 24만 2,538건)이 매년 감소하는 것에 비해 그 비중이 높아지고 있다. 외국인 및 귀화자 아내의 출신 국적은 베트남이 27.7%로 가장 많았고, 이어 중국 25%, 태국 4.7% 순으로 나타났다. 2016년 베트남 출신 아내는 처음 중국을 앞지른 후 점차 그 비율이 높아지고 있으며, 한편 다문화 혼인을 한 외국 출신 남편의 국적은 중국이 10.2%로 가장 많았고, 미국(6,4%), 베트남(.7%) 순이었다.

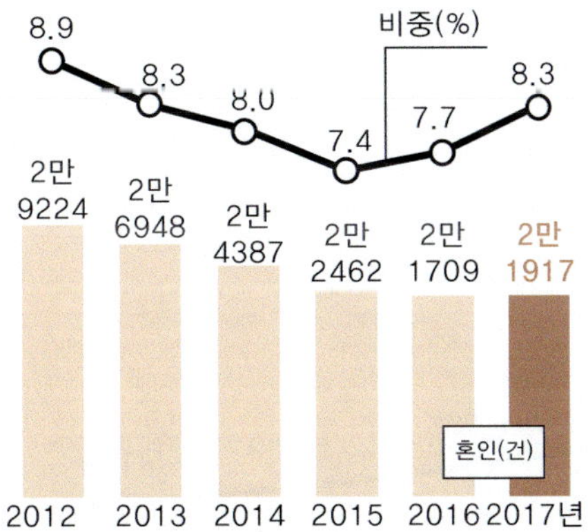

[그림 12-1] 다문화 혼인 추이

다문화가족의 거주 지역은 2000년 이전에는 주로 남도지방과 농촌지역이 중심이었으나 이후 점차 도시지역으로 증가되기 시작하였고 최근에는 서울과 경기지역에 전체 다문화가구의 절반 정도(서울 21.6%, 경기 27.8%)가 거주하고 있다(통계청, 2018).

우리나라에서 비교적 단기간에 다문화가족이 급격히 증가한 이유는 국내 여성들이 농촌

총각과의 결혼을 기피하면서 문제해결을 위한 대안으로 1990년대 이후 정부와 지방자치단체가 가족정책, 인구정책 차원에서 국제결혼을 촉진하였기 때문이다. 그러나 보다 근본적으로는 우리나라의 세계적 지위 향상과 함께 국제 무역과 교류가 증가하고 인터넷을 통한 시공간의 제약이 사라지면서 과거 혈연 중심의 가족주의 가치관과 단일민족주의 사상이 약화되고 국제결혼에 대한 부정적 시각이 많이 줄어들었기 때문이다. 특히 2005년 이후 우리나라의 저출산 현상과 연관되어 다자녀를 출산하는 다문화가족이 세계화와 글로벌 시대의 상징으로, 가족 및 인구정책 측면에서 높은 사회적 관심을 받으면서 증가되었다.

외국인과의 혼인도 증가했지만, 동시에 외국과의 이혼도 증가하고 있다. 2017년 서울시 혼인 · 이혼 통계분석에 의하면, 2016년 전체 이혼건수(1만 7,777건) 중 외국인과의 이혼이 1,637건으로 9.2%를 차지하였다. 이는 총 혼인건수(5만 7643건) 중 외국인과의 혼인(4,564건)이 차지하는 비율 7.9%보다 높았다. 서울시의 외국인 이혼율은 2011년 12.9%에서, 2012년 11.8%, 2013년 11.2%, 2014년 10.7%, 2015년 9.6%로 점차 낮아지고 있는 추세이며, 특히 한국남자와 외국여자의 이혼이 62.2%로 많았다. 이혼한 외국인 아내의 국적은 중국(59.7%)이 가장 많았으며, 베트남(13.9%), 일본(5.3%) 순이었으며, 이혼한 외국인 남편의 국적은 중국(46.7%), 일본(21.8%), 미국(14.1%) 순이었다.

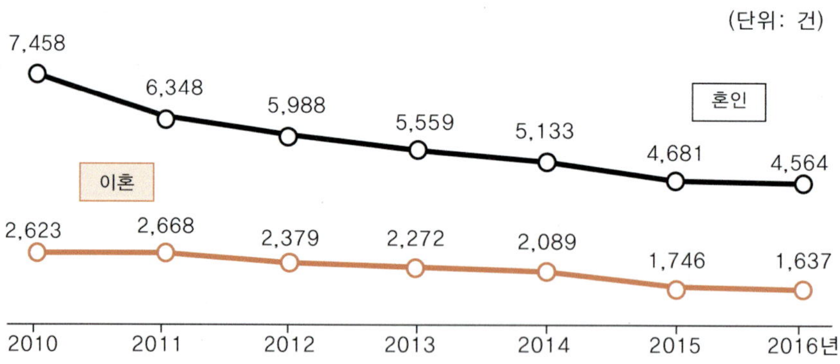

[그림 12-2] 서울시 외국인과의 혼인·이혼 추이

2) 문제점

(1) 일상생활문화

① 언어소통의 문제

결혼이주여성들이 가정생활에서 경험하는 가장 큰 어려움은 언어와 문화적 차이에 의한 것으로 나타났다. 특히 언어소통의 문제는 가족 간에서의 문화적 차이를 극복할 수 있는 통로가 되고 가족 간의 정서적 갈등을 사전에 예방할 수 있는 원천이 되므로 가족관계에서 가장 중요한 문제가 된다.

그 한 예로서 조선족이나 고려인 출신 여성들은 언어소통에 장애가 적기 때문에 일상생활의 문제를 스스로 해결할 수 있으며 정보를 구하기도 용이하다(김이선 외, 2006). 따라서 생활과 문화에 대한 적응이 빠르고 의사소통을 통해 갈등을 해소할 수 있는 가능성이 높은 반면, 언어와 문화적 배경이 전혀 다른 출신국의 여성들은 기본적인 의식주생활에서도 긴 직응과정이 필요하고 원활하지 못한 의사소통으로 인해 소외감과 답답함으로 고통을 받을 뿐 아니라 부부관계나 가족관계 적응에 부정적인 영향을 미치고 있다. 자녀교육을 위한 어머니 역할에서도 한국어 습득(언어 소통)은 중요하게 작용한다(유가효 외, 2008).

② 문화차이(문화적응)의 문제

문화적응과 문화차이의 문제는 이주여성 개인뿐 아니라 부부관계에 영향을 미쳐 부부갈등의 원인이 되고 있다(김오남, 2006). 그러나 결혼이주여성과 한국가족이 서로의 문화가 다름을 인정하고 한국문화 중심의 통합적 다문화주의가 아니라 서로 공생하는 다원주의적 다문화주의 관점을 지닐 때 문화차이에서 오는 갈등을 극복할 수 있다. 즉 결혼이주여성은 한국문화를 받아들이고 빨리 배우기 위해 노력함으로써 초기 적응에서의 어려움을 최소화시킬 수 있고, 남편은 아내가 외국인이기 때문에 지니게 되는 문화적 차이와 혼란을 이해하게 되며, 다른 가족원들도 개인적 기질의 차이가 아니라 풍습의 차이에서 오는 것으로 이해하여 가족갈등이 줄어들게 된다(구차순, 2007). 이러한 과정을 통해 결혼이주여성들이 한국식 사고방식이나 생활습관을 배워가면서 한국식 가족주의와 공동체적 가치를 편안하게 받아들이는 문화적응을 하게 된다(유가효 외, 2008). 따라서 앞으로 다문화가족뿐만 아니라 모든 시민을 대상으로 다원적 다문화주의 인식의 확대 및 반편견주의 교육이 심도 있게 이루어질 필요가 있다.

③ 경제적 빈곤의 문제

다문화가족이 경험하는 어려움 중에서 경제적 어려움(빈곤) 역시 대부분의 연구(김오남, 2006; 경북여성개발원, 2007; 유가효, 2008)에서 매우 높게 나타나고 있다. 특히 결혼이주여성들은 대부분 노총각 결혼문제를 해결하기 위한 국제결혼정책에 의해 농촌이나 도시 저소득계층의 한국남성과 결혼한 경우가 많아, 다문화가족 대다수가 전체적으로 가계경제 수준이 낮고 빈곤층인 것으로 나타나고 있다. 월평균소득이 200~300만 원 미만 30.4%, 100~200만 원 미만 23.8%, 300~400만 원 미만 20.5% 순으로 일반가정에 비해 300만 원 미만의 저소득가족이 과반(54.2%)을 넘어 낮은 편이었으나, 가자가 소유의 주택의 비율(43.0%)이나 국민기초생활보장급여 수급율(약 5%대)에서는 일반가구와 큰 차이가 없었다(여성가족부, 2018).

결혼이주여성들은 경제적 빈곤을 해결하고 모국의 친정에 생활비를 보태기 위해서 약 60%가 취업하고 있으나 고용이 보장되는 상근직이 아니라 대다수가 저임금을 받는 단순노무, 일용 및 임시 근로직에 종사자는 것으로 나타나고 있다(여성가족부, 2012, 2018).

한편, 남편과 가족의 경제적 지위, 출신국과 비교한 경제적 상태에 대해 만족을 나타내는 사례나 소득이 높을수록 한국남성과 결혼한 일본여성의 결혼 만족도가 높은 것으로 나타난 이규삼(1999)의 연구결과를 통해 남편의 안정된 직장과 수입, 가계경제권이 주어지는 상황이 조기적응에 매우 긍정적인 조건으로 작용하게 됨을 알 수 있다.

④ 의식주생활 관리의 문제

음식과 주거양식의 차이는 결혼이주여성들이 적응과정에서 경험하는 공통적인 문제로, 한국어 의사소통 다음으로 한국요리법을 지적할 만큼 식생활 적응에 대한 욕구가 크다. 식생활에서의 갈등은 결혼이주여성뿐 아니라 남편과 가족들도 마찬가지로 경험하고 있으나 가족들이 철저히 한국음식을 고집하기 때문에 결혼이주여성이 시어머니나 이웃을 통해 조리법을 배워가면서 한국 식습관에 적응하기 위해 노력한다. 결혼이주여성은 이 외에도 인터넷으로 필요한 요리정보를 얻어 한국음식을 함께 먹기 편하도록 퓨전화하여 변형시켜 먹기도 한다. 즉 한국 식생활에 대한 동화 요구에 대해 대부분의 결혼이주여성이 큰 무리 없이 수용하여 적응해가는 경향을 보인다고 할 수 있다(유가효 외, 2008).

의생활과 관련해서는 비교적 큰 문제가 없으나 사계절이 있는 우리나라의 계절 특성상 계절별로 의복을 세탁하여 손질하고 보관하여야 하고 또한 온도에 적절하게 옷의 두께를 맞추어 갈아입는 데에서 문제가 발생한다. 우리나라와 같이 사계절이 있는 일본과 중국의 경우에는 문제를 경험하는 정도가 적지만, 필리핀이나 베트남, 캄보디아와 같은 더운 날씨가 지속되는 동남아시아에서 이주한 여성들의 경우에는 가을이나 겨울에 적절하게 옷을 갈아입고 보관하거나 세탁하는 데 서투르기 때문에 가족들의 의복관리에 갈등과 문제가 발생한다.

한편, 주생활에 있어서는 침대나 의자 등 입식생활을 해온 여성들이 농촌의 좌식생활에 적응하기 힘들어하며, 저렴한 침대나 소파를 구입하여 생활양식을 바꾸어 적응하기도 한다(한건수, 2006).

⑤ 개인적 심리적응 문제

이주자들은 다른 나라에 와서 소수 신분(minority status)으로 인종적 · 문화적 배경과 상관없이 사람들에게 전혀 다른 외국인으로 보이게 되고 그 사회에서 새로운 소수 민족으로 사회적 위치가 정해짐으로써 심리 · 정서적으로 스트레스를 받는다. 심리적 스트레스는 불안이나 우울, 소외감, 심인성 증상, 정체성 혼란과 같은 행동을 수반하게 되고, 그 결과 새로운 사회에 통합하는 것이 어려워지고 개인에게 위기를 가져올 수 있다(전우택, 2000).

결혼이주여성들도 익숙한 환경을 떠나는 상실의 경험을 하며, 갑작스럽고 과다한 변화와 자신의 지지체계를 잃은 상실감이 개인의 적응 능력에 과중한 부담을 주어 심리적 스트레스로 나타날 수 있다. 즉 불안이나 우울, 막다른 골목에 달한 느낌이나 소외감, 높은 신체화 증상, 정체감 혼란과 같은 증상을 동반하게 된다(구차순, 2007).

결혼이주여성들은 이주 초기 단계에서 특히 심리 · 정서적 적응상태가 낮으며, 안정기에 이를 때까지 적응상태는 차차 좋아지게 된다. 또한 학력이나 소득과 같은 자원과 젠더 역시 적응의 어려움과 큰 연관이 있는 것으로 나타났다(이현심, 2014).

(2) 가족관계의 문제와 적응

① 부부관계의 문제

비교적 짧은 기간의 만남을 통해, 혹은 상업적 결혼중개업에 의해 국제결혼을 하게 되는 다문화부부는 부부간의 이해가 부족한 상황에서 결혼생활을 지속하면서 발생하게 되는 많은 갈등과 오해를 해소하지 못하여 부부관계에 문제를 겪게 된다. 즉 결혼의 특수성, 즉 결혼의 목적이 혼인의 성사가 되어 두 배우자가 진정으로 정서적 교감을 하기가 힘들어지기 때문이다. 즉 일반적인 결혼과 달리 오랜 시간 연애를 할 기회가 없을 뿐더러 언어도 다르기 때문에 사실상 완벽한 의사소통이 불가능하여 잦은 다툼과 갈등으로 이혼의 가능성이 높아지는 것이다.

특히 다문화가정의 이혼은 대부분 2년 미만에 이루어지고(41.2%), 90% 이상이 9년 이내에 이루어진다(여성가족부, 2018). 그러므로 바로 결혼 초기에 다문화부부들 간의 정서적 교감을 높일 수 있는 교육이 필요하다. 즉 혼인신고 직전 및 혼인신고 직후에, 다문화부부들을 모아서 각자의 문화를 체험하게 하고, 이전의 다문화가정에서 많이 일어났던 갈등을 상황 극을 통해서 이들이 미래에 겪을 갈등이나 다툼에 대해서 미리 체험해 보도록 하여 스스로 가족문제의 해결책을 모색해 볼 수 있도록 하여야 한다.

② 시부모 및 가족관계

한국의 가부장적인 가족제도는 결혼이주여성에게 많은 혼란을 준다. 남성 중심의 가정 분위기는 여성에 대한 차별과 가정 내의 모든 권한을 남편이 행사하며, 부모와 시댁식구들에게는 일방적인 순종을 요구하여 상대적으로 보다 평등한 분위기에서 성장한 결혼이주여성들이 적응하는 데 어려움을 겪는다(이현심, 2014). 또한 서구문명에 대해서는 사대주의와 함께 다소 열등의식이 깔린 불신을 보이는 반면, 제3세계인을 대하는 한국인의 태도는 그

바탕에 자민족중심주의와 인종주의 같은 문화심리적인 경향을 두고 있어 후진국에 대해서는 극단적인 우월의식을 지니고 있는 것으로 나타난다.

따라서 결혼이주여성들은 입국해서 처음 가족을 만났을 때 가족의 긍정적인 태도가 초기 심리적 적응에 매우 중대한 영향을 미친다(구차순, 2007). 즉 시부모가 자신을 딸처럼 대하고 며느리인 자신과 상의하거나 한국인 며느리와 동등하게 가족의 인정을 받거나 시댁이 가부장적이지 않고 원만한 관계를 유지하는 것이 이들의 가족적응을 돕고 성공적인 결혼생활을 뒷받침해준다. 한편 시부모와의 동거가 자녀의 언어교육에 유리한 것으로 인식되어 자녀가 성장하면서 생기는 의사소통에 대한 갈등을 해소하는 데 도움이 되고 있다(홍달아기 · 채옥희, 2006).

③ 자녀양육 문제

다문화가정의 자녀들은 학교생활의 적응에 있어서 일반아동들보다 더 많은 문제를 경험하게 되는데, 이는 곧 아동 자체의 문제에서 발생하기보다 다문화가정 부모-자녀 관계에서의 갈등과 양육환경에 의해 영향을 받고 있다.

다문화가정 아동은 근본적으로 부모가 각기 다른 언어를 쓰고, 한쪽 부모가 한국어 사용에 미숙하기 때문에 적절한 언어습득 및 활용에 가장 큰 어려움을 겪고 있다. 특히 어머니가 외국인인 경우, 어머니 역시 언어문제로 인하여 자녀와의 의사소통에 문제가 생길 수 있으며 자녀에 대한 교육부재 현상이 발생할 수 있어 많은 혼란과 어려움이 가중된다(설동훈 외, 2006).

이러한 현상은 자녀가 학교에 입학을 하면서 더욱 확대되어 의사소통 및 학업 문제, 우울, 불안, 낮은 자아존중감 및 무기력감과 같은 심리적 문제와, 집단 따돌림과 같은 또래와의 문제와 더불어 학교부적응, 학업중단 등 다양한 문제를 경험하게 된다. 실제로 2010년 다문화가정 아동의 탈학교 비율은 각 학교별 전체 다문화 학생들 중에서 초등학생 14%, 중학생 16%, 고등학생 30%, 초 · 중 · 고 전체로 보았을 때는 27%에 해당하는데(이재분, 2008), 일반 학생들에 비해 상당히 높은 수치이다. 이들 청소년들은 주로 학업, 차별, 가정형편 등의 문제로 인하여 학교에 입학을 하지 않거나 중도에 학업을 그만 두는 경우이며, 다문화가정 아동이 학교생활에서 받는 가장 큰 스트레스는 '학업'으로 학교문화 부적응 역시 심각함을 알 수 있다(전경숙, 2007).

다문화가정 학생들이 학교 및 지역사회에서 많은 문제를 보이는 원인은 다양하지만 다문화가정의 가족 구성원, 특히 부모와 관련된 원인이 큰 비중을 차지한다(정지영, 2008). 실제로 새로운 언어와 문화를 접하면서 나타난 어머니의 소극적인 대인관계 성향은 다문화가정 아동으로 하여금 자신감의 결여 및 대인관계의 폐쇄적 형성과 학업성취도의 저하로 이어질 수 있으며(오성배, 2005), 부부가 문화와 언어의 차이로 인해 갈등을 겪음으로써 다문화가정 자녀가 우울증을 일으킬 위험성도 크다(김경자, 2008).

2. 법과 정책서비스

다문화가족과 관련된 정책은 1990대 이후 결혼이민자들이 급격히 증가하고 다문화가족 자녀들의 수가 증가하면서, 그리고 2000년대 이후 국제화에 대한 사회적 관심이 증가하면서 본격적으로 추진되기 시작하였다. 다문화가족을 대상으로 하는 정책의 기조와 관점은 2006년 4월을 기준으로 전격적으로 변화를 겪게 되었다. 우선 다문화정책의 기조라는 측면에서 보면 국익 우선의 원칙에서 인권보장도 고려하는 방향으로 변하였고, 정책적 관점에 있어서 일회성 인력수급에서 더불어 사는 이웃의 관점으로 변화하였다.

그리고 한국 사회의 지향이라는 측면에서 보면 단일민족 및 순혈주의에서 다문화와 다양성을 존중하는 방향으로 전환되었으며, 외국인 처우에서도 통제와 관리라는 측면에서 상호이해와 존중을 중요시하게 되었다. 특히 정책의 추진체계가 개별 부처 차원에서 여러 부처가 협조하는 총괄 추진체계로 변화하게 되었다. 그러나 '다문화' 및 '다문화주의'란 용어에 대한 혼란이 있는 등, 정부가 지향하고 있는 우리 사회의 다문화적 모습과 범위 등 구체적 내용이 불명료한 상태(한국여성정책연구원, 2007)는 여전하다.

〈표 12-1〉 정부 다문화정책의 특성 변화

구분	과거	2006년 4월 이후
정책기조	국익 우선의 원칙	국익과 인권보장의 조화
정책적 관점	(일회성) 인력수급	더불어 사는 이웃
한국 사회 지향	단일민족 및 순혈주의	다문화(다양성) 존중
외국인 처우	통제 · 관리 중심	상호 이해와 존중
추진체계	개별 부처 추진체계	총괄 추진체계

1) 관련법

현행법상 다문화가족에 관한 법률로는 「다문화가족지원법」 이외에 「국적법」, 「출입국관리법」, 「재외동포의 출입국과 법적 지위에 관한 법률」, 「외국인 근로자의 고용 등에 관한 법률」 등이 있다.

다문화가족 지원 관련법 중 가장 기본이 되는 법은 결혼으로 인한 국적 취득과 관련된 법이다. 2005년 9월부터 결혼이민자의 영주자격 신청요건이 완화되었으며, 결혼이민자가 국내에 2년 이상 체류 시 (간이)귀화나 영주권 신청이 가능하다. 또한 결혼이민여성의 인권을 침해할 수 있는 몇 가지 법 및 제도가 개선되었는데, 예를 들어 이혼 및 별거 시 자녀접견을 위해 국내 체류를 허가하고 있다.

결혼이민자가족을 주된 정책지원의 대상으로 하는 「다문화가족지원법」(법률 제8937호)은 2008년 제정 및 시행되었고, 2011년과 2012년 각각 일부 내용이 개정되었다.

「다문화가족지원법」은 다문화가족 구성원이 인간으로서의 존엄이 유지되는 건강한 가정생활을 영위할 수 있도록 지원정책을 강화함으로써 그들이 우리 사회에서 조기에 적응하고 대한민국의 발전과 사회통합에 이바지하게 하는 것(제1조)을 목적으로 하고 있다. 기본 이념(제2조)은 다문화가족 구성원이 우리 사회의 존중받는 구성원으로서 개인의 기본적 욕구를 충족시키고 자기발전을 추구하며 건전한 사회 구성원으로서 역할을 다할 수 있는 기회를 가지도록 하는 것이다.

「다문화가족지원법」에서 국가와 지방자치단체는 다문화가족 구성원이 안정적인 가족생활을 영위할 수 있도록 필요한 제도와 여건을 조성하고 이를 위한 시책을 수립·시행하여야 한다. 즉 다문화가족에 대한 이해 증진, 결혼이민자에 대한 생활정보 제공 및 교육지원, 평등한 가족관계의 유지를 위한 조치, 가정폭력 피해자에 대한 보호지원, 의료 및 건강관리를 위한 지원, 아동 보육 및 교육, 다국어 서비스 제공 등 다양한 정책적 지원을 수행하여야 한다. 이에 여성가족부 산하에 약 200여 개의 지역다문화가족지원센터를 통해 결혼이민여성들과 그 가족들을 위한 서비스를 지원하고 있다.

다문화가족 외에 현재 우리나라에는 외국인 근로자가 1993년 이후 산업연수생제도를 통해 취업하여 거주하고 있다(34.7%). 그러나 이 제도에 의해 외국인 근로자가 노동권과 기본권이 심각하게 제약되면서, 미등록 근로자(불법체류자)를 양산하는 부작용을 낳게 되어 2003년 「외국인 근로자의 고용 등에 관한 법률」에 의해 2004년부터 고용허가제가 시작되었다. 2007년부터는 산업연수생을 합법적 근로자로 인정하여 고용허가제로 일원화하였다.

또한 법무부의 「재한외국인 등의 처우 기본법」과 국가 인권위원회에서 제정한 「차별금지법」을 통해 출신국가, 출신민족, 인종, 피부색, 가족형태 및 가족상황 등에 의한 차별을 금지하고 있다.

2) 관련 정책서비스

다문화가족을 위한 정책서비스는 노무현 정부를 기점으로 3단계를 걸쳐 확대되었다(설동훈 외, 2006 : 301). 제1차 대책은 2005년 중순 결혼이민자의 체류자격 등 체류불안을 해소한 것으로, 2005년 9월 「출입국관리법 시행령」을 개정하여 거주(F-2) 체류자격 결혼이민자의 영주권 취득요건을 완화하고 별도의 허가절차 없이 취업도 자유롭게 할 수 있도록 제도를 개선하였다.

〈표 12-2〉 결혼이민자가족 정책 및 서비스 현황

정책과제	주요 추진내용	주관 부처
1. 탈법적 국제결혼 방지 및 국제결혼 당사자 보호	① 결혼중개업체 탈법행위에 대한 단속	법무부
	② 국제결혼중개업 관리를 위한 입법 추진	보건복지부
	③ 인신매매 등 중개행위에 대한 관리방안 검토	법무부
	④ 결혼비자 발급 서류 · 절차 표준화	법무부
	⑤ 외교채널을 통한 국가 간 협력체계 구축	외교부
	⑥ 결혼 당사자에게 국제결혼에 대한 정보제공	여성가족부
2. 가정폭력피해자 등에 대한 안정적 체류지원 강화	① 배우자의 신원보증 해지신청 요건 강화	법무부
	② 혼인파탄 귀책사유에 대한 입증책임 강화	법무부
	③ 이혼에 의한 간이귀화 신청 시 입증요건 강화	법무부
	④ 사실혼 부모 출생 자녀 및 외국인 모에게 국적 또는 영주권 부여	법무부
	⑤ 가정폭력피해자 지원체계 구축 및 보호	여성가족부
3. 한국 사회 조기 적응 및 정착지원	① 한국생활 적응에 필요한 정보제공시스템 구축	여성가족부
	② 한국생활 적응 및 정착 지원	여성가족부
4. 아동의 학교생활 적응지원	① 다문화교육 추진체계 구축, 학교의 결혼이민자 자녀 지원기능 강화, 교사역량 강화, 집단따돌림 예방	교육부
	② 복지 및 상담서비스 제공	보건복지부
5. 여성 결혼이민자 가족의 안정적 생활환경 조성	① 기초생활보장 및 건강증진 지원	보건복지부
	② 자녀출산 및 양육지원	보건복지부
	③ 직업상담 및 공공서비스 부문으로 진출 지원	고용노동부
6. 여성 결혼이민자에 대한 사회적 인식 개선 및 업무책임자 교육	① 정부정책 안내 및 일반국민 의식제고를 위한 홍보	여성가족부, 법무부
	② 지역사회의 다문화 친화적 분위기 조성	문화체육관광부
	③ 공무원 교육 실시	여성가족부, 법무부
	④ 사회복지, 보건의료서비스 종사자 등에 대한 교육	보건복지부, 행정자치부, 교육부, 농림축산식품부

정책과제	주요 추진내용	주관 부처
7. 추진체계 구축	① 결혼이민자가족 실태조사	여성가족부
	② 결혼이민자가족지원센터 운영	여성가족부
	③ 자원봉사활동 인프라 구축 및 통역, 상담, 교육인력	여성가족부, 복지부
	④ 범정부 추진체계 구축 및 중앙, 지방정부 간 정책 네트워크 구축	여성가족부

자료: 교육인적자원부 외(2006).

제2차 대책은 2005년 11월 다문화가족의 생활안정에 초점을 맞춘 것으로, 다문화가족의 사회적응과 자녀양육을 지원하는 생활안정대책이 중심이 된다. 제3차 대책은 2006년 범정부 차원에서 '결혼이민자가족의 사회통합지원 대책'이다. 제3차 대책에 의하면 주요 정책과제는 ① 탈법적 국제결혼 방지 및 국제결혼 종사자 보호, ② 가정폭력 피해자 등에 대한 안정적 체류지원 강화, ③ 한국 사회 조기적응 및 정착지원, ④ 아동의 학교생활 적응지원, ⑤ 여성 결혼이민자가족의 안정적 생활환경 조성, ⑥ 여성 결혼이민자에 대한 사회적 인식 개선 및 업무책임자 교육, ⑦ 관련 추진체계 구축 등으로 구분된다.

한편, 다문화가족이 경험하게 되는 생활상의 많은 문제들을 예방하거나 해소하기 위하여, 2009년부터 우리나라에서는 지방자치단체별로 다문화가족지원센터를 설치하여 공적 서비스전달체계를 통해 다문화가족을 지원하기 위한 다양한 정책서비스를 제공하고 있다. 그러나 이전부터 지방자치단체에서는 이민자와 다문화가족의 수가 증가하면서 이미 다양한 민간단체들(예: 이주노동자협회, 새마을운동본부, 적십자 등)이 주도적으로 다문화가족을 지원하는 활동들을 수행해왔다. 더불어 우리나라가 점차 국제화되면서 지역사회의 소수인종에 대한 권익을 보호하려는 차원에서 민간단체들과 종교단체들도 다문화가족 문제에 큰 관심을 가지게 되었고 그들이 지역사회에 잘 적응할 수 있도록 다양한 인적·물적 자원을 지원하는 활동을 함께 수행하고 있다.

다문화가족을 지원하는 정책의 주무부처는 여성가족부이다. 여성가족부에서는 다문화가족을 지원하기 위하여 공적 정책서비스전달체계로서 「다문화가족지원법」에 의해 시·군·구 지방자치단체별로 지역 다문화가족지원센터를 설치하여 직접, 또는 위탁 운영하고 있다.

또한 시·도 단위의 지역 거점센터를 두고 관할 지역 내의 지역 다문화지원센터를 지원하기도 한다. 다문화가족지원센터는 다문화가족의 안정적인 정착과 가족생활을 지원하기 위해 가족 및 자녀 교육·상담, 통·번역 및 정보제공, 역량강화지원 등 종합적인 서비스를 제공하고 있으며, 다문화가족의 한국 사회 조기적응 및 사회·경제적 자립지원을 도모하고 있다.

(1) 언어적응을 지원하는 사업

① 한국어 습득을 위한 지원 사업 : 한국어교육사업

한국어교육은 결혼이민자에게 체계적이고 단계별 한국어교육을 실시하여 생활 언어를 익히고 한국문화를 이해할 수 있도록 하여 이들의 한국 사회 적응을 돕고 안정적인 조기정착을 목적으로 실시되고 있다. 그 주요 대상자는 결혼이민자와 중도입국자녀 등이며, 2011년 6월 이후부터 탈북가족, 외국인 노동자, 유학생까지 확대되어 지원되고 있다. 현재 정부지원으로 이루어지는 한국어 습득 지원 사업은 법무부 출입국사무소에서 사회통합 프로그램으로 이루어지는 '한국어교육'사업과 여성가족부에서 실시하고 있는 다문화가족지원센터의 '한국어교육'사업이 있으며, 이 두 사업은 같은 서비스에 정부재원이 중복 지원되고 있다는 범정부차원의 합의에 따라 2014년부터 지방자치단체별로 경쟁을 통해 별도로 선정된 위탁기관에서 운영되고 있다. 그 외에도 다문화가족을 지원하는 민간단체와 종교단체 등에서도 자체적으로 한국어교육사업을 실시하고 있다.

② 다문화가족 자녀들의 언어 습득을 위한 지원 사업 : 언어발달/언어영재교실

다문화가족의 자녀들을 대상으로 하는 언어 습득을 지원하는 사업은 지방자치단체별로 다문화가족의 수와 자녀수에 따라 선별적으로 지원되고 있다. 이 사업에는 자녀언어발달지원사업과 언어영재교육사업이 해당된다.

우선, 다문화가족 자녀언어발달지원사업은 다문화가족의 자녀의 언어발달 상태를 평가하고, 한국어 의사소통에 어려움을 지닌 아동들을 대상으로 적절한 언어교육을 실시함으로써 일상생활에 원만한 발달이 이루어지도록 하며, 다문화 부모에게는 자녀상담 및 교육방법을 제공함으로써 자녀의 언어발달의 촉진을 도모하고 있다.

둘째, 언어영재사업은 다문화가족 자녀를 대상으로 결혼이민자 주요 출신국의 언어 수업을 통해 다문화감수성을 지닌 글로벌 인재로 성장하도록 지원하는 사업이다.

③ 결혼이민자를 위한 통번역 지원 사업: 결혼이민자 통번역 서비스

결혼이민자 통번역 서비스는 결혼이민자의 가족·사회생활에 필요한 의사소통을 지원하기 위해 통번역 서비스 전담인력을 선발, 양성 및 관리하여 이들을 통하여 통번역 서비스를 제공하는 것을 말한다. 현재 통번역 서비스가 제공되는 언어는 베트남어, 중국어, 필리핀어(영어, 따갈로그어), 몽골어, 태국어, 러시아어, 우즈베키스탄어, 인도네시아어, 캄보디아어, 일본어, 네팔어 등 모두 12개 언어이다. 모든 서비스는 무료로 지원되지만 예외적으로 요청기관으로부터 사례비를 지급받을 수 있으며, 이러한 경우에는 사업 운영비로 활용하여야 한다.

(2) 다문화가족 관계향상을 지원하는 사업

다문화가족 관계향상을 지원하는 사업은 다문화가족 구성원 간의 가족 내 역할과 관계 증진 및 가족문화에 대한 이해 향상을 위한 교육 서비스를 제공한다. 그 세부적인 내용은 다음과 같다.

- 다문화가족 구성원 간 가족 내 역할 및 가족문화에 대한 이해 향상교육
- 가족, 배우자, 부부, 자녀 등 대상을 세분화하여 적합한 가족관계 증진교육 제공
- 언어·문화차이 등으로 자녀양육에 어려움을 겪고 있는 결혼이민자에게 부모교육 서비스 제공
- 학업성취가 낮고, 자아·정서·사회성 발달에서 어려움을 겪고 있는 다문화가족 자녀에게 자녀생활서비스 제공

〈표 12-3〉 다문화가족 관계향상을 위한 지원서비스

항목	집합교육	방문교육	
		부모교육서비스	자녀생활서비스
대상	• 다문화가족	• 생애주기별 각 1회 지원 (최대 15개월, 총 3회 지원) ① 임신 · 신생아기(임신 중~생후 12개월 이하) ② 유아기(12개월 초과~48개월 이하) ③ 아동기(48개월 초과~만 12세 이하)	• 만 3~10세 미만의 다문화가족 자녀(2003. 1. 1.~2009. 12. 31) • 10세 이상 자녀의 경우 교육부에서 실시하는 대학 - 다문화가족 자녀 멘토링 사업으로 연계 가능
세부내용	• 공통필수 프로그램 :대상별 - 가족: 가족의사소통(4), 가족관계 향상(6) - 배우자부부: 배우자 · 부부교육(6) - 부모자녀: 아버지교육(4) - 다문화이해교육: 다문화이해 및 인식교육(2), 법률/인권교육(3) • 선택 프로그램: 대상별 - 가족(결혼과 가족의 이해, 가족의 의미와 역할), 배우자부부(배우자 이해, 예비 · 배우자교육), 부모-자녀(부모자녀관계 자긍심향상, 자녀교육프로그램, 부모역할교육, 자녀건강지도, 자녀생활지도), 다문화이해교육(한국 사회 적응교육, 소비자 경제교육) 등	• 자녀양육 지원을 위한 부모교육(부모성장, 부모-자녀관계형성, 영양 · 건강관리, 학교 · 가정생활지도) • 가족상담 및 정서 지원 서비스 • 기타 한국생활에 필요한 정보제공	• 인지영역: 독서코칭, 숙제지도, 빌표도론지도 • 자아 · 정서 · 사회영역: 자아 · 정서 · 사회성 발달을 위한 지도 • 문화역량강화영역: 문화인식, 정체성 확립, 공동체 인식 지도 • 시민교육영역: 기본 생활습관, 건강 및 안전, 가정생활, 진로지도

<table>
<tr><th rowspan="2">항목</th><th rowspan="2">집합교육</th><th colspan="2">방문교육</th></tr>
<tr><th>부모교육서비스</th><th>자녀생활서비스</th></tr>
<tr><td>방법</td><td>• 교육과 체험 등을 센터 및 지역 특성에 맞추어 적합하게 실시
• 교육내용 및 운영방법에 있어 단기성 또는 행사성 사업 지양
• 대상에 맞는 주제 및 진행방법 선정</td><td colspan="2">• 운영시간: 주 2회, 회당 2시간 서비스 제공
• 서비스 제공기간
−부모교육서비스: 1회(5개월) 원칙, 생애주기별 3회 지원
−자녀생활서비스: 1회(10개월까지) 원칙
• 자녀생활서비스 연장가능요건은 방문 한국어교육서비스와 동일함(부모교육서비스는 해당 없음, 개별수업만 가능)
• 개별 또는 그룹수업으로 진행
<table>
<tr><th>구분</th><th>내용</th><th>비고</th></tr>
<tr><td>개별 수업</td><td>지도사와 대상가정 1:1 수업</td><td rowspan="2">가족생활지도사 인원의 4배수 이상 실적 확보(단, 지도사 중도 퇴사 시 배정실적 조정 가능)</td></tr>
<tr><td>그룹 수업</td><td>2가정 이상을 1개 반으로 그룹화 수업</td></tr>
</table></td></tr>
</table>

자료: 한국건강가정진흥원(2014). 다문화가족지원센터 운영매뉴얼.

(3) 다문화가족의 취업을 지원하는 사업

취업연계 및 교육지원은 다문화가족의 경제활동 참여를 위해 지역특성 및 결혼이민자의 수요 등을 고려하여 취업연계를 준비하는 프로그램이다. 결혼이민자와 다문화가족자녀 중 20세 이상인 자가 그 대상에 해당된다. 이는 컴퓨터교육, 직장예절 및 이미지 메이킹 등의 취업기초소양교육과 워크넷 설치 의무화와 등록 및 연계(3건 이상)가 해당되며, 모두 필수사업이다.

교육진행 시에는 창업을 제외한 취업과 관련된 교육을 실시한다. 특히 2011년부터 주무부처인 여성가족부에서 다문화가족지원센터는 관련 외부연계기관과 취업연계를 중심으로 운영하고, 새일센터가 결혼이민자의 체계적인 직업훈련을 지원하도록 역할을 조정하고 있다. 관련 외부연계기관에는 새일센터, 여성인력개발센터, 고용지원센터, 취업지원기관 등 취업훈련 전문기관들이 해당된다.

(4) 다문화가족의 심리정서를 지원하는 사업

상담사업은 (이혼가족을 포함하여) 다문화가족의 부부, 부모-자녀 관계 개선 및 가족갈등 등의 문제에 대하여 상담을 실시함으로써 다문화가족의 내부 스트레스를 완화하고 가족의 건강성을 증진시키고자 운영된다. 주로 가족관계 및 기능 강화에 초점을 두고 가족상담 외에 개인과 집단상담, 사례관리, 심리검사 등이 가능하다.

상담은 상담을 전공한 전문 인력이 실시하며, 상담의 내용은 친인척문제, 부부문제, 사회문제, 성문제, 경제문제와 취업, 법률, 중독, 장애 등 다양하고, 주로 센터의 내방에 의해 이루어지나 방문, 전화, 온라인 상담 등이 사전 협의에 의해 가능하다. 또한 필요시에는 관련 전문기관(정신건강, 보건·의료기관, 법률기관, 공공기관과 복지서비스기관 등)과의 적절한 서비스의 연계를 추진하기도 한다. 다문화가족사례관리업무를 수행하는 센터의 경우에는 다문화가족사례관리사가 별도로 배치되어 다문화가족 개인이나 가족들의 사회적 기능을 향상시킬 수 있도록 직접 또는 간접서비스를 제공, 또는 조정하고, 이를 위한 지역사회와의 연계나 관리도 실시한다.

(5) 다문화가족의 지역사회 적응을 지원하는 사업

① 문화사업

다문화가족 문화사업은 다문화가족들이 지역사회에 적응할 수 있도록 다양한 문화체험 및 공동체 활동을 진행한다. 다문화가족을 주 대상으로 하는 사업은 나눔봉사단과 다문화가족 자조모임 프로그램이 있다. 나눔봉사단은 지역사회의 인적 자원인 자원봉사자를 활용하여 맞춤형 다문화가족지원을 추진하는 반면, 건강하게 정착한 다문화가족이 봉사자로 활동하여 다문화가족의 자긍심을 향상시키도록 도모하는 프로그램이다. 따라서 사업의 대상자는 다문화가족과 비(非)다문화가족 모두 해당되는 통합서비스 프로그램이며, 센터별로 시·군·구 및 민간단체 등과 협력하여 다문화가족 나눔봉사단을 구성하여 운영한다.

한편 다문화가족 자조모임은 다문화가족을 대상으로 이미 정착한 다문화가족이 초기 다문화가족의 한국 사회 적응을 지원함으로써 정서적 유대감을 형성하고 조기 정착 지원을 강화하는 프로그램이다. 즉 단순히 여가모임이 아니라 구성원 간의 문제해결을 위한 모임이다. 따라서 결혼이민자를 위한 결혼이민자 출신국별 자조모임, 결혼이민자 통합국적 자조모임, 통번역사 자조모임, 기타 자조모임 등 다양한 형태로 운영되며, 다문화가족을 위한 가족통합 자조모임, 부부 자조모임, 배우자 자조모임, 시부모 자조모임 등도 있다.

② 다문화 인식 개선 및 지역사회 홍보

다문화가족에 대한 인식을 개선하고 지역사회 내에서 다문화와 일반가정이 함께 참여할 수 있는 프로그램을 홍보하는 데에는 다음의 7가지 활동들이 포함된다.

- 결혼이민자들과 지역사회 구성원들이 다양한 문화를 체험하는 기회를 통해 서로에 대한 이해 및 다문화 감수성을 증진시키는 활동 프로그램
  - 프로그램 전시, 다문화 음식 및 의상 체험, 전통공연 등 다문화 인식 제고 활동
  - 다문화강사를 학교와 유치원 등에 파견하여 어린이를 대상으로 다문화 인식 개선 교육활동
  - 다문화 캠페인과 언론매체 인터뷰 등의 홍보활동
- 지역 센터별 홍보자료, 소식지 제작 및 배포
- 다국어판 생활·정책 정보지 보급 확대
- 『한국생활가이드북』, 정보매거진 『레인보우 플러스(+)』 배포
- 지역별 다문화가족지원센터 홈페이지(다누리) 운영(평가지표 반영 예정)
- 정보제공
  - TV 등 방송매체를 활용하여 정보제공 활성화
  - 위성방송 및 케이블방송의 외국인대상 라디오 음악방송에 한국생활 정책정보 제공('08.8월~), 센터에서 방송청취
- 다문화가족대상 정보제공사업 활성화
  - 다문화가족의 사회 적응력을 제고하고 잘못된 정보로 불이익을 받는 경우를 방지하기 위해 취업, 법률, 의료 및 복지 상담서비스 제공

③ **지역사회 네트워크 강화**

다문화가족지원센터에서는 다문화가족의 다양한 욕구를 해소하기 위하여 지역사회 네트워크를 강화하기 위한 다음의 4가지 활동들을 실시하고 있다.

- 지역사회 내 다문화가족지원사업이 통합적, 체계적, 효율적으로 추진될 수 있도록 서비스 전달체계 구축 및 서비스제공기관 연계
- 시 · 군 · 구 다문화가족지원 담당부서가 총괄 조정 역할을 수행함
  - 법무부, 문화체육관광부, 교육부 등 관련 부처 사업과 연계 · 조정 강화
  - 지역사회복지협의체에 센터 참여 추진
- 센터가 중심이 되어 관련 기관-민간단체-기업 간 협력네트워크를 구성
  - 공동사업 추진, 대상자 발굴 · 홍보, 전문서비스 연계 추진
  - 지역사회 내 결혼이민자가 필요로 하는 서비스 제공기관 파악 및 연락처, 주소 등 정보제공 강화
- 사회복지관, 주민자치센터, 마을회관 등 지역 인프라를 적극 활용한 다문화가족 지원 프로그램의 운영으로 서비스 접근성 강화

3. 과제와 전망

최근 다문화가족에 대한 사회적 관심이 높아지면서 「다문화가족지원법」 제정과 함께 여러 정책적 지원이 실시되고 있다. 기존 정책들은 주로 다문화가족지원센터를 통한 결혼이민자, 자녀, 그리고 그 가족을 위한 여러 사업을 실시하지만, 많은 경우가 결혼이민자의 한국어교육에 치중하고 있으며 가족 전체를 대상으로 한 통합적 서비스지원이 미흡한 편이다. 또한 결혼이민자에 대한 정책적 지원이 앞으로 한국인으로서 살아갈 중 · 장기적 전망에 입각하여 미래전략 대비, 또는 적극적 인재육성 차원의 측면에서 고려되어야 하지만 현재까지는 대중적, 시혜성 지원에 집중되어 있는 실정이다. 특히 중앙부처의 자원이나 지방자치

단체 단위에서 일부 사업들이 중복 시행과 단편적 집행의 한계가 나타나 다문화가족지원을 위한 서비스 전달체계가 여전히 분산적이고 격차가 심한 편이며 서비스별 사각지대가 상존하고 있다.

따라서 다문화가족정책에 있어서 앞으로의 과제를 법적과 인프라, 전달체계, 그리고 서비스 및 프로그램의 4가지 측면에서 제시하면 다음과 같다.

우선, 법적인 측면의 과제는 크게 국적 취득이나 노동 관련 측면에서 개선이 필요하다. 「국적법」과 관련해서는 결혼이민자의 경우 국내에 2년 이상 체류 시 (간이)귀화나 영주권 신청이 가능하여 영주권제도 자체가 유명무실한 실정이다. 결혼이민자의 국적 취득을 둘러싼 부작용을 감안하면, 영주권과 국적 취득 요건 사이에 차이를 둘 필요가 있고, 영주권 취득만으로도 국내생활에 불편함이 없는 수준으로 영주권제도를 개선할 필요가 있다. 그리고 노동 측면에서는 국내체류 외국인의 대다수가 취업과 관련된 이주노동자임을 감안할 때 외국인 노동자에 대한 정당한 근로환경과 보상을 제공할 수 있는 노동법의 정비가 필요하다. 즉 현재 「다문화가족지원법」에서는 한국인과 결혼한 배우자와 중도입국자녀, 유학생 및 북한이탈주민까지 포함하여 다양한 다문화가족지원서비스를 제공하고 있으나 체류외국인 중 가장 많은 비중을 차지하고 있는 이주노동자들은 이러한 정책적 서비스의 지원을 받지 못하고 있다. 그러나 그들은 값싼 노동력으로서 국내 근로자들이 기피하는 노동을 수행하고 국내생산에 기여하고 있으므로 근로자로서의 기본권과 인간적인 근로환경 및 산업재해의 예방과 대책, 그리고 정당한 보상을 받을 수 있도록 노동정책과 법, 제도 등의 보완이 필요하다.

둘째, 인프라 측면에서 살펴보면, 결혼상담소, 혼인중매기관, 취업알선업자 등의 불법행위를 단속할 수 있는 법과 정책적 제도 보완이 필요하다. 다문화가정에서의 부부갈등이 심각하고 이혼과 가출 등의 가족해체 현상이 심화되는 데에는 처음부터 행복한 가정생활 자체를 목적으로 결혼하기보다는 좀 더 나은 삶과 취업을 위해 결혼을 선택하는 이주여성들에 대한 결혼알선업체들의 경제적 착취와 인권 유린 및 성혼중심주의에 그 원인이 있기 때문이다. 국제결혼중개업과 관련된 법률을 정하여 국제결혼 당사자의 권익을 보호하고, 인권존중적 중개절차를 마련하여야 할 뿐 아니라 혼인비자 발급절차와 심사서류의 표준화를 통해 사기결혼이나 위장결혼 등을 차단하고 혼전 신상확인이 가능하도록 관리, 감독할 필요가 있다.

셋째, 서비스 전달체계의 측면에서는 정부 부처 간의 협조체계의 마련과 중앙 및 지방자치단체 간의 협력 강화, 민간기관의 지원 확대, 전문 인력의 양성면에서 보완이 필요하다. 정부 부처 간의 협조체계가 마련되기 위해서는 현재 다문화가족지원정책을 총괄하고 있는 여성가족부가 다문화 관련 정책을 함께 실시하고 있는 법무부, 교육부, 보건복지부 등과 세부과제와 이행상황을 점검할 수 있는 관련 부처 담당부서 간 정보 네트워크를 구축하여 중복되거나 상충하는 정책을 조율할 수 있는 기구가 마련되어야 한다. 그리고 중앙부처와 지방자치단체 간의 협력 강화가 필요하다. 다문화가족이 많이 거주하는 지방자치단체의 경우에는 지역 특수성을 고려한 정책 개발이 필요하다. 중앙부처는 지방자치단체에 정책적 자율성을 부여하면서 효과적으로 정책을 수행할 수 있도록 지원하고, 광역단체는 다문화지원 인프라 구축과 사업지원을 담당하며, 기초단체는 사업 이행에 전념하여 각각의 역할이 조화를 이루고 협력할 수 있는 기틀을 마련하여야 할 것이다. 또한, 과거부터 다문화가족을 위한 한국어교육과 가족교육 및 상담 등을 지원해온 다양한 민간단체들이 지역사회 내에 존재하므로 이들 단체 간의 서비스 중복문제가 발생하지 않도록 조정 및 협의 기구가 필요하다. 끝으로, 다문화적 역량을 갖춘 전문가와 실무자의 양성 및 문화적 역량 교육이 체계적으로 지원되어야 하며, 이를 지원할 수 있는 프로그램의 활성화가 필요하다.

넷째, 서비스 및 프로그램은 내실화와 전문화를 꾀해야 한다. 현재 다문화가족을 대상으로 하는 서비스 및 프로그램은 많으나 개별 다문화가족의 욕구나 수준을 고려하지 못하고 프로그램의 표준화가 이루어지지 않고 있으며, 지역 내 다양한 기관과의 중복 프로그램이 많다는 문제점을 지니고 있다. 따라서 앞으로 다문화가족대상 서비스 및 프로그램이 수준별로 다양화 및 표준화되어야 하며, 서비스 간 연계를 통해 중복지원을 방지할 수 있는 시스템이 마련되어야 할 것이다.

이를 위한 구체적인 방안을 제시하면 다음과 같다. 첫째, 다문화가족의 상호문화 이해 증진을 위한 가족통합 지원이 필요하다. 현재 다문화가족지원센터에서 제공하는 가족대상 사업은 가족교육과 상담이 있으나 대부분 결혼이민자대상의 한국어교육과 취업교육 및 알선에 치우쳐 있어 가족이 상호문화를 이해하며 가족의 기능을 건강하게 수행하도록 돕는 면이 부족하다. 장기적 입장에서 결혼이민자들이 한국문화에 적응하는 차원만이 아니라 결혼이민자가 가진 문화도 이해하고 그들 문화를 통해 긍정적인 면을 개발하는 프로그램 개발이 필요하다. 이를 위해서는 무엇보다 결혼이민자의 가족 이해와 지지가 필요하므로 보다 가족통합적 차원에서 상호문화를 이해하고 새로운 문화를 만들어 가도록 해야 한다. 둘째, 결혼이민자는 출생 국적이 외국이지만 현재와 미래는 한국 국적으로 한국 사회에서 평생 살아갈 가능성이 크다. 그러므로 이들의 가족생애주기별로 발생할 수 있는 위기와 문제에 따라 맞춤형 서비스가 제공되어야 할 것이다. 셋째, 다문화가족의 위기문제를 대처하는 지원체계가 다양하게 마련되어야 할 것이다. 현재 다문화가족의 위기문제는 가정폭력 및 성폭력 피해를 받았을 때 긴급전화와 일시 피난처제공 주거 및 자립 지원 등이 마련되어 있는데, 이는 우선적으로 제공할 필수 지원이라 할 수 있다. 그러나 다문화가족의 위기문제는 가정폭력 및 성폭력만의 문제가 아니라 자녀에게 나타나는 학교부적응 문제, 남편 및 본인의 건강 위기, 가족의 경제적 위기, 확대가족과의 가족갈등 등 다양한 위기에 봉착할 수 있다. 따라서 다문화가족지원센터를 중심으로 이들이 위기문제를 찾아내고 도울 수 있는 다양한 위기상담 및 지원이 마련되어야 할 것이다.

생각해볼 문제

1. 최근 우리나라에 거주하고 있는 다문화가족의 인구동향과 사회적 이슈는 무엇인지 생각해보자.
2. 다문화가족이 경험하는 어려움을 해결하기 위하여 정부가 지원하는 정책에는 무엇이 있는지 생각해보자.
3. 현재 정부가 지원하는 다문화가족서비스의 문제점은 무엇인지와 앞으로의 개선방안에 대해 논의해보자.

참고문헌

김영교(2014). 다문화가족지원센터 종사자의 다문화수용성이 다문화태도에 미치는 영향. 한국컴퓨터정보학회지, 19(9).

김오남(2006). 여성결혼이민자의 부부갈등 및 학대에 관한 연구–사회문화적 요인을 중심으로. 한국가족복지학, 18, 33-76.

구차순(2007). 결혼이주여성의 적응에 관한 근거이론 연구. 부산대학교 대학원 박사논문.

김경자(2008). 다문화 아동의 심리적 문제와 학교 적응. 청주교육대학원 교육학석사학위논문.

김유경(2009). 다문화가족의 실태와 정책방안. 보건복지포럼. 5.

법무부(2011). 2013 출입국외국인정책통계연보.

설동훈 · 이혜경 · 조성남(2006). 결혼이민자 가족실태조사 및 중장기 지원정책방안 연구. 여성가족부 연구보고서.

여성가족부(2008). 전국다문화가족실태조사.

여성가족부(2012). 전국다문화가족실태조사.

여성가족부(2016). 2015 전국다문화가족실태조사보고서.

오성배(2005). 코아시안 아동의 성장과 환경적 사례연구. 한국교육학회지, 32(3), 61-83.

이규삼(1999). 국제결혼가정의 부부갈등요인에 관한 연구. 순천향대학교 대학원 석사학위논문.

이재분(2008). 다문화아동의 교육 실태 연구 : 2008-2012년 국제결혼. 한국교육개발원.

이원재 · 김선(2014). 다문화가정의 부모관계 및 학교적응에 관한 연구. 한국산학협력학회지. 15(3), 1367-1374.

이현심(2014). 다문화가정 여성결혼이주자의 한국생활 어려움에 관한 질적(CQR) 연구. 농촌지도와 개발,

21(1), 143-176.
전경숙(2008). 경기도 다문화가정 아동과 일반가정 아동 사이의 생활 실태에 관한 조사–학교와 가정생활 중심으로. 청소년 상담연구, 16(1), 167-185.
전우택(2000). 사람의 통일을 위하여. 오름 출판사.
정지영(2008). 초등학교 다문화 아동과 교사의 교육 조사 갈등의 특성. 창원대학교.
최금해(2005). 한국남성과 결혼한 중국조선족 여성들의 한국에서의 적응기 생활체험과 사회복지서비스에 관한 연구. 한국가족복지학, 15, 219-244.
최현미 · 이혜경 · 신은주 · 최승희 · 김연희 · 송성실(2008). 평택대학교 다문화가족센터 편. 다문화가족복지론. 양서원.
한국건강가정진흥원(2014). 다문화가족지원센터 운영매뉴얼.
홍달아기 · 채옥희(2006). 사례로 본 여성결혼이민자의 가정생활실태와 갈등. 한국생활과학회지, 15(5), 729-741.
통계청(2012). e-나라지표. 인구동향조사.
통계청(2018). 2017년 다문화 인구통태 통계결과.
헤럴드경제(2017. 05. 24일자 "말 안통해...시부모 갈등..." 서울다문화가정이혼율〉혼인율.
이주민방송(2013. 6. 27). 뉴스안이주민/이혼율을 낮추기 위한 방안제시(www.mantv.net).

제13장

1인 가정 서비스

2000년대 이후 우리사회는 급격한 사회 · 경제 · 문화적 변화를 경험하고 있다. 이러한 변화를 가장 집약적으로 보여주는 것 중 하나가 1인 가정의 증가이다. 이러한 변화는 인구구조적인 변화뿐 아니라 가치관과 문화적 변화를 대변하는 현상이라 할 수 있다.

1인 가정의 증가는 우리 사회뿐 아니라 전 세계적으로 겪고 있는 불가피한 사회현상이지만 우리의 각종 세제혜택, 사회보장 서비스, 주택공급, 소비시장 등 1인 가정을 위한 정책서비스나 사회시스템은 일반 가구를 중심으로 구축되어 있기 때문에 1인 가정이 고려되지 않고 있다. 더욱이 1인 가정은 경제적인 문제, 생활적응의 어려움, 노후에 대한 두려움, 안전 등 생활에서 상대적으로 더 큰 위험에 노출될 가능성이 높다. 이에 1인 가정이 증가하는 현상만큼 그들이 겪는 생활상의 불편함과 문제를 이슈화하여 논의할 필요가 있으며, 그에 대한 구체적인 서비스 대응방식을 논의할 시점에 이르렀다. 특히 1인 가정은 그 발생 원인이나 처한 상황에 따라 매우 상이한 형태와 특화된 욕구를 가지고 있기 때문에 그에 맞도록 대응적인 서비스가 제공되어야 한다. 이 장에서는 공통적인 정책과제는 물론 1인 가정의 연령대별 구체적인 욕구나 대응방법에 대해 살펴보기로 한다.

1. 현황 및 문제

1) 현황

(1) 비혼과 노인의 1인 가정 증가

1인 가정[1)]은 계속 증가하는 양상을 보인다. 1990년 전체 가구 중 1인가구가 차지하는 비중은 약 9% 수준이었으나 2000년에는 1인가구 수가 2백만 가구를 넘어(15.5%), 2010년에는 약 410만 가구로 전체 1천7백만 가구 중 23.9%의 비중을 차지하였다. 2015년에는 1인가구 수가 520만 가구(27.2%)를 넘었으며, 2017년 현재에는 1인가구가 차지하는 비중이 28.6%에 이른다. 통계청의 장래가구추계를 살펴보면, 1인가구의 비중이 2035년에는 34.6%, 2040년에는 35.7%, 2045년에는 36.3%로 계속 증가할 전망이다(통계청, 2017).

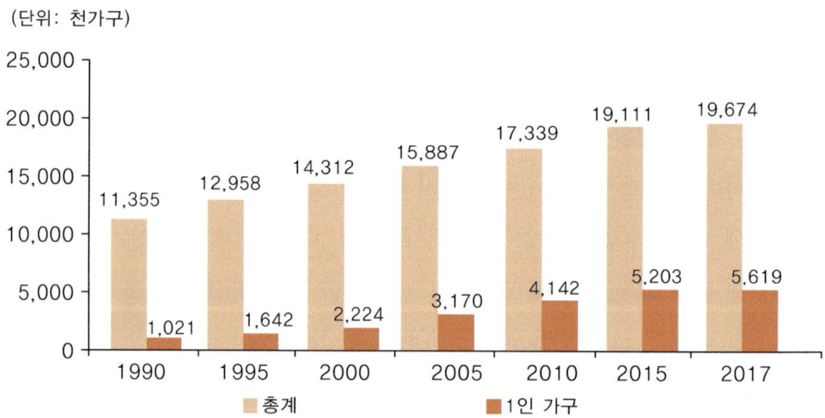

자료: 통계청(각 연도). 인구주택총조사.

[그림 13-1] 1인가구 증가 추이

1) 통계적으로는 '1인가구'로 표현되는 것이 일반적이다. 여기서 '가구'의 정의는 혈연이나 비혈연의 사람들이 끼니를 함께 하는 주거생활단위로서 혈연관계나 심리적 관계보다 공동생활의 주거단위로서의 성격이 강조된다. 그러나 1인가구가 부모 및 자녀, 현제자매와 정서적·도구적·경제적 관계를 유지하고 있기 때문에 본 연구는 '1인 가정'으로 지칭하되, 통계적인 자료를 인용할 경우에만 가구로 지칭한다.

1인 가정의 증가는 법적 · 사실적으로 무배우로 생활하고 단독으로 세대가 분리되어 혼자 생활하는 만 25세~54세 비혼남녀의 증가와 특히 고령화에 따른 노인 1인 가정의 증가로 향후 지속될 것으로 예측되고 있다. 우선, 비혼 남녀의 증가는 처음 결혼하는 사람들의 평균연령의 증가로 나타난다. 1997년 평균초혼연령은 남성 28.53세, 여성 25.71세에서 2011년에는 남성 31.9세, 여성 29.14세, 그리고 2017년에는 남성 32.94세, 여성 30.24세로 나타났다. 20년 사이에 남성과 여성 모두 4년이나 늦게 결혼하는 경향을 나타내고 있으며, 이러한 간격은 계속 더 크게 벌어지고 있다. 특히 1997년 IMF 위기 이후 구직 활동의 어려움이 지속되면서 대학 진학 이후에도 어학능력 향상, 경력 · 자격증 관리 등 자기 경쟁력을 강화할 수 있는 준비가 중요해지고, 젊은이들을 중심으로 개인 생활방식의 차이를 인정하면서 자기의 취미나 관심사 위주로 '혼자' 활동하는 실용주의가 빠르게 확산되면서 비혼상태가 지속되는 것으로 파악된다. 개인주의 심화, 생활편의성 증가 등으로 초혼연령이 지속적으로 상승하고 혼인율이 감소하면서 젊은 독신세대가 늘어나고 있는 셈이다.

1인가구의 생활특성에 따른 계층 구분

화려한 싱글 · 전문직으로 상징되는 소수의 골드층(Gold strata)이 1인가구의 표상처럼 나타나고 있다. 주로 전문직과 화이트컬러 중심의 30~40대 층이 중심이다. 그러나 이들의 비중은 점점 증가하고는 있으나, 전체에서 비중은 그리 크지 않다. 두 번째는, 다수의 실업자, 비경제활동층 혹은 육체노동자, 비정규직 등으로 이루어진 블루층(Blue strata)이다. 여러 조사에 의하면 1인가구 10명 중 7명 내외가 200만원 미만의 저소득층을 이루고 있다. 주로 30세 미만과 50대 이후가 중심이다. 세 번째는 30대 후반, 40~50대에 광범위하게 분포되어 있는 불안정한 독신층으로 구성된 퍼플(Purple strata)층이다. 아직까지 노인으로 분류되어 사회적 보호영역에 들어가 있지도 않고, 그렇다고 노후생활의 사전준비가 충분하지도 않은 자색(紫色)층인 것이다. 주로 자발적 독립 혹은 분가, 이혼가구, 경제적 이유로 1인가구를 형성하고 있는 층이다. 마지막으로는 외로운 실버층(Silver strata)이다. 대가족제도가 급격하게 해체되고, 베이비 붐 세대가 은퇴하면서 대규모의 실버층이 형성되고 있다. 경제적 자활능력은 떨어지고, 노후준비는 미처 준비되어 있지 않은 고령화 사회의 가장 중심적인 계층이라고 볼 수 있다.

자료 : 김형균(2016). 1인가구 증가에 따른 생활변화와 전망.

다른 한편으로, 고령화와 황혼이혼의 증가 및 남녀 평균수명의 차이 등은 노인 1인 가정의 원인이 되기도 한다. 우리나라는 2000년에 이미 고령화사회에 진입하였고 2017년에 이미 고령인구비율이 14.21%로 나타나 고령사회로 진입하였다. 그러나 남녀 평균 수명은 여전히 차이가 나타나[2] 남편 사후에 혼자 사는 여성 노인의 1인가정이 증가하게 되었다. 더욱이 20년 이상 결혼생활을 유지한 황혼이혼율이 2000년에는 14.2%에 불과했으나 2007년에 20%대를 넘어서서 지속적으로 상승하다가 2016년에 30.3%, 2017년에 31.2%로 나타나면서, 노인 1인 가정의 증가 원인으로 작용하고 있다. 1인 가정의 수가 계속 증가하는 가운데, 1인 가정 중 85세 이상 노인인구가 차지하는 비율도 지속적으로 증가하고 있다.

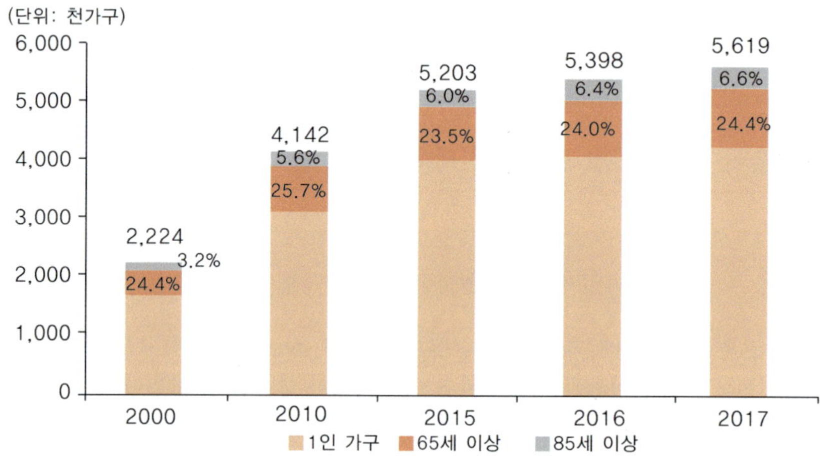

자료 : 통계청(각 연도). 인구주택총조사.

[그림 13-2] 1인가구의 연령별 분포 추이 : 65세 이상 및 85세 이상

한편, 성별로 살펴보면, 1인가구에서 여성(2017년 283만 가구)이 가구주인 경우가 남성(279만 가구)에 비해 많다. 연령별로 살펴보면 남성 1인가구는 25~29세에서 정점에 이르렀다가 60세 이후 급감하는 경향을 보이는 반면, 여성 1인가구는 20대 보다 55세 이후 연령에서 더 많은 비율을 보이고 있으며, 75~79세까지도 비율이 줄어들지 않다가 80대 이후 감소하기 시

2) 2017년 기준 여성의 평균수명은 85.7세, 남성의 평균수명은 79.7세로, 여성이 남성보다 6세 높은 것으로 나타남

작한다. 즉 고령 여성 1인 가정이 상대적으로 많으며 고령화 진전과 함께 이러한 고령여성 1인 가정이 더욱 증가할 것으로 전망된다.

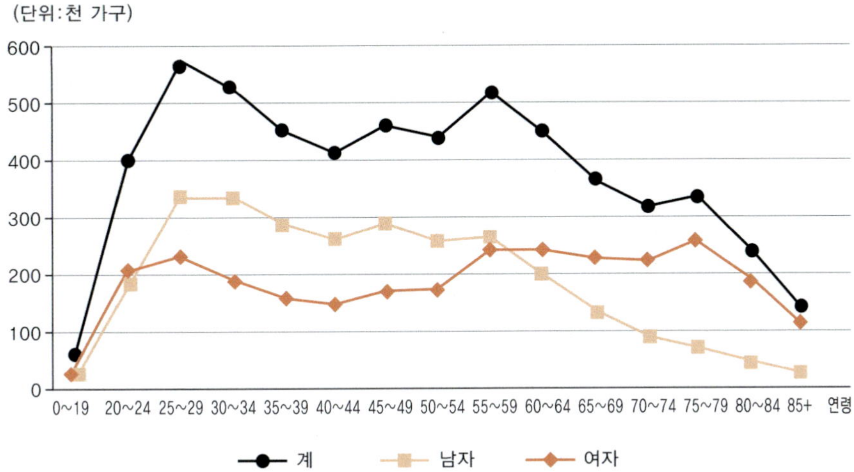

자료: 통계청(2018). 인구주택총조사.

[그림 13-3] 가구주의 성-연령대별 1인가구수(2017년)

(2) 연령별 1인 가정의 생활 실태

① 청년기 1인 가정

20~30대의 1인 가정은 대체로 학업 및 취업 등으로 결혼을 하기 전에 원가족으로부터 독립하면서 생성되는 경향이 있다. 특히 노동시장의 취업기회가 대도시 중심으로 제공되고, 결혼연령이 높아지면서 1인 가정이 증가하고 있다. 또한 개인주의적 가치관의 변화나 결혼을 선택의 문제로 보는 태도로의 변화뿐 아니라 기능적 및 정서적인 차원에서 독립이 가능한 여건, 결혼을 둘러싼 부모와의 갈등 상황 등이 1인 가정을 형성하게 하는 요인으로 지적된다. 따라서 청년기 1인 가정의 진입은 전통적 가족 가치관에 따른 구속으로부터의 독립과 개인의 자율성 증진이라는 진보적 가치확산에 따른 결과로 여겨졌다. 그러나 한편으로는 '88만원 세대'로서 경험하는 불안정한 노동지위와 경쟁상황이라는 사회적 배경속에서 1인

가정의 진입은 개인의 결혼과 출산과정에서 부담해야 할 사회적 비용을 회피하게 하는 구조적 강제의 결과로도 이해될 수 있다(김홍중, 2015).

청년기 1인 가정은 비교적 풍요로운 생활을 영위하면서 개성을 중요시하는 층과 불안정한 노동시장 지위로 인해 곤란을 겪을 가능성이 높다. 비교적 부모와 형제자매와의 교류를 빈번하게 하고, 독거기간이 그리 길지 않고 대다수가 고착화된 독거생활을 예상하고 있지 않는 것으로 보고된다(김혜영 외, 2007).

한국복지패널의 2015년 자료에 의하면 청년 층 1인가구는 상용직 비율이 54.6%에 달해 해당 연령층 다인 가구(31.6%)보다도 높고, 중년층 1인가구(20.5%)나 노년층 1인가구(0.6%)에 비해서는 월등히 높다. 그리고 전문직 비율이 40.5%나 되어 현 중년층 1인가구(10.6%)보다 높다. 상대적 고소득과 사회적 지위를 갖추고 자발적으로 혼자 살기를 선택한 청년층은 운동과 문화생활, 여행 등을 즐기고 사교 활동에도 적극적으로 임하면서 소비와 문화 트렌드를 선도하는 주체가 된다. 건축시장 역시 이들의 선호도를 반영하여 주거용 오피스텔이나 주거와 사무 환경이 조화된 복합 공간의 개발에도 관심을 쏟는다. 그렇지만 현 청년층 1인가구는 임시직 및 일용직 비율 그리고 실업률도 다인 가구에 비해 높다. 학업과 취업 준비 등의 명목으로 비경제활동 인구 비율(43.4%)이 높은 다인 가구의 청년층과 달리 1인가구를 이루는 청년은 비경제활동 인구 비율(9.2%)은 상대적으로 낮은 반면 생계를 유지하기 위해 생활 일선에 뛰어들어야 할 필요성이 절실한 경우가 많기 때문이다. 따라서 정작 사회적으로 주목해야 하는 것은 '화려한 싱글'보다는 임시직이나 실업 등으로 인해 비자발적으로 내몰린 청년층 1인가구이다. 청년층의 비자발적 1인가구가 증가하는 원인을 고용 및 소득의 불안정과 주거의 불안정 그리고 미래에 대한 비관에서 찾을 수 있다. 청년층 1인가구의 흡연율과 음주율이 다인 가구에 비해 높고 우울증을 의심할 수 있는 비율도 높다는 조사 결과(강은나·이민홍, 2016)는 이들이 지닌 불안과 스트레스를 의미한다.

② 중년기 1인 가정

중년기의 1인 가정은 주로 이혼이나 유배우 상태이지만 직장 등의 문제로 인해 가족과 떨어져 생활하고 있는 대상자로, 이들은 다른 1인 가정에 비해 좀 더 그 다양성이 크다. 이들은 청년층 1인 가정에 비해 독거생활이 고착화될 가능성이 높으나, 상대적으로 부모형제와의 교류도 낮고 이성 파트너가 없는 비율이 높다는 결과도 있다(김혜영 외, 2007).

한국보건사회연구원(2012)의 '1인가구 생활실태 조사'에 따르면, 40~50대 1인가구 거주자가 혼자 사는 이유로는 자유롭게 생활하고 싶기 때문에(37.2%), 직장 및 학업 때문에(26.9%), 같이 살 가족이 없어서(21.1%), 혼자 살 경제력이 있어서(10.0%) 등으로 나타났다. 이들의 경우 혼자 살면서 어떤 것이 가장 힘든지에 대한 질문에는 아플 때 간호해 줄 사람이 없다는 것(28.0%)이 가장 많았고, 그 다음으로 심리적 불안감이나 외로움(26.9%), 가사일 등 일상생활 문제 처리의 어려움(18.4%), 경제적 불안감(15.1%), 노후에 대한 불안감(5.6%), 안전에 대한 불안감(3.1%) 순이었다. 40~50대 1인가구 거주자가 혼자 살면서 가장 중요하다고 생각하는 점으로 경제적 능력(31.1%)보다 가까운 친구(47.6%)가 더 많은 점으로 보아, 이들에게 정서적인 지지의 필요성이 높은 것으로 파악된다. 특히 이들의 가장 큰 걱정거리는 건강(30.8%)이 가장 많았고, 노후준비(26.5%), 가족에 대한 염려(20.3%), 생계비나 주택구입 등의 경제적 준비(15.5%), 결혼(6.9%) 순으로 나타났다. 그리고 혼자살 수 있는 경제력이 있거나 자유로운 생활을 위해 혼자 사는 사람들은 계속 혼자 사는 것에 대해 긍정적인 반면, 직장이나 학업의 이유나 같이 살 사람이 없어서 혼자 사는 경우에는 지속적으로 1인 가정으로 살기를 원하지 않는 것으로 나타났다.

③ 노년기 1인 가정

급격한 고령화와 평균수명에 있어서의 남녀 차이, 부모부양에 대한 가치관의 변화, 도시화 등으로 인해 노년기의 1인 가정이 증대하고 있다. 도시지역에 비해 농어촌지역 노인 중에서 1인 가정의 비율이 높고, 남성에 비해 여성노인에게서, 70대 후반에서 1인 가정의 비율이 높다. 또한 교육수준과 노년기 1인 가정의 비율은 반비례하고 있는데, 이는 사회경제적으로 열악한 노인의 경우 혼자 생활할 가능성이 상대적으로 높음을 알게 해 준다.

노년기 1인 가정 중 일정 부분은 자녀, 친구, 단체활동 참여 수준이 낮게 나타나는데, 이와 같이 자녀와의 접촉도가 낮고 친한 친구가 적으며 단체활동이 없는 1인 가정 노인의 사회적 소외 가능성에 대한 사회적 관심이 요구된다. 또한 노년기 1인 가정은 다른 노인에 비해 다양한 부양을 제공하거나 부양을 받는 비율이 낮은 편이며, 가족응집 수준도 낮은 편이다. 더욱이 다른 노인과 비교해 건강상태나 경제상태가 낮으며, 노인 학대 경험률은 상대적으로 높은 편이다. 또한 청장년층 1인 가정에 비해 교육수준이나 경제활동률이 매우 낮은 것도 특징적이다.

한국보건사회연구원(2012)의 '1인가구 생활실태 조사'에 따르면, 60세 이상 노인들이 혼자 사는 이유는 배우자의 사망이나 자녀의 결혼(47.8%)이 가장 많았고, 다음으로 자유롭게 생활하고 싶어서(17.2%), 살고 있는 곳을 떠나기 싫어서(8.4%) 등의 순으로 나타났다. 그리고 혼자 살 경제력이 있어서(7.0%), 건강해서(4.0%) 등을 포함해서 자발적인 선택에 의한 독거는 36.6%로 나타난 반면, 자녀가 따로 살기 원해서(5.5%), 가족의 직장이나 학업 때문에(2.8%) 등의 비자발적인 독거는 8.3%에 불과했다. 즉 이들의 독거는 대부분 사망이나 결혼 등의 자연스러운 가족상황의 변화로 인한 것이거나 노인의 자발적인 선택에 의해 이루어진 것으로 보인다. 혼자 생활하고 있는 노인의 경우, 간호해 줄 사람이 없는 문제(40.4%)가 힘들다고 응답한 경우가 가장 많았으며, 그 다음으로 경제적 불안감(25.7%), 가사일 등 일상생활 문제 처리의 어려움(15.0%), 그리고 심리적 불안감이나 외로움(14.3%) 순으로 나타났다. 혼자서 살고 있는 노인들이 생각하는 혼자 살기 위해 가장 필요한 요소로는 절반 이상이 본인의 건강(53.8%)을 언급하며, 그 다음이 경제적 능력(20.2%), 가까운 친구(16.4%) 순으로 나타났다. 그리고 혼자 생활하고 있는 노인이 여유시간이 있을 때 우선시하는 활동으로는 운동이나 여행, 취미활동(18.9%), 친구나 이성과의 만남(19.6%), 봉사활동이나 종교활동(18.3%), 휴식(16.0%) 순이었다. 이들의 가장 큰 걱정거리는 건강(48.1%), 가족에 대한 염려(23.3%), 노후준비(14.1%), 경제적 준비(13.9%) 등이었다.

2) 문제점

(1) 청년기 1인 가정

20~30대 청년기 미혼 1인 가정의 가장 시급한 문제는 주거문제이다. 미혼 1인 가정들은

부모로부터 경제적 지원이 없는 경우 안정적인 주거를 확보하기 어렵다. 특히 월세를 사는 경우에는 주거안정성이 매우 떨어진다. 우리나라 주택정책은 공공임대, 국민임대, 영구임대와 같은 보금자리 주택정책이나 전세임대 등 주거복지정책, 장기 전세와 같은 전월세지원 등이 대표적인데, 이 중 혼인기간 5년 이내인 유자녀(임신포함) 신혼부부에게 입주자 선정 우선순위를 부여하는 특별공급 정책은 존재한다. 그러나 1인 가정을 위한 특별공급 정책은 없으며 1인 가정의 주택수요를 고려한 소형주거공간에 대한 정책도 거의 없는 실정이다. 따라서 다양한 유형의 소규모 주택을 확대하여 입주기회를 제공해주는 방안이 요구된다. 최근 소형주택 공급 확대를 위해 기금이나 주차장설치기준 완화 등 다양한 혜택을 줌으로써 소형주택 공급이 확대되고 있지만 여전히 가구증가에 비해 공급이 부족한 실정이다. 1인 가정의 주거욕구와 특성을 파악하여 이를 반영한 소형주택 공급을 확대하며, 1인 가정을 위한 공공임대 주택 보급도 필요하다.

미혼인 20~30대 1인 가정으로 살아가는 여성들은 특히 안전에 대한 문제를 호소한다. 최근 여성을 대상으로 한 강력범죄 사건 등이 이슈화되면서 안전문제에 민감하게 반응한다. 거주지역 내 기초적인 안전을 도모하는 지역사회 기반의 안전정책이 필요한 이유이다. 한 예로 서울시는 범죄예방환경설계(Crime Prevention through Environment Design) 도입을 통해 여성들이 안심할 수 있는 도시를 추진하고자 다양한 내용을 포함하고 있다. 범죄예방환경설계란 주택가, 공원, 주차장, 학교 등 일상생활과 밀접한 공간에서 발생하는 범죄를 예방하기 위해 투시형 엘리베이터, 사각지대 안전거울 설치 등 건축과 디자인에 범죄예방 목적을 반영하는 것을 의미한다.

1인 가정은 지속적인 외식이나 불규칙한 생활습관 때문에 영양불균형, 만성위염 등의 건강상의 문제를 호소하거나, 우울증이나 대인기피증과 같은 정신건강 문제를 가진 경우도 있다. 특히 20~30대 1인 가정은 일에만 몰입되어 일중독 현상을 보이기도 하고, 집에서 나와 다른 사람들과 교류가 없이 지내거나 컴퓨터 게임 등에 중독되어 있는 증후도 보이는 경우가 있다. 이와 같이 1인 가정의 생활상의 불균형 문제나 신체적 및 정신적 건강 문제에 대해 관심을 가질 필요가 있다. 특히 실업이나 노동중단, 또는 낮은 임금에 계약직 고용 등 고용불안정으로 인해 재정상의 곤란함을 겪는 경우 재무문제를 지원하고 장기적인 재무설계를 도와줄 수 있는 방안도 필요하다.

20~30대 미혼 1인 가정의 대다수는 비자발적 미혼상태로 지속된 경우이다. 결혼진입 장벽으로 인해 적절한 시기를 놓치거나 결혼을 의도적으로 지연시키는 경우가 많다. 또한 주택문제나 고용문제 등이 결혼진입 장벽으로 작용하는 경우 해결해야 하는 문제는 2중 또는 3중으로 겹쳐 있게 된다. 따라서 주택문제를 지원하고, 고용정책을 통해 청년층을 위한 양질의 일자리를 확대하는 것이 20~30대의 경제적 자립도와 직업안정성을 높이는 근본적인 대책이 될 것이다. 안정된 직업이 없는 경우나 부모님의 지원이 없는 청년 1인 가정들은 다양한 사회활동을 누리지 못하거나 사회적 관계가 위축되기도 한다. 이들은 스스로 성격이 내향적이라고 얘기하거나 점점 내향적으로 변화한다고 얘기하고 있으며, 사회적 생활의 축소로 외로움과 같은 정서적 문제를 안고 있으며, 심한 경우에는 전문상담이나 약이 필요한 수준의 우울증, 대인기피증을 경험하게 된다.

(2) 중년기 1인 가정

40~50대 중년기 1인 가정은 이혼이라는 생애사건을 통해 홀로 생활하거나, 자녀학업이나 직장상의 이유로 가족이나 자녀와 함께 살고 있다가 다시 혼자 생활하는 1인 가정 등 형성이유가 다양하고 이질적이라는 점에서 매우 다른 삶의 방식을 보여주고 있으며, 따라서 발생 가능한 문제점 또한 상이하다. 그러나 1인 가정이 갖는 경제적 문제, 심리적 외로움, 생활상의 문제는 공통될 수 있으므로 여기서는 공통된 문제와 정책적으로 집중해야 할 가장 취약한 문제들을 다룬다.

40~50대 중년기 1인 가정의 경제적 문제는 여성들에게 심각한 상황으로 닥칠 가능성이 높다. 여성들이 소득활동의 경험이 있다 하더라도, 대체로 자녀성장과 함께 가족질서로 완전히 편입되었거나 가계부양의 보조자 역할을 수행했을 가능성이 높다. 따라서 이들 여성이 이혼을 통해 홀로 또는 자녀들과 함께 독립적인 생활을 유지하기 위해서는 무엇보다 안정된 일자리의 확보와 그러한 일자리의 유지전략이 필요하다. 하지만 대부분의 이혼 여성들의 일자리는 그 이동이 잦고, 불안정하며 소득 수준 또한 매우 낮다. 그리고 직업훈련이

나 일자리 알선제공에 대한 요구는 중년기 1인 가정 남성에게도 높게 나타난다. 예를 들어 IMF 실직 이후 여러 가지 갈등으로 이혼을 경험한 50대 남성 역시 안정된 일자리를 찾기 어렵기 때문이다. 결국, 중년기 1인 가정은 다인 가구에 비해 비경제활동 및 임시직이나 일용직 등 단순노무직의 비중이 높아 자산의 안전성이 낮고 공적 · 사적 연금 가입률도 낮다(강은나 · 이민홍, 2016). 만성질환자 비율 및 외래 진료와 입원 비율, 우울증 의심 비율과 자살 생각 및 자살 계획 등도 1인가구가 다인 가구에 비해 높은데, 그 정도가 다른 연령층에 비해 심각한 수준이다. 특히 중년층 1인가구의 우울증 의심 비율은 27.2%로 다인 가구를 이루는 중년층의 3배에 달하고, 자살 생각은 13.9%로서 노년층 1인가구(10.9%)나 청년층 1인 가구(4.7)%보다 월등히 높은 것으로 나타났다(강은나 · 이민홍, 2016).

안정적인 일자리 못지않게 중요한 것이 바로 자녀돌봄 지원을 위한 다양한 인프라의 구축과 이에 대한 정보제공 서비스이다. 결혼경험이 없는 청년 1인 가정이나 자녀분가로 독거생활을 하는 노인 1인 가정과 달리, 이혼한 중년기 1인 가정의 경우에는 자신의 경제적 부양과 자녀양육이라는 이중부담을 감내해야 하는 경우가 많다. 따라서 혼자서 생계부양에 전념하는 동안 안심하고 자녀양육을 위임할 수 있는 지역인프라는 남녀 1인 가정 모두에게 중요한 일이다.

다음으로 고려해야 할 문제로는 1인 가정이 느끼는 노년기 불안감과 건강에 대한 것이다. 가족과 함께 생활하는 사람들에 비해 1인 가정에서 자신들의 노년에 대한 불안감이 너욱 크게 나타나는데, 이는 돌봐주는 사람이 없는 상황에서 발병했을 때의 어려움과 곤란함을 예측하고 있기 때문이다. 노년기에 질병에 대한 공포뿐 아니라, 고령화되는 과정에서 오랜 기간 동안 스스로를 부양해야 하는 것에 대한 심각한 부담감도 크게 느끼게 된다.

한국 사회의 자녀의 교육문제와 관련하여 제시된 조기유학의 현상은 '기러기가족'이라는 새로운 형태의 일시적인 1인 가정을 양산하기도 한다. 기러기가족은 자녀들이 어린 나이에 타국으로 유학을 떠나는 결정을 하게 되고 그들을 뒷받침하기 위해 주로 어머니들이 함께 한국을 떠나게 되면서 아버지들이 남게 되는 형태가 가장 일반적인 장기분거가족을 지칭한다. 이러한 기러기가족으로 나타나는 새로운 형태의 1인 가정은 과도한 교육비 투자로 인한 가계경제의 어려움, 가족해체와 구성원 간의 단절, 그리고 외로움으로 인한 탈선 가능성의 문제가 제기된다. 특히 한국에 남게 되는 기러기 아빠의 경우 생활상의 불편감과 건강 악화, 자신이 '돈만 버는 기계'로 취급받는다는 피해의식을 갖게 될 가능성, 역할 상실감에 따라 자신의 건강을 돌보지 않고 일중독증이나 우울증에 빠지게 될 가능성 등의 문제가 나타난다.

(3) 노년기 1인 가정

노인 1인 가정의 대다수는 신체적인 기능 제한이 낮아 독립된 생활이 가능한 상태이지만, 경제적으로 취약하고 가족이나 보호자의 지원을 받지 못하고, 이웃과의 교류접촉 등 사회적 관계빈도도 낮은 편으로 정서적으로 우울증상을 보일 수 있다. 예를 들어 가구이동, 대형쓰레기 처리, 조명기구 교체, 가사가전제품 수리, 대청소, 병원 및 관공서 이동이나 장보기 동행 등과 같은 생활상의 문제에서부터, 홀로 생활하는 데서 오는 고립감이나 우울감 등 정서적 돌봄의 문제, 그리고 심각하게는 기능장애에 대응하는 장기요양에 대한 돌봄수준까지 매우 다양한 요구가 발생할 수 있다. 이와 같이 노인 1인 가정의 경우 홀로 생활함으로써 발생하는 일상생활이나 정서적 지원 등의 돌봄에 대한 욕구, 그리고 신체적 돌봄과 요양 돌봄에 이르기까지 다양한 돌봄에 대한 욕구가 큰 집단이다.

노년기에 1인 가정의 경우 혼자 생활할 수 있는 경제적인 여력을 가지고 있는가의 문제는 가장 기본적인 관심사이다. 경제적 의존성과 불안정성은 심리적인 위축과 사회활동의 축소를 가져오기 때문에 노년기의 삶의 질 저하와 연계되기 때문이다.

또한 혼자 생활하는 노년기 1인 가정은 일상을 활기 있게 보내기 위해 다양한 노력을 하는 유형과 무력한 생활을 하는 유형으로 구분되기도 한다. 다른 사람들과 고립하여 혼자 생활하는 고령자의 경우 정기적으로 접촉하는 사람이 없고 특별한 취미생활이나 사회참여활동을 하고 있지 않아서 매일매일의 생활패턴이 반복되어, 삶이 단조롭고 무료해지기 쉽다. 따라서 노년기 1인 가정의 증가와 함께 고려해야 하는 것은 고령자들의 사회적 유대와 사회참여활동을 강화하기 위한 다양한 자원봉사나 여가활동 프로그램이다.

일반적으로 남성노인들은 심리적인 고립감과 일상적인 가사노동에 적응하는 것을 어려워하고, 여성노인들은 경제적인 문제에 취약하다. 특히 남성노인들은 기계를 이용할 수 있는 청소나 빨래보다는 기술이 요구되는 요리 등에 취약하며, 여성노인들은 자신이 낳은 자녀가 없거나 자녀가 사업실패 등으로 경제적인 여유가 없는 경우 기본적인 소득을 확보하는데 어려움이 많다.

혼자 나이 들기(Aging Alone)

또 하나의 문제는 혼자 노년기를 보내려면 그 전과 다른 생활방식을 배워야 한다는 것이다. 나이가 들면 기력이 감퇴하면서 젊을 때는 간단하고 평범하게 여겼던 일들(병원에 가거나, 여가시간을 알차게 보내거나, 체력을 관리하는 일)이 만만치 않은 과제로 바뀌기 때문이다. 고립되어 혼자 사는 노인들이 병에 걸리거나 위기가 닥쳤을 때 타격을 쉽게 받을 뿐 아니라 일상적인 생활의 질까지 급속도로 떨어지곤 하는 이유가 바로 여기에 있다.

자녀가 없는 것, 자녀와 멀리 떨어져 사는 것, 병을 앓는 것(특히 병 때문에 집에만 있는 것), 우울증을 비롯한 정신질환에 시달리는 것, 그리고 가난도 위험요인이 된다. 혼자 사는 노인에게 가난은 거의 모든 위험에 직면할 확률을 높인다. 커먼웰스 재단의 독거노인위원회가 내놓은 보고서에 의하면, 혼자 사는 빈곤선 이하의 노인들 3명 중 1명은 친구나 이웃을 2주일에 한 번도 만나지 않으며, 5명 중 1명은 친구와 전화통화도 하지 않는다.

자료 : 에릭 클라이넨버그 지음, 안진이 옮김, 고잉 솔로: 싱글턴이 온다.

2. 정책서비스

현재 우리나라 가족정책과 서비스 전달체계는 일반적으로 유자녀 가정을 대상으로 프로그램을 진행하고, 부모-가족기능 강화 및 관계 향상을 목적으로 가족사업을 운영해왔기 때문에 1인 가정을 집중해서 진행하는 프로그램은 부족했다. 가족정책의 기반이 되는 건강가정기본법이나, 국민기초생활보장, 국민연금, 국민건강보험 등의 제도 설계에서는 기본적으로 가정의 대상 영역에 지속적으로 단독가구로 유지되거나 일시적으로 독신상태로 머무르는 구성원을 고려하지 않았었다. 일부에서는 연말정산 등에서 부양가족 혜택을 받지 못하는 등 1인 가정이 오히려 불이익을 받을 수 있다고 주장하기도 한다.

이러한 1인가구 증가에 따른 종합적 정책대응 필요성이 증가하고 있다. 지난 수십 년간 1인 가정에 대한 정책적 대응은 거의 전무했다고 평가된다. 주로 노인 1인 가정을 중심으로 독거노인 지원정책이 주를 이루었다. 이는 1인 가정에 대한 정책 영역으로 인식되기 보다는 노인돌봄 서비스 영역 중 단독노인들을 대상으로 한 일부 서비스 영역으로 인식된다. 노년층 1인 가정을 위한 정책적 대응으로는 노인돌봄기본서비스, 독거노인 응급안전돌보미, 독거노인 사랑잇기 정책이 대표적이다(보건복지부, 2012). 노인돌봄기본서비스는 노인돌보미가 주기적으로 방문하거나 전화로 안부를 확인하는 서비스를 말하며, 응급안전돌보미 서비스는 독거노인 가정에 가스, 화재, 활동감지기를 설치하여 응급상황에 신속히 대처하는 서비스를 말한다. 그리고 독거노인 사랑잇기 정책은 홀로 사는 어르신에게 민간과 공공기관의 콜센터 상담원이 1:1 안부 확인 전화(일명 '사랑잇는 전화')를 드리고, 자원봉사자가 직접 방문하여 보살펴 드리는(일명 '마음잇는 봉사) 내용을 포함하며, 독거노인종합지원센터 등 서비스 전달체계를 새로이 구축하여 서비스를 지원하고 있는 내용이다. 이밖에도 노인들에게 요구되는 생활서비스를 비롯한 돌봄서비스를 제공하기 위해 '고령자 공동시설 지원' 등을 통해 시군단위의 공동생활 홈, 공동급식시설, 작은목욕탕 등을 설치하여 지원하는 경우가 나타나기도 한다.

노인 1인 가정 이외에도 최근에는 이혼으로 인한 1인 가정 등에 대한 사회적 보호시책이나, 청년층의 주거난을 감안하여 임대주택 등에 대한 입주요건 완화시책 등의 사례를 발견할 수 있다. 그러나 이제 지속적으로 늘어나고 있는 1인 가정에 대한 정책은 단발적이고 단편적인 사업으로는 곤란하다. 연령대별, 생애주기별, 계층별로 세분화하여 정교하고 종합적인 정책기획과정이 필요하다(김형균, 2016). 이는 1인가구의 양상이 다양화되고, 확대되고, 세분화되고 있기 때문이다.

또한 1인 가정의 구성원은 다양한 원인으로 1인 가정이 되는 만큼 그 과정에 대해 적극적인 외부의 개입이 요구된다. 비혼자의 경우 혼자된 삶에 대한 준비가 충분히 이루어졌다면 생활적응에서 발생하는 문제가 크지 않겠지만, 자발적이고 안정적인 비혼(독신)이 아니라면 1인 가정생활에서 어려움을 겪거나 부적응적 문제들에 대해 무방비로 노출될 가능성이 높다. 특히, 이혼 1인 가정의 경우 의식주 일상적 문제, 결혼생활의 경험이 주는 영향, 자녀 유무에 따른 가족생활 역동, 원가족과의 이슈 등 다양한 문제들에 봉착하고 이를 당사자인 개인만의 부담으로 책임지우는 것은 문제를 누적시키거나 악화시킬 가능성이 있으므로 이에 대한 개입도 요구된다. 사별로 인한 1인 가정의 경우, 노인 1인 가정일 가능성이 크며 사고 등으로 인해 예상치 못한 사건으로 1인 가정이 되는 경우가 많다는 점에서 이들에게 적합한 욕구와 문제, 강점 등을 발견하여 지원하는 문제가 필요하다. 또한 대부분의 1인 가정은 생활속에서 자원관리활동(소비, 일생활균형, 돌봄, 정신 및 신체적 건강, 주거생활, 경제생활 등)을 하고 있다는 점에서, 가구원들과 생활공동체를 이루며 사는 다른 가정 유형과 크게 다르지 않다는 점도 인식해야 한다. 이와 같이 1인 가정을 위한 정책서비스는 주거수요, 금융지원체계, 안전문제, 사회적 고립과 배제 등의 기본적인 생활의 자원관리 문제에 대해 1인 가정의 연령, 진입 과정, 다양한 형태 등을 모두 고려하여 통합적으로 대응을 강화해 나가야 할 것이다.

한편 해외의 경우 1인 가정이 보편화되고 증가하는 추세에 대해, 1인 가정을 위한 정책서비스의 지원이 보다 세분화되어 있다. 예를 들어 영국의 경우 독거노인이 사망했을 시 가족의 유무나 가족의 경제상활을 고려하여 장례비용의 일부를 정부에서 지원하는 서비스(Funeral Payments)가 존재한다. 이와 유사하게 호주 Queensland 정부도 저소득층의 독거노인들에게 장례서비스(Funeral Cost Assistance)를 제공하고 하는 등 다양하고 적합한 서비스 형태로 제공되고 있다.

3. 과제와 전망

1인 가정은 계속 증가해왔으며 향후에도 그러한 증가세는 유지될 전망이다. 따라서 1인 가정의 증가는 가족정책의 확대와 사회적 안전망의 재점검을 요구하고 있다. 가족구조나 형태의 다양성으로 인해 더 이상 3~4인으로 이루어진 가족만을 염두해 가족정책을 논의할 수는 없는 실정이다. 1인 가정이 혼자 생활하고 있지만 다른 가족 구성원과의 유대와 교환이 이루어지며 도움이 필요할 때 작동되는 유연한 친족관계로 이루어졌다는 점에서 가족구조의 다양한 형태 중 하나로 인식되는 것이 마땅하다.

이러한 맥락에서 1인 가정을 포괄하기 위해 먼저 제도적 및 문화적 기반의 마련이 필요하다. 이를 위해서는 첫째, 1인 가정이라는 변화하는 가족형태를 가족정책 개입대상으로 포괄할 것인가에 대한 사회적 논의가 시작되어야 할 것이다. 「건강가정기본법」, 국민기초생활보장, 국민연금, 국민건강보험 등 제도 설계에서 가족의 범위와 정책 영역에 1인 가정을 포함할 것인지에 대한 논의가 필요하다.

둘째, 문화적인 측면에서 1인 가정에 대한 부정적 인식을 버리고, 다양한 가족형태를 수용하는 다양성을 인식하는 것이다. 만혼화가 진행되고 이혼율이 증대하며, 독거노인이 증가하는 등의 변화에 따라 기존의 1인 가정에 대한 부정적인 인식이 약화되고 있지만, 아직 사회적 편견을 느끼고 있다는 보고(한국보건사회연구원, 2012)나 사회적 통념이 여전히 존재한다. 예를 들어 '몽달귀신', '처녀귀신'이라는 단어가 결혼하지 못한 독신들에 대한 부정적인 인식에서부터 출발한다고 한다. 따라서 폭넓은 다양성을 받아들이는 사회적 분위기 조성이 요구된다.

셋째, 1인 가정이 사회에 통합되어 생활할 수 있는 물리적 기반 마련이 요구된다. 1인 가정의 증가는 개별화된 주거공간에서 고립되어 살아가는 사람들이 증가한다는 것을 의미한다. 청년, 장년, 노년층 등 다양한 연령층의 1인 가정이 함께 생활할 수 있는 다세대 공동주거의 마련도 대안적으로 가능할 것이다.

넷째, 다양한 세대가 교류할 수 있는 프로그램과 이들의 이야기를 들어줄 수 있는 교육이나 상담 프로그램이 제공되어야 한다. 특히 혼자 사는 사람들은 심리적인 문제가 있을 때 즉시 의논이 가능한 가족이 없거나 혼자 해결해야 한다는 부담감이 있으므로 심리적 지지가 가능한 프로그램이나 지원 방법을 언제든지 제공할 수 있어야 할 것이다.

다섯째, 1인 가정의 사회적 고립과 배제를 해소하기 위한 돌봄체계와 사회적 연대 강화를 위한 방안이 필요할 것이다. 1인 가정의 특성상 유동성이 높고 불안정한 사회적 위상으로 말미암아 사회적 안전망의 사각지대에 놓인 가구가 발생하기 쉽다. 따라서 촘촘한 사회안전망을 강화함으로써 고독사, 자활능력 배제에 따른 방치 등 사회적 고립현상에 적극 대처할 필요가 있다. 마을을 포함한 지역사회의 포용적 분위기에 기반한 여가문화를 통한 고립탈피 정책도 사회적 비용을 감소시키는 중요한 방안이 될 것이다.

한편, 대상에 따른 1인 가정의 생활상의 문제를 해결하기 위해 대상의 요구나 문제상황에 맞게 맞춤형 정책서비스를 제공해야 필요가 있다. 이에 연령별 1인 가정의 생활실태나 문제점에 근거하여 가장 근본적으로 변화되어야 할 방향을 제안하면 다음과 같다.

첫째, 청년 1인 가정의 경우 결혼하기 어려운 환경을 제거하고 건전한 결혼문화를 정착시키는 것이 무엇보다 중요하다. 청년 1인 가정의 경우 주택구입이나 구직활동에서 문제를 겪어 비자발적 미혼상태로 남게 되는 경우가 많다. 이는 건강한 결혼(식) 문화를 정착시키는 과제와 연관된다. 결혼과 가족에 대한 개인적 가치와 선택의 존중, 소비주의적 예식과 결혼문화 극복이 우리 사회가 추구해야 할 궁극적인 방향이다. 이를 위해서는 결혼문화 개선을 위한 캠페인은 물론 실제 결혼비용을 절감할 수 있도록 공공기관을 혼인예식장으로 개방하고, 구체적인 정보를 제공하며, 결혼식 모형을 개발하여 보급하는 노력이 동반되어야 한다. 장기적으로는 합리적인 결혼과 결혼문화에 대해 가족생활교육을 지속적으로 운영하여 인식변화를 꾀해야 할 것이다.

둘째, 중년기에 기러기 아빠로 남게 되는 1인 가정의 경우, 지속적인 비용의 증가현상과 더불어 가족들의 분거가 장기화됨에 따라 이들에 대한 사회적 관심과 지원의 필요성이 제기된다. 갈등과 어려움을 겪고 있는 기러기 아빠의 경우 가장 필요한 정책서비스는 상담일 것이다. 현재까지 가족치료분야에서 기러기가족의 문제를 다루고 있지만 이들에 대해 본격적인 가족치료적 개입이 시도되지도 않았으며, 더욱이 이들 분거형태의 일시적인 1인 가정에 대해 별도의 범주로 고려하는 가족정책이 고려되지 않은 상태이다. 따라서 적극적인 상담과 치료적 개입을 위한 정책적 모델이 개발되어야 하며, 경제적 · 심리적 · 정서적 문제에 대한 지원서비스의 영역을 고려할 필요가 있다.

셋째, 보편적 가구형태로 정립되어가고 있는 노년층, 특히 고령자 1인가구에 대한 적절한 대응을 위해서는 현재 정부에서 수행하고 있는 정책의 확대가 요구된다. 우선, 현재 수행 중인 노인돌봄기본서비스의 수급대상자를 확대해야 한다. 즉 고독감 해소, 사고나 긴급상황 등의 위기상황에 대한 불안감 감소 등의 효과를 거두고 있는 노인돌봄기본서비스의 대상자를 현재 취약 독거노인에서 전체 독거노인으로 확대해야 할 필요가 있다. 또한 안전취약 노인가구나 희망하는 독거노인 가구에 대해 화재 · 가스 · 활동 감지기 부착, 독거노인 돌보미 사업(노인돌보미 종합서비스의 기본 서비스) 등을 확대해서 지원해야 한다. 더불어 서비스의 내용에서도 독거노인의 안전사고 예방 및 고독사 방지를 위해 독거노인 식품안전 및 결식 방지를 위한 도시락 서비스 및 급식소 지원을 확대해야 한다. 독거노인에 대한 지원은 정부정책만으로는 부족하기 때문에 고령친화산업의 서비스와 같은 민간 서비스가 다양하게 제공되어야 하며, 그 내용에서도 식사서비스, 영양서비스, 가정관리서비스 등 다양한 생활서비스 영역이 개발되고 제공되어야 한다. 특히 현재의 빈곤노인 중심의 정책에서 전체 독거노인으로 적용범위를 확대할 필요성이 강조되며, 이를 위해서는 독거노인의 다양성을 파악하고 그에 기초한 맞춤형 대응전략을 마련해 나가는 것이 중요하다. 예를 들어 도시의 독거노인과 농촌의 독거노인의 생활상이 다르고, 건강에 문제가 있는 독거노인과 빈곤상태의 독거노인의 문제가 다르기 때문에, 각각의 특성에 맞는 정책적인 제안이 필요하다.

생각해볼 문제

1. 일본 작가 사하시 게이죠의 『아버지 부엌』이나 에릭 클라이넨버그의 『고잉 솔로 : 싱글턴이 온다』 등 관련 자료를 읽고 1인 가정의 현황과 이슈에 대해 그룹별로 논의해보자.
2. 우리나라의 1인 가정을 위한 정책서비스 영역으로 개발할 수 있는 내용을 구체적으로 제시해보자.
3. 기러기가족 등 분거가족유형에서 나타나는 일시적인 1인 가정에게 가장 시급한 문제는 무엇이며, 이 문제를 어떻게 해결해야 할지에 대해 토론해보자.

참고문헌

강은나 · 이민홍(2016). 우리나라 세대별 1인 가구 현황과 정책과제. 보건복지포럼, 234. 47-56.

김영란(2013). 노인 1인가구 돌봄지원을 위한 지역사회 노인돌봄공동체 제안. 한국여성정책연구원 2013 이슈페이퍼.

김형균(2016). 1인가구 증가에 따른 생활변화와 전망-증가하는 1인가구를 위한 통합정책 대응, 부산발전포럼, 162. 46-51

김희정 · 최연실(2012), 자녀해외유학 '기러기 가족'의 가족구조 분석에 대한 질적 사례 연구-구조적 가족치료 모델의 관점을 중심으로. 상담학 연구, 13(6). 2965-2986.

송혜림 · 윤소영 · 고선강(2018). 서울지역 1인 가구 현황분석에 따른 가족지원 프로그램 개발. 2018 서울가족특성화과제 연구보고서.

안진이 역(2013). Eric Klinenberg. 고잉 솔로 : 싱글턴이 온다. 더퀘스트.

정경희 외(2012). 가족구조 변화와 정책적 함의 : 1인 가구 증가현상과 생활실태를 중심으로. 한국보건사회연구원 보고서.

정영금 · 윤소영(2018). 1인가구의 세대별 여가행태 분석. 한국가족자원경영학회지, 22(4). 1-15.

황정임 외(2013). 여성가구주가구의 주거실태 및 정책방안 연구 : 도시지역의 비혼 1인가구 및 저소득 한부모가구를 중심으로. 한국여성정책연구원 보고서.

현대경제연구원(2010). 국내 1인 가구의 7대 구조적 특징. 경제주평-세계 경제 패러다임 변화와 한국경제. 통권 394호.

제6부

정책비전과 전망

◆ 제14장 가족정책의 연계

◆ 제15장 가족의 미래와 정책

제14장

가족정책의 연계

1. 가족대상 서비스의 조율과 연계

가족정책은 개인과 가족의 행복을 증진하고, 가족문제를 예방하기 위한 비전과 목표를 갖고 전국 시·군·구 단위에 인프라를 갖추고 서비스를 제공하고 있다. 또한 가족행복 또는 가족문제와 관련된 정책을 수행하는 관련 부처들은 이 인프라를 활용하여 각 부처의 정책과제를 효율적으로 해결할 수 있어 가족정책 주무부처는 관계부처의 가족정책을 총괄·조정하는 기능을 하게 된다. 이때, 이 기능이 가장 활발하게 이루어지는 것은 다문화가족대상 정책이라 할 수 있다. 즉 다문화가족과 같이 여러 부처에 관련 업무가 나뉘어져 있으며, 단시기에 서비스가 개발·지원된 경우 부처 간 정책조율과 역할구분이 필요하기 때문이다. 다문화가족의 경우 가족 구성원의 1인이 외국인으로 법무부의 외국인 출입국인 국적 취득과 관련된 업무가 수행된다. 또한 초기 다문화가족이 농촌거주에서 시작되면서 농림축산식품부에서는 결혼이민자가 한국 영농기술을 익혀 생활을 할 수 있도록 지원하는 업무가 확대되어야 했다. 그리고 가족과 함께 살면서, 초기 적응안정을 돕기 위한 여성가족부의 다문화가족지원도 이루어져야 했으므로, 다문화가족의 경우 여러 부처의 지원이 일시에 이루어지며 조율이 필요한 상태였다.

이러한 기능 수행을 위해서는 관계부처 협동회의, 또는 '다문화가족정책위원회'와 같은 위원회 등의 운영을 통해 부처 간 이견을 조정하게 된다. 또한 정부는 유사·중복업무 방지 및 정책의 효율적 운영을 위하여 관계부처 간 역할분담을 명확히 하는 기능도 하게 된다. 일 예로 다문화가족지원정책 추진체계를 살펴보면 다음과 같다. 이는 다문화가족지원을 위해 각 부처별로 갖고 있는 다문화가족서비스를 조율하기 위해 구성된 것으로 「다문화가족지원법」의 주무부처인 여성가족부가 중심이 되어 다문화가족지원정책을 조율하는 추진 체계라고 볼 수 있다.

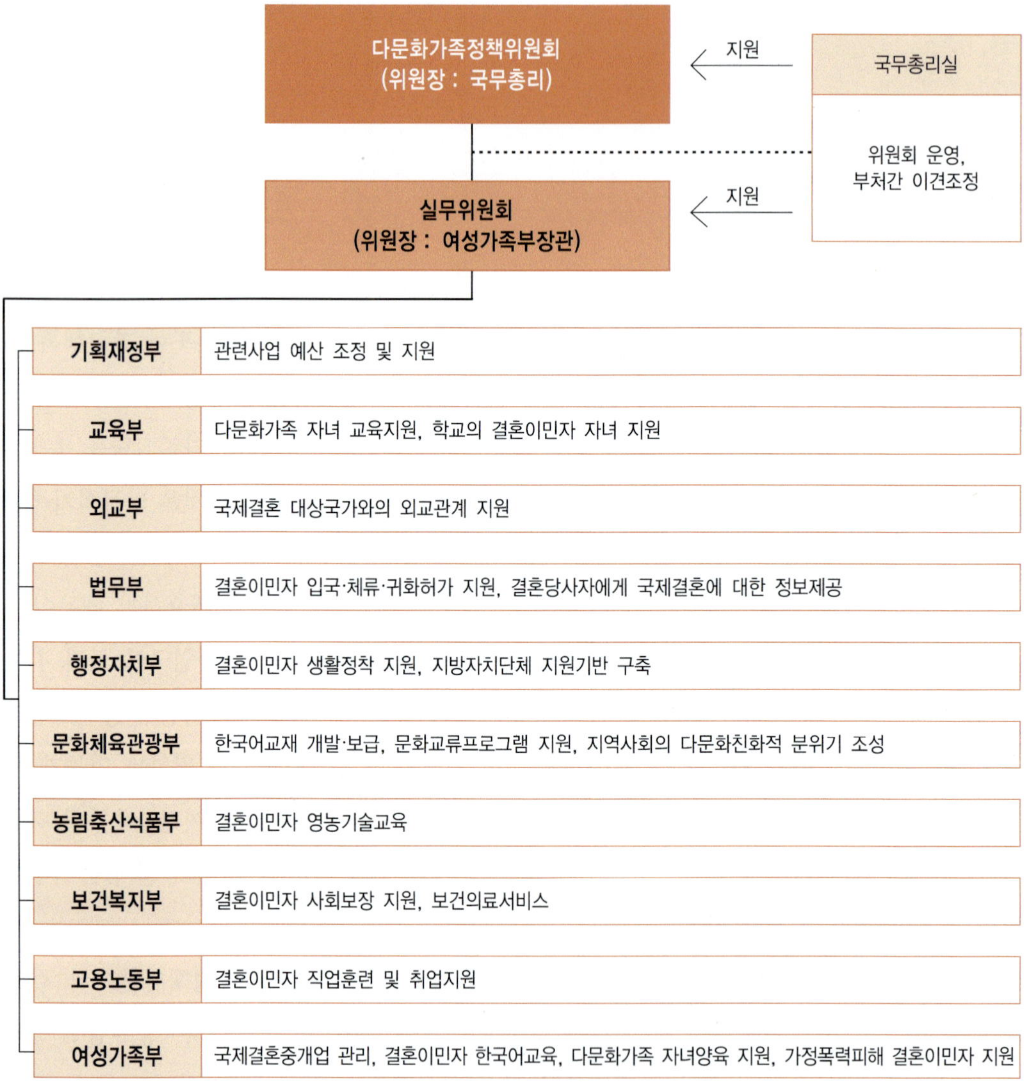

[그림 14-1] 다문화가족지원정책 추진 체계도

2. 가족정책 인프라의 활용과 연계

가족 관련 서비스를 제공하는 인력의 전문성과 전국 전달체계 설치 및 운영은 여성가족부의 역할이다. 이때, 이러한 전문인력과 전국 전달체계망을 활용하여 각 부처별 가족정책 관련 서비스가 제공될 수 있다. 이를 위해서는 우선 부처 간 업무협약을 통해 각 부처와 가족서비스전달체계의 역할을 규명하게 된다. 여성가족부가 협약에 의거 타 부처와 연계되는 서비스를 살펴보면 가족정책 인프라를 활용한 연계의 특성을 파악할 수 있다.

1) 수용자가족지원연계

(1) 추진배경

수용자가족은 범죄인 가족이라는 사회적 편견과 자책감, 빈곤, 자녀양육의 어려움 등 여러 가지 복합적인 문제에 직면하고 있다. 그러나 가족문제는 가족이 해결해야 한다는 가족주의 문화로, 수용자가족에 대한 지역사회와 민간의 자발적인 지원이 부족한 상태로 제2의 피해자(second victim), 잊혀진 피해자(forgotten victim)로 지칭되는 수용자 자녀 등에 대한 관심과 지원이 미흡한 상태에 놓이기 쉽다 따라서 법무부와 여성가족부는 수용자 자녀보호 및 가족관계 유지 · 회복을 통한 안정적인 수용생활 및 재범방지를 위한 부처 간 체계적인 협력체제를 구축할 필요를 갖게 되었다. 이렇듯 수용자가족 문제는 개별 부처의 노력만으로는 해결 곤란한 상태이고, 수용자 교화 및 재범예방은 담장 안의 수용자에 한정하기보다 담장 밖의 수용자 가족관계와 연결될 때 효과적이라고 판단하고 있다. 따라서 수용자 자녀에 대한 체계적인 보호 · 지원 장치 미흡은 법무부와 여성가족부의 수용자가족지원을 위한 가족서비스 인프라 활용을 통한 연계를 하고 있다. 즉 법무부는 서비스대상자 발굴과 모집을, 그리고 필요한 가족서비스는 여성가족부 가족서비스전달체계를 활용해서 제공하는 방식이다.

수용자가족을 한부모가족으로 인정하여 보호대상자 등에 포함하고 있으나, 실제 보호 ·

지원을 받은 비율은 높지 않은 것으로 추정되며, 지원정책에 대한 정보 부족, 자발적인 보호 · 지원 신청 기피, 수용자가족 및 자녀 관련 기초적인 통계자료 등의 부재는 법무부와 여성가족부의 수용자가족지원을 위한 연계가 이루어지는 배경이 되었다.

(2) 연계내용

법무부에서는 수용시설을 통해 여성가족부의 가족서비스 연계대상이 있는 수용시설을 조사한다. 이 시설을 여성가족부를 통해 수용시설과 가까이 있는 건강가정지원센터를 연계한다. 건강가정지원센터에서는 수용소에서 선정한 지원대상자의 가족과 연락하여 수용자가족 상담 및 지원을 하게 된다. 이때 가족관계 유지 · 회복을 위해 전문상담사의 조력이 필요한 경우 배우자 주거지 소재 건강가정지원센터(이하 '센터'라 함)로도 상담을 연계하여 의뢰할 수 있다.

반대로 가족관계에 문제나 어려움이 있는 수용자가 자신의 가족에 대한 상담 · 보호 · 지원을 교정시설에 의뢰한 경우도 서비스 연계가 가능하다. 법무부는 해당가족의 의사 확인 후 거주지역 센터에 상담을 요청하고, 건강가정지원센터는 수용자가족을 1차 상담하고 그 결과에 따라 적합한 상담프로그램을 설계 · 시행하도록 되어 있다. 건강가정지원센터는 상담이 특별히 필요하지 않다고 판단되는 경우에는 한부모가족 지원정책 등 각종 지원사업을 안내하고 종결하거나, 필요에 따라 가족사례관리를 실시하게 된다.

이 외에도 수용생활로 인해 가족관계가 해체 · 훼손된 배우자 및 자녀와의 관계 회복 프로그램을 운영하며, 이때 수용전반기 수용자는 교정시설 내에서, 석방 준비단계의 수용자는 외부 연수시설에서 시행할 수 있으며, 프로그램 기획과 진행을 건강가정지원센터와 협조하여 공동으로 진행하게 된다.

그리고 교정시설 내에 일반 가정 거실형태의 접견실(10~15평)을 설치 · 운영하여, 모든 수용자가 수용 초기부터 접견실을 이용할 수 있으며, 가족관계 회복을 위하여 필요한 경우 가족상담전문가의 입회 · 상담을 건강가정지원센터를 통해 지원하고 있다. 이 외에도 수용자 대상 가족건강성 교육을 강화하여 건강가정지원센터에서는 수용자의 가족에 대한 인식과 태도 등 가족역할 능력 강화 교육 및 수용자 대상 "찾아가는 아버지학교" 등의 교육도 확대해 나가고 있다.

2) 군인가족지원연계

(1) 추진배경

가족지원사업과 관련하여 각 지역별 가족요구에 맞는 사업을 진행하는 과정에서 2007년 군부대가 많이 분포되어 있는 지방 센터들은 군인가족대상 프로그램을 진행하며, 군인가족지원사업의 필요성을 제기하였다. 이러한 지방센터의 노력은, 가족정책에 있어 군인가족은 일반적인 가족지원 프로그램 서비스를 이용하기에 환경적으로 어려운 거주지에 위치하는 경우가 많으며, 가족교육, 상담, 문화서비스에 대한 욕구가 높음을 고려하는 계기를 마련하였다. 또한 군인이라는 직업적 특수성으로 인해 군인가족은 일반가정에 비해 가족 구성원들의 역할적응 유형이 다르며 군인가족대상 지원 프로그램 개발과 격·오지에 근무하는 군인을 대상으로 찾아가는 서비스가 필요함을 새롭게 알게 되었다.

따라서 가족지원에 있어서, 군인 또는 군인가족을 대상으로 할 경우 군인이라는 직업적 특수성에 의해 갖게 되는 가족 요구의 특성이 고려되어야 하며, 이러한 특수성은 임무를 우선시하는 군문화, 잦은 이동, 자녀들의 교육을 위한 구성원 간 별거, 이로 인해 발생되는 추가생활비용 등의 상황이 발생시키는 군인가족들의 심리적·경제적 부담 등의 요인에 의한 것임을 지적하였다. 또한 이러한 상황은 가족관계의 변화, 특히 부부관계에서는 남편과 아버지의 역할 등에 어려움이 있을 수 있음이 문제제기되었으며, 부모-자녀관계에서는 자녀양육, 갑작스런 생활변화, 이중비용지출 등의 이중·삼중의 생활고에 시달릴 경제적 환경을 지적하였다.

그 결과 2008년 10월 정부에서는 국방부와 가족업무 담당부처 간에 건강한 군인가정 구현을 목적으로 국방부 산하 부대의 군인과 군인가족을 대상으로 가족교육·문화·상담 프로그램에 대한 업무협약이 체결되었고, 이후 중앙건강가정지원센터에서는 국방부의 협조하에 지역센터와 군부대 간 시범사업을 매년 확대해오고 있다. 또한 매년 확대된 시범사업에 대한 만족도 분석 및 종사자 인터뷰 등을 통해 군인가족 관련 요구도 및 성과를 분석하였으며, 이후 2009년부터 2010년에는 시범사업 외에 군인가족지원을 위한 조사 등을 통해 군인가족지원을 위한 기초자료를 분석하여 질적인 프로그램 향상도 꾀하고 있다. 나아가 2013년에는 여성가족부 및 국방부 두 부처에 의해 '군복무자 지원 및 양성평등 확산'을 목적으로 협약 내용이 확대되는 업무협약 체결이 이루어진 상태이다.

(2) 연계내용

2008년부터 본격적으로 시작된 군인가족지원사업은 군인가족에게 맞는 맞춤형 서비스 개발을 목표로 다양한 서비스 연계와 프로그램 지원이 시도되었다. 그 결과 2008년 12개 부대에서 시작된 건강가정지원센터 군인가족지원서비스는 계속 연계되는 부대가 2013년 65개로 지속적으로 늘어나고 있다. 군인가족사업은 특수한 근무, 거주환경 등으로 특별한 군인가족의 요구와 수요를 고려한 프로그램을 제공하기 위하여 다양한 건강가정지원센터 프로그램 중 특히 생애주기별교육과 가족문화사업을 중심으로 제공되었다.

군인가족서비스는 특수한 근무, 거주환경으로 일반주민이 받는 가족서비스에서 소외된 군인가족에 대한 다양한 가족서비스를 제공하는 것을 목적으로 한다. 따라서 군부대 가까이 있는 건강가정지원센터가 부대 내로 찾아가는 서비스가 많이 이루어지게 된다. 이때 주로 많이 제공되는 서비스는 예비 및 신혼기 부부를 대상으로 하는 가족생활교육, 찾아가는 아버지 교육을 중심으로 한 부모교육, 퇴직 후 사회생활 적응을 위한 중노년기 교육 등 가족의 생애주기별 교육이다. 이 외에도, 잦은 이사나 파견근무로 인해 발생될 수 있는 부부 및 부모자녀관계의 가족상담과 자살예방을 위한 사병 중심의 상담을 집중적으로 진행하고 있으며, 특히 격·오지에 주둔하고 있는 군부대를 위해 찾아가는 상담과 전화상담을 적극 활용하고 있다. 그리고 문화 프로그램은 가족 구성원 모두가 함께 즐거운 여가시간을 보낼 수 있는 체험활동 위주나 캠프를 중심으로 구성되어 있다.

또한 모든 서비스를 군인가족에게 맞춤형으로 제공할 수 있는 프로그램이 기획되도록 하고 있다. 그 결과 서비스제공자가 직접 군부대를 방문하거나 군인의 계급이나 부대특성을 고려한 프로그램이 제공되고 있다. 이러한 노력은 직업적 특수성으로 인해 가족관계의 어려움을 겪는 군인가족의 건강한 가족기능향상을 나타나고 있다.

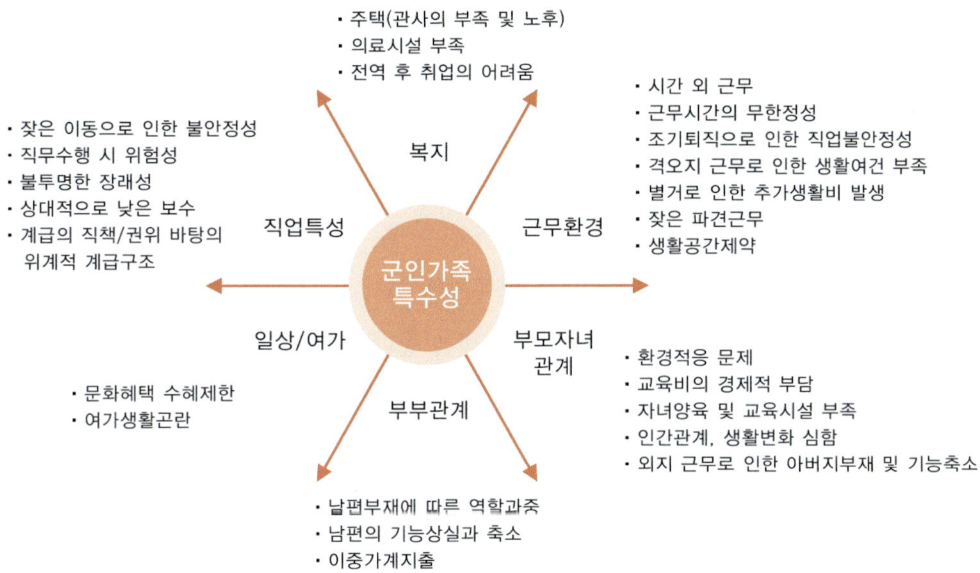

자료: 정현숙 외(2009). 군인가족지원을 위한 연구모형 및 지원프로그램 개발 기초연구. 중앙건강가정지원센터.

[그림 14-2] 군인가족의 특수성

3) 기타 연계 가능한 가족지원

(1) 가출청소년 가족 지원

가출청소년(14~19세) 신고현황을 살펴보면, 2006년 9,390명에서 2007년 12,240명, 2008년 15,337명, 2009년 15,118명으로 2006년에 비해 2009년 약 1.6배 이상 증가(경찰청, 2009)하였고, 신고되지 않은 청소년까지 포함한다면 가출청소년의 규모는 훨씬 클 것으로 예상된다. 이는 쉼터 입소 청소년 현황에서도 마찬가지로 나타나, 2005년 33,945명, 2006년

194,093명, 2007년 약 22만여 명으로 2005년에 비해 약 7배가량 증가하였고, 이 중 가출청소년이 약 80%(청소년통계, 2008)를 차지하고 있다.

이때, 청소년 가출의 주된 원인은 '부모님과의 문제'인 것으로 나타나고 있으며, 청소년이 가출하고 싶은 충동을 느끼는 주된 이유로, '부모의 간섭, 잔소리가 싫어서', '가정불화가 심할 때', '부모님께 꾸중을 들을 때' 등 가정적인 사유가 주된 원인으로 나타나고 있다(국가청소년위원회, 2005). 또한 양부모가정의 청소년에 비해 한부모가정 혹은 조손가정의 청소년에게서 약 두 배 정도 가출비율이 높은 것으로 나타나고 있으며(한국아동청소년인권실태조사, 2009), 가출 충동을 느끼는 상황으로 '부모와의 갈등'이 주된 이유인 것으로 나타났다(청소년통계, 2010).

따라서 가출청소년의 가정 복귀를 위한 가족기능 회복 및 강화를 위해 기존 가출청소년의 개인지원 중심에서 가족 전체의 기능강화지원을 통한 통합적 서비스 제공이 효과적이다. 이때 서비스는 가족구조 및 소통의 어려움으로 인한 가족 내 부적응을 해소하기 위한 다양한 가족지원을 가족서비스전달체계와 연계한다면 효율적일 것이다. 즉 지역사회 청소년 관련 기관(청소년 쉼터 등)-학교-건강가정지원센터의 연계를 통한 서비스 효율성 및 효과성이 극대화될 수 있다.

기존 가출청소년 대상 지원사업은 주로 청소년 쉼터에서 지원되고 있는 가출청소년 개인에 국한된 지원으로서 가출문제의 가장 큰 원인인 부모개입에 대한 지원이 이루어지지 못하고 있다. 즉 가출청소년의 근본적인 문제를 해결하기 위해서는 기존 쉼터를 통한 가출청소년 개인에 대한 개입뿐 아니라 가출청소년과 부모 등 가족에 대한 개입이 필요하나 이에 대한 지원책이 없으므로, 건강가정지원센터를 연계하여 가출청소년과 함께하는 부모교육 등 가족지원 프로그램 운영이 될 수 있다면 전국 센터의 인적·물적 인프라 활용을 통한 사업 진행의 효율성·효과성의 극대화가 가능하다.

이때 제공되어야 할 서비스는 자녀와의 관계회복을 위한 부모교육이다. 이때는 주로 학대적인 양육예방, 의사소통기법 교육, 자녀와의 관계 회복 및 상호 신뢰감 구축 지원, 성격 및 자녀심리 이해와 관련된 심리검사 등이 제공되어야 한다. 이 외에도 가출청소년 집단상담을 통해 타인에 대한 이해 및 공감능력 향상, 자아존중감 향상, 건강한 자기표현, 가족의 소중함 이해, 학업복귀 및 학교생활 적응력, 직업탐색, 범죄예방이 이루어져야 하며, 가족집단상담에서는 친밀감 형성하기, 가족규칙 만들기, 칭찬과 격려하기, 부모–자녀 간 갈등 해소를 위한 대화기법 교육이 다루어져야 한다. 가출청소년 가족지원 문화프로그램 구성도 필요하다. 이때는 가족일일캠프 등 가출청소년과 부모 간의 유대 강화, 부모와 함께 하는 상황극, 부모·형제와 함께 하는 활동 프로그램 지원이 요구된다.

(2) 북한이탈가족 지원

북한이탈주민은 북한에 주소, 직계가족, 배우자, 직장 등을 두고 있는 자로서 북한을 벗어난 후 외국의 국적을 취득하지 아니한 자로 정의한다.

2002년도 북한이탈주민 입국인원이 최초 1,000명을 넘은 후, 2006년을 기점으로 2,000명을 돌파하였으며 이후 꾸준히 증가하고 있다. 특히 북한이탈 여성의 입국 비율은 2002년을 기점으로 남성을 추월하였고, 2006년에는 70%를 넘어섰다. 이러한 결과는 탈북의 여성화와 더불어 아동의 입국증가로 이어지기도 한다.

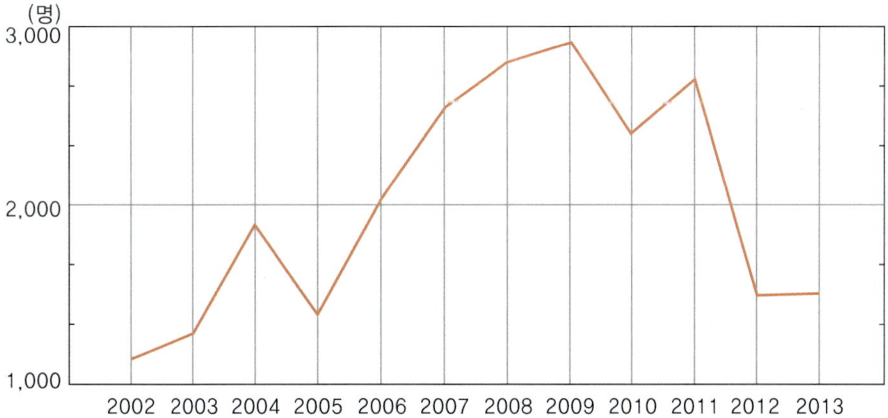

자료 : 통일부, e-나라지표.

[그림 14-3] 북한이탈주민 입국 현황

〈표 14-1〉 북한이탈주민 연도 및 성별 입국현황 (단위 : 명)

구분	2002	2003	2004	2005	2006	2007	2008	2009	2010	2011	2012	2013
인원	1,142	1,285	1,898	1,384	2,028	2,554	2,803	2,914	2,402	2,706	1,502	1,514
남자	510	474	626	424	515	573	608	662	591	795	404	369
여자	632	811	1,272	960	1,513	1,981	2,195	2,252	1,811	1,911	1,098	1,145

자료 : 통일부, e-나라지표.

북한이탈주민들은 본인의 학력, 직업기술 및 경험의 부족 등과 같은 태생적 한계로 하여 구직의 어려움을 겪기도 하지만 남한주민들의 편견과 차별로 인해 그 어려움이 가중되기도 한다. 이때, 탈북과정 속에서 가족해체와 재구성으로 나타난 부적응문제가 취업과 긴급한 남한 사회안정에 밀려 방치되고 있다고 여겨진다.

북한이탈가족은 탈북과정 속에서 북한에서 살던 가족을 떠나면서 해체의 경험, 새로운 환경에서의 만난 구성원들과 재구성을 경험하고, 이는 과거 · 현재 · 미래라는 시간 축과 북한 · 중국 · 남한의 공간 축에서 복합적으로 일어난다. 결국 가족기능 및 가족관계적 문제를 유발시키는 요인으로 작용하고 있다. 탈북민 간의 결혼에서 생기는 문제, 탈북민과 남한 배우자의 몰이해, 자녀－계부모의 관계와 갈등, 탈북한 성인 자녀와 부모의 관계, 탈북민과 배우자 부모의 관계 등 가족 관련 문제가 있다. 또한 상실의 고통과 분노, 죄책감과 우울의 증상, 자유에 대한 부담과 내면적 혼란 등 심리 관련 문제도 있을 수 있다. 사회적 신뢰의 와해,[3] 혼외관계 또는 중혼 양산, 결혼의 도구화와 사실혼 부부의 양산, 가족해체 상태의 장기화,[4] 재산상속권을 둘러싼 갈등 발생, 심각한 아동의 유기와 학대, 탈북민 2세의 빈곤계층 형성 등은 또 다른 가족문제를 낳게 된다.

따라서 북한이탈가족을 위한 직업훈련, 사회적응 훈련은 다른 기관에서 많이 실시되고

3) 생명을 건 탈북을 경험한 강한 생존력을 가진 탈북민들이 사회에 유입되어 사회의 발전에 도움이 될 수도 있지만, 자신의 생존을 위해 사회적 신뢰를 깨뜨리는 행위까지도 가능하다고 생각할 경우 사회적 신뢰에 대한 합의가 흔들리는 현상이 발생할 수 있다.

4) 독신가족, 임시동거가족, 북한의 자녀, 중국의 자녀, 남편의 자녀와 남편 아내의 자녀 등의 조합으로 구성된 가족도 발생하고 있으며, 북한에 남아 있는 배우자나 자녀들을 남한으로 데려오려고 하지 않고 차라리 북한으로 송금함으로써 가족들이 그곳에서 편안하게 살게 하는 방법을 선택하기도 한다.

있으므로 가족이 제 기능을 할 수 있도록 가족역량 강화에 초점을 둔 지원을 위해 건강가정지원센터와의 연계가 필요하다. 탈북과정에서 폭력, 강탈 등의 제3국의 난민생활 경험은 북한이탈주민의 내면에 치유하기 힘든 깊은 상처를 남기기도 하므로 이에 대한 심리적 치유를 도와 빠른 사회적응 독려가 가능할 것이며, 특히 다양한 가족관계에 대한 이해와 적응을 위해 가족캠프 형태의 가족이 자연스럽게 함께 할 수 있는 시간과 공간이 제공되는 프로그램은 2차적인 가족문제의 발생을 예방할 수 있다. 사회주의 사상에 길들여져 있어 성과 위주의 직장생활에 적응하기 힘든 부분으로 북한이탈주민 대부분이 일용직 아르바이트 수준의 직업을 가지고 있어, 이로 인해 자녀양육과 돌봄에 대한 비용부담이 크고, 시간적 여유가 부재하므로 자녀 방치의 문제가 발생할 때 부모역할 등에 대한 교육경험도 한 원인이 되므로 이와 관련된 서비스 강화 및 부모 부재에 따른 자녀에 대한 돌봄지원도 함께 연계될 필요가 있다.

특히 건강가정지원센터와 연계될 때 북한이탈가족들이 한국 사회에서 느끼는 차별, 현실적 억압 등의 부정적인 경험들을 가족과 나눌 수 있는 기회를 마련하여 가족 상호간 이해를 높이고 가족과의 소통능력을 향상시켜 가족기능을 강화시키기 위한 프로그램이 제공되어야 한다. 또한 북한이탈가족 부모들이 교육받기 어려웠던 부모교육 기회를 제공하고 이를 통해 가정 내 자녀에 대한 돌봄기능의 중요성 및 올바른 부모역할을 위한 양육기술 제공과 남한 부모들에 대한 이해도 증진이 필요하다. 그리고 북한이탈가족들이 한국 사회에서 느끼는 차별, 현실적 억압 등의 부정적인 경험들 전환시키고 심리적 치료가 가능한 가족상담이 함께 연계되어야 한다. 특히 북한이탈가족 자녀들의 생활 및 학교 적응 지원을 위한 멘토 역할 및 학교 학습 진도를 맞춰줄 단기간의 학습 지도사 파견 등의 가족서비스 지원도 필요하다.

(3) 저출산 인구교육

출산·양육 등에 대한 체계적 교육을 통해 양육의 부담감을 줄여주고, 결혼 및 출산에 대한 긍정적인 가치관을 형성해줌으로써 저출산 문제해결을 도모하고자 하는 보건복지부의 저출산 인구교육은 여성가족부의 부모교육, 가족상담 등을 통한 양육부담 감소 및 돌봄지원서비스와 연계될 때 더욱 효과적인 정책추진이 가능하다고 여겨진다.

저출산 인구교육의 목적은 결혼 및 출산의 개인적 · 사회적 의미 재인식을 통해 결혼과 출산에 대한 긍정적 인식 제고, 개인과 사회의 기본 단위로서의 가정의 의미와 중요성 재확인으로 출산을 장려하는 것이다. 따라서 이때 결혼과 출산에 대해 긍정적 가치관과 태도를 갖도록 대상맞춤형 교육프로그램을 전국적으로 시행할 필요가 있으며, 시행 시 건강가정지원센터라는 여성가족부의 가족서비스 인프라를 활용한다면 더욱 큰 효과가 기대된다. 특히 건강가정지원센터에서는 실제 부모들의 돌봄부담을 경감시킬 수 있는 아이돌봄 서비스가 제공되고 있으며, 이 외에도 부모교육, 가족상담, 공동육아나눔터의 이용 등 부모들의 돌봄부담을 낮춰줄 다양한 가족서비스가 제공되고 있어, 더욱 그 효과를 높일 것으로 기대된다.

실제 여성가족부의 건강가정지원센터에서 결혼 및 출산과 관련된 가족생활교육이 제공되고 있으며, 특히 생애주기별로 대상에게 접근하고 있다는 점을 고려하면 더욱 큰 효과가 기대된다. 즉 군 · 장병 및 군인가족, 예비부부 및 신혼기부부를 대상으로 결혼 · 출산 · 양육 등에 대한 체계적 교육을 통해 양육의 부담감을 줄여주고 결혼 및 출산에 대한 긍정적인 가치관을 형성해줌으로써 저출산 문제해결을 위해 함께 일할 수 있을 것이다.

(4) 은퇴 후 노후생애설계

보건복지부 산하 국민연금공단은 연금지급과 관련된 은퇴 이후 대상자들과 재무 관련 상담을 진행하게 된다. 그런데 이 대상자들이 실제 지급받은 연금을 가지고 생활할 때 노후생활과 관련된 교육이나 상담을 받을 수 있도록 건강가정지원센터와의 연계가 강화될 필요가 있다. 즉 국민연금공단 산하 전국 공단지사와 지역 센터를 연계하여 교육 프로그램과정에 상호 교육시간을 할애 편성하는 것을 더욱 공고히 할 필요가 있다. 즉 공단지사는 지역 건강가정지원센터에서 실시하는 부부, 중 · 노년기 등 센터 프로그램에 공단 강사와 교육을 지원하고, 반대로 지역센터는 공단지사에 센터의 가족생활교육을 서로 활발히 교류할 수 있어야 한다.

(5) 자동차사고 피해가족 지원

국토해양부 산하 교통안전공단은 자동차사고로 피해를 입은 피해자를 지원하고 있으나 이때 자동차사고 피해자 및 그 가족에 대한 심리안정 지원서비스를 위해 건강가정지원센터와 지속적으로 2008년 이후 서비스를 연계하고 있다. 연계의 목적은 자동차사고 피해가족이 자동차사고 후유장애에 따른 우울증이나 불안감을 감소시키고, 외상 후 스트레스 장애(PTSD)로 인한 이혼·가출·가족관계 어려움 발생 등 정신적 고통을 겪고 있어 피해가족 심리안정 지원서비스를 통해 원만한 가정생활을 유지할 수 있도록 하는 것이다. 이때 전국적인 서비스 전달체계가 없으나, 자동차사고 피해가족이 전국에 퍼져있는 상태에서 건강가정지원센터의 활용은 교통안전공단에서 실시하고자 하는 자동차사고 피해 가족에 대한 접근성을 높이는 데 유용할 수 있다. 더욱이 가족정책 전달체계의 활용으로 자동차사고 피해가족에게 실제 교통안전공단에서 제공하고자 하는 상담서비스 이외에 다양한 가족돌봄 서비스 및 가족상담, 아이돌보미 등의 서비스 연계가 이루어져 보다 다양한 가족서비스에 대한 이용 기회를 높이는 데도 기여하게 된다.

이를 위해 교통안전공단은 각 지사를 통해 사례자를 선정하고 건강가정지원센터는 선정된 내담자에게 방문 및 내방 상담, 심리검사를 제공하고 있으며, 외부 출입이 제한적인 가족들을 위해 가족치유를 위한 캠프도 제공하고 있다. 이는 2009년 전국 13개 공단 지사와 가장 인접한 전국 16개 건강가정지원센터를 선정하여 진행한 이후, 매해 연계실적은 증가하고 있다.

(6) 인터넷 중독 학생 가족 지원

인터넷 중독 학생의 경우 정부에서 인터넷 중독 해소를 위한 많은 서비스가 청소년정책 서비스와 한국정보화진흥원의 서비스로 이루어지고 있다. 그러나 인터넷 중독은 단순 학생의 문제라기보다 부모들의 무관심이나 방치 등과 연계가 되며, 특히 중독 문제의 해결을 위해서는 가족의 적극적인 협력이 필요하다. 특히 정보사회로의 이전이 빠르게 이루어지면서, 현재 한국 사회는 세계에서 가장 빠르고 대중적인 인터넷 사용국으로 손꼽히고 있어, 이와 관련된 중독 문제에도 빠르게 노출되고 있다. 따라서 우리 사회의 인터넷 중독으로 인한 사회적 폐해를 줄이고, 인터넷 중독 예방 및 해소를 위한 전국적인 대응체계가 구축될 필요가 있다. 이때, 인터넷은 개인의 문제이나 가족이 함께 문제해결을 위해 노력해야 하므로 인터넷 중독 해소의 문제가 건강가정지원센터를 통해 시행될 경우 학생만이 아닌 가족단위로 서비스를 제공하는 것이 효율적이다. 또한, 인터넷을 하는 시간을 대신해서 할 대체활동으로 가족이 함께 할 수 있는 프로그램 참여로 유도한다면 보다 효율적인 인터넷 중독 예방과 문제 해결이 이루어질 것이다.

(7) 기업과 가족서비스 연계

기업의 경우 기업의 주 고객이나 기업 제품 이용자 대상 가족 관련 서비스 제공을 위해 가족정책 서비스 전달체계 활용을 고려할 수 있다. 예를 들어 2009년부터 2013년까지 '일동 후디스'는 건강가정지원센터와 연계해서 일동 후디스 제품 예비고객인 임산부와 배우자를 모집하여 분유 샘플 제공과 홍보 외에 건강가정지원센터를 통해 예비부모교육, 출산준비교육 등을 실시하였다. 그 결과 일동 후디스는 단순한 제품 홍보와 판촉활동을 넘어 "심각해지는 저출산 문제를 인식하고 가정만이 아닌 사회가 함께 고민하는 임신 · 출산 · 육아문화의 조성을 위한 기업의 가족친화사회문화조성 활동을" 수행할 수 있었다.

둘째, 기업이나 공공기관의 직원대상 가족친화프로그램 운영에 건강가정지원센터의 연계도 가능하다. 즉 2010년 한국건강가정진흥원과 한국동서발전간의 협약 이후 한국동서발전 각 지소에서는 가까운 건강가정지원센터와 연계하여 찾아가는 아버지교육 시행 및 가족 간 의사소통 증진 교육, 건강한 가정문화운동 등 다양한 행사 기획을 함께 하고 있으며, 부부집단상담 프로그램 및 캠프도 운영하고 있다. 이러한 연계는 가족친화적 기업문화조성에도 기여하는 효과를 낼 수 있다.

셋째, 기업의 재원과 건강가정지원센터의 공간을 연계하는 것도 고려할 만하다. 예를 들어 2010년 '메리츠화재'는 기업나눔경영 추진을 위해 저출산극복을 위한 과제로 건강가정지원센터의 공동육아나눔터 리모델링 사업을 지원한 바 있다. 또한 2013년부터 '삼성생명'과 여성가족부의 협약에 의해, 삼성생명에서는 5년간 매년 10개의 공동육아나눔터 리모델링 사업을 지원하고 있다. 이후 롯데그룹에서도 여성가족부와 협력하여 군부대 내 관사를 공동육아나눔터로 리모델링하는 사업을 지원하고 있다. 이러한 공동육아나눔터의 리모델링은 결국 지역 내 부모들의 육아부담을 덜어주는 효과를 나타냈으며, 육아환경을 개선하고 기업이미지를 제고시키는 데도 도움이 되었다. 한편, 주택관리공단의 경우는 2011년 한국건강가정진흥원과의 협약 이후 유휴공간을 공동육아나눔터 공간으로 제공하고 활용하도록 지원하여, 건강가정사업을 활성화시키는 데 도움을 주고 있다.

생각해볼 문제

1. 기업의 가족정책과 연계해서 확대 가능한 활동을 구체적으로 제시해보자.
2. 여성가족부 이외 부처에서 활용 가능한 가족정책전달체계의 연계 방안을 제안해보자.
3. 기업의 가족친화문화 조성을 위해 건강가정지원센터에서 해야 할 역할을 생각해보자.

참고문헌

중앙건강가정지원센터(2008). 군인가족행복지원사업 결과보고서(2008-사업기획-15). 중앙건강가정지원센터.

중앙건강가정지원센터(2009). 군인가족지원사업 결과보고 내부문서.

정현숙·정선영(2009). 군인가족을 위한 연구모형 및 지원프로그램 개발 연구. 중앙건강가정지원센터.

제15장

가족의 미래와 정책

1. 가족의 미래변화와 정책적 함의

1) 가족구성 및 기능의 변화

(1) 돌봄의 탈가족화

가족구성의 변화나 가족규모의 축소가 동반하는 가장 큰 변화는 돌봄의 공백이다. 자녀 양육, 가족원 간호, 노인수발과 같은 가족 구성원에 대한 신체적 활동이나 직접적인 지원, 더 나아가서는 가족이 수행해온 사회재생산 활동 전체가 사실은 오랫동안 가족이라는 제도성에 의존해 수행되어온 노동이었으며, 가족은 공공적 기능을 대신 수행해온 사적인 영역으로 간주해 온 것이다. 그러나 가족규모의 축소와 가족변화가 가족이 수행해 온 돌봄 기능이 가족 외부로 이양될 수 밖에 없는 조건을 만들어내게 되었다.

돌봄의 사회화는 노인돌봄에서부터 본격적으로 시작되었다. 수명의 연장으로 노년기가 장기화되고, 부모를 돌볼 자녀 수가 감소하게 되면서 만성질환이나 치매를 가진 노인을 가족 내에서 부양하기 어려운 상황이 되었으며 가족이 돌봄을 대체할 서비스에 대한 요구가 증가하였다. 또한 아동돌봄 역시 중요한 사회적인 과제가 되었다. 여성의 경제활동참여율이 증가하는 것이 하나의 원인이기도 하지만, 돌봄의 성격 자체가 변화하는 것도 중요한 원인이 된다. 평균 자녀 수가 감소함에도 불구하고 아동돌봄이 조기교육과 연계되면서 보육서비스와 프로그램에 대한 사회적 요구가 증대되고 아동돌봄의 비용이 증가하게 된 것이다.

돌봄의 사회화는 돌봄의 재정적·정서적 비용문제, 즉 돌봄과 관련된 책임을 공적 영역과 사적 영역이 어떻게 분담할 것인가의 문제를 야기하는데, 이는 결국 공적 영역과 사적 영역 간 구분의 근본적인 재구조화의 이슈와 관련된다(남찬섭, 2012; 김승권 외, 2012). 돌봄의 공공성에 대한 기존의 논의는 국가가 공공성의 주체로서 가족 영역에서 이루어지던 돌봄을 보완하거나 대체할 수 있는 공공서비스를 제공하여 돌봄을 탈가족화하는 것에 초점을 맞추고 있다. 즉 돌봄이 창출하는 공익성(공공재로서의 외부효과)을 보호하기 위해 시장이 개입하지 못하도록 국가가 직접 돌봄의 공공서비스를 제공해야 한다는 것이다.

(2) 결혼의 반복적 해체와 선택

미래학자 파비엔 구 보디만(F. Goux-Baudiment)은 2070년에 인간의 평균수명은 120세가 될 것이며, 이러한 장수사회가 결혼패턴과 가족제도를 모두 바꿔 놓을 것이라고 예측한 바 있다. 지금의 결혼제도는 기대수명이 50세일 때 부부가 20~30년쯤 함께 살던 시대에 정착되었으므로 평균수명이 120세가 되면 30세쯤 결혼해 80~90년간 한 사람과 살아가야 하므로, 평생에 남편이나 아내를 적어도 2~3명 이상 갖게 될 수 있다는 것이다(조선일보, 2007. 1. 10).

물론 이러한 전망은 경제력이나 건강 등 노년기에 동반되어야 할 다양한 조건을 전제로 하겠지만, 윤리적 귀착과 상관없이 평생부부 개념이 붕괴된다는 측면에서는 놀라운 변화가 예상된다. 이것은 현대 사회에서 일어나고 있는 이혼과 재혼의 용이성 등에 토대하여 그동안 학자들로부터 해석된 새로운 결혼 제도, 즉 연속적 일부일처제(serial monogamy)를 의미하는 것이기도 하다(김경신, 2012). 연속적인 일부일처제란 일부일처는 맞지만 파트너는 계속 바뀐다는 의미로 사용된다. 40대 남성의 높은 사망률과 결혼 20년차 이상 부부들의 황혼이혼율의 증가를 보면, 사별 혹은 이혼으로 인한 재혼이 상대적으로 늘어날 수밖에 없는 상황이다.

이제까지 암묵적으로 수용해왔던 부부간의 의무나 윤리 등에 관해 새로운 이슈가 제기될 수 있다. 결혼을 누가 얼마나 중시하고 행하느냐의 외형적 선택보다 중요한 것은 소위 '결혼관계'가 어떻게, 어떤 내용과 질서로 유지되는지에 관한 것이다. 부모와 자녀 관계에 있어서도 관계를 명확히 정의하기 어려울 수 있다. 정자나 난자를 제공한 사람이 따로 있고 자녀를 양육하고 돌보는 사람은 따로 존재할 때, 누가 이 아이의 진정한 부모인가? 정자나 난자를 제공한 사람인가? 임신하여 출산한 사람인가? 양육한 사람인가? 이는 규범적으로서의 부부관계나 부모-자녀관계의 질적인 내용들이 지속적으로 변화하고 있음을 의미한다.

결혼에 대한 결정이나 반복적 해체가 개인 차원의 선택적인 문제일 수 있으나, 이러한 문제들이 사회 전체의 관계적 구조나 지지망 연결에 커다란 변화를 가져온다는 점에서 중요한 사회적인 관심사가 된다. 이미 1인 가구 증가에 따라 다양한 정책이 개발되고, 그들에게 맞는 시장 상품이나 서비스가 제공되는 것은 물론, 1인 가정의 정서적 지원과 관계적 유지를 위한 다양한 사회문화적인 지지망이 구축될 필요성이 강조되고 있다. 이와 같이 결혼과 이혼에 대한 사회적인 문제는 한부모가족, 조손가족, 1인 가정, 재혼가정 등의 돌봄문제나 관계적 문제로 연결되어 적극적이고 예방적인 지원정책과 반드시 연결된다는 점을 기억해야 한다.

(3) 새로운 부모됨과 성역할의 변화

여성과 남성의 사회적 역할의 변화나 학력수준의 변화로 인해, 가족 내 남편과 아내의 역할 관계나 부모로서의 역할기대가 변화하고 있는 것도 사실이다. 즉 생계부양자 모델에서 가정한 가장으로서의 아버지 역할과 주부로서의 어머니 역할은 변화하고, 새로운 부모됨의 역할모델이 제시되고 있는 것이다.

최근에는 아내의 사회생활을 위해 자발적으로 살림을 전담하는 '외조형 남편'이나 '홈대디(home daddy)'가 증가하고 있으며, 전업주부로서 자녀 교육이나 가사노동을 담당하기 위해 육아휴직을 신청하거나 전직을 신청하는 아버지들도 늘어나고 있다. 통계적으로 전업주부 남성은 2007년에 14만 3천 명에서 2008년 15만 천 명으로 집계되어 2003년의 19만 6천 명에 비해 40% 이상 늘어난 수치를 보인다.

이와 같이 양육을 책임진 남성이 느는 현상에 대해 실업이나 임금과 같은 경제적 요인보다 여성의 사회진출 확대와 가사에 대한 남성의 인식 전환 등 성역할 변화에 기인한 것으로 분석되고 있다. 즉 홈대디 현상은 가족의 행복이 전통적 가부장적 가족 내에서의 남자의 성공이 우선적이던 차원에서, 부부 중 가능성이 높은 쪽을 지원하는 방향으로 바뀌고 있는 경향을 반영하는 것이다.

그러나 가부장적 가치관이 여전히 남아 있는 기존 가치관이나 제도에서 홈대디에 대한 사회적 인식이나 지원제도는 부족한 실정이며, 공동육아에 대한 지원이나 가사노동의 가치를 제대로 평가하는 데 여전히 인색하다. 따라서 부모됨의 역할교육이나 가사일에 대한 참여교육에서는 남성과 여성 모두 함께 참여하도록 하며, 특히 은퇴를 앞두고 가정생활에 익숙하지 않은 중년기남성이나 노인남성들의 가정생활에 대한 참여를 촉진하기 위한 방안이 필요하다.

한편, 결혼 시기나 부모됨의 준비 시기에 대해 준비 없이 어린 시기에 미혼모나 미혼부가 되는 어린 청소년들이 늘어나고 있다는 점에서도 이러한 부모됨의 교육을 청년기나 성인기에 국한하지 말고 청소년기부터 일찍 참여하도록 하는 것이 중요하다. 결국 부모됨의 새로운 역할변화에 대해 생애주기 초반부터 꾸준히 교육시키는 부모교육의 중요성이 강조된다.

2) 가족생활 및 문화의 변화

(1) 공동체 생활문화

가족 내에서 수행하던 교육이나 서비스 기능들이 외부화되면서 가족의 인식 범위가 변화하고 이에 따라 가족의 개념과 정의 또한 모호해졌다. 극단적으로 할아버지나 할머니는 가족의 범위로 생각하지 않지만 애완동물은 가족이라는 인식을 하는 경우도 생겨나고 있다. 여성가족부가 발표한 '2010 가족실태조사'에 따르면 가족 범위를 묻는 질문에 23.4%만이 친조부모를 가족이라고 응답하였는데, 이는 2005년 조사에서 63.8%로 응답한 것에 비해 크게 감소한 것이다. 한국청소년정책연구원이 발표한 '2010 세대 간 가족의식 비교조사'에서는 청소년 57.7%가 오랫동안 길러온 애완동물을 가족으로 볼 수 있다고 응답하기도 했다.

또한, 급속한 가족의 해체, 가구원 수 감소, 분거가정의 증가 등으로 기존 혈연 중심의 가족공동체가 아닌 같은 관심사를 가진 사람이 모여 하나의 유기체적 조직을 이루고 목표나 삶을 공유하면서 공존하는 새로운 가족형태의 새로운 공동체 문화가 형성되기도 한다.

이 중에는 기존의 고립된 가족의 형태에서 벗어나 개인이 존중되는 문화 속에서 평등하게 지내는 공동체도 존재하며, 가족의 기능 중 정서적 유대같이 특화된 조직공동체를 가지는 경우도 있다.

최근 같은 관심사나 같은 목적을 지닌 사람들이 결합하여 가족 중심의 커뮤니티를 형성해서 살아가는 사례가 늘고 있다. 예를 들어 마포구에 위치한 성미산마을은 도심형 생태마을로 1994년 젊은 부모 30여 세대가 60평대 단독주택을 구입해 공동육아를 위한 어린이집을 열면서 시작된 공동체로, 현재 30~40대를 주축으로 400여 가구 1,000여 명이 가족 중심의 커뮤니티를 형성하고 있다. 또한 전북 임실군의 임실 치즈마을은 특산물을 생산하고 산양체험장과 치즈아카데미를 개최하는 등 녹색농촌체험마을을 형성해서 생활하는 마을공동체로 잘 알려져 있다. 서울 종로구의 북촌한옥마을 역시 역사적으로 유서 깊은 공간에서 주민들이 생활하면서 외부인과 함께 어울릴 수 있는 공동체의 삶을 활성화하고 전통성을 회복하기 위해 북촌가꾸기 사업, 역사문화미관지구, 북촌지구단위 계획 수립 등을 추진하고 있다.

이러한 마을공동체 생활은 기본적으로 특정한 목적이나 이유를 기반으로 시작되지만, 생활하면서 공동체 생활을 위한 경제적·정서적·문화적인 지원서비스를 공유하게 된다. 특히 가족단위의 돌봄서비스를 지원하거나 육아나눔 서비스를 제공하는 등 실제적인 생활 속에서 필요한 자원과 서비스를 공유하는 경우가 많다. 이 역시 공동체 내에서 자립할 수 있는 역량을 키우는 것이 중요하지만, 기본적인 지원서비스를 제공하거나 체계적인 지원시스템을 갖추는 것 역시 중요하며, 다양한 모범 사례를 널리 알리는 등의 정책적 지원이 필요하다.

(2) 나홀로 문화

공동체를 형성하여 함께 서비스를 공유하거나 관계를 지속하려는 경향과 함께, 혼자서 다양한 활동을 즐기려는 현상도 뚜렷해지고 있다. 특히 문화 및 여가활동을 즐기는 장면에서 가족이나 친구, 또는 다른 누군가와 함께하는 경우보다 혼자서 즐기는 삶을 선호하는 현상이 증가하는 경향이 나타난다. 예를 들어 2012년 '국민여가활동조사' 결과에 따르면, 혼자서 여가활동을 보낸다는 비율이 평균 49.4%로 부모나 배우자 또는 자녀 등 가족과 함께 하는 비율(18.7%)보다 훨씬 높았다.

나홀로 공연관람자 비율도 2005년 이후 매년 늘어나는 것으로 나타나고 있다. 인터파크에 따르면 공연 예매자의 1인 1구매 비율이 2005년 11.6%에서 2012년 23.9%로 12.3% 포인트 상승했으며, 장르별로 보면 클래식이나 오페라(33%)가 가장 높은 비율을 나타내고 있고 상승세를 주도한 것은 라이브 콘서트와 뮤지컬인 것으로 나타났다. 이는 가구원 수가 줄어들고 1인 가정이 증가하는 현상과도 관련된다고 볼 수 있다.

최근에는 1인 가정의 증가에 따라 생활 속에서 자신이 하기 힘들거나 할 수 없거나 귀찮은 일들을 누군가가 대신 해주는 생활 심부름 서비스 문화도 더욱 활성화되고 있다. 예를 들어 대신 장보기, 간단한 배송심부름, 서류 및 물건 배달(퀵서비스), 애완동물보호·목욕·병원 서비스 제공, 자녀 등하교나 여성 밤길 동행 등 신종 서비스가 늘어나고 있다.

이러한 1인 가정의 수요 증가에 따라 시장에서는 맞춤형의 다양한 서비스가 제공되고 있지만, 더불어서 공적 서비스 영역에서의 지원 체계도 증가될 필요성이 강조되기도 한다. 밤길에 여성 통행에 대한 안전문제를 개인에게만 맡겨둘 수는 없기 때문이다. 따라서 안전이나 돌봄과 관련된 안전망을 구축하기 위해 지역사회나 공동체 활동을 활성화하고, 이를 체계적으로 지원할 수 있는 공적 서비스 체계가 반드시 요구된다.

(3) 다문화 인식 개선 및 신가족 가치 확산

한국 사회는 오랫동안 순혈주의적 민족주의 전통을 국가 정체성의 기조로 살아왔다. 그러나 2006년 이후 국가적 차원에서 다문화 관련 정책을 전면적으로 시행하게 되었고, 다문화주의로 사회변화를 경험하고 있다. 이는 결혼이주민의 유입증가가 가장 큰 원인이었으며, 따라서 이주민의 사회갈등을 최소화하고 안정적 생활정착을 지원하기 위해 다문화가족지원정책이 강조되었다. 특히 다문화가족지원정책은 결혼이민자가 있는 가정에서 태어난 자녀의 지원을 위해 다양한 서비스를 제공하고 있다. 이러한 결혼이민자가족의 증가 및 외국인 근로자 증가에 따른 다문화가족의 증가는 말투나 피부색에 의해 외형적 차이가 나타남으로 인한 사회적 차별을 줄여야 한다는 사회적 필요성을 제기한다.

다문화주의 사회로의 변화는 가족에 대해 갖고 있는 전통적인 인식과 가치에 대한 전환을 필요로 하기 때문에, 국가적 차원에서 한국 사회 내 이주민에 대한 부정적인 인식을 줄이고자 하는 노력으로 이어지게 된다. 이는 '우리 일자리를 외국인이 차지한다'는 기득권 상실에 대한 공포 및 낮은 다문화수용성과 한국 정주민의 순혈주의와 경제사회적 위기감 고조가 상승적으로 결합될 경우, 이주민에 대한 적대감은 엄청난 사회적 손실로 연결되기 때문이다(여성가족부, 2012).

따라서 한국 사회는 현재 다문화가족이 증가하는 상황에서 오히려 문화 다양성에 대한 태도가 폐쇄적 또는 부정적으로 바뀌는 현상이 감지되고 있어, 국가의 주도적이고 선도적인 다문화가족 수용성 증가에 대한 노력이 있어야 한다. 이는 다문화가족과의 관계형성에 대한 미온적 태도를 개선하고, 출신 국적과 문화자본에 따른 이중적 수용 등의 문제를 해결하는 데 도움이 될 것이다. 나아가 다문화가족이 결혼이민자가족을 지칭하는 것이 아니라 서로 다른 다양한 가족 간의 문화를 인정하는 개념으로 확대되는 노력도 필요하다. 이제 부모와 자녀라는 혈연으로 이루어졌던 가족이라는 개념도 보다 다양한 형태의 가족을 수용하고 차별이나 편견의 시선으로부터 자유로울 수 있도록 새로운 가족가치를 확산하는 노력이 이어져야 할 것이다.

(4) 세대별 생활문화 차이

현대 가족 구성원은 가정생활에서 세대 특성에 따라 선호하는 활동이나 문화가 다르며, 결국 세대별로 다른 방식으로 다른 활동을 각기하는 특징을 나타낸다. 예를 들어 디지털 기기와 이를 이용하는 능력과 관심이 많은 자녀세대, 중간에 낀 부모세대, 한국의 격변기와 근대화 과정을 주도한 노부모세대 등은 그 경험과 성장과정의 차이만큼이나 세대차에 따라 가정생활의 방식과 행동을 달리하고 있다. 여가활동을 예를 들어 설명하면, 세대를 통틀어 희망하는 여가활동 1순위가 여행이지만, 가족단위로 캠핑이나 여행을 가서도 자녀세대는 물놀이나 체험활동을 주로 하고자 하지만 부모세대는 풍경감상이나 담화, 교제 등을 하고자 한다. 가족이 거실이라는 공동의 공간에 있더라도 자녀세대는 핸드폰으로 친구들과 연락을 주고받거나 게임을 하며 시간을 보내고, 부모세대는 TV시청을 하거나 원예 및 집안일을 하며 서로 다른 활동들로 시간을 보내는 것이다.

이러한 세대 간의 다양한 욕구나 접근하는 방식이 차이가 있는 것은 당연하지만 가족여가라는 현장에서는 공동의 관심사를 찾고 서로 결합적인 활동(joint activity)을 하는 것이 건강하고 행복한 가족관계를 위해 반드시 필요하다. 따라서 세대 간의 다양한 요구나 생활문화적인 차이는 인정하되, 가족단위로 공유할 수 있는 활동이나 문화여가활동의 콘텐츠를 자주 경험할 수 있는 기회를 제공해야 한다.

일부에서는 앞으로 청소년, 성인, 노인세대라고 부르는 세대적 특성이 소멸될 것이라고 예측한다. 예를 들어 과거 노인세대는 세상과 단절한 채 노년을 보냈지만 최근 들어 인터넷을 경험한 노인세대들은 나이 들어도 끊임없이 세상과 소통한다. 120세 장수시대에 60~80세는 지금의 장년기에 해당하므로 어디부터 어디까지를 노인으로 봐야 하는지도 명확하지 않다. 또한 수명의 개인차가 세대차를 추월하여 중간세대가 먼저 소멸되었을 때 세대적 관계의 균질성은 보장되지 못한다. 노화의 조절로 아버지 세대가 자식 세대보다 더 젊게 오래 살 수도 있기 때문이다. 그렇다면 세대 간 문화전달의 기능을 수행하는 가족의 기능이, 미래에는 윗세대에서 아래 세대로의 문화전달이라는 고전적 등식이 유지되기 어렵거나 오히려 정보능력 획득의 능력에 따라 새로운 위계질서가 재편될 수도 있다. 더욱이 가족이 존속에 대한 부양 개념이 사라지게 되면 국가의 사회적 부담이 급증한다는 점에서, 새로운 가족 기능과 가치 측면을 재정립하고 이에 대한 준비와 대응이 필요할 것이다.

(5) 현실과 가상의 혼재

과학기술의 발달과 가상공간의 현실화되는 속도가 급속해지는 가운데, 가족이나 가정생활에 대해서도 가상세계에서 현실의 모든 것을 경험하는 것이 가능해지고 있다. 일명 '사이버팸(Cyber Fam)'[1]으로 불리는 사이버 패밀리와 인간관계의 비즈니스 모델인 '세컨드라이프

1) 인터넷을 뜻하는 '사이버'와 가족을 의미하는 '패밀리'를 합친 신조어로, 최근 일부 청소년들 사이에서 사이버 공간에서 알게 된 사람들끼리 형성한 가족관계를 말한다.

(Second life)'와 같은 가상 네트워킹 조직이 수없이 등장할 것이라는 예측도 같은 맥락이다. 여기서 사이버팸이란, 사이버상에서 만난 사람들이 현실세계의 가족과 같이 서로의 일상사를 꼼꼼히 챙겨주는 사이버 가족 모임을 말하는 것으로, 이들은 나이차와 성별에 따라 복잡한 촌수 관계를 정리해 족보를 만들기도 하고, 사이버 가족끼리 대화명에 같은 성(姓)을 쓰고, 채팅할 때에도 엄마, 아빠, 형 등의 호칭을 부르고 역할을 맡아 서로 대화한다. 때로는 오프라인 공간에서 가족관계로 만나기도 한다.

이미 오프라인과 비슷한 결혼 생활을 경험할 수 있는 가상 결혼 사이트가 등장하였다. 가상 결혼 사이트인 '뉴라'는 사이버 결혼과 인터넷에서 동거가 경험 가능하다고 홍보하고 있으며, 현재 수백 쌍이 사이버부부로 등록되어 있다고 한다. 이들은 사이버 예식장에서 가상 결혼식을 하고 아파트를 장만하고 사이버 백화점에서 혼수를 들여놓으며 심지어는 아이까지 낳아 길러 볼 수 있는 등 오프라인과 비슷한 결혼 생활을 경험한다. 한편, 온라인 게임의 가상부부는 포옹, 키스 등 애정표현도 하고 마음이 어긋나면 이혼도 하는 등 실제 가정을 꾸려나가는 만큼이나 현실감 있는 경험이 가능하다. 예를 들어 온라인 게임 '리니지'에는 4,000여 쌍의 커플이, '바람의 나라', '어둠의 전설' 등에는 20만 쌍의 가상부부가 존재하고 결혼식을 올리면 서버에 부부로 등록할 수 있다.

이와 같이 사용자가 아바타로 3차원 환경을 돌아다니며 채팅이나 각종 게임을 하며 자신이 속한 가정, 기업, 사회, 국가를 만들기도 하는 가상세계 서비스인 '세컨드리이프(Second Life)'가 가능해졌다. 예를 들어 새로운 온라인 서비스로 주목받고 있는 '세컨드라이프'는 미국 샌프란시스코의 IT기업이 개발한 가상세계 서비스인데, 가상현실 공간 주민들은 린든(Linden) 달러를 화폐로 사용하여 물건이나 상품, 땅이나 집을 구매하는데, 이 시장은 이미 미화 수백만 달러 규모의 시장을 형성했다.

이러한 변화 이면에 작용하는 현실 세계의 가족관계적인 갈등과 문제를 더 이상 방관할 수 없다는 절박함이 필요하다. 이제는 가상의 가족과 비교해 경쟁력을 갖춘 현실 세계가 되기 위한 조건들이 무엇인지, 그러기 위해 먼저 풀어야 할 과제는 무엇인지 정책적으로 매우 깊이 있는 고민이 필요하다.

2. 가족정책의 기능과 전망

1) 가족정책의 사회적 기능 확대

가족구조나 기능의 변화, 그리고 가족생활과 문화의 변화 측면에서 보면 가족정책은 매우 탄력적이고 대응적인 전략을 제시해야 할 필요가 있다. 예를 들어 최근 저출산으로 국가존립에 위기가 예상되는 등 새로이 발생하고 있는 각종 사회문제의 원인으로 가족기능의 약화가 지적되고 있어 가족가치의 확산과 가족정책의 필요성이 강조되고 있다. 특히 한부모가족이나 맞벌이가족의 증가, 자녀출산 기피 현상에 대응하기 위해 가족의 돌봄기능에 대한 지원정책이 확대될 필요가 요구된다. 구체적으로는 돌봄의 사회화 강화와 공신력 있게 중산층이 사용할 가정 내 보육돌봄서비스 확대의 방안이 검토 중이다(관계부처 합동, 2011, 제2차 건강가정기본계획).

이와 같이 신사회위험에 대한 해법기제의 기능을 강화하는 것이 가족정책의 주요 과제와 역할이라고 볼 수 있다. 특히 개별가족의 경제적 불안정성과 맞벌이가족의 증가로 가족의 돌봄기능 약화가 가속화되는 등의 새로운 사회위험에 대응하기 위해 여성의 노동시장 참여와 함께 가족돌봄 책임에 대한 사회적 분담기제가 제공될 필요가 절실하다. 또한 돌봄의 부재 시, 돌봄사각지대에 놓인 아이들이 나타낼 수 있는 사회적 문제에 대한 사전 예방적인 위험 감소 효과에 대한 기대도 커지고 있다. 가족기능 약화와 가족갈등 증가는 위기 청소년 문제 등 제반 사회문제 발생의 주요 원인으로 장기적으로 사회적 비용 발생을 증가시킬 우려가 있기 때문이다.

한편, 저출산 문제는 직장과 가정의 양립 문제, 과다한 자녀돌봄 비용 문제, 가부장적인 가족문화 등과 연루되어 나타나므로 인구정책보다는 가족정책의 견지에서 해법이 제시되어야 한다. 따라서 향후 가족정책은 자녀세대의 돌봄과 성장과정에 수반되는 다양한 지원 전략과 비전을 제시하는 과업을 수행해야 한다. 사회자본의 침식과 공동체성 상실을 막고, 저출산 및 고령화 등 사회문제의 근원적 해결을 위해 선제적인 성장전략을 제시함으로써 가족기능 강화의 대책이 지속적으로 요구된다.

국민의 삶의 질 향상과 국가의 건강한 성장 동력 확보를 위해서는 사회 전반의 가족친화적 환경 조성이 필요하다. 현재 제2차 건강가정기본계획에서는 남성의 가족생활 참여를 위한 법·제도적 기반 조성에 집중하고 있다. 배우자 출산휴가제 도입('08.6, 「남녀고용평등과 일·가정 양립 지원에 관한 법률」 개정)에 따라 자녀 출산 시 아버지에게 일정기간 출산휴가 부여를 통해 아버지의 양육참여를 지원하기 위한 다양한 전략들이 제시되고 있다. 한편, 출산육아기 여성의 계속 취업을 지원하기 위해, 유사산휴가 법제화,[2] 육아휴직 요건 완화 및 급여 인상의 조건을 강화하고 있다.

현재 다원화된 한국 사회의 효과적인 통합을 위해 다문화가족지원정책 수행의 법적·제도적 기반 구축이 강화되고 있다. 2006년부터 추진되어온 다문화가족지원정책은 여성가족부나 법무부, 교육부, 보건복지부 등 관련 부처와의 협의를 통해 부처별 업무 연계를 강화하고 있다. 예를 들어 다문화가족지원정책의 총괄·조정을 위해 민·관 합동의 '다문화가족정책위원회'(위원장: 국무총리, 20명)를 구성('09.12)하고, 다문화가족 지원을 위한 서비스전달체계 확충 및 효율화를 위해 다문화가족지원센터를 기반으로 관계부처가 연계한 정책서비스를 제공하고 있다. 향후 가족정책은 특히 유자녀가족의 경우 자녀 사회화 과정에 대한 적극적 지원을 통해 한국 사회의 역량 있는 차세대인력으로 성장하게 함으로써 사회적 연대와 통합에 기여하도록 노력할 필요가 있다.

가족의 구조와 기능의 변화, 그리고 가상과 현실의 경계 완화 등은 가족의 가치를 극대화하고 신가족가치를 확산하는 문제의 중요성이 요구된다. 따라서 가족정책은 가족인지적 관점의 정책으로 활성화되어야 하며, 실제 가정생활 속에서 나타나는 변화에 대해 적극적으로 대응할 수 있는 실용적인 정책이 되어야 한다. 대표적으로 출산정책, 입양정책, 보육정책, 가족관계 지원정책, 노인가족정책 등 개별적으로 주어지는 정책이 가정마다 가족단위로 모일 수 있도록 가족대상의 정책을 통합하고 조정하는 역할을 가족정책이 담당해야 한다. 더욱이 가족생애주기적 관점에서 지속적이고 일관되게 정책 설계가 되어야 하며, 각 생애주기에 맞는 맞춤형 정책 서비스를 제공해야 하는 것도 기본이다.

---

2) 임신 16주 이상 여성근로자 유사산 시 임신 기간에 따라 휴가 부여 및 산전후 휴가급여에 준하여 급여 지원

2) 미래 가족정책 변화를 위한 제언

가족정책의 사회적 기능의 변화에 따라 가장 기본적으로 요구되는 정책 과제는 가족정책의 전달체계에 대한 재편과 가족서비스의 질적 제고 등을 들 수 있다.

현재 가족정책 전달체계는 중앙부처인 여성가족부가 정책 지침을 정하고 시·도와 시·군·구에 전달하면, 시·군·구에서는 건강가정지원센터 또는 다문화가족지원센터를 설치하고, 센터를 통해 서비스를 제공하는 구조이다. 이러한 구조하에서 국민대상의 직접 서비스는 시·도나 시·군·구에 기반한 센터에서 제공하고 있으며, 지역센터는 여성가족부와 중앙건강가정진흥원의 사업지침이나 운영지침에 따라 운영되는 것이 사실이다. 이러한 과정에서 가족정책의 모습과 내용을 결정하는 방식이 중앙정부의 정책 결정이나 의지에 따라 결정되는 경우가 많으며, 공통사업을 기본으로 전체 사업의 방향이 설정되는 경우가 대부분이다. 물론 현재에도 각 지역 센터별로 지역적 특성을 반영하고 지역민의 수요를 반영한 특성화 사업을 장려하고 있지만, 가족정책의 기본방향을 정하는 범위 내에서는 미약하다고 볼 수 있다. 즉 가족정책의 직접 서비스 제공 측면에서 본다면 지역단위의 특성화 사업이 다양하게 개발되어야 하며, 이러한 정책기조도 중앙정부 주도에서 지방정부의 자체 역량 강화를 강조하는 방향으로 변화되어야 한다. 물론 중앙정부와 지방정부의 연계나 역할분담을 명확히 하는 차원에서 변화가 시도되어야 할 것이다.

더욱이 현재 시·도는 광역건강가정지원센터, 또는 거점다문화가족지원센터를 두고 광역단위 서비스를 제공하거나 시·군·구 단위 서비스 지원의 역할을 부여하고 있다. 그러나 2014년 현재 서울시와 경기도에만 광역 시·도 센터가 설치되어 있었으며, 부산시, 경상남도, 대전시, 울산시, 세종시 등의 광역 시·도 센터는 시·도 건강가정지원센터의 역할과 시·군·구 건강가정지원센터의 역할을 혼합하여 수행 중에 있다. 앞으로 각 시·도 차원의 광역 센터나 거점센터의 설치를 통해 체계적인 서비스 제공시스템을 갖출 필요가 있다.

한편, 현재 우리나라 가족정책 서비스 전달기관은 크게 건강가정지원센터와 다문화가족지원센터로 나뉘고 있다. 이는 가족을 지원하는 단일 인프라가 아닌 이용자별로 해당 센터의 이용을 결정해야 하는 불편함을 가중시켜 서비스 접근성을 떨어뜨리고 공적 전달체계로서의 제한점이 된다. 이러한 이용자별 센터 설치는 한부모가족, 조손가족, 미혼모가족, 탈북가족 등 지원할 가족대상이 등장할 때마다 별도 전달체계를 설치해야 하는 문제를 낳을 뿐만 아니라 각 가족별 낙인효과를 발생시킬 우려도 있다. 그리고 시·군·구 단위에서 건강가정지원센터와 다문화가족지원센터가 모두 설치된 곳은 이 전달체계를 통해 제공되는 모든 가족서비스를 제공받게 되지만, 설치가 이루어지지 않은 곳은 전혀 서비스가 제공될 수 없어 지역별 서비스제공의 불균형 문제가 발생하게 된다. 더욱이 현재에는 시·군·구의 지역적 특성을 고려하지 않고 1개 지역 1개 센터를 지정하는 방식인데, 대도시와 농촌지역은 인구밀도, 어린아이의 수 등 고려할 요인이 매우 다양함에도 불구하고 일률적인 센터 규모와 크기를 갖고 있다는 점에서 문제가 지적된다. 결국, 가족 간의 편견을 없애고 다양한 가족에 대한 인식 개선과 이해를 위해서, 가족정책은 하나의 일원화된 전달체계를 갖는 것이 효율적이며 다양한 가족문제에 대한 대응력을 강화하는 방안이기도 하다.

한편, 가족정책의 질적 서비스를 제공하기 위해서는 가장 기본적으로 가족인지적 관점에서 통합적인 서비스를 체계적으로 지원할 수 있어야 한다. 한부모가족, 조속가족, 재혼가족 등 다양한 가족유형의 증가에 대해서 각 유형별로 사례관리와 통합적인 문제해결 방식을 도입하여 가족관계 중심의 정책서비스를 제공하는 것이 중요하다. 특히 가족대상별로 중복되거나 또는 사각지대에 있는 영역을 발견하고 이에 대해 가족단위의 통합적인 서비스를 제공하는 방안이 구체적이고도 지속적으로 이루어져야 할 것이다. 예를 들어 보편적인 가족지원에 대한 확대를 통해 부모자녀관계나 부부관계의 회복 지원서비스를 강화하기 위한 구체적이고 다양한 노력이 필요하다.

그리고 가족유형별로 통합적인 서비스를 제공하기 위해서는 우선적으로 관련 전문인력의 양성과 관리가 필요하다. 현재 양성해서 배치된 건강가정사, 아이돌보미, 방문지도사, 배움지도사, 언어발달지도사 등 가족정책의 활동인력을 재교육하고, 관련 자격요건을 세분화하거나 인증제도를 도입하는 등의 질적인 인력관리 방안이 체계화될 필요가 있다.

생각해볼 문제

1. 10년 뒤 나의 '가족'의 모습과 가족 안에서의 '나'의 모습에 대해서 생각해보고, 친구들과 같이 이야기해보자.
2. 미래 가족의 모습에 대응해서 가족정책 서비스에서 확대해야 하는 기능이나 역할이 무엇이 있는지 생각해보고, 이야기해보자.
3. '사이버팸'이나 '세컨드라이프', '아바타와의 결혼생활' 등의 사이버 가상가족의 가정생활은 지금과 어떻게 다를지에 대해 예측해보자.

참고문헌

김경신(2012). 100세 사회: 가족의 미래, 가족생활의 변화. 2012년 대한가정학회 제65차 추계학술대회 자료집, 13-31.

김은지 외(2012). 가족변화의 현황 및 전망과 국제비교. 경제 · 인문사회연구회 기획 협동연구총서.

윤소영 · 정영금 · 정지영 · 조성은 · 차성란(2012). 가족변화의 문화적 영향과 정책적 시사점. 한국 가족변화의 특징과 전망 협동연구(경제 · 인문사회연구회 기획 협동연구총서).

이수연 역(2010). Matthias Horx 저. 위대한 미래. 한국경제신문사.

여성가족부(2012). 국민 다문화수용성 조사 연구.

안상수 · 김이선 · 김금미(2009). 성평등 실천 국민실태조사 및 장애요인연구(1). 한국여성정책연구원.

찾아보기

저자소개

• **차성란**
이화여자대학교 대학원 문학박사
현, 대전대학교 아동교육상담학과 교수

• **정영금**
이화여자대학교 대학원 문학박사
현, 가톨릭대학교 소비자주거학과 교수

• **정지영**
이화여자대학교 대학원 문학박사
현, 여주대학교 사회복지과 교수

• **윤소영**
이화여자대학교 대학원 문학박사
현, 한국문화관광연구원 연구위원

• **조성은**
이화여자대학교 대학원 문학박사
현, 한국건강가정진흥원 가족사업본부 본부장

개정판

가족정책론

1판 1쇄 발행 2015년 3월 10일
2판 1쇄 발행 2019년 2월 25일
2판 3쇄 발행 2023년 8월 25일

저 자 | 차성란 정영금 정지영 윤소영 조성은
발 행 인 | 박철용
발 행 처 | 양서원
주 소 | 경기도 파주시 직지길 522 파주출판도시
전 화 | 031-955-8000(代)
팩 스 | 031-955-8005
홈페이지 | www.yswpub.co.kr
이 메 일 | yswgroup@naver.com
출판등록 | 1987년 11월 24일 제 406-2003-037 호

ISBN 978-89-994-0896-0

정가 20,000원